OS PORTAIS DA
BRUXARIA

DOZE CAMINHOS DE PODER E CONHECIMENTO

CHRISTOPHER PENCZAK

OS PORTAIS DA
BRUXARIA

DOZE CAMINHOS DE PODER E CONHECIMENTO

ALFABETO

© 2012 Christopher Penczak
Publicado originalmente pela Copper Cauldron Publishing sob o título
The Gates of Witchcraft: Twelve Paths of Power, Trance & Gnosis
Publicado em 2021 pela Editora Alfabeto

Supervisão geral: Edmilson Duran
Consultor editorial: Claudiney Prieto
Capa: Rodval Matias
Tradução: Rejeane Melo
Revisão: Luciana Papale e Renan Papale
Diagramação: Décio Lopes

DADOS INTERNACIONAIS DE CATALOGAÇÃO NA PUBLICAÇÃO

Penczak, Christopher,

Os Portais da Bruxaria: Doze Caminhos de Poder e Conhecimento
/ Christopher Penczak; tradução de Rejeane Melo. Editora Alfabeto,
1ª edição. São Paulo, 2021

ISBN 978-65-87905-07-5

l. Wicca 2. Esoterismo 3. Bruxaria 4 Magia I. Título.

EDITORA ALFABETO
Rua Protocolo, 394 | CEP: 04254-030 | São Paulo/SP
Tel: (11) 2351-4168 | editorial@editoraalfabeto.com.br
Loja Virtual: www.editoraalfabeto.com.br

Agradecimentos

Muitas pessoas ajudaram a melhorar minha compreensão sobre o transe e a alteração da consciência. Algumas são pessoalmente conhecidas por mim, pelo contato direto e pelo trabalho. Outras me ajudaram simplesmente compartilhando seus trabalhos em livros, em workshops e nos eventos.

Gostaria de agradecer a Steve Kenson, Adam Sartwell e Ronald Penczak por seu amor e apoio; Laurie Cabot pela técnica de transe alfa; Stephanie Rutt pela compreensão das tradições do leste; Apollon; Alaric Albertsson; Raven Grimassi; Doug e Joe da "Otherworld Apothecary" pela inspiração e pela educação sobre o mundo das plantas; Orion Foxwood por seus conselhos sobre procurar o centro. E um agradecimento muito especial a Matthew Vênus, por seus conselhos, instruções, dicas, truques e ideias sobre a fabricação de máscaras e as ótimas conversas a Dale Pendall por sua inspiradora mandala enteogênica, que inspirou minha própria mandala de ervas, e a Belinda Gore e Felicitas Goodman, por tornarem a postura do corpo sagrado tão acessível ao praticante moderno. Todos contribuíram para a construção deste livro.

Sumário

O Mistério da Música

Índice das Figuras

Prefácio da
Edição Brasileira

A Wicca, em nosso país, está chegando em sua maturidade. Hoje os praticantes brasileiros da Arte têm buscado cada dia mais por livros com uma maior profundidade e que possibilitam uma experiência espiritual intensa com esta nova antiga religião. Graças à coleção Ardane, da Editora Alfabeto, tem sido possível publicar no Brasil as obras mais respeitadas e os autores mais conceituados da Bruxaria Moderna de todo o mundo. Isso possibilitou que, depois de mais de 20 anos de um movimento que se tornou consistente e onde praticamente todas as Tradições clássicas da Arte se tornaram aqui acessíveis, os leitores pudessem dar um passo além do *beabá* enfadonho e despretensioso que tomou conta das livrarias quando a Bruxaria se encontrava em seu alvorecer em nosso país.

É seguindo esta corrente de evolução que publicamos agora a obra *Os Portais da Bruxaria,* de Christopher Penczak. O autor tem sido considerado por muitos um dos mais brilhantes Bruxos da nova geração de escritores Wiccanianos. Suas obras têm auxiliado a elevar a Wicca a outro patamar, como só poucos autores conseguiram fazer ao longo da história da Arte. Em seus livros, Penczak tem apresentado a Wicca como uma verdadeira Tradição de Mistérios e não como um simples souvenir barato do tipo "faça o seu próprio feitiço e seja feliz no amor". Suas obras, de valor inestimável, têm auxiliado os buscadores sérios da Wicca a percorrer esta senda de uma maneira mais inteligente, por meio de pensamentos e ensinamentos bem escritos, sem sensacionalismo barato e superficialidade.

Em *Os Portais da Bruxaria* você encontrará informações únicas e com um grau de autenticidade raro de ser visto nos livros sobre o tema. Aqui serão compartilhados exercícios para o desenvolvimento psíquico, meditações, maneiras de usar a dança e a música em rituais e um pouco de tudo sobre todas as formas de fazer magia. Isso acontece, porque o objetivo da obra é expandir o Caminho Óctuplo, apresentado por Gardner, propondo um sistema mais abrangente que traz 12 diferentes formas de fazer magia em seus rituais.

Todos nós somos naturalmente mais inclinados a um ou outro caminho. Nos meus próprios rituais o canto e a dança se tornam o foco central do meu trabalho para criar, elevar e direcionar energia. Há aqueles que se sentem mais atraídos para a meditação, o uso da respiração ou, ainda, os que preferem usar o poder das ervas e dos aromas como principal veículo de transmissão da força de seus rituais. Em meio a tantas opções, é praticamente impossível ser um perito em todas elas. Mas Christopher compartilha, nesta obra, muitas e muitas maneiras de você ampliar as possibilidades de trabalho com aqueles caminhos mágicos que são mais intuitivos para si, além de desenvolver, minimamente, aspectos em que você é menos experiente para se tornar ainda melhor na arte de fazer magia. Conforme for despertando para outros caminhos e descobrir novas formas de operar a magia, sua vida começará a ser verdadeiramente mágica, o encontro real com o seio dos mistérios finalmente acontecerá e sua perspectiva sobre a Wicca será transformada para sempre.

Os Portais da Bruxaria é uma obra extremamente completa, uma aquisição valiosa para os Bruxos Solitários e também para os Covens que desejam sair da rotina repetitiva e enfadonha de rituais desprovidos de um significado espiritual, que possibilita penetrar mais fundo nos verdadeiros mistérios. As dicas e insights oferecidos neste livro vão banir para sempre a rotina das suas práticas mágicas, oferecendo doze diferentes portais de transe e gnose, ampliando seus paradigmas e desfazendo as visões estreitas que ainda possa guardar sobre determinados assuntos.

Cada capítulo lido por você nesta obra pode substituir anos de treinamento mágico barato e também a leitura de livros que sempre trazem mais do mesmo, por um aprendizado genuíno em cima de algo que realmente agrega valor e que fará diferença na sua formação como Bruxa ou Bruxo.

Os livros de Christopher Penczak têm se tornado uma leitura obrigatória para todos os que buscam acesso a conhecimentos nunca antes compartilhados ou àquilo que foi abordado de maneira superficial e discreta em outras literaturas.

Se você anseia subir mais um nível na escalada da sabedoria arcana, este livro é seguramente um degrau adicional precioso, que lhe fornecerá uma estrutura sólida e notável orientação para o seu caminho mágico e espiritual na Wicca.

Boa leitura!

Claudiney Prieto[1]

---

1. Claudiney Prieto é autor do best-seller *Wicca – a Religião da Deusa* e de diversos livros sobre Bruxaria e Paganismo. É também fundador do Santuário da Grande Mãe e curador do Museu Brasileiro de Magia e Bruxaria. Siga sua página no Instagram em @claudineyprieto.

Introdução

Há um portal secreto dentro de você. Há um portal secreto dentro de mim. Há um portal secreto dentro de cada um de nós, profundo, dentro de nossas almas, embora poucos saibamos como abri-lo. Nos falta a chave. Este portal é trancado e dá entrada a mundos que são inimagináveis pela maioria das pessoas. Ele possui poderes e bênçãos que sonhamos em nossos livros, mas está fechado, pois o acesso a esses poderes e mundos nem sempre é uma bênção. Esses portais vêm com responsabilidades e necessitam de conscientização. Então, com algum poder intuitivo, barramos o portal em um esforço para proteger a nós mesmos e aos outros, até chegar a hora certa.

Quando comecei minha jornada na Bruxaria, aprendi sobre a existência desse portal secreto dentro de nós. Meu professor usou o termo *nierika*, emprestado da tribo de Índios Huichol, do México. A maioria das pessoas só passa por esse portal durante o sono – em sonhos para outros mundos – ou na morte, para deixar este mundo inteiramente. Somente Bruxas, Xamãs, Feiticeiros e Videntes sabem como abrir, verdadeiramente, esse portal, enquanto estão vivos e conscientes. Aprendemos como usar as bênçãos desse portal e viajamos para outros mundos além do nosso, por sabedoria e por poder. Nós seguramos a chave, que é símbolo de uma de nossas Deusas mais queridas da Bruxaria, Hécate; a Deusa que abre o caminho para os mistérios.

As diferenças que separam os praticantes de magia, como as Bruxas, das outras pessoas, é que buscamos ativamente por essa chave e passamos por um treinamento para encontrá-la. Alguns de nós são naturalmente talentosos. Todas as crianças sabem onde a chave está. É somente quando crescemos que esquecemos como encontrar tanto a chave quanto o portal e como abri-lo. Aqueles que retêm a consciência infantil detêm essas habilidades e, muitas vezes, tornam-se naturalmente uma talentosa Bruxa ou um habilidoso Bruxo. Alguns aprendem por meio de sonhos e lembram-se de como abrir o portal quando acordam. Outros têm lembranças da infância que os guiam ou lembranças de vidas passadas, onde usavam ativamente o portal em sua jornada espiritual.

Os ensinamentos da Bruxaria Moderna estabeleceram várias chaves para o portal, extraindo-o de material antigo e procurando novas pistas nas culturas globais, que são geralmente divididas em oito técnicas principais, conhecidas como Caminho Óctuplo, a Via Óctupla, as Oito Maneiras de Aumentar o Poder ou os Oito Caminhos para o Centro. Alex Sanders, em *As Conferências de Alex Sanders*, chamou-os de Oito Caminhos do Autoconhecimento e da Realização.

Apesar de serem oito, não devem ser confundidos com os oito raios do calendário da Roda do Ano, embora correlações possam ser feitas. E também não devem ser confundidos com o Caminho Óctuplo do budismo. De fato, oito é simplesmente uma divisão das técnicas. Eu acredito que existam pelo menos doze chaves verdadeiras para o portal, outras perspectivas podem nos mostrar mais ou menos isso.

Com os ensinamentos deste livro, espero levá-lo a uma jornada de exploração, encontrando as chaves para abrir os Portais da Bruxaria para que, você, possa encontrar as suas próprias bênçãos, poder e sabedoria, e depois guiar os outros através de seu próprio portal. Este livro compila material encontrado em alguns de meus outros livros, pois partes dele são técnicas fundamentais na Arte, mas ele se expande, acrescenta e dá um maior contexto para este material em termos de abertura de portais. Trata-se de um guia que vai explorar a alteração de sua consciência, que está no coração da magia. Se você não pode mudar a si mesmo, não pode mudar o mundo. A mudança interna deve preceder a mudança do mundo exterior. A primeira coisa que se pode mudar em qualquer situação é a sua mente, a sua consciência. As muitas instruções contidas neste livro são mais sugestões do que regras complicadas. Só você pode encontrar as chaves que vai abrir seus portais. Quem não explorar este material, perderá valiosas experiências espirituais. Se este é o seu primeiro livro sobre a Arte, provavelmente será necessário anotar e procurar algo mais introdutório, como o meu livro *Templo Interior da Bruxaria*. Este livro é para aqueles que têm experiência em magia, em meditação e em rituais, e estão buscando diferentes técnicas para se aprofundar.

Muitos de nós, mesmo sendo praticantes experientes e aprendendo tudo sobre feitiços e rituais, muitas vezes nos sentimos vazios e desprovidos de significado, pois não aprendemos a acessar as fontes profundas de poder e de sabedoria em nossa própria consciência. Muitos de nossos ensinamentos carecem de informações sobre os caminhos óctuplos ou talvez duodécuplos[2] de poder, então não sabemos procurar as chaves e seguir o caminho da gnose pessoal, do conhecimento individual.

Gnose, proveniente do grego, refere-se a não basear o conhecimento a partir de fatos e números, mas da revelação espiritual pessoal que só pode ocorrer quando alguém interage com o invisível, caminhando pelos portais de poder. É o fundamento de todas as tradições misteriosas.

Este livro é para pessoas com um conhecimento básico, que buscam aprofundar sua prática espiritual, e para praticantes experientes, aqueles que estão procurando uma nova perspectiva sobre as artes que já realizam. A pessoa deve vir com suas próprias intenções, para, somente então, aplicar o conhecimento para o seu melhoramento.

Vamos aprender as chaves físicas para mudar sua consciência e abrir os portais para a magia mais profunda. Quando você souber fazer isso com sucesso, terá tudo o que precisa para os mistérios se descortinarem diante de si mesmo. Você será capaz de abrir qualquer porta espiritual e fazer qualquer magia que escolher.

---

2. N.R.: Numeral multiplicativo de 12.

Os Portais

O que são exatamente "os Portais da Bruxaria"? Nada mais que técnicas para alterar a consciência. Ao alterar sua consciência, você tem uma percepção maior daquilo que Bruxas, magos e praticantes metafísicos chamam de *energia*, sutil e intangível, não deixando de ser, no entanto, muito real. Essa energia psíquica é conhecida por muitos nomes em diferentes culturas, indo do *prana* na Índia ao *chi* na China. Na Bruxaria, não usamos apenas um nome para essa energia; as culturas que influenciam uma Bruxa frequentemente determinam o nome usado como, por exemplo, *pnumen*, *od*, *sekhem*, *nwyvre* ou *baraka*. Em um estado alterado de consciência, é possível usar essa energia para ajudar na sua conexão com as forças do universo. Com uma conexão maior, você pode usar a energia psíquica não apenas do seu próprio corpo, mas do seu ambiente, da Terra e dos céus para alimentar suas intenções de realizar um feitiço ou de enviar sua consciência para diferentes reinos em uma jornada por sabedoria, discernimento ou poder.

Os seres humanos geralmente desconhecem a energia em sua realidade cotidiana e devem treinar para sentir isso. Mesmo com percepções rudimentares de energia na vida diária, geralmente são necessárias técnicas adicionais para usar esse poder de maneira significativa. Abrindo o portal interno da consciência, você pode ver uma nova realidade e, se optar por atravessá-lo, vai experimentar mundos que estão além do físico, existentes totalmente no reino psíquico.

A Nierika

Foi-me ensinado que o portal é conhecido como *nierika*, a porta pela qual as pessoas passam em sonhos e na morte, a menos que eles sejam Bruxos ou Feiticeiros. Aqueles que "conhecem" os portais, têm as chaves que podem abri-los e fechá-los à vontade, e podem passar por eles sempre que desejar. Eu acredito que isso é o mesmo que "a porta que não tem chave" referida na obra da maga cerimonial e ocultista Dion Fortune, nas invocações poéticas encontradas em seu romance *Sacerdotisa da Lua*. Não há chave física. A técnica mágica é a chave intangível que abre a porta.

> Abra a porta, a porta que não tem chave,
> a porta dos sonhos, através da qual os homens vêm a ti.
> Pastor de cabras, oh, me responda!

Nos dias de hoje, podemos ver isso muitas vezes citado nos Círculos da Bruxaria como parte de uma invocação ao Deus Cornífero das Bruxas, que em muitas tradições é o guardião dos portais e aquele que abre as portas para os mistérios. Dion Fortune faz alusão a sua natureza onírica para a maioria de nós, embora os Magos e as Sacerdotisas de seus romances possam passar por esse portal à vontade. É o Portal da Lua da Magia Cerimonial. A Porta Flamejante das tradições das fadas, entre os vivos e as raças mais antigas sob a Terra. É a *nierika* dos feiticeiros do México.

Não me recordo de ter visto nenhum estudo falando especificamente da localização da *nierika* em nosso organismo, embora eu saiba que sim, ela está associada a uma parte específica do nosso corpo. Enquanto muitas tradições falam sobre centros de energia, pontos de energia e chacras, eu sempre senti um zumbido estranho na parte de trás do meu crânio ao abrir o portal.

As tradições ao redor do mundo veem o crânio como receptáculo do poder espiritual. Caveiras são usadas em ritos necromânticos para comungar com os espíritos dos mortos. Tradições de "caça à cabeça" são encontradas em todo o mundo, como se possuir o crânio levasse a adquirir o poder deles. Decapitar o velho rei, o corpo ou a efígie eram tradições sagradas dos reis. Embora não gostemos de pensar sobre essas coisas no contexto da nossa moderna busca espiritual moderna, os antepassados, dos quais extraímos nossa sabedoria, os povos tribais do mundo, tinham tradições de caçada e escalpelamento de cabeças. Enquanto gostamos de traçar isso com o ideal atual do "nobre selvagem", é importante conhecer suas culturas, tão estranhas à nossa cultura moderna, assim como sua ética, religião e estética. Baseamo-nos em sua sabedoria, mas muitas vezes não vemos todo o cenário. Fui treinado em uma tradição de Bruxaria de influência Celta, e não se tem que ir muito longe na história para encontrar evidências de caça e decapitação daquele povo. Cabeças são vasos de poder, acredito que elas detêm essa capacidade devido a esse portal.

Especificamente, sinto poder onde o topo da coluna e a parte de trás do crânio se encontram. Aqui está a porção reptiliana do cérebro mais primal e orientada para a sobrevivência. Conhecido como o tronco cerebral, aqui também temos acesso ao nosso poder. As chaves da *nierika* são muito primitivas. É como se estivessem conectadas à nossa biologia, botões para o computador biológico do nosso corpo, a primogenitura de todo ser humano, codificado em nosso DNA e composição física. Nós simplesmente esquecemos o motivo de nossa cultura ter mudado tanto. Quando dizemos que usamos apenas dez por cento da verdadeira capacidade do nosso cérebro (uma afirmação controversa que é desafiada por muitos na comunidade científica), acredito que esse portal representa o oculto, funções superiores do cérebro que permanecem dormentes na maioria das pessoas. Conscientemente, abrir o portal não vai garantir níveis geniais de poder cerebral, porém, aqueles que passam regularmente por ele parecem ser mais criativos, mais saudáveis, mais felizes e mais envolvidos com a vida. Aqueles que praticam magia, meditação, xamanismo são mais inspirados e estão em contato maior com a fonte divina, quando comparados com outras pessoas.

Um quiroprático me disse uma vez que esse ponto em que a coluna e o crânio se encontram é uma das partes mais importantes do sistema esquelético. Ajustar isso afeta toda a coluna vertebral. Os praticantes de magia que a ajustam frequentemente veem grandes mudanças em seus rituais, habilidades psíquicas, visão e poderes mágicos. Algumas tradições esotéricas se referem a ele como o Mais Alto Chacra, Boca de Deus (ou Deusa) ou Poço dos Sonhos.

Ondas cerebrais

A chave para abrir o portal interno é induzir mudanças nas ondas cerebrais. Diferentes estados de ondas cerebrais geram diferentes níveis de consciência. Geralmente, diminuindo as nossas ondas cerebrais, somos induzidos a um estado de consciência mais útil para empreendimentos mágicos como rituais, meditação e jornada xamânica. Ondas cerebrais de mais altos padrões também trazem seus próprios benefícios, mas pode ser mais difícil induzir estados de ondas cerebrais por períodos mais longos. Mesmo as técnicas mais vigorosas sobre o Caminho Óctuplo tende à repetição e diminui as ondas cerebrais, mesmo que outras funções do corpo sejam aumentadas.

Todos nós entramos e saímos de estados alterados de consciência ao longo do dia. Ir de qualquer estado de consciência para outro é natural. Não há grande mistério nisso. O que as chaves da Bruxaria fazem por nós é permitir-nos passar por esses estados de consciência à vontade, consciente e intencionalmente. A maior parte do tempo passamos por eles quando nossa mente divaga, quando sonhamos acordados e quando vamos dormir ou estamos no processo de acordar. Para fazer mágica, devemos estar plenamente conscientes desses estados alterados e capazes de indicar nossa vontade, nosso desejo e de fazer a mágica funcionar. Sem esse fio de consciência, nossas experiências se tornam uma confusão de sonhos sem coesão. Treinamos nas artes da alteração da consciência para manter essa consciência mesmo em circunstâncias difíceis e perturbadoras. Eu aprendi que um bom Bruxo deve ser capaz de entrar em transe até mesmo em um metrô lotado. Não que fosse uma boa ideia fazer isso, mas a distração das pessoas, o movimento e o barulho não deve ser motivo para impedi-lo.

Beta	13-16 Hertz	Consciência de vigília normal, alerta.
Alpha	8-13 Hertz	Meditativo, descontraído, sonhar acordado, intuição, aprendizagem acelerada.
Theta	4-8 Hertz	Meditação mais profunda, transe, jornada, sono.
Delta	1-4 Hertz	Sono profundo, transe profundo, coma.

Fig. 1: Níveis de Ondas Cerebrais

Embora existam oito (ou mais) portas ou técnicas usadas para obter uma alteração do estado de consciência nas tradições da Bruxaria, elas geralmente podem ser divididas em dois tipos básicos. Algumas são técnicas inibitórias, que suprimem e acalmam o corpo e a mente para induzir a um estado alterado de consciência. São os repousantes, métodos pacíficos e voltados para o interior. A atenção é retirada do mundo exterior e focada no mundo interior. Os sentidos físicos são suprimidos em favor dos sentidos internos para perceber o invisível.

O segundo tipo são as técnicas exibitórias, que excitam, estimulam e animam o corpo e a mente para induzir a um estado alterado de consciência. São técnicas sensoriais e focam no mundo exterior ou no corpo, mas o resultado é uma profunda mudança de consciência do êxtase, que é um termo difícil, pois muitos pensam nisso como sinônimo de prazer sexual, mas seu verdadeiro significado é mais parecido com estar "liberto da carne". É uma experiência que o diferencia dos limites normais de sua vida, o senso de si mesmo e, para a maioria de nós, isso inclui nosso corpo. Pode ser uma sensação de separação do corpo ou um senso de consciência e expansão além do corpo.

Estranhamente, embora pareçam diametralmente opostos, ambos os conjuntos de técnicas levam você a um nível semelhante de consciência e atividade de ondas cerebrais. Eu gosto de descrever as técnicas inibitórias como uma descida lenta e gradual para um estado meditativo, enquanto técnicas exibitórias são como um estilingue, impulsionando-nos na curva da consciência, levando-nos a esse lugar profundo de meditação por uma rota diferente.

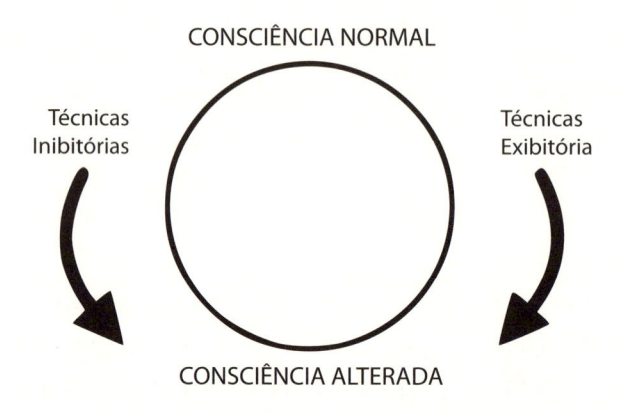

Fig. 2: Atingindo a Consciência Meditativa

Embora não seja explicitamente declarado inibitório ou exibitório, o Livro das Sombras Gardneriano, da tradição de Bruxaria promovida por Gerald Gardner, descreve uma variedade de técnicas em uma seção conhecida como "O Caminho Óctuplo". Tido como a raiz documental do movimento da Bruxaria Moderna, o que eu gosto de chamar de renascimento da Bruxaria, esta é uma área pouco discutida em cursos e livros. Até iniciados Gardnerianos bem treinados que conheço recebem experiência direta em apenas alguns dos oito caminhos. Há uma profundidade aqui que pode ser explorada pelas Bruxas Modernas de todas as tradições.

Uma das maiores críticas da Wicca Gardneriana, e de outras formas de linhagem iniciatória tradicional britânica da virada do século, têm sido a ênfase nas técnicas mágicas cerimoniais, os instrumentos e o estilo, ao invés de se basear na natureza da tradição Pagã. O Caminho Óctuplo praticado por Gardner e seus descendentes espirituais, em profundidade ou não, dá-nos uma visão de práticas muito mais Pagã, física e baseada na natureza. Gardner alegou ter sido iniciado e treinado em um Coven tradicional hereditário em New Forest, e que levou os materiais fragmentários deste Coven para compor seu Livro das Sombras, complementando-o com uma variedade de fontes.

Ao ler este livro, pode-se pensar que sou um Bruxo Gardneriano. Não sou, mas encontrei inspiração nas sementes que Gardner plantou e que cresceram em meu próprio jardim espiritual. Acho importante olharmos onde estivemos para, assim, saber para onde estamos indo, pois, nossos ancestrais, tanto de sangue quanto espirituais, fazem parte do nosso alicerce. Reivindico Gardner como um ancestral espiritual e, tanto eu como todos os Bruxos modernos, temos uma grande dívida com ele por tornar a Arte tão acessível a nós hoje.

Alguns críticos observam que o Caminho Óctuplo tem uma notável semelhança com o nome do Nobre Caminho Óctuplo do Budismo, talvez trazendo as influências orientais de Gardner para sua Arte inglesa, já que ele passou muito tempo no Oriente, estudando sua cultura e misticismo. Mas as técnicas por si só são provavelmente a parte "mais Bruxa" do Livro Gardneriano das Sombras, em termos da magia Pagã do Velho Mundo. Versões públicas do Livro das Sombras datam esta seção do Caminho Óctuplo para 1953. Os oito caminhos são descritos como:

Caminho óctuplo ou caminhos para o centro

1. Meditação ou Concentração. Na prática, isso significa formar uma imagem mental do que é desejado, forçando-se a ver que aquilo já está realizado, com a crença feroz e o conhecimento de que ele pode e será cumprido e que você continuará disposto até forçá-lo a ser realizado. Chamamos isso abreviadamente de "Intento".

2. Transe, projeção astral.
3. Ritos, cânticos, feitiços, runas, encantamentos, etc.
4. Incenso, drogas, vinho e o que for usado para liberar o Espírito.
5. A Dança e práticas afins.
6. Controle do sangue (as Cordas), controle da respiração e práticas afins.
7. O açoite.
8. O Grande Rito.

Estes são todos os caminhos. Você pode combinar muitos deles em um experimento. Quanto mais fizer, melhor.

Enquanto o Livro das Sombras declara que "estes são todos os caminhos", muitos praticantes modernos veem a lista original de oito como confusa. A intenção é listada como o primeiro caminho e o primeiro "fundamento" em uma lista posterior dos Cinco Fundamentos para Magia (ver capítulo quatorze). Essa lista foi adaptada de várias maneiras desde os dias de Gerald Gardner. A lista específica que eu uso é:

- MEDITAÇÃO: concentração focada, incluindo visualização, foco em um ponto fixo, oração silenciosa, mantra silencioso ou afirmações silenciosas.
- RESPIRAÇÃO: respiração regular e padronizada.
- SOM: músicas, cantos, oração audível, ritual audível, sons ritmados, sinos e todas as formas de música.
- MOVIMENTO: dança, posturas corporais, artes marciais, exercícios aeróbicos, gestos rituais, rodopios, movimentos.
- ISOLAMENTO: separação da sociedade humana, geralmente feita em silêncio. Restrição do fluxo sanguíneo usando cordas e amarrações.
- INTOXICAÇÃO: uso de substâncias naturais e também de álcool, incenso, óleos e enteógenos.
- SEXO: excitação sexual sozinho, com um parceiro ou em grupo.
- DOR: flagelação ritual (açoitamento), piercings, marcas e tatuagens.

Outros caminhos podem ser adicionados a essa lista, como a hipnose ou as tecnologias modernas, por exemplo, e também técnicas como a *biofeedback*[3] e padrões subliminares na música. As técnicas de hipnose podem seguir neste caminho e também na prática da meditação. Enquanto o tecnopaganismo e o tecnoxamanismo cresceram nos últimos anos, as técnicas eletrônicas ainda podem estar sob som e música.

Após muita reflexão e experiências mais profundas, decidi que gosto de adicionar mais quatro caminhos ao sistema de oito, totalizando doze. Os caminhos restantes não são totalmente expressos no material Gardneriano:

- LOCAL: o lugar onde você faz magia tem poder. Os povos antigos conheciam o poder de lugares sagrados reunidos nesses locais de poder. Tais lugares induzem ao transe pela maneira, pelo formato e pelo fluxo natural do prana, podendo ser tanto um homem como um templo ou uma igreja, que muitas vezes foi construída sobre locais sagrados Pagãos. São templos antigos, estruturas como a de Stonehenge, por exemplo, e até lugares com pequenos indicadores óbvios que podem estar localizado perto de você. A Geometria Sagrada, natural e trabalhada, reúne energias que mudam as ondas cerebrais. Locais sagrados são portais da consciência.

- TEMPO: se o local é sagrado e induz ao transe, o tempo também é. Certos momentos do dia, do mês e do ano, tanto pessoalmente quanto globalmente, podem ser usados para entrar em novos estados de consciência. Temos dias sagrados para combinar com lugares e calendários sagrados, que são construídos com a

---

3. N.T.: ferramenta terapêutica que fornece informações com a finalidade de permitir aos indivíduos desenvolver a capacidade de autorregulação. Essa técnica envolve o retorno imediato da informação por meio de aparelhos sensórios eletrônicos, sobre processos fisiológicos.

observância das marés de poder ao longo do tempo. Nós, Bruxas e Bruxos, celebramos os fluxos da vida e da morte com o Sol, o crescer e o minguar da Lua e nossos ciclos pessoais de vida.

- VESTES RITUAIS: o que vestimos pode ser importante em nossos rituais, indicando mudanças na consciência. Cor, material, forma e marca podem influenciar o usuário. De roupas e joias rituais a fantasias e máscaras, a maneira que você mesmo e outras pessoas o veem muda sua consciência e dão acesso a partes dormentes de seu próprio poder, ou ainda cria ligações para aqueles que você emula. Mesmo sem roupas apropriadas, estar vestido ao invés de estar nu, como os grupos tradicionais da Wicca britânica dizem, pode induzir ao transe pela virtude de que muitos de nós não somos nudistas em nossa vida cotidiana.

- SONHOS: o caminho dos sonhos é um método de consciência alterada que todos nós seguimos até mesmo quando não somos treinados. Sonhos são oportunidades para o contato com o espírito, para uma profecia ou simplesmente para elaborar as "coisas", mostrando sua autoconsciência ou talvez algo que não saiba, porém, o conhecimento que seu Eu inconsciente tem se mantém. A união dos dois através do compartilhamento desse conhecimento pode criar uma grande magia e até curas. O portal é a "porta dos sonhos".

A combinação de vários caminhos é o caminho em espiral para o centro da gnose. Como os caminhos para o "centro", esses também nos levam ao centro de nós mesmos, de nosso ser ou da nossa consciência, e é a partir desse centro que tudo irradia para fora, para criar a nossa vida e a magia. Ao combiná-los, podemos experimentar estados mais profundos de consciência. Como as linhas retas de uma teia que alcançam as doze direções, os fios em espiral nos levam ao centro e deve ser apoiado por cada parte da teia, mantendo-a unida.

Poder

Poder é uma palavra difícil para muitos daqueles que seguem um caminho espiritual. Nossa cultura muitas vezes o equipara como "poder sobre" alguém ou alguma coisa, conjurando ideias de abuso ou de controle, ao invés de "poder com" ou mesmo "poder de dentro". Portanto, em um esforço para sermos "Espirituais", rejeitamos o poder em favor da transcendência e do desapego, como acontece nos caminhos da iluminação. Alguns caminhos até fazem isso, mas a Bruxaria é um caminho de paradoxo. Temos a importância do material e do imaterial. Acreditamos na imanência e na transcendência, liberando o que não serve e reunindo poder. Somente quando estiver ao nosso alcance e pudermos fazer parceria com o poder de nossos aliados espirituais e da natureza, é que podemos realmente experimentar a iluminação e depois cumprir nossa própria missão pessoal, nossa verdadeira vontade aqui na Terra. Estamos no mundo material não para escapar dele, mas para criar e transformar, em parceria com a natureza.

O Caminho Óctuplo é às vezes chamado de "Os Oito Caminhos para o Poder". Enquanto são verdadeiras técnicas para alcançar uma experiência gnóctica de estado de transe, o conhecimento direto do espírito, também são meios de gerar o poder a ser contido dentro do Círculo Mágico. Alguns liberam mais poder, mais energia vital ou prana do que outros. Esse poder pode ser usado para lançar feitiços, alimentando a intenção com o lançamento de energia. A maioria das Bruxas gera energia para o feitiço. No entanto, o poder também é usado para nos impulsionar através dos portais da consciência.

Abrir os portais da consciência simplesmente não é o suficiente. Nós devemos avançar o portal, às vezes a jornada é bem difícil. A implementação adequada do poder é essencial para estados mais profundos de transe. Muitos perdem esse passo crucial quando entram nessas viagens devido a conceitos preconcebidos de como a meditação e o transe devem ser. Isso geralmente se baseia em modelos culturais que não são orientados para os métodos de Bruxaria. Muitos desses conceitos, os mais passivos, tornaram-se parte da Bruxaria hoje, eclipsando as formas mais antigas e mais extáticas de transe encontradas em nossas tradições.

Um amigo me disse que muitos de seus próprios ensinamentos tiveram como base um amado autor eclético da Wicca. Ele aprendeu a não colocar poder por trás de seus feitiços e rituais, mas simplesmente ser aberto e passivo ao fazer a meditação ou outro trabalho de transe, deixando as informações necessárias chegarem até ele sem direção. Meu amigo sentiu um chamado para trabalhar com os Fey, os espíritos do Submundo da natureza, predominantes no folclore Celta e conhecidos como o "Povo das Fadas". No entanto, quando ele meditava, não conseguia se conectar com esse povo. A questão é que ele estava simplesmente esperando que os aliados do Outromundo o contatassem enquanto estava receptivo. Eu lhe disse que era ele que tinha que encontrar o Povo das Fadas, pelo menos no meio do caminho. Ele precisava ritualizar seu processo de meditação com intenção mais clara e focada e, possivelmente, gerar e direcionar energia suficiente para fazer o contato. Discutimos o uso de dança, de tambor e de substâncias naturais para ambos abrirem o portal e lhe dar um empurrãozinho para visitar os espíritos que ele procurava e, com essas técnicas mais focadas, gerar energia para "meditar". Assim, ele foi capaz de ter um contato bem-sucedido com o Povo das Fadas.

O poder não é bom nem ruim. Simplesmente é. Ele pode ser direcionado para qualquer intenção que você tenha, podendo ser um feitiço para que algum evento material ocorra, como obter um novo emprego, encontrar um novo amor, proteger-se e curar, ou pode ser direcionado para buscar os mistérios mais profundos do espírito e encontrar a iluminação. Da perspectiva do Bruxo, o poder é necessário para todas essas coisas.

A sombra do transe

Parafraseando um amigo mágico, que muitas vezes ensina técnicas de êxtase, "a magia nem sempre é fácil e nem sempre é segura". Quando você muda, corre o risco de ter uma mudança duradoura, de transformação. Tamanha mudança é um perigo. Enquanto alterar sua consciência ao longo do dia é bastante normal, ritualizar a experiência com uma intenção específica de alcançar os lugares profundos de sua alma não faz parte da normalidade para a maioria de nós. Isso pode ser arriscado. Professores, tradições e até livros são como guias no caminho, alguns até apontam para os perigos que a acompanham. Existe a possibilidade de ficar preso nos espinhos do caminho, mas pelo menos você saberá que eles estarão lá para ampará-lo, além de saber que terá conhecimento sobre como se libertar.

Cada um dos doze caminhos do trabalho de transe tem sua própria sombra. Na magia, uma sombra não é necessariamente ruim. Na verdade, a magia das sombras é muito boa, é um processo de cura e de transformação. Sombras são lugares onde raramente vamos, onde escondemos o que ignoramos e reprimimos. Elas são desconhecidas e oferecem tesouros e perigos ocultos. Podemos escorregar e cair em nosso caminho mais facilmente se não conseguirmos, metaforicamente, "ver" para onde estamos indo. No entanto, ótimos poderes e ideias crescem no escuro se tivermos a ousadia de explorar.

E todos, tanto os oito caminhos originais como os doze expandidos descritos anteriormente, têm um extremo, uma vantagem que contorna a escuridão exterior. Alguns são como armadilhas e, no final das contas, é melhor evitar. Outros são benignos e representam o extremo do espectro daquele caminho. Todos podem ser úteis, alguns transitam entre os dois lados, dando-nos bênçãos, mas sendo prejudiciais se forem usados com muita frequência. Algumas dessas situações simplesmente acontecem conosco, como parte do processo da vida. Um sábio pode tirar proveito da situação para uma maior experiência de gnose e passar bem por essa experiência.

CAMINHO	SOMBRA
Meditação	Escapismo
Respiração	Falta de fôlego
Som	Silêncio
Movimento	Exaustão
Isolamento	Medo
Intoxicação	Doença, vício
Sexo	Obsessão
Dor	Ferimento
Local	Permanência
Tempo	Entrelaçamento
Vestes rituais	Vaidade e apego
Sonhos	Inconsciência

Vamos explorar as sombras de cada um dos caminhos, um em cada capítulo, para lhe dar maior compreensão de suas fronteiras e de como andar por eles com mais segurança.

Aterramento

Não importa qual portal foi a seu escolhido para encontrar o centro de sua gnose pessoal, mas, sim, como aprender a deixar o centro com segurança e eficácia. Para explorar qualquer um desses portais, você deve ter um conhecimento completo e facilidade de aterramento.

O aterramento é uma capacidade básica, mas muitas vezes esquecida, de se ancorar em seu corpo e de focar sua atenção na realidade física e consensual da vida cotidiana. Algumas tradições xamânicas chamam isso de Consciência Comum ou Primeira Atenção, ainda que muitas pessoas passam a vida cotidiana sem muito aterramento.

Quando a pessoa está focada em um estado meditativo ou em uma realidade alterada, ela não está aterrada. A falta deste aterramento pode ser leve, como um devaneio momentâneo ou a perda da linha de raciocínio, ou profundo, em uma visão ou ritual estendido. Não estar aterrado não é ruim quando feito de propósito. Aterramo-nos intencionalmente para fazer magia, meditação e trabalho psíquico. Se fôssemos totalmente aterrados, não teríamos acesso a esses níveis de realidade e não poderíamos receber essas experiências. Um bom Bruxo sabe como retornar dessas experiências e aterrar a sabedoria, o poder e a cura que ele recebe na realidade física. Caso contrário, a experiência não ajuda. Se ao retornar de um estado visionário você optar por não aterrar e integrar as energias, provavelmente não se lembrará das lições ou das mensagens recebidas que foram feitas para serem colocadas em ação. Se você aceitou as energias de cura na jornada, elas não se unem ao seu corpo para afetar as mudanças físicas a longo prazo.

O aterramento pode ser feito quando não sabemos como voltar de tais experiências ou quando trouxermos um excesso de energia dessa prática, sobrecarregando, assim, a nossa forma física. Neste caso, dizemos que estamos "aterrando" a energia, como um fio terra ou para-raios, evitando a eletricidade indesejada.

Outras vezes, um choque ou um trauma – físico ou emocional – pode causar danos espirituais. A energia solta sua corrente à forma física, fazendo com que não fiquemos aterrados, tornando-nos incapazes de processar nossa experiência de maneira saudável. Se você já experimentou um tipo de choque em que sentiu que estava olhando tudo de cima, como se aqueles eventos estivessem acontecendo com outra pessoa, então é certo que estava fora do seu corpo e não se controlou completamente. Períodos prolongados de tal estado convidam a doenças da alma.

Muitas pessoas são naturalmente menos aterradas que outras. Algumas são naturalmente mais volúveis, distraídas, sem foco ou sobrenaturais. Isso só é ruim quando essas características o impedem de se concentrar em suas intenções ou de manifestar seus sonhos e metas. Deve haver equilíbrio. Algumas pessoas acham o mundo desagradável, doloroso, não espiritual e não gostam de estar presentes, elas preferem não ter aterramento, mas estão perdendo a experiência de estar encarnadas no mundo físico. Se elas acham que não precisam aprender a abraçar a fisicalidade, por que elas estão aqui neste mundo?

Aprender a aterrar é uma habilidade para a vida que deve ser ensinada a todas as crianças. Falta educação energética em nossa sociedade, mas esse conhecimento é vital para a sobrevivência e o sucesso de todas as pessoas neste Planeta. Infelizmente, apenas aqueles envolvidos em atividades esotéricas aprendem essas habilidades fundamentais.

Aqui estão algumas ideias básicas sobre aterramento:

- RAÍZES: uma técnica simples envolve imaginar que seus pés são como raízes de uma grande árvore. Com sua expiração e intenção, imagine que seus pés crescem profundamente na terra, como raízes a ancorá-lo no mundo. Você é forte e sólido como uma árvore. Ao respirar, imagine-se respirando uma energia densa, forte e aterrada na terra, ou no próprio lugar onde você está.

- ÂNCORA: semelhante à técnica da raiz, imagine largar uma âncora, como a de um navio, da base da coluna vertebral, o ponto do períneo entre o ânus e órgãos sexuais, profundamente na terra. A corrente da energia imaginada na âncora chega ao seu períneo, aterrando-o. Como um peso, a âncora impede, energeticamente, que você saia "flutuando" para longe.

- ATERRAMENTO NO SOLO: particularmente bom após rituais em que uma grande quantidade de energia foi gerada e o excesso pode estar fluindo através de você, sobrecarregando-o. Muitas pessoas gostam do sentimento inicial e se sentem bem com essa energia, não querendo liberar o excesso, mas quando deixam o espaço ritual e voltam à consciência normal, a energia pode deixá-los doentes, enjoados ou delirantes. Após a conclusão do ritual, ou se guiando por alguém que o lidera, direcione o excesso de energia contida em você na terra. Isso pode ser feito apontando as palmas das mãos descendo em direção ao solo, direcionando-a através do altar ou através de ferramentas naturais que ajudam na conexão com a terra (varinhas, bengalas, bastões, espadas), mãos e joelhos pressionando a energia na terra ou pressionando o Terceiro Olho (testa) ou a coroa (topo da cabeça) para baixo e imaginando que está liberando o excesso de energia nesse ponto.

- PEDRAS: todas as pedras e cristais são pesados e densos por natureza, Certos minerais ajudam no aterramento geral, mantendo sua consciência mais presente no mundo físico: são as pedras geralmente escuras, como quartzo-enfumaçado, turmalina-negra, ônix, obsidiana, âmbar-negro, hematita, jaspe, granada e olho de tigre. O sal também é um aterrador e um mineral protetor.

- PLANTAS: não apenas as pedras, mas também as plantas podem ajudar no processo de aterramento. Carregue ervas aromáticas de plantas não indutoras de transe como confrei, selo-de-salomão, angélica, bardana, doca-amarela ou João, o conquistador (John the Conqueror). Se carregar raízes como um encanto não funcionar para você, o uso moderno de essências florais – soluções diluídas de flores embebidas em água, preservadas em uma pequena quantidade de álcool – podem ser poderosas e de grande auxílio. Algumas gotas são tomadas conforme necessário. Essências de batata, rendas da rainha Anne (cenoura selvagem) e Estrela de Belém são ótimas. Uma essência comercial prontamente disponível conhecida como *Rescue Remedy*, uma mistura de cinco flores usadas para trauma e choque, é também bastante eficiente para aterramento e integração.

- ALIMENTAÇÃO: uma das principais razões pelas quais muitas tradições pagãs se deleitam após uma grande celebração é ajudar a ancorar a consciência de volta ao corpo. Iniciando o sistema digestivo, a energia se move para o corpo físico, ajudando a volta da consciência ao mundo. Enquanto o jejum é um caminho para um estado alterado, quebrar o jejum também é um bom método. Em particular, algo com um pouco de sal, ou qualquer coisa cítrica, como o limão, são boas em trazer a consciência de volta para o mundo físico.

Com algumas técnicas de aterramento para escolher, use as que funcionam mais efetivamente para você. Se tiver dificuldade em voltar de uma determinada experiência, tente uma técnica de aterramento diferente. Um profundo conhecimento do aterramento e sua importância é uma ajuda vital para explorar todos os Portais da Bruxaria.

Os Segredos da Meditação

A meditação, no meu modo de ver, é uma das principais chaves para qualquer forma de desenvolvimento espiritual, seja você Bruxo, cristão, budista ou seguidor de qualquer outro caminho espiritual. Embora eu seja um grande fã de rituais, acho importante aprender a como me acalmar e a abrir meus sentidos para o universo antes de fazer muitos outros trabalhos. A meditação é uma das maneiras mais seguras de fazer isso, embora nem sempre seja a mais fácil. A recompensa por aprender a fazê-la beneficia não apenas sua vida mágica, mas também todos os aspectos da sua existência cotidiana.

A maior reclamação que recebo de novos alunos que não querem meditar é que é difícil. Isso é verdade até certo ponto. Como qualquer outra habilidade, pode ser difícil no começo. Pense em qualquer coisa que você realize bem agora. Na primeira tentativa foi fácil? Provavelmente não. Leva tempo e paciência para desenvolver habilidades. Algumas pessoas têm aptidão para isso, como em qualquer outra habilidade, já outras precisam começar pela primeira etapa e ainda precisam se esforçar bastante.

Parte da luta vem da nossa definição do que é "meditação" e das nossas expectativas sobre como fazê-la. Muitas pessoas me dizem que lutam com a meditação. Isso é porque elas não têm ideia do que estão fazendo. A primeira coisa que pergunto é: "Que técnica você está usando?" E elas me olham sem entender. "Técnica? Eu apenas sentei lá e tentei parar de pensar nas coisas. Quanto mais eu tentava, mais me mantinha pensando nelas". Isso não é meditação. É como entrar no seu carro e se perguntar por que você não pode fazer o carro avançar usando apenas a intenção. Se não sabe como girar a chave na ignição, nunca chegará a lugar algum. Intenção é importante, mas o conhecimento também é necessário.

Então, inicialmente, é preciso saber: o que é meditação? Muitas pessoas pensam que é simplesmente não pensar, deixando sua mente em branco enquanto está sentado em uma desconfortável posição de pernas cruzadas tentando parecer pacífico. Embora isso possa ser considerado uma forma de meditação, ela vem com muitas ideias preconcebidas sobre o que é "não ter nenhum pensamento".

Meditar realmente significa contemplar algo, concentrar sua atenção naquilo. Meditação é um tipo de concentração focada. Muitas experiências podem ser um foco para a meditação e fornecer o que poderíamos chamar de consciência meditativa, abrindo uma porta interior. Várias formas de exercício, artesanato e música podem induzir a um estado meditativo. De fato, todos os outros portais das lições seguintes se prestam a um estado meditativo e nenhum deles exige absolutamente "ficar sem pensar". O conceito de não pensar vem de uma percepção errônea das técnicas de meditação oriental.

Estilos de meditações orientais e ocidentais

Assim como os portais podem ser divididos entre as técnicas inibitórias e exibitórias, a meditação pode ser dividida no que consideramos técnicas orientais e ocidentais. Embora essas divisões sejam uma simplificação grosseira, são as técnicas orientais que geralmente procuram limpar a mente do pensamento. O principal objetivo de tais técnicas é diferenciar o pensador dos pensamentos que estão sendo gerados. Nós viemos de um mundo onde, na maioria das vezes, acreditamos que somos aquilo que pensamos. Enquanto temos o dito popular: "Penso, logo existo", de René Descartes, da perspectiva de um místico, isso é falso. Somos seres divinos com uma ferramenta que é a mente, mas somos mais do que a mente. Somos mais do que nossos pensamentos, mas os nossos pensamentos podem nos moldar. Estamos no controle da mente ou a mente está nos controlando? Se você se concentra em algo e tem pensamentos recorrentes que tenta banir, eventualmente começa a reconhecer que "você" é o ser que está pensando, mas à medida que se torna mais competente, ao limpar sua mente, adquire um nível de pura consciência além do pensamento, que está mais próximo do Eu verdadeiro do que dos seus pensamentos.

As técnicas orientais não apenas dizem para você não pensar, mas dão a você algo para focar. Esse foco ajuda a criar disciplina e aguça sua mente e sua concentração. A capacidade aprimorada de focar e concentrar ocorre com uma prática meditativa diligente, transbordando em todas as áreas da vida, não apenas na meditação. Essa meditação também ajuda a desacelerar seu processo de pensamento reativo. Ao invés de se identificar com pensamentos e emoções e reagir a situações difíceis da vida, você aprende a experimentar tais pensamentos e emoções e a reagir de um local de consciência mais alto ou mais profundo, de uma maneira que é difícil quando você se identifica com seus pensamentos. Quando atingido pelas dificuldades da vida que induzem raiva, medo, tristeza, desespero ou qualquer uma das emoções "negativas", você aprende a reagir à realidade da situação, ao invés de reagir aos seus pensamentos com uma reação emocional. O mesmo pode ser dito com uma superabundância de emoções "boas", querendo confiar em alguém rapidamente ou ignorando um problema ou uma dor. Você ainda pode ser otimista, mas pode ter uma mente mais neutra para perceber as coisas como elas são, e não como espera que elas sejam, ou com medo do que elas possam ser.

As formas ocidentais de meditação são semelhantes às formas orientais em termos do nível de consciência que você alcança e os benefícios que elas lhe dão. Elas diferem sobre o fato de como levam você a esse nível. Ao invés de lhe dar o desejo de ter de ficar "sem pensar" essas técnicas dão à sua mente algo específico e um tanto criativo para se concentrar. Técnicas ocidentais são mais semelhantes ao que são agora as técnicas de hipnose ou auto-hipnose. Elas usam contagem regressiva guiada, técnicas de visualização e imagens para focar.

Meditações ocidentais são algumas vezes conhecidas como meditações guiadas quando alguém, pessoalmente ou por meio de uma gravação, está sugerindo imagens que, quando prescritas, ativam a imaginação, que por sua vez é uma ponte para atravessar para outros mundos. Enquanto eu guio meditações, poucas pessoas experimentam as coisas exatamente como eu digo. A experiência abre as portas para o contato espiritual real, e esses indivíduos têm uma experiência com os espíritos, embora muitos também comentem como veem as coisas mesmo antes de eu dizer. Guio a meditação à medida que a experiencio e descrevo o que entendo e estamos fazendo contato juntos. Há uma pausa natural entre o que eu vejo e como sou capaz de sugerir a experiência para um indivíduo ou um grupo.

Quando feitas sozinhas, como um conjunto pré-arranjado de correspondências, essas meditações são normalmente chamadas de *Meditações Dirigidas*[4]. Este nome é provavelmente baseado em visualizações cabalísticas. Na Magia Cerimonial, a Árvore da Vida, o símbolo visual da Cabala, é usada como dispositivo mágico para organizar conceitos de rituais, cerimônias, estados de consciência e a estrutura do Universo. Cada estado de consciência é retratada como um círculo ou uma esfera, conhecido como *sephirah*, e cada uma delas está conectada a outros *sephiroth* (forma plural de *sephirah*) por meio

---

4. N.T.: em inglês *pathworkings.*

de caminhos. Cada caminho é associado a uma letra hebraica, às cartas dos Arcanos Maiores do tarô e a uma variedade de outros símbolos usados para criar um caminho, uma meditação baseada em imagens para mudar um nível de consciência em outro.

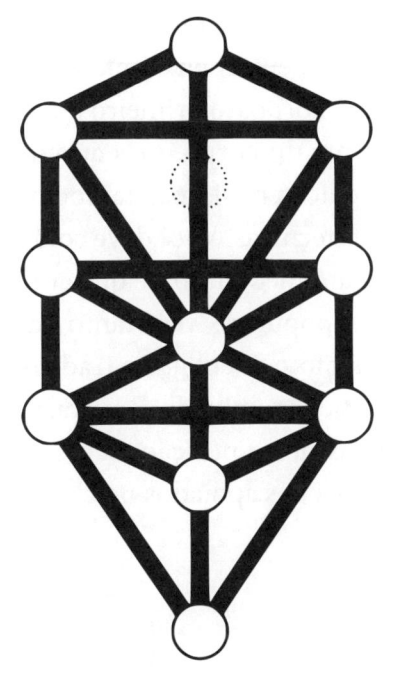

Fig. 3: Árvore da Vida

Essa meditação guiada de caminhos nasceu das tradições xamânicas da forma mais livre de transes e jornadas. Outros caminhos sobre os quais você aprenderá, como o som e o ritmo de um tambor, por exemplo, podem induzir ao transe visionário, criando uma visualização ou uma meditação guiada. As técnicas meditativas mais silenciosas procuram fazer a mesma coisa, mas sob condições diferentes.

As técnicas das meditações orientais e ocidentais começam a se confundir nesta era moderna, onde temos acesso as duas filosofias. No final, elas não são diferentes, pois levam ao mesmo lugar.

Veja a seguir possíveis técnicas de meditação para você mesmo experimentar e decidir com qual se identifica mais:

Consciência corporal

Ao focar no seu corpo e nas sensações que se movem através dele, você pode entrar em estado meditativo. A maioria de nós está totalmente fora desse contato com nossos corpos, que mantêm tensão e estresse mesmo quando não estamos cientes disso. Nós aprendemos a ajustar o corpo. Voltar a entrar em contato com ele é essencial para a prática mágica, pois o corpo é o primeiro templo do nosso trabalho. Não apenas estar ciente do corpo, mas aprender a relaxá-lo, pode ser uma excelente técnica em si, mas também funciona como uma preliminar para outras técnicas. Você deve colocar seu corpo em uma posição confortável para meditação, se quiser ter sucesso nisso.

As duas posições populares vêm tanto das tradições de espiritualidade oriental quanto ocidental. As tradições ocidentais usam a postura egípcia sentada, denominada como tal porque muitas estátuas egípcias são esculpidas nessa posição. Sente-se com as costas retas em uma cadeira, com os pés apoiados no chão e as palmas das mãos apoiadas nas coxas.

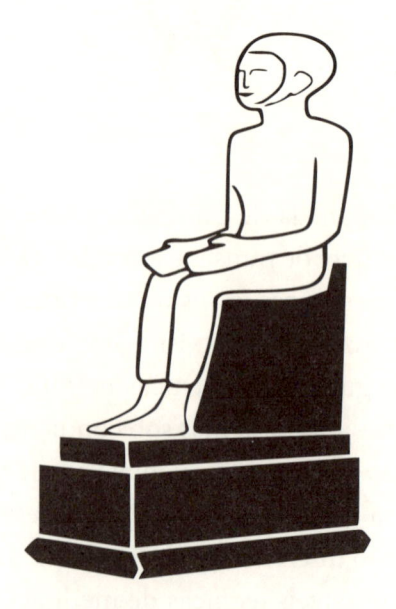

Fig. 4: Postura Egípcia Sentada

As tradições orientais são favoráveis à posição de pernas cruzadas no chão, com os pulsos descansando de joelhos e palmas para cima. Enquanto um pé pode estar na coxa (meia pose de lótus) ou ambos pés nas coxas (pose de lótus completa), mas isso não é exatamente necessário. A pose simples de pernas cruzadas é conhecida como "postura fácil" na Kundalini Yoga. Uma variação boa para a jornada interior da meditação é sentar-se com as pernas cruzadas, colocar os cotovelos nos joelhos e as mãos no rosto, em forma de concha, com as palmas bloqueando a luz para os seus olhos, ajudando você a se concentrar nas experiências do mundo interior.

Fig. 5: Postura Fácil

A consciência corporal funciona bem com os portais da respiração, do som e da dança. De fato, pode ser difícil separar a consciência corporal da respiração, mostrando com que facilidade esses caminhos se apoiam na busca pela consciência mágica.

Exercício: Relaxando o corpo inteiro

As técnicas de relaxamento corporal podem começar do topo da cabeça para baixo ou dos pés para cima. Como muitas coisas em sua primeira vez, tudo que você aprende inicialmente deixa uma marca, podendo ser difícil mudar a maneira como aquela prática é feita. Aprendi a começar de cima para baixo, acho mais eficaz para as minhas meditações de relaxamento. Eu inverto, de baixo para cima, para a magia dos sonhos e para todos os exercícios que não exigem que eu esteja completamente consciente.

- Sente-se em uma posição confortável de meditação.
- Traga sua consciência para o topo de sua cabeça. Sinta ondas de relaxamento fluindo de sua coroa para baixo por todo o corpo.
- Relaxe todos os músculos da sua cabeça, o couro cabeludo, a testa e ao redor dos olhos. Relaxe as bochechas, a mandíbula, o pescoço e a garganta. Relaxe a cabeça inteira. Sinta ondas de relaxamento fluindo por toda a área da sua cabeça e pescoço.
- Relaxe seus ombros e braços. Dos músculos dos ombros para baixo, através dos seus braços e passado pelos cotovelos, vai relaxando seu antebraço, pulsos, mãos e dedos. Sinta ondas de relaxamento fluindo da cabeça e do pescoço através de seus ombros, braços e pontas dos dedos, varrendo tudo o que não serve.
- Relaxe o peito e as costas enquanto inspira e expira. Sinta ondas de relaxamento descendo pela sua espinha.
- Relaxe sua barriga, sua cintura, a região lombar e as nádegas. Sinta ondas de relaxamento descendo pela barriga e pelas costas, varrendo toda a tensão.
- Relaxe as pernas, as coxas e os joelhos. Relaxe suas panturrilhas e suas canelas. Sinta ondas de relaxamento varrendo suas pernas, descendo pelos tornozelos, pés e dedos dos pés, tirando tudo o que não serve.
- Sinta seu corpo inteiro relaxar. Respire normalmente. Esteja ciente de todas as sensações em seu corpo. Se houver algum lugar de

tensão ou retenção, respire nesse local, imaginando a respiração varrendo a tensão e expirando. Relaxe completamente.

- Aterre se necessário.

Se você tiver dificuldades com a progressão lenta e constante do relaxamento, uma maneira rápida de relaxar é tensionar o corpo inteiro, mantendo essa tensão enquanto conta até três, soltando-a completamente depois, permitindo que o corpo fique em total relaxamento. Repita esse procedimento várias vezes até ficar totalmente relaxado.

Palavras silenciosas

Enquanto sons e cânticos se enquadram mais apropriadamente no conceito de música para meditar, o silêncio e as palavras são técnicas meditativas simples. Uma palavra ou frase repetida pode ser usada como um foco para meditação, podendo ser simplesmente uma sílaba, como o *Om* oriental, o *Aum*, o som da criação ou uma oração complicada. Pode ser seu nome, o legal ou o mágico, pode ser palavras estrangeiras ou até mantras religiosos de outro idioma especificamente projetados e gravados para meditação. Mantras orientais falados contêm frequências, e cada um induz a um nível específico de consciência. Aqueles que participam da MT, ou Meditação Transcendental, recebem seu mantra pessoal, que não deve ser compartilhado com os outros. Alguns recebem mantras ou palavras de poder em níveis profundos de consciência. Você pode simplesmente focar na sua pulsação, na sua respiração ou no tique-taque de um relógio como um foco silencioso.

Afirmações são simples declarações da realidade que você deseja criar na meditação. Elas geralmente são formadas como declarações "Eu Sou", e não como desejos ou vontades, porque a mente cria a realidade que ouve. Se suas frases são "quero saúde", sua mente criará um desejo mais forte de saúde, mas não uma saúde real. Se você simplesmente usar "saúde" como seu mantra, ou "eu sou saudável", sua mente criará a realidade de saúde, ao invés do desejo. Que tipo de mudança construtiva você deseja criar em sua vida? Baseie sua afirmação, ou conjuntos de afirmações, em torno de suas intenções.

Exercício: Afirmação silenciosa

Escolha uma afirmação ou um mantra confortável para você e suas crenças. Embora eu ame os mantras orientais, acredito que não devemos repetir nada a menos que possamos compreender completamente sua intenção e significado. Sugiro que, por enquanto, você fique com o seu idioma. Uma das minhas frases meditativas favoritas são as palavras "Amor Perfeito" e "Confiança Perfeita". São duas "chaves" da Bruxaria e da iniciação da Wicca tradicional que influenciaram muito nosso movimento moderno. Neste exemplo, sugiro inspirar e pensar silenciosamente "Amor Perfeito" e expirar pensando silenciosamente "Confiança Perfeita".

Faça uma posição confortável de meditação. Você pode relaxar o corpo se desejar. Inspire e expire, repetindo esta frase "Amor Perfeito, Confiança Perfeita". Mantenha seu foco e permita que sua consciência mude. Se possível, defina um temporizador para permitir que você saiba há quanto tempo está focado em sua afirmação. Se a afirmação ou a meditação com mantras são novos para você, defina uma meta de cinco minutos. Em seguida, tente permanecer por até quinze, vinte e depois trinta minutos. No começo pode ser difícil. Pensamentos podem entrar. Basta, então, voltar à afirmação. Use-a como foco para retornar a um estado meditativo. Este exercício cria foco e concentração e muda sua consciência geral baseada em qualquer mantra que você usar. Quando terminar, aterre se necessário.

Começando com um ponto fixo

Concentrar literalmente sua atenção em um único ponto leva sua mente a um foco mental. Você pode olhar para qualquer objeto que seja fácil de visualizar de sua posição meditativa, porém, frequentemente, esse objeto é um foco de poder, devoção ou religião. Olhar para as estátuas de Deuses ou de santos é uma maneira de induzir ao transe. Embora haja uma grande diferença teológica entre os hindus com sua estátua de Ganesha e os católicos com a estátua da Mãe Maria, em termos de mecanismo mágico, eles estão usando a mesma técnica. Uma obra de arte pode servir como foco. Desenhos geométricos que servem como focos meditativos são conhecidos como *mandalas* ou *yantras*, que são a forma visual de mantras. Embora a Bruxaria não tenha mandalas complexas passadas através das gerações, como fazem as tradições Orientais e Nativas, alguns símbolos primitivos podem servir para focar a meditação.

Fig. 6: Símbolos para Meditação: Espiral, Loop infinito, Triquetra, Espiral tripla, Cruz da Terra, Pentáculo, Hexagrama

Muitos praticantes da magia moderna escolhem um objeto de poder de sua prática, como um cálice ou uma bola de cristal, por exemplo, ou concentram-se na chama de uma vela ou nas sombras que ela lança. Meditações com a chama da vela são exercícios populares e básicos para a Bruxa Moderna.

Exercício: Meditação com vela

- Acenda uma vela e coloque-a diante de você para facilitar a visualização. Para este exercício, velas em formato de cone são mais fáceis do que as votivas, em potes ou pilares.
- Fique em uma posição meditativa confortável. Se desejar, faça a meditação do corpo inteiro do exercício de relaxamento.
- Concentre sua atenção na chama da vela. Não precisa olhar fixamente para a chama, pois isso força os olhos, olhe para um foco suave, focando na luz ao redor da chama.
- Use a luz da chama como foco e deixe que ela o induza a alterar seu estado de consciência.
- Apague a vela quando terminar. Na maioria dos caminhos da Bruxaria, velas mágicas não podem ser sopradas, mas apagadas

pressionando o pavio com os dedos ou com algum objeto, por isso é uma boa prática adquirir o hábito de apagá-las dessa forma.

- Aterre se sentir necessário.

Como na meditação da afirmação silenciosa, defina um cronômetro e aumente seu tempo.

Se você não gosta de focar em algo tão artificial quanto uma vela e tem espaço e tempo para fazer esse trabalho ao ar livre, fixe seu olhar em qualquer número de objetos e fenômenos. O Sol e a Lua são dois dos mais poderosos referenciais para induzir o transe hipnótico.

Em *Aradia: Evangelho das Bruxas*, de Charles G. Leland, há uma técnica de transe que consiste em observar o reflexo da luz do Sol do meio-dia refletido na água, para induzir o transe e "conjurar" ou abençoar o sal da refeição sagrada.

> Eis que te conjuro sal! Aqui ao meio dia,
> Exatamente ao meio de uma corrente
> Eu tomo meu lugar e olho em volta da água,
> Da mesma forma vejo o Sol, e não penso em mais nada
> Enquanto aqui estou, além da água e do Sol:
> Pois toda a minha alma é convertida em verdade para eles;
> Na verdade, não desejo outro pensamento,
> Anseio por aprender a verdadeira verdade das verdades,
> Pois sofri muito com o desejo
> Para conhecer meu futuro ou meu próximo destino,
> Se o bem ou o mal prevalecerão nele.
> Água e Sol, sejam gentis comigo!

Embora eu nunca tenha aprendido que o reflexo do Sol é um método de transe e nunca tenha percebido que essa passagem se refere a tal técnica, até que o autor Raven Grimassi apontasse isso em uma palestra sobre Aradia e Charles G. Leland, esse fato acabou por me lembrar de uma técnica que aprendi com meu professor, para contemplar o reflexo da Lua em uma lagoa, se possível, ou na água parada contida em um caldeirão preto. Esse olhar da Lua é geralmente um prefácio do trabalho psíquico, como adivinhação, ou usando a superfície da água como uma porta de entrada para os mundos lunares. Tanto o Sol quanto a Lua como fontes de luz podem ser muito poderosos na indução do transe. A chama da vela ou o fogo são substituições das fontes mais primitivas de luz celestial.

As técnicas de observação são baseadas nessa atenção meditativa focada. Como o arquétipo clássico de olhar para uma bola de cristal. Outros métodos incluem um espelho preto ou prateado, uma poça com água tingida, fogo, fumaça ou os olhos de outra pessoa. Enquanto muitos estudam com a intenção de buscar respostas para perguntas ou "ver" o futuro, este pode ser um método eficaz de indução de transe por si só e útil para meditações simples.

Enquanto o olhar fixo é geralmente sugerido na literatura oculta, a nova disciplina de Programação Neurolinguística (PNL), o estudo da linguagem, da comunicação e da terapia alternativa, fornece-nos informações sobre como os olhos e seus movimentos nos ajudam a processar informações durante a comunicação e pode nos dar pistas de como processamos informações na meditação. Muitas técnicas de yoga ensinam a olhar para cima, para baixo, no nariz, ou para uma direção específica como parte da técnica, desencadeando temas na experiência meditativa.

Os movimentos oculares padrão mapeados na PNL são:

Superior direito: Visualmente Construído – Imagem Fantasia.

Meio Direito: Auditivo Construído – Sons, Palavras, "Tocando a Música", Imaginando Sons.

Direita Inferior: Cinestésico – Sentimentos Táteis e Viscerais.

Meio: Visual Construído/Lembrado, Acesso a todas as informações sensoriais, mas geralmente visuais.

Superior Esquerdo: Lembrança Visual.

Esquerda Média: Lembrança Auditiva.

Esquerda Inferior: Auxílio Digital Auditivo – Diálogo Interno.

É importante perceber que "padrão" não significa "universal", pois isso geralmente se baseia em uma pessoa destra. Muitos casos são incomuns e você pode ter que mapear seus próprios movimentos pessoais. A exploração dos palpites sobre o movimento visual ocular ainda é considerado controverso, mas um entendimento básico pode ajudar o ocultista a acessar tipos específicos de informações na meditação, seja na recuperação de memória ou em aprofundamentos no trabalho de funcionamento da visualização interna. Os olhos não precisam necessariamente estar totalmente abertos para acionar os sinais interiores de comunicação do movimento.

Embora não seja geralmente listado como parte das técnicas padrão, olhar em direção à testa também é um gatilho de informações visuais, estimulando o centro de energia do Terceiro Olho e, de acordo com a tradição oriental, abrir caminho para a informação psíquica, não apenas para a construção de memória ou de imagem. Você pode experimentar as posições dos olhos se tiver dificuldades com as técnicas de contagem regressiva e visualização das seções a seguir.

Técnica da contagem regressiva

A técnica de contagem regressiva usa uma marcação silenciosa para induzir o transe. Geralmente a contagem começa com um número mais alto e retrocede, diminuindo em valor. Quando o número final é alcançado, seja o guia, seja outra pessoa, uma gravação ou o meditador, agindo como seu próprio guia, sugerirá que um estado meditativo foi induzido. Essa é uma técnica hipnótica. Estamos familiarizados com os números, então os usamos, embora possa ser usado qualquer padrão ou sequência regular – cores, letras, formas. Os números são simplesmente um dos padrões mais convenientes e fáceis de lembrar.

Embora guias e gravações possam ser usados, principalmente para conhecer, um experiente meditador que usa a técnica de contagem regressiva deve aprender a ser seu próprio guia. Treinando parte da consciência para atuar como treinador e guia, você ganha um aliado inestimável. A parte da mente que gosta de nos distrair com pensamentos, preocupações ou humor – mantendo-nos afastados da meditação – agora recebe uma tarefa. A voz do ego quer que você preste atenção nele. Ele quer ser levado a sério. Quando você se concentra na meditação, está diminuindo a importância do ego e ele tenta distrai-lo. Isso equivale a perda de atenção como a morte e, claro, o ego não quer morrer. Não quer deixar de ser a voz mais importante em você para um nível de não existência. Então isso lhe distrai, não pode ser destruído e acaba vindo na forma de uma revolta de pensamentos, preocupações, inquietações e sensações perturbadoras. Isto é o que torna a meditação tão difícil. Você pode descartar essa preocupação cética da mente, mas pode ser mais eficaz fazê-la funcionar a seu favor.

Se a tarefa dada for algo que você vai prestar atenção, então ela se tornará mais importante. Mas isso funciona *para* você e não *contra* você. Ser seu próprio treinador vai levá-lo a um estado meditativo responsável, guiando-o, mantendo-o focado e trazendo-o para fora do estado meditativo novamente. Você está aproveitando o poder dessa voz para seus propósitos.

Repita as instruções da meditação, começando com a contagem regressiva, na sua mente. Ao fazer isso, estará treinando a voz cética, é como treinar um papagaio, por meio da repetição, para lembrar de uma série de instruções. Com a prática, estas instruções serão repetidas automaticamente, embalando-o em um estado de meditação e trazendo-o de volta novamente. Essa estrutura da técnica da meditação, particularmente neste caso, a contagem, trabalha a parte cética da mente, dando a ela um formato familiar e repetitivo.

As técnicas de contagem regressiva envolvem o uso da voz interior. Contagem silenciosa e algumas formas de contagens regressivas que sugerem visualizações, imaginando o número na mente, adicionam habilidades de visualização e podem ser sincronizadas com a respiração e precedidas pela oração e pelo relaxamento do corpo. Minha própria técnica, encontrada no Templo Interior da Bruxaria, usa tudo isso. Eu uso duas contagens regressivas. A primeira, de doze para um, é visualizada no olho da mente, descrita como uma tela interna da mente. A contagem de doze é para a mente masculina, para os doze meses solares do ano. Isto envolve a parte mais ativa da mente. Depois, sem qualquer visualização, silenciosamente, contamos de 13 para 1, referente aos treze meses lunares do ano. Isso foca a parte mais intuitiva da mente. Depois de ambas as contagens, a maioria das pessoas fica em um estado meditativo e são capazes de fazer magia. Para sair claramente do estado meditativo, os passos a seguir são repetidos para trás, contando de um a treze sem visualização e, em seguida, um a doze, sem visualização.

A visualização não é necessária para sair de um estado de transe. A contagem regressiva e em ordem crescente ajuda a criar um limite apropriado, uma entrada e saída do estado de meditação, e auxilia o processo de aterramento no retorno.

Exercício: Contagem regressiva do templo interno

- Fique em uma posição meditativa confortável. Você pode fazer o exercício de relaxamento no corpo inteiro, se desejar.
- Feche seus olhos. Imagine uma tela clara em sua mente, como um filme, televisão ou quadro-negro. Nele, você pode criar qualquer coisa.
- Na tela, desenhe o número doze. Mantenha sua percepção do número por um momento e então deixe desaparecer ou apagar. Repita esse processo com o onze e continue para baixo, contando até você chegar a um e deixando-o desaparecer.
- Diga a si mesmo: "Agora estou em um estado meditativo, onde tudo o que faço é para o bem maior, não prejudicando ninguém".
- Solte a tela da sua mente, deixando-a desaparecer. Conte silenciosamente de treze para um.
- Diga a si mesmo: "Agora estou no meu nível mais profundo, onde todas as coisas são possíveis".
- Relaxe neste estado mais profundo de consciência. Se você tem algum trabalho meditativo para fazer, como um exercício de visualização, feitiço ou jornada meditativa, faça-o agora.

- Quando sua experiência estiver completa, conte silenciosamente de um a treze. Faça uma pausa e depois conte de um a doze. Abra seus olhos.
- Coloque as duas mãos vários centímetros acima da cabeça, com as palmas voltadas para baixo sobre a região da coroa. Vire as duas mãos juntas da coroa, sobre o rosto, peito e depois gire as palmas das mãos pela barriga e desça em direção ao chão. Isso limpa o campo de energia e ajuda no aterramento.
- Aterre se necessário.

A técnica que uso é baseada no que aprendi com minha professora, Laurie Cabot, e com uma técnica encontrada na Tradição Cabot, conhecida como Contagem Regressiva de Cristal. Em seu livro clássico *O Poder da Bruxa*, Laurie ensina a primeira contagem regressiva de sete para um, visualizando os números escritos nas sete cores do arco-íris, começando com o vermelho. A segunda contagem regressiva é de dez para um, sem visualização. Outras técnicas populares de contagem regressiva podem ser encontradas em tradições como The Silva Mind Control Method[5], de José Silva, e em vários livros e DVDs sobre hipnoterapia.

Visualizações

Visualização é o processo de criação de uma realidade interior para focar, em vez de se concentrar, na realidade física externa. A energia da consciência segue a nossa intenção, direciona a nossa consciência através da visualização interior e é um método poderoso para canalizar nossa energia para os objetivos e as intenções que desejamos.

Embora seja geralmente chamado de *visualização*, implicando em um foco no sentido visual, a maioria dos professores dessa prática enfatizarão a importância de criar um ambiente completo de realidade interna sensorial. A visualização é, na verdade, o sentido mais fácil de percepção que conseguimos descrever por nossa sociedade ser

---

5. N.T.: Método Silva de Controle Mental.

visualmente orientada. As melhores "visualizações" têm som, cheiro, toque e sabor quando apropriado. Não há um engajamento ativo nesse sentido em seus interiores psíquicos equivalentes. Você pode "ver" algo pela imaginação quando seus olhos estão fechados, pode "ouvir" com o ouvido interno, "cheirar" com o nariz interno, "tocar" com sua mão interna e sentir "gosto" com a língua interna.

Para alguns, um ou mais desses sentidos serão mais fortes do que a experiência de visão interior. Aqueles que iniciam a visualização geralmente ficam presos na parte "visual", o que é esperado. Muitas Bruxas e Magos de sucesso têm pouca habilidade de visão psíquica, conhecida como *clarividência* ou de qualquer um dos outros sentidos psíquicos populares, como a *clariaudiência* ou *audição psíquica*. Mas eles são bons com a clarividência, um conhecimento psíquico que não é orientado pelos sentidos. Essa habilidade pode crescer quando se sentir seguro em suas intenções ao visualizar.

Quando instruído a visualizar uma árvore, mesmo que você não a "veja" claramente com sua mente interior, saberá que ela está lá. Portanto, seja firme em seu conhecimento psíquico interior, além da visualização. Muitas pessoas esperam que suas visualizações sejam nítidas, claras e sólidas. Embora esse seja um objetivo, isso não significa que você está proibido de fazer magia se suas visualizações não forem tão claras. Ver, no sentido psíquico, não é sempre ver, no sentido visual. O termo "ver" poderia ser facilmente ou talvez até mais precisamente chamado de *sentir*. Mas "ver" é o linguajar popular. À medida que você ganha experiência, será capaz de verificar o fenômeno que não viu, mas percebeu. Com o passar dos anos, eu tendo lecionado muitas aulas de desenvolvimento psíquico, aprendi a substituir o popular "ver" por "perceber", como cada um de nós percebe o mundo interior de maneira diferente. Quando você é instado a visualizar algo, está sendo convidado a realmente perceber, de qualquer maneira, aquilo que é apropriado e bem-sucedido para você. Não importando se as suas visualizações são iguais às outras, mas, sim, se suas experiências de visualização funcionam para você. Todo mundo é único.

Exercícios simples de visualização começam com a recriação de um objeto em que você estudou no mundo físico dentro da sua imaginação. Qualquer objeto usado como ponto fixo nos exercícios pode servir como ajuda. Basta fechar os olhos e tentar recriar esse objeto na sua mente. Uma vez que conseguir manter sua percepção do ângulo que estava vendo, tente movê-lo em sua mente. Olhe para o objeto de um novo ângulo – acima, abaixo ou atrás. Você ainda consegue manter a mesma percepção?

Depois de ter maior domínio sobre os objetos físicos já conhecidos no mundo, você pode criar novos objetos, nunca antes vistos. Para alguns, isso é mais difícil, para outros é mais libertador. Você não precisa estar em conformidade com uma realidade predeterminada, mas modele-a como quiser. É preciso atenção e concentração.

O próximo passo é criar "cenas" para si mesmo. Se você deseja criar algo na sua vida, a técnica de visualização criativa nos diz para se imaginar naquela configuração, como se seu desejo já fosse realidade. Como ficaria? Como se sentiria? Envolva todos os seus sentidos e percepções, algumas formas de visualização criativa são simbólicas. Se você não estiver saudável, imagine uma luz dourada entrando no local da doença e da dor, absorvendo-as e removendo-as, garantindo saúde. Outras formas de visualização criativa são mais literais. Se estiver doente, imagine o vírus ou a bactéria sendo morto por seus glóbulos brancos. Ambas as técnicas funcionam. Elas apenas dependem do seu nível de conhecimento literal e do que pessoalmente ressoa com você.

Uma técnica mais avançada, mas bastante fácil para a maioria das pessoas, é a de criar um "lugar feliz" para o seu Eu. Na meditação, é possível retornar a este local de cura e de descanso. Isto rejuvenesce e centraliza. Mesmo no meio do caos da sua vida, sem férias ou dia de folga à vista, você ainda pode se retirar para um espaço sagrado através de uma breve meditação. O lugar feliz pode ser na natureza, um lugar já visitado antes, ou um novo local criado exclusivamente para você. Nossa própria criatividade é o único limite que temos ao criar esses lugares psíquicos. Nos meus ensinamentos de Bruxaria, chamamos esse lugar de Templo Interior Pessoal. Em outras tradições, o chamam de Santuário da Alma, Fortaleza Interna ou Castelo Interior. Não importa como você o chama, desde que faça isso regularmente e use para centralizar, curar e encontrar a paz.

Exercício: Visitando o Templo Interior

- Faça a primeira metade da meditação da contagem regressiva do Templo Interno entrando em estado meditativo.

- Imagine uma árvore na tela da sua mente. Esta é a maior árvore que você já viu, o que os xamãs chamam de Árvore do Mundo. Seus galhos alcançam os céus, indo até as estrelas. Suas raízes atingem profundamente a Terra, até os reinos abaixo. O tronco está dentro do mundo do espaço e do tempo.

- Percorra a tela da sua mente como se fosse um véu ou uma tela, ou abra-a como uma janela ou porta e atravesse-a.

- Fique diante da grande árvore e toque no tronco. Sinta a casca. Ouça o vento através dos galhos. Sinta o vento. Cheire o aroma da terra que apareceu por entre as grandes raízes.

- Olhe ao redor das raízes gigantes em busca de uma caverna, uma abertura que leva ao mundo interior. Pode haver muitas aberturas, mas sinta que apenas uma delas é a "certa" para você, para o seu espaço sagrado interior, para o seu Templo Interior.

- Entre nessa abertura e siga o túnel até a escuridão. Os ventos sopram e giram no túnel, mas no final, você vê uma luz. Entre na luz e vá ao seu Templo Interior.

- Olhe em volta para o seu espaço sagrado interior. O que você percebe? Esse lugar reflete seu eu interior. Explore e aprenda com essa experiência e, ao fazê-lo, aprenda sobre você mesmo.

- Descanse, relaxe e rejuveneşça neste local. Você pode encontrar portas que levam a outros reinos, piscinas de água de cura ou bibliotecas cheias de mistérios. Cada interior do templo é único e diferente.

- Quando sua experiência terminar, volte pelo túnel através das raízes da árvore. Volte pelo véu e integre sua consciência novamente com seus sentidos corporais.
- Realize a segunda metade da meditação da contagem regressiva do Templo Interno, contando fora do estado meditativo.

Viagem astral

Nos Oito Caminhos de Poder Gardnerianos originais, a meditação é resumida simplesmente como uma intenção, sendo uma forma de concentração ou um foco, muitas vezes visualizada e listada separada e distinta do Transe, da Viagem Astral e da Viagem entre os Planos. Mas as várias técnicas de meditação não induzem ao transe? Foco e concentração não dá origem a viagens astrais, se essa é a intenção? Para mim, esses dois caminhos parecem entrelaçados. Vejo pouca diferença entre os caminhos guiados e as viagens astrais.

Nesses caminhos, eles usam muitos dos mesmos "músculos" psíquicos, mas sua intenção ou resultado podem ser diferentes. Quando os místicos se referem ao corpo astral e às viagens astrais, sempre há confusão, pois cada tradições define esses termos à sua maneira. O significado original de mundo "astral" refere-se às estrelas – *astra* em latim. Então o corpo astral é o corpo estrelado e o plano astral é o mundo estrelado. A conotação sobre a palavra *estrelado* caiu em desuso entre os praticantes mais modernos de viagem astral, em vez disso, simplesmente foi usada como sinônimo de corpo espiritual e mundo espiritual. Aqueles que realizam viagens astrais são capazes de projetar seu corpo espiritual físico no mundo espiritual.

Muitos sistemas de conhecimento oculto dividem o mundo não físico em camadas e o Eu não físico em muitos corpos espirituais ou invólucros. Ao invés de olhar para uma cosmologia simples e para anatomia espiritual de dois níveis de existência, físico e não físico, o modelo simples de corpo e alma, o ocultista descreve um sistema complexo de níveis, cada um descrevendo um nível diferente de consciência. Um de esses níveis são descritos como astrais e têm propriedades diferentes dos demais.

Eu ensino um sistema de sete níveis e sete corpos, semelhante a muitas tradições ocultas mais antigas, mas renomeado em uma maneira mais facilmente compreendida pelo praticante moderno.

FÍSICO	O mundo físico e o corpo. Aquilo que pode ser medido pela ciência.
ETÉRICO	O modelo energético para todas as coisas físicas. Ancorado ao físico.
ASTRAL	A imagem ou o padrão atrás do modelo energético. Pode ser separado ou estendido do físico. Todas as coisas físicas têm uma contrapartida astral, mas nem todas as coisas astrais têm uma contrapartida física.
EMOCIONAL	A energia emocional que pode alimentar e sustentar a criação física. As emoções dentro de um ser físico.
MENTAL	A energia mental por trás da criação. O lugar dos conceitos e das ideias.
PSÍQUICO	A energia psíquica da criação, a inspiração e a visão que precedem o conceito do plano mental.
DIVINO	A energia divina da criação, além da forma e da estrutura. Espírito puro.

Como essa lista descreve, cada um de nós tem um "corpo" ou "invólucro" em cada um dos sete níveis de existência. Cada nível envolve e interpenetra o outro, passando da forma humana para um ovo ou uma forma de esfera muito maior que o nosso corpo físico. No centro dessa energia temos nosso corpo físico, apoiado por um corpo etérico, o modelo energético. É o que alguns cientistas estão chamando de campo morfogênico ou morfogenético.

O corpo astral é a sua autoimagem e pode ser referido como o ego ou o Eu pessoal. Enquanto o corpo etérico é o que é, o corpo astral é o que você sente e acredita. Quando são feito exercícios de visualização em si mesmo e para sua saúde, você está influenciando o corpo astral que, por sua vez, está influenciando o corpo etérico, e então o corpo físico. Seu corpo astral pode ser a fonte de sua persona mágica, como além de conter imagens sobre si mesmo que não são verdadeiras, mas são aquilo em que acredita. Se você já perdeu uma quantidade significativa de peso, mas não conseguiu mudar sua autoimagem e olhou no espelho e ainda viu a pessoa "gorda", certamente está olhando mais para si mesmo no astral do que no físico. A maioria das pessoas que não consegue mudar sua imagem astral recupera facilmente o peso, já aqueles que mudam a imagem do astral conseguem mantê-lo.

É no corpo emocional que sentimos nossas emoções. Às vezes o astral é referido como o PLANO EMOCIONAL INFERIOR ou PLANO ASTRAL INFERIOR, e o plano emocional como PLANO EMOCIONAL SUPERIOR ou PLANO ASTRAL SUPERIOR. Nossa capacidade de amor e de compaixão são encontrados neste nível. Nosso corpo emocional é o recipiente para nossas emoções. Em algumas tradições da magia isso é descrito como nosso cálice ou Santo Graal, pois, como um copo, contém nossas emoções, descritas esotericamente como o elemento Água.

Os três planos e corpos superiores são mais abstratos. Nossa mente é corpo mental que contém nossos conceitos, ideias, memórias e padrões de pensamento, e também a linguagem e as palavras. O corpo psíquico trabalha inteiramente com intuição e imagens, além das palavras e da linguagem. Nossos flashes de inspiração e conhecimento vêm para nós do corpo psíquico. O corpo divino é o que podemos pensar como o verdadeiro Eu, a alma ou Eu Superior. É a parte de nós além de todo espaço e tempo, infinito e vasto.

Enquanto alguns se referem apenas aos corpos etérico e astral como *aura*, verdadeiramente falando, aura são as camadas dos corpos sutis olhadas como um todo. Ao mesmo tempo, é a energia eletromagnética do corpo que a ciência está aprendendo a medir e as formas mais sutis de consciência, que podem nunca ser mapeadas pela ciência.

É importante entender os vários níveis de consciência ao se aproximar da viagem astral. Muitos praticantes aspirantes possuem um simples conceito de consciência de corpo/alma e sentem que se eles estão projetando sua "alma" fora do corpo, então seu corpo estará vazio e vulnerável a ataques ou outros danos. Seria como uma concha vazia. Alguns ensinamentos reforçam essa ideia e muitos filmes, séries de TV e livros também. Se você entender que tem muitos níveis, vai perceber que a projeção não o deixará vazio. Sempre existe alguma forma de consciência mantendo seu corpo. Você também vai perceber que sua consciência pode ser dividida e que pode ter uma experiência de projeção totalmente bem-sucedida, enquanto ainda está um pouco consciente do seu corpo e do ambiente físico. Em essência, é uma "localização dupla" psíquica em dois lugares ao mesmo tempo. Você está estendendo uma parte de si mesmo para outro local ou dimensão da sua consciência.

Na verdade, eu nem gosto de usar o termo "viagem astral" quando não é necessário. Isto vem com muita bagagem. Devido a imagens populares e ensino sobre o astral, as pessoas acreditam que deve ser como uma EQM, uma Experiência de Quase Morte. Pessoas muito feridas ou doentes que corriam risco de vida relataram deixar seu corpo completamente e entrar em um túnel de luz para outro mundo. Enquanto isso se tornou um fenômeno universal que combina com muitas práticas mágicas e xamânicas, nem todas as viagens astrais são tão grandiosas e intensas. De fato, quando se entende o conceito de muitas camadas de consciência, percebe-se que os vários corpos, que são nossas almas, não estão no corpo físico, mas que é o corpo que está nas almas. O corpo é a manifestação mais densa de nossa consciência, mas nosso verdadeiro Eu se estende além dos limites do corpo. Ao contrário da imagem dada pelos principais ensinamentos cristãos populares, ela não está presa no corpo à espera de ser libertada. A alma é sempre "livre" e opera em vários níveis ao mesmo tempo. Você pode simplesmente mudar sua atenção para um nível diferente.

O corpo energético não "deixa" realmente o corpo físico, mas sua natureza é como um elástico e se estende saindo para onde você o direciona. Podemos projetar o corpo astral, os corpos emocionais, mentais e psíquicos em várias combinações e cada um vai produzir um resultado diferente. Alguns praticantes são mais propensos a projetar. Uns mais que outros. Se você captar sentimentos de suas viagens provavelmente estará projetando mais o corpo emocional. Se simplesmente estiver "vendo" um local, mas não se sentindo realmente presente, pode estar projetando os corpos mentais ou psíquicos. Essa experiência é agora chamada de Visualização Afastada e pode se referir tanto à projeção mental quanto à astral. Se você se sentir presente e tiver uma infinidade de estímulos sensoriais, pode estar projetando o corpo astral e sentindo que está "realmente" lá. Dependendo do tipo de experiência que deseja e o motivo de a estar fazendo, um corpo pode ser melhor que outro. A maioria das pessoas se fixa no astral desejando um estilo de experiência de EQM e ignora as bênçãos e os dons dos outros corpos.

O corpo astral é a parte da anatomia esotérica mais referida na literatura oculta. Ele é conhecido como "duplo", porque, embora possa parecer diferente, imita nossa forma física. Alguns relatórios indicam que no astral podemos incorporar nossa maior autoimagem mágica, mudar de sexo ou assumir a forma de um animal. Enquanto muitos de nós pensamos na viagem astral como uma habilidade psíquica refinada, é o mesmo mecanismo usado no caminho, na jornada xamânica e em vários outros caminhos descritos neste livro. De fato, as práticas de Bruxaria nas viagens astrais eram muito mais xamânicas por natureza.

As Bruxas modernas acreditam na vassoura que, além de ser uma ferramenta para limpar ritualmente um espaço, é usada como foco para o voo xamânico ou astral. Xilogravuras antigas mostram Bruxas montando suas vassouras, embora, ao contrário das imagens populares da decoração de Halloween, as cerdas ficavam voltadas para a frente, ou, ao invés disso, utilizavam um bastão bifurcado, conhecido como "estaca", usado como um garfo voltado para a frente. A vassoura é uma metáfora para o Universo que xamãs se referem como a *Árvore do Mundo*. As cerdas são os galhos que alcançam os céus, o cabo é o tronco e é "plantado" no chão, onde o Submundo, as "raízes", estão ocultas. A Bruxa sentava no chão, "montava" na vassoura e imaginava que ela era um "corcel" que voava para outros mundos, resultando nas imagens encontradas nas xilogravuras. A vassoura física se torna um foco para o voo espiritual que está por vir. Fui exposto a essa prática pela primeira vez em um workshop do autor Raven Grimassi e depois com os descendentes de tradições Britânicas não Wiccanianas, que usavam técnicas semelhantes. Desde então, pratiquei usando bastões e vassouras com resultados poderosos. Tanto a ferramenta quanto a posição parecem melhorar a viagem astral que experimento.

Tradicionalmente, vassouras são feitas de três madeiras específicas. Também conhecida como Vassoura Mágica (ou *Besom*, em inglês), o cabo é feito de freixo, os galhos que compõem as cerdas são de bétula e o cordão ao redor delas é feito de salgueiro. Embora esse seja o alinhamento mais popular, também vi vassouras feitas de outras madeiras, incluindo a escocesa com galhos floridos usados como varinhas mágicas. Faça ou compre uma vassoura para experimentar esta versão da viagem astral.

Exercício: Viagem astral com Vassoura de Bruxa

- É ideal que se trabalhe do lado de fora, "plantando" sua vassoura no chão, com as cerdas para cima.
- No lado Norte, faça uma pequena fogueira. Para estes propósitos, uma vela, uma lamparina ou um pequeno caldeirão com fogo serve. Se for usar o caldeirão, use o de ferro e encha com álcool, ou mesmo esfregue o álcool ou uma colônia como a Água Florida nas laterais internas dele e ateie fogo com um fósforo, deixando as chamas azuis dançarem acima do líquido. O Norte é a direção do Caminho da Estrela do Norte, uma estrada espiritual que faz a jornada ser mais fácil.
- Se você está preocupado com a segurança espiritual do seu corpo físico, crie um Círculo. Se você é versado na Magia Ritual do Círculo, faça o exercício do Círculo da Bruxa (veja o capítulo quatorze). Se está procurando algo mais primal, crie um limite em torno do seu espaço, marcando na terra um círculo com um cajado, varinha, espada ou a própria vassoura antes de "plantá-la" ou marque um limite com pedras, uma para cada uma das quatro direções e os quatro pontos entre elas.

- Construa o Círculo com a intenção de proteção, protegendo você e seu corpo de todo dano enquanto estiver nele.
- Sente-se de pernas cruzadas ao redor do cabo da vassoura, segurando-a como apoio e encarando o fogo. Olhe para o fogo e use-o como foco para sua meditação.
- Mantenha uma intenção sobre onde quer ir. Onde quer visitar? Embora o plano astral abranja o mundo físico e os reinos espirituais, comece escolhendo um local físico no mundo.
- Feche os olhos e imagine a vassoura e a si mesmo ficando mais claros e mais leves, até que você se levante e possa olhar para baixo, para o fogo e para o seu corpo abaixo.
- Reserve um momento para olhar para o seu eu astral, na vassoura. Como você se vê?
- Fixe sua intenção na sua localização e se imagine "voando" na vassoura para aquela localização. Você não precisa saber como chegar lá através da geografia, a intenção de visitá-lo será suficiente para levá-lo intuitivamente. A jornada pode ser panorâmica, com a capacidade de perceber o espaço percorrido ou um borrão onde você está se movendo através de um túnel de luz, uma estrada espiritual, e chega sem informações sobre os lugares por onde passa.
- Explore o destino escolhido. O que você percebe? As informações podem ser visuais, mas talvez não. Todos os sentidos psíquicos podem estar nesse trabalho através de tais exercícios de projeção. Você pode ver, ouvir, sentir, cheirar, provar ou apenas "tomar ciência" de tudo isso. Um sentido psíquico pode ser mais dominante que outro.
- Quando terminar, volte pelo caminho de onde veio. Inverta sua viagem e retorne ao espaço do fogo, da vassoura e de seu corpo. Usando sua vontade, integre sua consciência, sua autoimagem astral, com a consciência do seu corpo. Faça qualquer aterramento adicional necessário.

Mesmo que tenha percebido a viagem como uma "separação", você estava realmente apenas se estendendo do corpo e nunca "o deixou" realmente. Você ainda pode ter mantido a consciência do fogo, da vassoura e do seu corpo, e isso é perfeitamente bom.

Se não puder usar uma vassoura para este exercício, isso pode ser feito com sucesso de uma maneira simples. Em posição meditativa, de pernas cruzadas, em uma cadeira ou, assumindo que você não durma, faça deitado. Ao invés de viajar na vassoura, imagine-se como se você mesmo estivesse voando, como um super-herói moderno. Se necessário, faça isso dentro de casa e simplesmente segure a vassoura no chão. À medida que você avança neste livro, poderá encontrar e adicionar outras técnicas a este exercício, como um tambor, uma dança, jejum ou utilizar um bálsamo à base de plantas que facilitará mais sua experiência voadora.

Ascensão entre os planos

O conceito de Viajar Entre os Planos significa ter sua consciência "ascendente" através dos vários níveis descritos. Diz-se que cada nível contém uma infinita quantidade de subdivisões. Nos sete sistemas de planos, cada plano tem mais sete subdivisões, criando 49 planos. Cada um desses planos tem mais sete subdivisões, e assim por diante. Viajar Entre os Planos move sua consciência ainda mais e mais longe da experiência física e humana, para entender e experimentar os aspectos mais sutis da criação. Embora usemos o termo "ascensão", as energias estão realmente em uma direção que não podemos apontar. "Acima" não é necessariamente a direção da espiritualidade, como muitos mitos Pagãos descrevem, as bênçãos do Submundo é abaixo, e o Outromundo existe lado a lado. A ascensão é apenas uma terminologia da sensação que ocorre e uma referência à natureza estrelada do corpo astral.

Exercício: Ascendendo entre os níveis

Este exercício pode ser feito com ou sem a vassoura. Eu fiz pela primeira vez sem a vassoura, simplesmente sentado em uma posição meditativa de pernas cruzadas, de modo que seja a posição que achar mais propícia. Como no exercício da Viagem Astral anterior, você pode construir um Círculo de Proteção.

Use uma das técnicas anteriores para entrar em um estado meditativo, como a Meditação da Vela ou a Contagem Regressiva do Templo Interior. Quando você estiver em estado meditativo, com os olhos fechados, imagine-se levantando da sua consciência física. Muito parecido com o exercício anterior, sinta-se cada vez mais leve, mais refinado, como uma névoa subindo.

Em vez de se mover ao longo do eixo horizontal, para ir para outro lugar no mundo físico, continue subindo no eixo vertical da realidade. Observe o que você sente. Como na experiência anterior, suas informações podem ser visuais, de outros sentidos, ou simplesmente um senso de conhecimento psíquico.

Continue a subir e observe. Você pode notar "mudanças" entre os planos, onde as coisas são interrompidas e mudam drasticamente. Pode experimentar os sete planos de consciência descritos acima, ou ainda descobrir que esses níveis correspondem com algum outro sistema.

Seres deste mundo espiritual podem tentar entrar em contato com você. Por enquanto, não fique preso demais a qualquer plano ou ser, simplesmente observe. Conforme cresce em experiência, você pode interagir com esses seres e explorar planos específicos de consciência.

A ascensão pode realmente ser infinita; portanto, quando termina e a pessoa sente que a experiência foi bem completa, ela voltará ao plano físico. É possível perceber que está deixando cair uma "âncora" ou "raízes" e que vai ficando pesada até alcançar o físico.

Integre sua consciência projetada de volta com sua consciência física. Faça qualquer aterramento adicional necessário.

É fácil sentir-se "perdido" ao viajar entre os planos. Saiba que sua vontade de voltar é tudo que precisa. Tive um professor que sugeriu o uso do comando "retorne, retorne, retorne" sempre que estivesse pronto para voltar, isso seria capaz de fazer a pessoa retornar à consciência desperta. Eu acho que pode ser uma boa ideia ter um cronômetro definido, ou uma música com um tempo predeterminado, para lembrá-lo de voltar quando tudo estiver feito.

Escapismo

Enquanto muitos pensam que coisas boas são sempre em pouca quantidade (e meditação é uma coisa boa), para um Bruxo esse pensamento é simplesmente falso. Muito de qualquer coisa causa desequilíbrio, incluindo a meditação. Excesso de meditação pode ser um escapismo do mundo material, onde você é instado a colocar suas ideias meditativas em uso prático. De que servem todas as práticas de meditação se você não pode aplicá-las para uma vida e um mundo melhor? A meditação escapista também se torna tóxica, como assistir muita televisão, ou qualquer outra mídia, ou usar muita substância que entorpece os sentidos, como usos indiscriminados de inebriantes.

Embora às vezes seja divertido simplesmente se alegrar com uma meditação e não se lembrar da experiência, muitas dessas práticas derrotam o ponto de vista ocidental. O propósito da prática da meditação é abrir o portal para níveis mais profundos de consciência espiritual e, como o xamã, recuperá-lo não apenas para a sua prática, mas para retornar com algo de valor para sua comunidade. Às vezes vamos tão fundo que não nos lembramos bem de nossas experiências, mas o treinamento e a prática nos ajudam a lembrar cada vez mais. Tal habilidade e disciplina devem ser nosso objetivo. Essas sessões de "bem-aventurança" equilibram as experiências do simples sentir. Quando sentimos que não podemos escapar de nossos pensamentos, sentimentos e bagagem psíquica e, ainda assim, demorarmos muito em qualquer prática, isso se torna um erro. O objetivo das práticas de meditação aqui é aprender a abrir de maneira fácil e confiável o portal psíquico ao poder interior.

Para não ser seduzido pelo fascínio do escapismo, mantenha uma prática disciplinada. Tenha horários regulares e use um cronômetro ou música programada para limitar o tempo na meditação. Não pratique por mais de uma hora por sessão. Você pode ver que, com disciplina, vai poder ter uma experiência muito lúcida em um tempo muito mais curto e aprender a se lembrar de tudo. Anote tudo da sua meditação imediatamente depois de fazê-la, mesmo que tudo o que você possa escrever seja "não me lembro". Adquira o hábito e, eventualmente, você vai se lembrar cada vez mais.

Se você estiver escapando demais, varie sua técnica. Experimente outros métodos de meditação até encontrar aqueles que funcionam melhor para você. E o mais importante, mantenha uma intenção clara para a sua sessão de meditação, mesmo que a intenção seja simplesmente: "meditarei com facilidade, clareza e lembrarei de tudo que experimentar".

Aliados da meditação

As dicas a seguir podem ser úteis para qualquer uma das técnicas de meditação:

ATMOSFERA: se o clima na área for propício à meditação, será muito mais fácil passar um tempo meditando. Decore o lugar com cores suaves. Use objetos e itens inspiradores para meditação. Acenda velas. Toque música suave (consulte o capítulo quatro). Faça o que for necessário para inspirar um estado meditativo.

INCENSO: o incenso pode ser propício a um estado meditativo (consulte o capítulo sete). O mais fácil e benigno para induzir a meditação é o sândalo, embora o olíbano também seja muito útil.

CRISTAIS: segurar uma pedra para induzir um estado meditativo é de uma ajuda poderosa. O quartzo-transparente, com ponta ou polido, é um excelente aliado na meditação. O quartzo amplifica qualquer intenção que colocar nele. Se você está focado em meditação e em tranquilidade, essa pedra ajudará nas suas intenções, ampliando-as. Outras pedras meditativas incluem a aragonita para manter o foco, a lápis-lazúli como uma pedra meditativa geral, a ametista, que traz paz e tranquilidade e a água-marinha para expandir a consciência.

Essências florais: algumas gotas de essências florais podem ser úteis para meditar. Cada flor tem seu próprio uso, sua própria assinatura, útil para diferentes tipos de meditação. Para meditação geral, a castanha-da-índia, lavanda, lilás, acônito, sanguinária canadense, lótus, artemísia e erva-de-são-joão são úteis.

A Respiração dos Deuses

A respiração é o beijo dos Deuses direto nos nossos lábios. Respiração é vida, e vida é respiração. Sem ela não estaríamos vivos. Muitas culturas mágicas vincularam palavras como força vital ou energia vital com o termo respiração. Se os vemos ou não, ou se pensamos neles ou não, ambos são invisíveis; ambos são intangíveis; ambos são divinos e essenciais ao nosso ser.

Na China, o termo *chi*, também *ch'i* ou *qi*, está associado ao ar e à respiração, e também à força vital. As tradições de dirigir e manipular o *chi* estão no cerne das práticas indígenas de saúde e nas artes marciais, como demonstrado nas artes do Tai-Chi. A forma japonesa da palavra é *ki*, encontrada na tradição moderna de cura japonesa conhecida como Reiki. *Pneuma* é o equivalente grego para "respirar" e chegou a se referir à presença espiritual invisível, a substância universal que permeia o Universo. Nos tempos cristãos posteriores, referia-se também ao Espírito Santo. O termo latino *spiritus* significa tanto "respiração" quanto "espírito". No misticismo hebraico, a palavra *ruach*, que significa "vento", "respiração" ou "ar", também é usada para denotar a força vital dentro de um indivíduo. *Athem* é um termo usado na magia anglo-saxônica para denotar a força vital encontrada na respiração, é a porção da "alma" que interconecta todas as outras partes.

O termo *awen* é uma palavra galesa usada em alguns sistemas espirituais celtas de maneira semelhante ao *chi*, *ki* ou *pneuma*. *Awen* geralmente se refere à inspiração poética dos bardos e druidas. Possivelmente deriva das palavras de raiz que significa "sopro" ou "brisa" e é descrito como o sopro ou o vento da inspiração, da paixão dos Deuses, para o bardo, concedendo genialidade, ideias e eloquência poética. Embora possa parecer estranho para alguns de nós, o conceito de talento poético e capacidade espiritual é frequentemente usado na literatura celta. Para os celtas, o poeta e o bardo foram cortados do mesmo tecido que o praticante de magia, pois as palavras têm poder mágico.

Provavelmente a palavra mais conhecida em nosso moderno avivamento místico é o *prana*, da tradição hindu. Este é outro mundo associado à força da vida e ao ar. Às vezes, o *prana* é mal interpretado como ar literal, os gases de nossa atmosfera, ou pelo menos como o oxigênio, mas isso é uma simplificação excessiva. A força vital é transportada e reside no ar físico, mas não é o mesmo que o ar físico. *Prana* é uma força sutil e invisível que flui no ar, mas também flui na água e na luz, e reside em pedras, plantas e animais. As pessoas precisam do *prana* para viver. Absorvemos várias formas de *prana* através da respiração, da luz solar e lunar e também dos alimentos que comemos. A respiração é simplesmente uma porta de entrada para o reino do *prana* e pode estimular e alterar seu fluxo dentro do corpo. O estudo hindu do *prana* levou às práticas do *pranayama*, respiração específica e exercícios projetados para curar e transformar. Embora muitos desses exercícios sejam de uso simples e seguro, sem a instrução do *pranayama* eles podem resultar em desequilíbrio do corpo, assim como o uso não instruído de equipamentos para exercícios físicos pode ferir o corpo.

As tradições hindus têm razão. Alterar seus padrões respiratórios, respirando com intenção, é uma das maneiras mais rápidas de alterar sua consciência e de abrir a porta para o mundo da energia. Respirar altera fisiologicamente o fluxo de oxigênio para o seu cérebro, induzindo a estados alterados. As práticas respiratórias podem ser inibitórias e relaxantes ou expositivas e revitalizantes. Mas o mais importante é que essas práticas alteram o fluxo de energia através de seus corpos sutis.

Bruxas e Magos têm um axioma mágico: "Como acima, é abaixo. Como dentro, é fora". Também conhecido como *Princípio da Correspondência* no folclore Hermético, essa máxima diz que todas as coisas estão relacionadas e se afetam. Você pode entender ou mudar algo afetando-o em uma escala diferente. Nesse caso, você pode alterar o mundo intangível e invisível de energia e de consciência, que é difícil de "ver" ou de "medir", afetando o corpo físico. Podemos controlar e afetar mais facilmente esse corpo físico. Nosso grau de controle sobre nossas ações pode abrir o portal para uma conscientização maior.

Tradições místicas em todo o mundo têm suas próprias formas de *pranayama*, embora nem todos usam este nome. Como Bruxos modernos, reconstruímos nossas tradições emprestadas de várias fontes, particularmente do yoga, sufismo, rosacruz, hipnotismo e até mesmo de práticas havaianas para encontrar nossos próprios caminhos. Muitas práticas de respiração reguladas, como as com instrumentos de percussão, um tambor ou olhar concentrado, são universais à condição humana. Muitas tradições ajustam como usá-los. Outras são mais específicas culturalmente. Mesmo se não usarmos a respiração como meio principal para induzir ao transe, a respiração afeta tudo o que fazemos. Nós estamos (espero) respirando quando realizamos outras técnicas, então a respiração influencia todas as nossas experiências.

A respiração completa

A respiração está conectada à força da vida, você ficaria surpreso com quantas pessoas estão por aí, correndo, sem respirar corretamente. Sim, existem maneiras corretas, ou pelo menos maneiras mais ou menos saudáveis de respirar. A maioria das pessoas tem o hábito de restringir essa respiração. Nosso corpo costuma reter tensões, e é através da respiração que iremos liberar essa tensão.

Você já se pegou prendendo a respiração quando não quer sentir alguma coisa? Quando antecipamos más notícias, dor ou choque, suspendemos a respiração. Para aqueles de nós que sentem tensão, estresse ou geralmente não querem lidar com certos aspectos da vida, prendemos a respiração. Nossos padrões de respiração tornam-se mais e mais superficiais. Não respirar completamente impede que a força vital circule corretamente no nosso corpo e isso resulta em não estarmos totalmente presentes e fundamentados tanto fisicamente como na nossa vida. Um pouco da consciência que temos está fora do nosso corpo justamente para não ser prejudicada. Embora possa ser um mecanismo efetivo de defesa temporária, torna-se prejudicial quando essa condição é o nosso estado de ser a longo prazo.

Minha professora de yoga favorita, Stephanie, ensinou-me uma solução simples para meditar com a respiração. "Onde a respiração vai, a mente vai. Para onde vai a mente, a respiração vai". Se você está tenso, com medo, estressado ou irritado, sua respiração refletirá isso e vai afetar seu corpo. Da mesma maneira, se você é feliz, alegre, relaxado e aberto, sua respiração refletirá isso e afetará seu corpo. Embora seja fácil dizer "pare de ficar estressado, bravo e seja apenas feliz", é muito difícil fazê-lo sob comando. Nós pensamos e sentimos o que estamos pensando e sentindo e, apenas por pura vontade, a maioria das pessoas não pode mudar o que pensa e sente. Mas podemos mudar a respiração e, assim, mudar nosso humor.

Ao fazer uma mudança fisiológica, podemos mudar a maneira como nosso corpo responde e, por sua vez, mudar o humor, os pensamentos e a saúde em geral. Esse é outro exemplo de "como acima, é abaixo", usado não apenas para alterar a consciência e para induzir ao transe, mas também para mudar nossos pensamentos e sentimentos doentios. Isso não quer dizer que iremos bani-los ou fazê-los desaparecer, mas que, através da respiração, nós os processamos ao invés de segurá-los.

A respiração completa e adequada sacode suavemente os ossos sacro e o occipital para estimular o movimento do líquido cefalorraquidiano para cima e para baixo na coluna, incentivando, assim, os centros de energia associados à coluna, bem como para nutrir o sistema nervoso geral.

Através de exercícios completos e regulados, reaprendemos os padrões respiratórios e definimos um novo estado estabelecido para a nossa respiração e energia. Leva tempo e prática, porque você tem que treinar novamente seu corpo. Nossa respiração é bastante inconsciente, nós não definimos como aprender a restringi-la. Isso surge de nossos pensamentos e sentimentos e afeta nossa respiração de maneiras que não percebemos. Agora temos que nos tornar conscientes de nossa respiração e reaprender padrões até que assumamos uma segunda natureza. É fácil voltar aos velhos maus hábitos.

Verificar nosso padrão de respiração – quão completa, profunda e relaxada ela é durante períodos de estresse – torna-se uma prática essencial da atenção meditativa. Além disso, adotar práticas que induzem naturalmente à respiração completa, torna os exercícios sugeridos bastante úteis. Exercício cardiovascular, treinamento com pesos, yoga, artes marciais, dança e até caminhadas simples são exemplos que ajudam a "repadronizar" nossa respiração.

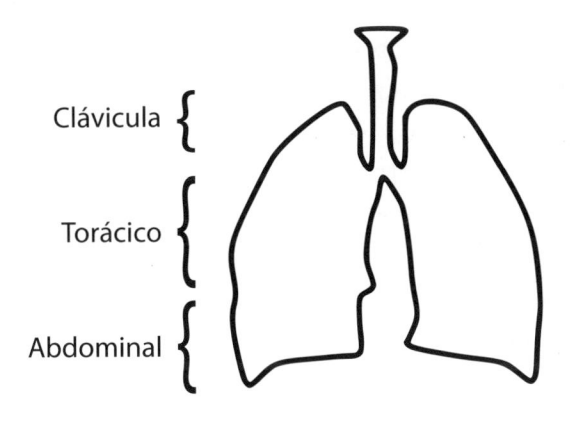

Clávicula

Torácico

Abdominal

Fig. 7: Partes dos Pulmões

Nossos pulmões são separados em três partes, com um simples exercício, você pode compreender se está respirando completamente com todos as partes. A parte inferior do pulmão, mais próximo da barriga, é conhecida como *pulmão abdominal*. Fica logo acima do diafragma, o músculo primário da respiração. A parte média deste órgão é o *pulmão torácico*, paralelo à área do esterno. A parte superior é chamada de *pulmão clavicular*. É o mais próximo dos ombros, especificamente perto dos ossos da clavícula. Uma respiração para ser completa consiste em usar as três partes do pulmão.

Exercício: Avaliando a respiração

Deite-se de costas em uma superfície confortável. Se precisar, use um travesseiro para a sua cabeça ou sob os joelhos ou da forma que se sentir confortável. Coloque uma mão em seu abdômen, abaixo das costelas e outra no esterno. Respire normalmente (agora que você está prestando atenção à sua respiração, a tendência é respirar mais fundo do que a respiração normal. Tudo bem. Apenas tente respirar normalmente). Suas mãos se levantam enquanto você respira? Se sim, qual delas sobe primeiro? E quando expira, qual delas desce primeiro? A maioria das pessoas que tendem a respirar superficialmente não sentem muito o movimento nas duas mãos. Mova a mão do abdômen para a parte superior do peito, acima e mais próximo do esterno, mas não da garganta. Agora você tem uma mão no esterno e a outra mão acima, na região clavicular. Respire novamente. Suas mãos se movem para cima e para baixo? Novamente, qual delas se move primeiro e qual delas desce primeiro?

Idealmente, para respirar completamente, todas as três áreas do pulmão devem estar ativas. Você percebeu que uma ou as duas mãos eram mais ou menos ativas? Isso é um indício de que sua respiração é superficial. Algumas pessoas respiram mais fundo, mas nunca enchem a parte clavicular do pulmão. Outras respiram mais com o pulmão superior e não movem muito o diafragma. Todos os três segmentos do pulmão são necessários para a respiração saudável. Sem eles, você não está usando sua capacidade total para respiração. É como pensar que encheu seu tanque de gasolina, mas encheu apenas dois terços, e aí se pergunta: "por que estou ficando sem energia?".

Exercício: A respiração completa

Deite-se novamente no chão ou em outra superfície plana. Coloque as mãos do mesmo jeito que nos exercícios anteriores, uma no abdômen, a outra no peito. Se possível, respire pelo nariz, profundamente. Imagine que seus pulmões são como balões. Para encher um balão, infla-se primeiro a sua parte inferior. Imagine que o pulmão se enche de ar e o diafragma se move naturalmente, massageando os órgãos do abdômen e levantando aquela mão. Então o meio do pulmão enche como um balão, levantando a área torácica e a mão descansando lá. Por fim, imagine o topo do balão pulmonar se enchendo, preenchendo a área clavicular. Pause por apenas um momento e expire de maneira lenta e controlada. Como um balão esvaziando, a parte superior esvazia primeiro. Sinta o ar da área clavicular ser liberado e, em seguida, o ar da caixa torácica, com a mão no meio do peito. Agora, libere o ar na área do abdômen, abaixando a mão em sua barriga. Faça uma pausa e repita. Faça várias respirações e depois mova sua mão abdominal para a área clavicular, para garantir que está preenchendo essa área também. Sinta sua mão clavicular levantar no final, inspire e abaixe no início da expiração. O padrão, para uma fácil referência, é: inspire abdominal, torácico, clavicular. Expire clavicular, torácico, abdominal.

Após um curto período de tempo, respirando completamente, como você se sente? Pode ser que se sinta tonto, principalmente se não estiver acostumado a respirar tanto ar. Você pode se sentir energizado. Pode até se sentir relaxado e com sono, muito estresse e tensão serão liberados do peito. A respiração completa, que também é conhecida como "respiração por ondas", pois ela forma um padrão de ondas dentro e fora dos pulmões, é a pedra angular de todos os outros exercícios respiratórios e seu uso regular ajuda não apenas na saúde geral, mas em sua magia. Se a respiração é vida e a vida é respiração, você deve ter força vital para fazer magia.

As técnicas a seguir são aquelas que aprendi e achei úteis tanto em meus próprios Treinamentos de Bruxaria quanto em explorações de outras tradições. Algumas dessas práticas são inibitórias e relaxantes, enquanto outras são mais exibitórias. Como qualquer técnica de exercício, todas devem ser usadas com cautela. Só porque está somente respirando não significa que não terá um efeito imediato em seu corpo. Caso nunca tenha feito exercícios respiratórios antes, comece devagar e desenvolva sua resistência. Se você tiver problemas respiratórios, converse com seu médico antes de tentar esses exercícios.

Respiração regulada

A respiração regulada é uma das técnicas mais simples que vamos ver, mesmo que variações existam em muitas tradições diferentes. Na verdade, trata-se simplesmente de uma respiração controlada e medida, regulada por uma contagem rítmica que a mantém uniforme e controlada. A maioria das técnicas de respiração regulada envolve inalação lenta, para reunir energia e, em seguida, prender a respiração por um período de tempo, para acumular e circular a energia pelo corpo. A expiração lenta é feita para liberar energias indesejadas e, às vezes, inclui prender a respiração por um período de tempo, o que aumenta sua capacidade de reter energia. Na Kundalini Yoga, diz-se que estimula sua conexão com sua fonte divina.

A respiração 8-4-8

A respiração 8-4-8 libera tensão, aumenta a capacidade pulmonar e relaxa todo o corpo e a consciência. Diz-se que a respiração pelo nariz ativa a energia fluindo através dos dois canais de energia *ida* e *pingala* ou das *nādīs* que, em hindu, diz-se que a metafísica flui como serpentes entrelaçadas na espinha e passa pelo nariz. A respiração 8-4-8 pode ser variada adicionando o caminho do movimento à respiração, transformando-a em respiração curta. Ande em círculo ao redor do seu quarteirão seguindo este padrão.

Exercício: A respiração 8-4-8

Inspire pelo nariz até a contagem de oito, prendendo a respiração até a contagem de quatro, expirando pelo nariz até a contagem de oito e prendendo a respiração para a contagem de quatro. Repita o padrão pelo menos quatro vezes.

À medida que seu controle e sua capacidade pulmonar se expandem, a contagem pode passar a ser muito pequena. Você pode desacelerar o ritmo da sua contagem ou aumentar sua duração, mas se aumentar o número de batidas para cada seção, mantenha as proporções de 2-1-2. Se você aumentar a inspiração até dez, altere o exercício para a respiração 10-5-10.

Uma variação dessa respiração, conhecida como "Pequena Morte" nas práticas orientais, usa a contagem de sete. Inspire por sete batidas do coração. Segure por sete batidas. Expire suavemente por sete batidas. Segure por sete batidas. Os padrões são repetidos por um total de sete vezes.

A Oração Ha

A Oração Ha é uma forma de magia de respiração à qual tive contato pela primeira vez por meio da Tradição Feri de Bruxaria. Muitas vezes conhecida como Tradição Feri dos Anderson, em função dos fundadores Victor e Cora Anderson, ela se baseia em uma variedade de culturas e tradições, incluindo as do Havaí. De acordo com o Feri, *Ha* significa "quatro" e "respiração" em havaiano, e essa oração usa tanto a contagem de quatro quanto a respiração como seu veículo, e trabalha com a natureza quádrupla da humanidade, descrita por alguns como três Eus ou Almas – o Eu Superior, o Eu Médio, o Eu Inferior e o corpo, ou os quatro elementos como personificação da carne, emoções, mente e alma. Desde que a aprendi, eu a usei com mais frequência do que a Respiração 8-4-8, simplesmente porque ela tem uma intenção mais mágica e espiritual por trás disso.

A Oração Ha cria uma energia chamada em havaiano de *mana*, e nos envia para o que é geralmente referido como o Eu Superior, embora as várias linhas de Feri tenham nomes diferentes para ela, incluindo

Deus, Pomba Sagrada e Santo Daimon. As linhagens da tradição Feri têm nomes individuais para as três almas ou três Eus, mas aqui vou chamá-los simplesmente de Eu Superior, Eu Médio e Eu Inferior.

O Eu Superior é o seu Eu ou alma divina. O Eu Médio é seu Eu pessoal, seu ego, sua personalidade, enquanto o Eu Inferior é o seu Eu animalesco e instintivo, às vezes visto como um animal ou uma criança.

A energia pode ser enviada para um, de dois propósitos: primeiro, uma oração por algo específico e muitas vezes tangível. Esta forma de oração é muito parecida com um feitiço de outras formas de Bruxaria. Você não está pedindo para outro Deus, mas para seu próprio Deus pessoal, pelo o que for que deseja, e fazendo uma oferta de energia vital para ele. O Eu Superior retorna a energia para você, transformando o *mana* no que é conhecido como *mana-loa*, uma forma mais alta e mais refinada de energia, manifestando sua intenção. Ou então, a Oração Ha pode ser feita para obter uma conexão mais próxima e mais forte com o seu próprio Eu Superior, para incorporá-lo mais plenamente, sem nenhuma outra intenção ou resultado específico.

Ambos os propósitos são atos de magia. Alguns dividiriam esses dois estilos como taumaturgia e teurgia, ou *baixa magia* e *alta magia*. A taumaturgia é geralmente uma magia operativa, um ritual para conseguir o que se deseja, enquanto a teurgia é uma magia divina, com o propósito de sintonizar o Eu Divino e Superior. No entanto, neste caso, ambos são teurgia, pois você primeiro sintoniza seu próprio Eu Superior antes de fazer qualquer outra coisa, realizando todas as ações de alinhamento Divino com o Eu Superior.

Exercício: A Oração Ha

Para realizar a Oração Ha, sente-se ou fique de pé de maneira confortável, com a coluna em linha reta. Inspire pelo nariz contando até quatro. Mantenha contando até quatro. Expire pelo nariz contando até quatro. Segure contando novamente até quatro. Repita por um total de quatro ciclos. Inspire profundamente, incline a cabeça para trás como se estivesse olhando para o céu e expire pela boca, enviando *mana* para o Eu Superior.

Sob alguns pontos de vista, o Eu Inferior está realmente carregando a energia para o Eu Superior. Você pode sentir um aumento de energia ao fazer isso, particularmente energia sexual, o que é também uma força vital e *mana*. Volte a cabeça para uma posição normal e então uma energia refinada de resfriamento desce através de sua coroa e de sua coluna vertebral, até seus pés, conectando você ao Eu Superior e alinhando toda a sua consciência e seus Eus Médio e Inferior, com sua divindade.

Enquanto a respiração é a verdadeira oração e oferenda, um verso é frequentemente recitado no final, silenciosamente ou em voz alta, como lembrete do propósito da oração. Escrito por Victor Anderson, a poesia é assim:

Quem é essa flor acima de mim,
E qual é o trabalho desse Deus?
Eu desejo me conhecer em todas as minhas partes.

Para quem procura uma exploração detalhada da cosmologia das três almas, sugiro meu livro, Temple of Shamanic Witchcraft. Para quem procura mais informações, especificamente sobre a Tradição Feri e sua visão sobre as Três Almas e a Oração Ha, recomendo vivamente o livro *Evolutionary Witchcraft* da T. Thorn Coyle. Como eu não sou um Iniciado Feri, mas amo muitas de suas técnicas, minha compreensão e experiência com a Oração Ha é simplesmente minha, e aqueles que buscam um entendimento de um iniciado de Feri fariam bem em começar com o livro da Thorn.

A respiração regulada 8-4-8 e a Oração Ha podem ser usadas para induzir ao transe, como um ritual preparatório para a jornada meditativa ou para o trabalho ritual. E podem também ser adaptadas e feitas em grupos organizados, para sincronizar a energia e a intenção de todos como uma só. Quando respiramos juntos, nossa consciência de grupo se forma. A única dificuldade é encontrar um ritmo de respiração que funcione para todos, como temos diferentes tipos de corpo, as capacidades pulmonares são diferentes.

Respiração Serpente

Frequentemente, a imitação de animais considerados magicamente poderosos é um método para induzir ao transe. Uma técnica popular de respiração animalesca é imitar o assobio da serpente. Embora conceitos semelhantes sejam encontrados nas tradições yogues do leste, venerando a serpente da força vital da Kundalini, a técnica da respiração da serpente é popularizada em comunidades mágicas devido aos trabalhos de Bruxaria Tradicional do Autor Robin Artisson.

Exercício: Respiração Serpente

Respire fundo e solte lentamente o ar através dos dentes cerrados por um número prescrito de vezes, digamos dez, ou durante todo o transe de visão. Pode ser útil balançar-se ritmicamente ao fazê-lo. A respiração acumula poder e o ruído também ajuda a induzir ao transe, além de se conectar à força vital serpentina do feiticeiro.

Respirações de cura

Dizem que exercícios simples de respiração enchem o corpo com energia vital e trazem cura, semelhante às muitas práticas que fornecem energia para que o corpo faça sua própria cura, ao invés de manipular tecidos ou focar-se em uma intenção específica. Qualquer um dos exercícios de respiração que já citamos são curativos. Alguns exercícios, no entanto, são considerados curativos de maneiras específicas.

Embora essas respirações não induzam necessariamente a um estado de transe a longo prazo, as técnicas de meditação do capítulo anterior o preparam para um trabalho ritual e energético adicional.

Respiração Positiva e Negativa

A respiração positiva e negativa também é conhecida como respiração de polaridade. Contrária ao nome, essa não uma é respiração "boa" ou "ruim", ela tem a ver com o fluxo de energia no corpo, muitas vezes referido como nossa polaridade, o equilíbrio pessoal dos dois opostos ou, ainda, complementando, cargas corporais. Popularizado na moderna terapia de polaridade, o conceito pode ser encontrado na maioria das tradições, considerando a energia como positiva/negativa, masculina/feminina ou projetiva/receptiva. Na Medicina Chinesa essa polaridade é descrita como *yin* e *yang*. Na literatura hindu, ela é nomeada como as divindades Shiva e Shakti. Bruxas e Bruxos simplesmente veem essa energia como o Deus e a Deusa. Eu aprendi essas técnicas na Tradição Cabot de Bruxaria durante meu primeiro treinamento inicial, embora sejam originários dos ensinamentos Rosacruzes, encontrados na *Sabedoria dos Mestres Místicos* por Joseph J. Weed.

A respiração de polaridade é usada para corrigir desequilíbrios no sistema de energia. É preciso saber qual é o desequilíbrio para decidir qual respiração fazer. A respiração positiva é usada para contrabalançar "uma condição negativa". Você a usa quando está se sentindo deprimido e infeliz. Ela traz de volta o senso de otimismo. Apesar de que, para repetir a técnica, o ideal é esperar pelo menos duas horas entre as sessões de cura ao trabalhar com condições crônicas.

Exercício: Respiração Positiva

Sente-se confortavelmente em uma cadeira, com as mãos no colo e os pés diretamente sobre o chão, mas não deixe seus pés o tocarem. Você pode estar com seus sapatos, meias ou com os pés descalços, contanto que seus pés estejam separados.

Com o dedo indicador, o dedo médio e o polegar, toque no ponto correspondente do dedo médio e polegar da outra mão, formando um triângulo. Pode ser realizada no seu colo, ou um pouco acima dele.

Feche seus olhos. Respire fundo, de preferência pelo nariz, e segure por sete segundos. Expire. Repita mais seis vezes até um total de sete ciclos. Solte a posição da mão e respire normalmente. Deixe sua energia naturalmente voltar ao equilíbrio.

A respiração negativa neutraliza uma situação "excessivamente positiva". Deve ser usada se você tem muita energia, se estiver frenético, maníaco ou nervoso. É uma respiração que difunde o excesso de energia.

Muito poderosa nos estágios iniciais de um resfriado ou de uma gripe, remove, supostamente, os germes que causam essas patologias. Eu mesmo tenho um grande sucesso de proteção contra resfriados quando me lembro de fazer essa respiração sempre que me sinto doente. O truque é estar aterrado o suficiente em seu corpo e consciente disso para saber quando você precisa realizar a Respiração Negativa.

Exercício: Respiração Negativa

Sente-se confortavelmente em uma cadeira, com as mãos no colo e os pés diretamente sobre o chão. Neste exercício, verifique se seus pés estão lado a lado tocando o chão.

Mantenha as mãos na frente do corpo, no nível do peito. Faça as pontas dos seus polegares se tocarem e todas as pontas dos dedos tocarem na ponta dos dedos respectivos. Os dedos indicadores estarão se tocando. Os dedos do meio estarão se tocando, e assim por diante.

Feche seus olhos. Respire fundo e expire lentamente. Quando seus pulmões estiverem vazios, prenda a respiração por sete segundos. Continue segurando as mãos nessa posição. No final da contagem de sete, relaxe a respiração, mas mantenha as mãos na posição. Faça cinco ou seis respirações normais e relaxadas. Deixe sua respiração voltar a normal.

Faça mais seis vezes, num total de sete ciclos, repita a respiração profunda e expire lentamente, segurando por sete segundos e depois respirando normalmente. Quando terminar o sétimo ciclo, relaxe as mãos e a respiração. Retire todo o exercício fora de sua mente e deixe sua energia retornar ao equilíbrio.

Respiração Elemental Sufi

Outra técnica emprestada de uma tradição diferente, mas que funciona bastante com a Bruxaria Moderna, é a prática Sufi da respiração elemental. Tendo basicamente o mesmo sistema de elementos – Terra, Água, Fogo, Ar e um quinto elemento que é o Éter ou Espírito, a prática pode ser adotada por Bruxas que buscam aprofundar sua conexão com energias elementares através da respiração.

Seguindo um padrão simples de respiração, é possível ativar e sintonizar os cinco elementos já presentes em você. Os exercícios respiratórios podem ser aumentados com visualização de cores, com foco nos centros de energia do corpo e na intenção de sentir certas sugestões, bem como usar posturas de mãos conhecidas como *mudras*. Mas são os próprios padrões de respiração que fazem o trabalho. As outras partes simplesmente aprimoram a experiência.

Exercício: Respiração Elemental

Comece sentado ou em pé em uma posição confortável, com a coluna reta. Cada elemento possui um padrão de respiração pelo nariz e/ou pela boca. Respire profundamente em cada elemento, usando o padrão de inspirar e expirar já ensinado. Cada elemento deve ser realizado por pelo menos cinco respirações antes de passar para a próxima.

As visualizações opcionais de cores e posicionamento no corpo também são fornecidas no gráfico, mas primeiro o foco é sua própria respiração e como essa respiração altera sua energia, sua consciência e seu equilíbrio geral.

ELEMENTO	PADRÃO DE RESPIRAÇÃO	COR	SENSAÇÃO	CORPO
TERRA	Inspira Nariz/ Expira Nariz	Amarelo, Verde	Magnética	Raiz Aterrada, Ossos
ÁGUA	Inspira Nariz/ Expira Boca	Verde, Azul	Fria, Fluida, Clara	Ventre, Sangue
FOGO	Inspira Nariz/ Expira Nariz	Vermelho	Quente, Energizada	Plexo Solar, Estômago, Coração
AR	Inspira Boca/ Expira Boca	Azul, Amarelo	Leveza, Expansiva	Garganta, Pulmões
ESPÍRITO	Inspira Nariz/ Expira Nariz	Branco	Conexão	Cabeça, Topo da Cabeça

Cinco respirações é o mínimo para cada elemento, mas você pode gastar muito mais tempo em cada uma, se assim desejar. Somente certifique-se de seguir inteiramente o padrão, completando cada elemento. Pode ser útil ter música programada com uma batida suave regular, ou um metrônomo ou relógio despertador com um sinal sonoro para manter um ritmo regular e uniforme, ou você pode contar as respirações, como a respiração oito-quatro-oito, a Oração Ha. Eu combinei o padrão da Oração Ha com as respirações Sufis, e achei um método bastante poderoso.

Respiração e energia

Se a respiração é o meio através do qual a força vital flui, além de uma maneira pela qual podemos recebê-la, então respirar é uma técnica para elevar nossa própria energia. Uma analogia que o meu amigo Apollon usa para o buscador espiritual, é que somos luz e fogo, porque estamos realmente "queimando". O processo de oxidação é como uma chama lenta, e a respiração é o método pelo qual nos transformamos. O oxigênio da respiração, associado ao prana que ele contém, é o que alimenta nossa transformação. Alguns exercícios específicos de respiração nos dão literalmente mais energia para nossas práticas mágicas e viagens espirituais.

Respiração de Fogo

A Respiração de Fogo é uma técnica energizante encontrada na tradição da Kundalini Yoga, ensinada pelo falecido Yogi Bhajan, da Tradição Sikh. É uma respiração rápida e superficial, que energiza o corpo com *prana*. Os praticantes afirmam que a Respiração de Fogo faz em dois minutos o que uma hora de respiração normal faz pelo corpo, em termos de aumentar o metabolismo, queimar calorias e desintoxicar. Respiração para ser usada sozinha, ou com exercícios específicos de yoga, para transformar o corpo e a consciência. Embora seja um item básico do Kundalini Yoga, achei um excelente exercício em todas as formas de trabalho energético e mágico, bem como um exercício da vida "mundana". Eu faço isso para me energizar durante o dia de trabalho, antes de uma aula, na academia e até mesmo no carro.

Exercício: Respiração de Fogo

Sente-se em uma posição confortável com a coluna reta. No Kundalini Yoga, você geralmente fica sentado em posição fácil, uma posição simples de pernas cruzadas no chão. Se isso é desconfortável para você, sente em uma cadeira. Quando estiver familiarizado com a respiração vai descobrir que pode fazê-la facilmente sentado, em pé ou fazendo outras atividades.

Inspire e expire igualmente com uma respiração rápida e acelerada. O ritmo deve variar de 120 batidas a mais de 200 batidas por minuto. Um metrônomo musical pode ser usado para ajudar a encontrar um ritmo confortável. A Respiração de Fogo é alimentada pelo diafragma perto do Plexo Solar, mas a barriga permanece relativamente calma, pois a respiração é superficial. Não se trata da respiração completa em três partes, conforme descrito anteriormente. Você pode sentir como se estivesse hiperventilando, mas a respiração é controlada e pode parar a qualquer momento.

No Kundalini Yoga, um mantra silencioso interno é usado para focalizar mentalmente o praticante na respiração. O mantra é *Sat Nam*, que significa Nome Real, e é um chamamento para o seu Eu Superior, não para o seu ego pessoal. Ao inspirar, pense em *Sat*, enquanto na expiração pense em *Nam*, criando um rápido diálogo interno de *Sat Nam Sat Nam Sat Nam Sat Nam*... como você faz na Respiração de Fogo.

Faça o exercício de respiração por aproximadamente dois minutos, aprendendo a construir intervalos mais longos com a prática.

A respiração geralmente termina com um exercício conhecido como Bloqueio da Raiz ou *mulbandh*. Embora não seja obrigatório se beneficiar disso na Respiração de Fogo, esta contração física bloqueia a energia gerada pela respiração e permite que ela circule pelo corpo para cura e purificação. Para executar o bloqueio pela raiz, contraia o reto e órgãos sexuais e direcione de volta à coluna enquanto inspira.

Prenda a respiração por 2-5 segundos e expire completamente. Os momentos de inalação estarão circulando o prana dentro do seu corpo.

Retorne ao padrão respiratório normal. Relaxe seu corpo e descanse a mente.

Respiração Prânica

Embora toda a respiração e, principalmente, todos os exercícios respiratórios possam ser considerados "prânicos", a respiração prânica se refere a uma respiração especializada usada na tradição da Cura Prânica. A respiração baseia-se na força vital do ambiente ao seu redor e se processa através do seu corpo, para autocura ou para cura de outras pessoas. Isto impede de esgotar sua própria energia pessoal ao realizar um trabalho de cura.

A intenção é a chave para a respiração prânica, é a base para direcionar o prana. A visualização é frequentemente enfatizada nas instruções sobre respiração prânica, dizendo para que você se visualize conectando-se à fonte do prana, usando a terra, o céu, o sol e as estrelas como fontes, imaginando-o descendo através de seu corpo, particularmente pela sua espinha. Embora a visualização seja eficaz, sua própria experiência pode ser mais sensorial, ou mesmo algo semelhante a um zumbido auditivo.

Exercício: Respiração Prânica

Enquanto estiver sentado ou em pé, fique em uma posição confortável. Imagine seu corpo como uma árvore, onde na base da sua coluna, e também através de suas pernas e pés, crescem raízes que entram fundo na terra. Ao inspirar, imagine direcionar o prana na terra. Você pode imaginar isso como uma energia verde ou azul viajando pelas suas pernas e pelo corpo, especificamente na barriga, ou pode sentir um calor ou formigamento à medida que a energia viaja. Mova a energia para cima a cada respiração. Tome conhecimento da energia. Como você sente isso? Programe a energia com sua intenção de cura, dizendo silenciosamente: "Essa energia me cura e me equilibra de todas as maneiras". Continue por uns alguns minutos até sentir a energia circular dentro de você e expandir-se pelos seus membros. Você pode até sentir a energia se irradiando pelos poros e preenchendo o espaço ao seu redor. Traga sua atenção para o céu.

Imagine como se tivessem crescendo galhos no topo de sua cabeça, como uma grande árvore alcançando o céu e seguindo em direção ao Sol, à Lua e às estrelas. Enquanto inspira, imagine direcionar o prana para o céu. Mova a energia com a respiração através dos galhos e do topo de sua cabeça. Sinta a energia descer em seu corpo.

Novamente, você pode visualizá-la, talvez como uma cor azul ou branco leve, ou simplesmente sinta uma sensação de calor ou um formigamento à medida que desce. Sinta-a preencher seu corpo a cada respiração. Tente perceber a qualidade da energia. Como você sente isso em comparação com o prana da terra? Programe o prana do céu com intenção de cura como você fez com o prana da terra. Continue até sentir a energia circular misturando-se com a energia da terra e movendo-se ao redor do seu corpo.

Para a próxima etapa, tente desenhar o prana de cima e de baixo simultaneamente, caso ainda não tenha acontecido naturalmente. Sinta que a energia de baixo e de cima se ligam e se misturam no coração a cada respiração, e que elas circulam pelo corpo com intenção de cura.

Usando sua intenção, direcione a energia do coração para qualquer lugar do seu corpo que precisa de energia extra de cura, ou imagine-a como uma estrela em seu coração, expandindo e irradiando para todo o seu corpo e ao redor de você, preenchendo seu campo de energia, conhecida como a aura ao seu redor. Encha seu corpo e aura com este prana de cura.

Você não precisa terminar especificamente este exercício. Pode continuar naturalmente por um tempo, mesmo quando voltar sua atenção para outros assuntos. Se sentir um excesso de prana sem estar aterrado, use técnicas de aterramento, como a Respiração Negativa ou suas raízes, para trazer sua energia de volta a uma energia normal.

Se estiver envolvido no trabalho de cura, poderá direcionar o fluxo do prana através de suas mãos, de uma varinha mágica ou de um cristal, use-a para ajudar outras pessoas, animais, plantas e meio ambiente.

Respiração dos Poros

A Respiração dos Poros é uma técnica tradicional ensinada em algumas formas de ocultismo, que foi esquecida por muitas tradições mais recentes. Há poucas variações nas técnicas e ideias encontradas na respiração dos poros, mas basicamente é muito parecida com uma extensão da respiração prânica. Enquanto a respiração prânica básica olha para a parte superior e inferior da coluna de energia, o topo da cabeça e a base da coluna, como "bocas" adicionais ao sistema prânico, capazes de absorver e expulsar energia, a respiração dos poros focam em todos os poros da pele como se fossem pontos adicionais onde podemos absorver ou liberar energia.

Geralmente esta respiração concentra a energia com uma intenção específica. Ao invés de simplesmente ficar olhando o prana da terra ou do céu, um tipo específico de energia é pretendido, na maioria das vezes, alinhado com um princípio abstrato como "amor" ou "cura" ou a energia é específica de um local, em especial na natureza.

A cor pode ser usada como um foco para problemas respiratórios. Você pode visualizar uma cor específica com qualidades mágicas e imaginar que está inspirando através de seus poros, deixando afetar todas as células do seu ser.

COR	QUALIDADES MÁGICAS
VERMELHA	Energia, paixão, calor, proteção, motivação, liderança, agressão, o guerreiro.
LARANJA	Cura, instinto, intuição, comunicação, energia, vitalidade.
AMARELO	Inspiração, clareza, focalização, energização, despertar.
VERDE	Cura, crescimento, renovação, fertilidade, amor, harmonia, relacionamento.
AZUL	Paz, clareza, esperança, comunicação, intelecto, memória.
ÍNDIGO	Tranquilidade, sabedoria, prosperidade, espiritualidade.
VIOLETA	Transformação, magia, cura, alquimia, mudança, limpeza.

COR	QUALIDADES MÁGICAS
PRETA	Aterramento, invisibilidade, o feminino, descanso, terra.
BRANCA	Energização, proteção, atividade, céu, o masculino.
PRATA	Emocional, curativa, intuitiva, familiar, psíquica, fertilidade, feminina, Deusa.
DOURADA	Intelectual, inspirador, dinâmico, bem sucedido, inteligente, masculina, Deus.

Você também pode se concentrar na energia de um elemento específico. Embora ter esse elemento ao seu redor fisicamente ajude, a energia elementar realmente se refere a uma qualidade de energia, não à substância tangível literal. Água Elemental refere-se à qualidade de energia de natureza emocional. Ficar perto da água nos ajuda entender e a experimentar essa qualidade, que pode ser evocada sem a presença física do elemento.

ELEMENTO	REINO	ÁREAS DA VIDA	QUALIDADE SUPERIOR	CORES
TERRA	Físico	Dinheiro, Casa, Segurança	Lei, Soberania	Verde, Preta, Marrom
ÁGUA	Emocional	Relacionamentos, Família, Amor	Cura	Azul, Verde
AR	Mental	Comunicação	Vida, Verdade	Azul, Amarela
FOGO	Energético	Paixão, Identidade	Leveza, Livre-arbítrio	Vermelha, Laranja
AKASHA	Espiritual	Misticismo, Religião	Espiritualidade	Branca, Preta

A respiração dos poros é feita como a Respiração Profunda Regular. Você expira qualquer coisa que bloqueie a qualidade ou o poder que está tentando instilar e inala uma energia melhor. Continue a inalar a energia até sentir-se "cheio" e então deixe-a fazer seu efeito. Você pode acumular uma carga dessa energia antes de fazer um feitiço ou um trabalho de visualização e usar essa mesma energia para impulsionar sua intenção. Também pode ser usada para trabalhos de cura. Se a energia for demais, você sempre pode expirá-la novamente, esvaziando-se, em vez de "metabolizá-la".

Exercício: Respiração dos Poros

Sente-se ou fique em uma posição confortável. O ideal é que você tenha o menor contato com objetos quanto possível, impedindo, por exemplo, que as suas costas toquem o encosto de uma cadeira, em um esforço para manter os seus poros o mais livres possível. Mas se você precisar apoiar suas costas, por favor, faça isso. Por essa teoria, você também deve expor tanto da sua pele quanto possível, mas descobri que a energia pode fluir através da roupa (e de cadeiras também).

Decida em que tipo de energia você deseja focar. Que tipo de qualidade você deseja preencher? O que seria apropriado para a sua magia? Será uma cor, um elemento ou outra coisa? Imagine-se envolto por essa energia e você será cercado por ela.

Concentre-se na sua intenção e respire. Imagine todos os seus poros como bocas minúsculas também respirando como você respira. Cada um está inspirando e depois expirando.

Expire o que estiver bloqueando você dessa energia. Liberte-a não apenas através da sua respiração, mas também de seus poros.

Cada respiração atrai mais energia, construindo uma "carga" de energia baseada em sua intenção. Cada respiração exala energias indesejadas, liberando todas as impurezas dessa carga. Sinta a energia entrar profundamente dentro de você, através da sua carne, do seu sangue, até dos seus ossos.

Continue essa respiração, aumentando a energia até atingir o máximo de capacidade. Você pode imaginar a energia circulando através do seu corpo, liberando-a para um objetivo específico com as mãos ou com a respiração, ou direcionando-a para o seu Eu Superior, como na Oração Ha. E pode também aterrar qualquer excesso do mesmo modo que normalmente aterra o excesso de energia.

A respiração dos poros é muito eficaz, tanto que muitos praticantes não a ensinam, porque sentem que é uma técnica poderosa e perigosa demais para os alunos iniciantes.

Embora possa ser perigosa, como em qualquer forma de magia o certo é ter cuidado ao fazer uma aplicação prática de energia. Em todo trabalho energético existe uma possibilidade de sobrecarregar seu sistema. Mas se você seguir estas instruções e aterrar o excesso de energia no solo, ou se sentir algum desconforto, mantenha-se seguro e saudável.

Transferindo energia através da respiração

Muitos dos exercícios deste capítulo sugeriram direcionar a energia da sua respiração na prática do feitiço, na cura ou na experiência de visualização. Como exatamente isso é feito? Cada praticante tem seus próprios métodos, porém, como na respiração prânica, o melhor é direcionar essa energia com uma intenção clara.

A energia contida em seu corpo pode ser direcionada através do seu próprio corpo e expelida de várias maneiras.

Mãos: o mais comum é direcionar a energia através das mãos. Os pontos de energia nas palmas das mãos e nas pontas dos dedos podem direcioná-la. A energia pode ser liberada simplesmente conduzindo seus braços e mãos em direção à sua meta. De acordo com o tradicional Cone de Poder da Wicca, um feitiço pode ser realizado para depois culminar com a Bruxa, ou grupo de Bruxas, direcionando a energia em forma de cone a partir do centro do Círculo para o céu, para manifestar a intenção da prática. O Cone de Poder também pode ser direcionado a um objeto ou a um talismã a ser consagrado. Uma das pessoas do Círculo pode dizer a intenção por trás da consagração em voz alta ou simplesmente pensar silenciosamente enquanto o objeto está sendo abençoado com a energia. Esse processo também é conhecido como santificação, carregamento e imbuição. Geralmente a ferramenta ritual é limpa de energias indesejadas usando fumaça sagrada, sal, água, luz solar ou intenção ritualizada antes de ser consagrada.

Instrumentos: as mãos podem estar segurando um instrumento de trabalho mágico usado para direcionar energia ou para se tornar o novo recipiente para a energia. Um objeto pode ser consagrado se a carga de energia construída, com intenção, é direcionada para ele. A energia também pode ser focada através de um instrumento, como um cristal com formato pontudo, bastão ou athame (um tipo de adaga Wiccaniana), e depois direcionado para uma pessoa, para outro objeto ou em direção à intenção de um feitiço.

Chacras: a energia pode ser direcionada para fora não apenas dos pontos das mãos, mas também dos sete principais pontos de energia do corpo humano, conhecidos como *chacras*. Os chacras vão da base da coluna até o topo da cabeça e são usados, consciente ou inconscientemente, em nossa prática de respiração prânica. Geralmente, a energia é direcionada do Terceiro Olho para a testa, o centro do coração no esterno, ou Plexo Solar, logo abaixo do diafragma.

Fig. 8: Chacras

RESPIRAÇÃO ÓDICA: em meados do século 19, o Barão Carl von Reichenbach cunhou o termo "Força Ódica" (também conhecido como Od, Odyle, Odes, Odylic, Odyllic ou Odems, entre outros) para a força vital. Reichenbach o chamou assim em alusão ao Deus nórdico Odin. Embora tenha conceito semelhante ao prana, ele o relacionou mais fortemente aos campos eletromagnéticos de um organismo vivo e trabalhou com expressões positivas e negativas ao invés de chamar de força vital da respiração. Essa respiração foi associada com pesquisas semelhantes em hipnotismo e espiritualismo e, posteriormente, foi adotada no ocultismo, na magia cerimonial e na Bruxaria, com correlações mais fortes com o prana e a respiração. Na Bruxaria Moderna, foi popularizado sob o nome de Respiração Ódica por Raven Grimassi. A Força Ódica hoje é vista como o poder que se acumula dentro do corpo através da respiração. Uma resposta mental-emocional desencadeada através de ritual, visualização ou vontade, acumulando-se no sangue e transferidos através da respiração. A energia carrega uma "carga semelhante à respiração de polaridade prévia e a carga é descrita como magnética ou elétrica". Em termos de ocultismo mágico, descrevem forças elétricas e magnéticas similares em função e qualidade a conceitos científicos de eletricidade e magnetismo, mas não literalmente a mesma coisa. O tipo de respiração pode determinar a carga e a resposta que se obtém. O calor da respiração de uma expiração lenta e profunda libera uma energia elétrica por natureza. Em cima de outra pessoa, resulta na resposta magnética dentro da aura. Reações magnéticas formam e atraem poderes que podem melhorar a meditação, porém, em termos de cura a longo prazo, pode preparar uma pessoa para outras técnicas mágicas usadas em rituais de invocação, iniciações e práticas sexuais. Uma respiração fria, de um raso e pequeno sopro de ar, libera energia magnética, criando uma resposta elétrica na aura de outra pessoa. As respostas elétricas vitalizam o corpo e podem ser usadas para curar, aumentando o sistema imunológico e, consequentemente, as habilidades naturais de cura. Esse tipo de respiração é usada nas iniciações de Reiki. Mas atenção, pode ser um "choque" tirar as pessoas do transe, acordá-las ou causar um aborrecimento, podendo até desconectar um circuito mágico. Estas reações opostas são causadas apenas em seres vivos. Se você respirar uma corrente elétrica em um objeto inanimado, essa respiração permanece elétrica e infunde-se com a vitalidade. A única exceção é respirar sobre um instrumento adequadamente consagrado que muitas vezes se comportará como um ser vivo, manifestando a resposta oposta.

OLHOS: assim como os chacras, os olhos também podem direcionar a energia construída no corpo. Embora possa ser usado para qualquer tipo de magia, desde que você mantenha sua intenção clara, os olhos são mais frequentemente usados benignamente para fascinação e malignamente para a maldição "olho do mal". O fascínio é uma forma de mesmerismo ou glamour, fascinando o destinatário. Pode ser útil prender a atenção de outra pessoa ou induzir transe hipnótico para treinamento de cura ou magia em um aluno ou cliente. O olho do mal é uma maldição para perturbar a energia do alvo, causando infortúnio. A energia é transferida do olho como se você estivesse "respirando", mas mantendo a respiração física. Imagine um vapor energético infundido com a sua intenção e sendo enviado ao seu alvo.

POROS: assim como os poros podem ser usados para absorver energia, eles também podem ser usados para liberá-la. Em vez de direcionar uma "explosão" de energia como nos outros métodos, essa liberação, através dos poros, cria uma "nuvem" difusa de energia ao seu redor e pode ser usada com a respiração para mudar a energia tanto da sua aura como do campo ao seu redor muito rapidamente. Com algumas respirações, você pode acumular uma carga de energia, programar sua intenção e liberá-la no campo energético para mudar sua aura, afetando como você se sente e como as outras pessoas o percebem.

SANGUE E CORDAS: na versão clássica dos Oito Caminhos para o Centro, o controle do sangue, através do uso de cordas para restringir o corpo está incluído no controle da respiração. Ambos compartilham a natureza do controle e do movimento do sangue, no entanto, acho as duas práticas muito diferentes. Embora o uso de cordas não seja particularmente doloroso, os fatores restritivos e outras tradições disciplinares da gnose serão mais exploradas no Caminho do Isolamento no capítulo seis.

Falta de ar

A sombra da prática da respiração é uma das mais assustadoras de todos os caminhos – a falta de ar. Embora restringir o fluxo de oxigênio para o cérebro seja de fato um transe provocador, essa restrição geralmente manifesta um estado de consciência não particularmente propício à prática mágica, porque seu corpo reage como se estivesse morrendo. Algumas formas de restrição respiratória são praticadas no caminho do isolamento, porém, sugiro enfaticamente que não procure por esse caminho da gnose.

Essa é a sombra da respiração, porque, em momentos raros, com exercícios de respiração mais vigorosos, podemos sentir como se estivéssemos sufocando ou hiperventilando. Hiperventilação é uma respiração excessivamente rápida ou profunda, que resulta na redução dos níveis de dióxido de carbono no corpo muito mais do que o habitual e pode causar tonturas, vertigens, formigamento nas extremidades, dor de cabeça, dores no peito e desmaios. Alguns acham que isso traz certa adrenalina ou momento de clareza e tentam induzir esse estado, embora, na maioria das vezes, ocorra hiperventilação ou problemas respiratórios relacionados. Isso pode ser assustador e desagradável, podendo ser induzido ou induzir à ansiedade e ao pânico. Embora você não seja privado de oxigênio, a prática cria uma sensação de falta de ar. A "cura" clássica para isso é respirar em um saco de papel, aumentando os níveis de dióxido de carbono, ou simplesmente respirar pelos lábios contraídos, ou, ainda, fechar a boca e uma narina e respirar pela outra narina.

Aliados para a prática da respiração

Os seguintes métodos podem ajudar na exploração do trabalho respiratório:

CHÁS DE ERVAS: chás feitos com ervas respiratórias, como lobélia, tussilago, verbasco, marroio, elecampane, hissopo, tomilho, alcaçuz, tanchagem e sálvia podem melhorar e curar bastante o sistema respiratório, incentivando uma limpeza mais profunda, proporcionando, assim, um respirar com menos desconforto. Esses chás podem ser tomados como tônicos para aumentar a saúde respiratória, de uma a três xícaras por dia, durante alguns meses. Consulte um técnico qualificado herbalista para encontrar uma mistura melhor para suas próprias necessidades respiratórias.

TINTURAS À BASE DE PLANTAS: as fórmulas feitas em álcool ao invés de água, pode ter um efeito mais imediato do que um chá de ervas, e muitas das mesmas ervas respiratórias, na forma de tintura, têm grande benefício para o sistema respiratório. Eu particularmente encontrei a tintura de lobélia, apenas uma gota ou duas, que ajuda quando os pulmões estão congestionados e as vias respiratórias estão entupidas. Uma dose maior de lobélia pode resultar em vômito. Da mesma forma que os chás de ervas, consulte um herbalista qualificado para se adequar às suas necessidades e condições pessoais.

INCENSO: embora o incenso seja geralmente desencorajado se você estiver respirando com dificuldade, algumas ervas, como tussilagem e sálvia-branca, por exemplo, quando queimadas, promovem a saúde respiratória. Use com moderação a princípio, até descobrir como seu próprio corpo e os pulmões reagem a elas.

ÓLEO ESSENCIAL: vários óleos essenciais são conhecidos por limpar as vias respiratórias quando inalados, incluindo eucalipto, melaleuca, madeira de cedro, gálbano, helichrysum, manjerona-doce e ravensara.

Esses óleos são produtos químicos potentes e não devem ser usado sem instrução ou supervisão, pois muitos óleos essenciais são considerados perigosos para as mulheres grávidas e tóxicos ou cáusticos para a pele quando não diluídos devidamente.

PEDRAS: as seguintes pedras foram usadas por curandeiros para ajudar com a saúde e o bem-estar do sistema respiratório ou para curar especificamente problemas como asma, bronquite, enfisema e pneumonia: ametista, apopólito, aventurina, iolita, pirita, lápis-lazúli, rodocrosita, rodonita e turquesa. Essas pedras podem ser mantidas no local durante os exercícios respiratórios para melhorar a experiência.

ATERRAMENTO: embora a respiração possa energizar e induzir ao transe, uma simples percepção da respiração no corpo pode voltar sua atenção para o mundo físico e o consenso da realidade.

O Mistério da Música

A música é um mistério. Em todas as culturas e em todos os tempos, a música sempre surgiu. Parece algo necessário à consciência humana. Embora possamos pensar nisso como um luxo, acredito que a música é uma necessidade, caso contrário, por que seria tão dominante na cultura humana? A humanidade precisa de música. É uma das maneiras que, conscientemente e inconscientemente, toca em outros domínios da nossa consciência e a expande.

Eu acredito que as primeiras músicas foram espirituais. Elas foram inspiradas pelos xamãs e videntes visitando o Outromundo. Suas batidas tornaram-se seus corcéis xamânicos para entrar no reino do espírito. Suas palavras detalhavam suas experiências com os Deuses e antepassados, criando os primeiros ciclos do mito. Essas músicas se tornaram hinos para inspirar a caça e a colheita.

Desde então, a música evoluiu de várias maneiras. A religião organizada tem sido o ímpeto de grande parte da nossa história musical. Essas instituições são como patrocinadores de grandes inovações musicais. Exclusivamente para entretenimento ou para expressão artística, a música divergiu do tratado religioso. Não deixando de ser as mais populares as seculares, continuando, sempre, a influenciar nossa sociedade como foco de encontro, em grupos sociais e na religião. O poder da música também se presta aos mistérios da magia.

Proposital ou inconscientemente, a música cria um clima, ela altera a nossa consciência. Respondemos de formas diferentes a diferentes tipos de músicas, mesmo quando não pensamos as estamos ouvindo. A música de fundo tem efeito. Nossa sociedade subliminarmente a usa para resultados específicos. Nas salas de espera dos médicos, nos elevadores, nas lojas de departamento, bares e restaurantes ela altera sua percepção, concedendo paciência ou induzindo-nos a comprar, comer, beber ou dançar. Quando você está focando especificamente na música, como ouvir um álbum, ir a um show ou se apresentar, o efeito é ainda mais pronunciado. A música direta interage ainda mais profundamente com nossa consciência e com nossa fisiologia, porque nossa atenção é direcionada a ela.

A música pode ser usada da mesma maneira em um ritual para induzir estados alterados. Música que muda o humor define o tom do ritual e preenche os silêncios em que a mente de um novato poderia facilmente se distrair com sons ou pensamentos internos. Quando a música é movida do fundo para um componente principal do ritual, então seu poder é ainda mais forte. Os rituais que envolvem tambor, cânticos e canto são particularmente poderosos, pois dão aos participantes um foco direcionado, uma tarefa expositiva para induzir novos estados de consciência. Esses rituais elevam uma tremenda quantidade de energia e tornam-se um elemento comum para focar um grupo maior e unir a consciência do mesmo. Sons musicais são ótimos para rituais públicos com participantes de vários níveis de experiência e para treinamento.

A música pode temporariamente causar um curto-circuito na mente racional. Inundando os sentidos, você não tem tempo ou espaço em sua consciência para questionar a experiência, formular dúvidas ou fazer uma análise intelectual, que é útil após a experiência, mas muita análise durante a experiência pode inibi-lo. Para pessoas que são muito racionais, lógicos ou simplesmente céticos sobre a realidade mágica, usar técnicas de exibição ou outras orientações sensoriais, longas e detalhadas, são as melhores práticas para induzir ao transe. Eu sei que, por minha própria natureza, sou cético e gosto de analisar. O treinamento mágico ajuda a deixar essa parte de si de lado até a hora apropriada, é como usar a ferramenta certa para o trabalho certo. A música pode nos ajudar a acessar a ferramenta interna apropriada.

Música instrumental

A música instrumental, com sons criados a partir de um instrumento, é uma excelente ajuda para o ritual. A instrumentação leva a uma variedade de timbres e qualidades de som, misturados com os tons de melodia, ritmo e volume, para criar uma atmosfera mágica e mudar o clima em parceria com as mudanças da música. Um ritual pode começar suave e meditativo com sons tranquilos de sinos, harpas ou instrumentos de sopro, mas com a força furiosa de uma sinfonia completa, trazendo os ouvintes rituais para as profundezas do Outromundo para enfrentar seus maiores medos. E, então, a música pode trazê-lo para fora novamente.

Música Gravada

Vivemos em uma era abençoada em termos de nossas escolhas de música ritual e dos métodos que ensinamos. Embora sempre tenhamos a opção da música ao vivo, nem sempre temos acesso a músicos que também estão interessados nos rituais de Paganismo. Podemos adorar músicas em nossos rituais, mas ser um praticante solitário. Ter um músico tocando harpa em seu quarto na Lua cheia seria bem estranho. Conheço muitos solitários que aprimoraram suas experiências rituais com o uso da música gravada, que normalmente é para ficar no fundo do ambiente, mas é interessante observar com que frequência o plano de fundo pode dominar o tema e o temperamento do ritual.

Hoje, temos uma ampla variedade de sistemas de entrega de música gravada. Temos discos de vinil antiquados e mesmo os cassetes agora são coisa do passado, além de música digital através de CDs e arquivos

MP3. Players portáteis, laptop, computadores e MP3 players, como iPods, disponibilizam nossa música ao toque de um botão. A mídia eletrônica permite criar lista de reprodução para o seu ritual com a música que você quiser, ou "rebobinar" facilmente para o início de uma faixa ou "pular" para o fim, se precisar, para alterar o clima do seu ritual.

Onde seu ritual ocorre, quem está com você (se houver) e que tipo de ritual mágico que fará pode determinar sua seleção de músicas e seu sistema de transmiti-la. Seu espaço ritual pode estar equipado com um sistema de som para estes dias. Foi-me ensinado que, quando você executa magia lançando um Círculo, para conter a energia, o ideal seria você não ter nenhum fio cruzando dentro ou fora desse espaço. O fio interromperia o fluxo de energia e deixaria um "buraco" nele. Então, é melhor sua música estar em um dispositivo portátil dentro do Círculo, funcionando por bateria, ou fora do Círculo, mas não manipulado até após o início do ritual, caso ele fique conectado a uma parede. Embora existam maneiras de contornar isso e muitas Bruxas discordam quanto a quão importante é essa "regra", eu sempre tentei segui-la e vi meus rituais de magia nos círculos serem melhores quando eu não tinha um fio cruzando-o. Agora eu uso um suporte para alto-falante do iPod, à bateria. A eletricidade pode ficar bastante estranha em um Círculo Mágico. As baterias podem perder suas cargas facilmente ou, aparentemente, elas nunca se drenam no Círculo. As faixas musicais misteriosamente pulam e, mesmo assim, muitas vezes tocam a música perfeita para essa parte do ritual.

Aqui estão algumas ideias de seleções e gêneros musicais para inspirar seu próprio ritual com música. Alguns são estritamente instrumentais, enquanto outros incluem vocais. Para os propósitos deste capítulo, dividimos por ritual entre a música que toca e aquela que canta. O aparelho que reproduz a música acaba sendo visto, em certo sentido, como um instrumento ou uma ferramenta.

CANTO GREGORIANO: talvez seja o católico decaído em mim, mas acho os velhos cantos medievais sombrios e bastante bruxo, em particular o Canto Gregoriano. Enquanto frequentemente ouvimos a ideia tribal Neopagã de uma Bruxa como Mãe-Deusa da Idade da Pedra adorando um xamã, ainda há poder e magia no escuro medieval arquétipo da Bruxa do tempo em que eram queimadas. E mesmo que o Canto Gregoriano obviamente não faça parte da Bruxaria, há algo bastante comovente nisso. Em pouco tempo, o cenário musical da Nova Era e do Mundo foi dominado por amálgamas de Canto Gregoriano intercalado com batidas de techno dance e sons ambientais.

MÚSICA CLÁSSICA: como o Canto Gregoriano, não há nada inerentemente Pagão na música clássica, já que grande parte foi escrita na Era Cristã e muitas vezes tem inspirações cristãs, mas muitas das estéticas Pagãs europeias acabaram em música clássica. Mesmo sem a visão Pagã, há drama e poder nela, tornando-a perfeita para o drama ritual. Às vezes as referências são óbvias. Muito do trabalho de Wagner, particularmente O Voo das Valquírias, é claramente Pagão. Eu também sou parcial em Night on Bald Mountain, de Modov Petrovich Mussorgsky, do meu filme preferido da Disney, Fantasia. Quase tudo desse filme seria apropriado. A Danse Macabre, de Camille Saint-Saëns, é outra favorita, e também sou inclinado ao compositor clássico moderno Igor Stravinsky, com o musical The Rites of Spring, para os rituais de Lua crescente, e Firebird Suite, para rituais da Lua minguante.

WORLD MUSIC: a Música do Mundo é um gênero de crescimento popular que apresenta estilos e tradições de culturas de todo o mundo e uma variedade de períodos de tempo. Dependendo da cultura, a música pode ter um toque tribal ou pertencer a um panteão ou período de tempo específico, apropriado para a sua magia. O trabalho de Loreena McKennitt é geralmente considerado world music, com temas celtas, do Oriente Médio e da Nova Era. Esse estilo é o favorito entre muitas Bruxas Modernas.

AMBIENTE: a música ambiente pode ser ouvida em vários níveis e ativamente ou facilmente ignorada. O termo foi cunhado por Brian Eno. Alguns a consideram simplesmente "música ambiente". Pode ser uma combinação de música tradicional instrumental e música eletrônica.

CELTA: música tradicional, de canções folclóricas, com harpa celta ou outros instrumentos, usada em rituais de inspiração celta. Tecnicamente, a música folclórica de qualquer cultura pode ser usada em rituais influenciados por essa cultura, mas o renascimento celta nas últimas décadas tornou mais fácil a disponibilidade de músicas inspiradas naquele povo.

NEOPAGÃ: como uma nova subcultura, o Neopaganismo está criando sua própria música, tanto para entretenimento quanto para o ritual, e a linha entre os dois nem sempre é clara. A música Neopagã é tipicamente indutora de transe, ou pelo menos magicamente inspirada, e pode variar de faixas fortes de bateria a cantos e canções folclóricas. Parte disso é muito moderno, mesmo com as tentativas de imitar nossas raízes tradicionais do Velho Mundo. Artistas como Wendy Rule e Frenchy and the Punk são bem conhecidos no mundo da música Neopagã. A tradição da Bruxaria conhecida como *Reclaiming*, baseada na Baía de São Francisco, fez várias gravações de seus cânticos. Eu também compus alguns cânticos que podem ser ouvidos no CD *The Outer Temple of Witchcraft Companion*.

DANÇA: embora a música ritmada para dança não pareça apropriada para um ritual de Bruxaria, conheço muitas Bruxas e Magos que fazem um ritual de noite dançante. A *dance music techno* é considerada muito xamânica pelos modernos praticantes. O ritmo da música de dança moderna (consulte percussão no tópico a seguir) da era disco para era mais recente é a eletrônica, que imita grande parte de nossas tradições de uma nova maneira. Uma batida rítmica constante com melodia curta repetida pode ser muito indutora de transe. Embora uma experiência em uma balada, festa ou rave certamente não faz de você uma Bruxa ou um Xamã, essas experiências podem ser semelhantes a rituais e podemos direcionar essa música para um cenário ritual.

MÚSICA GÓTICA: outra grande variedade de gravações, criadas por aqueles que cultuam a subcultura gótica e marcada por uma atmosfera mais escura ou sombria. Algumas são músicas para dançar, mas muitas vezes não têm abertamente uma natureza sexual, como outras formas de *dance music*, outras vezes elas se inclinam mais para o Neopaganismo ou espectro ambiental, ainda com essa sensibilidade gótica. Embora a música de Dead Can Dance seja difícil de classificar, ela é frequentemente favorita entre as subculturas góticas e Pagãs.

NEW AGE: atualmente, a maioria das músicas disponíveis em lojas metafísicas é classificada como New Age (música da Nova Era). Embora todos saibam quando as ouvem, é difícil descrevê-las, porque abrange uma grande variedade de estilos. Esse ritmo se baseia em temas encontrados em músicas ambiente e *world music*, podem ser eletrônicas, orgânica ou uma combinação das duas, e têm influências de culturas consideradas dominantes na Nova Era, particularmente nativa americana e celta, embora os puristas de ambas digam que a tal "Nova Era", interpretada, está apenas copiando uma "sensação" estereotipada, que não é um retrato preciso de sua música cultural. Às vezes a música inclui ou é composta exclusivamente de sons da natureza, incluindo água corrente, ruídos de animais ou outros sons. Uma das artistas mais populares da New Age para influenciar o círculo Neopagão é a Enya, com suas faixas inspiradas em músicas celtas lentas, melancólicas e relaxantes.

TRILHAS SONORAS: as trilhas sonoras de filmes e de programas de televisão selecionam músicas com base na configuração de um humor apropriado. Programas adequados ao estado de espírito do seu ritual podem ter música apropriada já selecionada. Filmes com temas Pagãos, magia, horror ou com cenário gótico podem ser bastante eficazes quando suas trilhas sonoras se tornam o pano de fundo para um ritual.

MÚSICA POPULAR: qualquer música que define o seu humor pode ser usada em rituais. Tenho conversado com vários profissionais experientes e vi quais música eles usam e com quais obtiveram respostas, incluindo a música de Mannheim Steamroller, Stevie Nicks, Fleetwood Mac, Tori Amos, Alice In Chains e Smashing Pumpkins, para citar apenas alguns.

Percussão

Nossos primeiros instrumentos musicais foram provavelmente os objetos rituais. Tambor, chocalhos, sinos e outros instrumentos de percussão são usados pelas culturas tribais indígenas em todo o mundo que ainda têm uma tradição xamânica ativa. Bater em um objeto criando ritmo e tom é a ferramenta musical mais simples. Esses também são instrumentos simples de tocar. Embora a percussão seja uma forma de arte em si, quase todo mundo tem a capacidade de bater ou sacudir alguma coisa. Não requer um software especialmente desenvolvido com a habilidade de ser funcional, tanto quanto um instrumento como o violino ou uma tuba. Você pode começar imediatamente e obter bons resultados, embora possa demorar um pouco para desenvolver o ritmo e o estilo de um verdadeiro músico.

TAMBOR: a maioria dos tambores xamânicos tradicionais são feitos da madeira que a tradição ou tribo identifica como a Árvore do Mundo, o grande eixo cósmico, concebida como uma árvore que mantém a estrutura dos outros mundos em relação com o nosso mundo físico. Geralmente eles são descritos como um mundo superior nos céus, um mundo intermediário do tempo, espaço, estações e humanidade, e um mundo inferior de forças iniciadoras poderosas e sombrias, bem como o dos ancestrais. A árvore é como uma escada conectando esses três mundos. Enquanto os nórdicos chamavam a Árvore do Mundo de Yggdrasil e pensavam que era uma árvore de freixo ou teixos (espinhos), outras culturas a viam como outros tipos de árvore. Os druidas possivelmente pensavam nela como um carvalho. As tradições italianas podem ter usado a nogueira. Tradições localizadas atribuem a uma árvore local. Ao bater em um instrumento feito da mesma madeira, você está ressonando com os poderes da árvore. A pele que recobre o tambor é tradicionalmente feita de um animal de poder, geralmente um animal de quatro patas, pois diz-se que o tambor evoca o xamânico "corcel" pelo qual o xamã viaja para o Outromundo. A batida é o galope dos cascos. Hoje, muitos tambores modernos são feitos com materiais sintéticos, incluindo pele sintética. O topo pode ser decorado com símbolos de poder e imagens de seus aliados xamânicos. Tambores de estilo xamânico, de mão, podem ser redondos ou geralmente octogonal. Eles usam uma vara com um único topo acolchoado. Os tambores celtas, conhecidos como *bodhrans*, usam uma vareta dupla, conhecida como basculante, onde ambas as extremidades são usadas para tocar o tambor. Outras formas de tambor usados nos rituais Neopagãos incluem os *Djembes* Africanos e Congas.

CHOCALHOS: objetos ocos, como cabaças secas ou chifres ocos de animais, podem ser preenchidos com pequenos seixos ou grãos, selados e usados como chocalho. Os chocalhos de animais referem-se ao espírito animal associado a ele, enquanto os de plantas evocam o poder do reino vegetal. Os sintéticos também estão disponíveis apenas pelo seu som. Meu próprio chocalho é um chifre de gado oco, como aqueles usados para beber, cheio de milho seco com um pano que cobre a abertura, amarrado com um cordão e fixado com uma quantidade generosa de cola.

SINOS, CARRILHÕES E TIGELAS TIBETANAS: enquanto os tambores e chocalhos são mais comumente usados, outros instrumentos na mesma linha são geralmente feitos de metal. Sons percussivos e melodiosos podem ser produzidos a partir de sinos e carrilhões. O sino é usado em rituais de Bruxaria, geralmente para limpar o espaço de energia indesejada, como um equivalente sônico à sálvia, ou aspersão de água salgada, ou para retornar à consciência a um estado alerta. Eles podem ser usados repetidamente como um chocalho também. Tigelas de metal ou cristal, como as tigelas de canto tibetanas e as de cristal de quartzo, podem ser atingidas repetidamente para criar um ritmo, mas frequentemente são tocadas com varetas de madeira, para fazê-las vibrar em um ritmo pulsante e uma série de sons harmônicos. Embora não sejam instrumentos percussivos no sentido tradicional, os padrões que eles criam são bem parecidos com os criados pelo tambor e pelo chocalho.

Sons da Natureza: alguns instrumentos percussivos imitam os sons da natureza. A chuva produz um som que ajuda a induzir ao transe, embora não seja orientado por batidas ritmadas. Outro item popular é um bloco de madeira frequentemente esculpido na forma de um sapo, com as costas salientes e uma vara de madeira, que simula o coaxar de um sapo e é usado para induzir ao transe. Um professor de Bruxaria que conheço sugeriu que Bruxas e Xamãs usam os sons do pântano como a música deles, e tentam capturar essa música usando um instrumento.

Um benefício simples dos instrumentos percussivos, em particular o tambor, é a mudança na consciência que eles criam. Enquanto a maioria das pessoas pensam que na prática meditativa a batida do tambor deve ser suave e gentil, nas tradições xamânicas em todo o mundo há uma coisa em comum quando se trata de tocar tambor. Enquanto no contexto cultural ritmos e símbolos são diferentes, o ritmo mais comum é aproximadamente o dobro do batimento cardíaco humano em estado de relaxamento. A percussão xamânica geralmente varia na batida de 140 a 250 por minuto, e esse ritmo baixa as ondas cerebrais de beta para alfa e até teta, para alterar a consciência. Batidas de 210 a 220 por minuto parecem ser ideal para a maioria das pessoas, e uma duração de cerca de quinze minutos produz o resultado máximo e normalmente não se faz por mais que trinta minutos ou a exaustão começa e a atenção do praticante vagueia. Em muitas tradições xamânicas, o ritmo muda para mais de 350 batidas por minuto, às vezes de maneira irregular, ou cai a uma batida errática muito mais lenta, para trazer o praticante de volta à consciência normal desperta.

Na prática do xamanismo, o xamã "viaja" para o Outromundo geralmente visualizando a imagem da Árvore do Mundo para subir ao céu ou descer pelas raízes em comunhão com os Deuses e os espíritos. A batida é como um corcel galopante ou as conotações do som agem como "ondas", empurrando o viajante para níveis mais profundos de consciência. Alguns alunos descreveram essa sensação como surfar quando eu lhes disse para "cavalgar a onda".

Essa é uma maneira de trabalhar de forma livre em termos de sugestões e visões. A árvore funciona como uma chave para explorar um padrão usado pelos xamãs há séculos, codificado, em grande parte, do nosso mito e folclore. É provável que viagens xamânicas seja a fonte de nossa sabedoria espiritual mais complexa, aquela que nos forneceu o método de caminhos para seguir um xamã de volta a um "local" específico no Outromundo, usando a orientação dos mesmos símbolos míticos. O transe praticado com percussão nos leva de volta aos mistérios primordiais da magia e da exploração da consciência. Através da percussão, utilizamos uma técnica que remonta ao alvorecer de nossa civilização, usada pelos seres humanos continuamente desde então, assim como nossas culturas cresceram e se desenvolveram.

Exercício: Jornada Xamânica

Prepare você mesmo o seu espaço, limpando a área com um incenso purificador. Você pode realizar uma cerimônia para estabelecer um espaço sagrado, como o Círculo da Bruxa (veja o capítulo quatorze) ou simplesmente honrando as quatro direções e os espaços acima, abaixo e central.

A postura corporal mais popular no xamanismo moderno é ficar deitado de costas. Alguns enfatizam que as palmas das mãos devem estar levantadas, devendo ficar na posição hindu do cadáver, *Savasana*, enquanto outros praticantes não dão ênfase aos braços ou mãos.

Por meio de uma gravação ou de alguém tocando ao vivo, ouça uma música rítmica, bata em um tambor ou use chocalho a aproximadamente 220 bpm. Sugiro começar com um tamborilar mais lento e com um pouco de meditação guiada como um "lançamento" do espírito ao mundo quando o tambor acelera. Eu começo com as visualizações iniciais da Árvore do Mundo, do exercício Visitando o Templo Interior.

Sinta a batida constante do tambor "empurrando" você para os túneis da Árvore do Mundo, carregando-o para cima, para baixo e através. Algumas pessoas sentem como se a batida fosse um cavalo. Como se estivesse andando a cavalo, ou outro animal. Outras sentem que o som harmônico é como uma onda. Como se estivesse surfando a crista da onda para os outros mundos.

Eventualmente, o túnel da Árvore do Mundo sai para algum espaço do Outromundo. Explore seus arredores. O que você percebe? Para quem nunca fez uma jornada xamânica antes, o primeiro passo típico é procurar um espírito animal aliado, podendo encontrá-lo em três ou quatro "flashes" de consciência. Ou procure manter uma presença constante do animal, amigavelmente, com você, ou peça para fazer amizade com esta criatura, aguardando ela concordar em ser seu aliado espiritual. Se você já trabalhou com espíritos e divindades antes, pode já ter encontrado esses aliados em sua jornada ou pode encontrar novos aliados.

No final do tempo predeterminado entre você e seu músico, ou estipulado o tempo de gravação (geralmente quinze minutos e não mais que trinta), o próprio som avisa que está chegando a hora do retorno. O ritmo mudará para um padrão irregular de aproximadamente 350 bpm, sinalizando que é hora de voltar ao mundo físico. Siga o caminho que permitiu sua entrada, refazendo seus passos, a menos que um espírito de confiança aliado o guie de outra maneira.

Saia da árvore e aterre-se. Abra os olhos e volte ao mundo físico.

Enquanto a imagem da Árvore do Mundo é a mais prevalente na Bruxaria e nas tradições xamânicas, alguns mitos têm a imagem de uma grande montanha, torre ou escada, que também podem ser usados para viajar pelos outros mundos. Se uma imagem diferente chegar até você no início de sua jornada, use o que achar melhor.

Embora seja possível você mesmo tamborilar ou usar o chocalho para viajar, isso não é recomendado para alunos iniciantes ou mesmo para intermediários. Pode ser bem difícil dar a ambas as tarefas a atenção necessária para obter sucesso. Embora eu tenha sido capaz de tamborilar e viajar ao mesmo tempo, prefiro outra pessoa fazendo isso quando preciso realizar a jornada ou uso uma gravação como guia.

A maioria das tradições e praticantes xamânicos tem uma visão de mundo animista, o que significa que eles acreditam que tudo tem um espírito. A magia frequentemente está construindo um relacionamento com os espíritos para ajudá-lo, e você deve, por sua vez, ajudá-los. Enquanto a maioria dos espíritos existem além do reino físico, muitos de nossos aliados são os espíritos de nossos "instrumentos" que habitam e animam os objetos de poder espiritual que usamos na magia e na cura.

Um dos primeiros aliados incorporados encontrados em um objeto de poder é o espírito de seu instrumento musical, seu tambor, chocalho ou qualquer outro instrumento usado. Tradicionalmente, é o tambor ou o chocalho que é "acordado" e fortalecido. Regularmente são feitas oferendas a ele para manter a energia e o vínculo com você.

O exercício a seguir é excelente se você procura fortalecer seu tambor para praticar pela primeira vez, e pode ser feito, da mesma forma, em qualquer instrumento ou ferramenta antes de começar a utilizá-lo.

Exercício: Fortalecendo o Espírito do seu Instrumento

Segure o instrumento em suas mãos antes de se deitar. Desta vez seu instrumento musical não vai ser usado para viajar. Você tem que usar algum outro método de som para este fim. O instrumento que está capacitando deve estar parado quando o exercício começar.

Repita o exercício anterior, Jornada Xamânica, mas mantenha a intenção de "despertar" ou de "capturar" o espírito do seu tambor ou chocalho.

Segure o tambor enquanto mantém sua intenção, você se verá levado a um lugar especial. Pode ser que sinta sendo levado a um tempo no passado em que a "vida" do seu instrumento ou dos materiais usados para produzi-lo foram retirados. Pode ser quando ou onde o abate do animal para fazer a cobertura do tambor foi feito, quando o chifre tomou seu lugar, quando a madeira foi cortada ou quando a cabaça foi colhida. Naquele momento, comungue com o espírito e peça para fortalecer seu instrumento. Faça um pacto para honrá-lo se isso o ajudar a viajar e a trazer outros para o mundo espiritual. Perceba o espírito que entra no instrumento em suas mãos, isso se ele concordou em ajudá-lo. Se o espírito não concordou, termine sua jornada e tente novamente mais tarde, para encontrar um espírito diferente que concorde e queira trabalhar com você.

Volte como faria normalmente na jornada. Sinta seu instrumento. Sinta a diferença de quando começou. Agradeça ao espírito. Faça uma oferenda. Diferentes tradições fazem diferentes tipos de oferendas. Farinha, fubá, pão, vinho, cerveja, hidromel, mel e tabaco são formas de oferendas. Se apropriado, polvilhe alguns desses materiais em seu instrumento. Faça isso com frequência, principalmente antes de um ritual, se possível quando for usar o instrumento.

Faço oferendas de azeite ao meu tambor. As instruções que vieram com ele quando eu o comprei de um revendedor de artesanato era lubrificá-lo regularmente para evitar que a pele se quebre. Então eu combino manutenção com oferta, pois o óleo é uma substância sagrada.

Esse processo pode ser usado para capacitar a vassoura do exercício de viagem astral do capítulo dois, ou qualquer outra ferramenta mágica.

Embora um ritmo simples e rápido seja o melhor para a jornada mais xamânica, não é a única maneira de induzir ao transe. Ritmos mais lentos também têm suas virtudes, eles podem não ser necessariamente uma técnica de transe exibitória para uma visão profunda do mundo espiritual, mas podem acalmar o corpo, trazendo tranquilidade e foco. Uma simples meditação usando o batimento cardíaco, imitando o "tum-tum" do coração a aproximadamente 70 batimentos por minuto, ou até mais lento, pode tranquilizar e curar. Isso é considerado a batida do coração da Mãe em muitas tradições, imitando o som que ouvimos quando estamos no útero, os batimentos cardíacos de nossa própria mãe.

Para aqueles com uma compreensão mais complexa da música, uma discussão sobre o compasso pode ser muito útil. Os compassos são ferramentas usadas pelos músicos para um ritmo notável. Esse compasso é expresso como uma fração. O número superior, o numerador da fração, é o número de batidas em um compasso da música, uma maneira de organizá-la. Se você está contando para manter o ritmo, onde começaria a contagem? Esse é o começo de um novo compasso. O número inferior, ou denominador da fração, indica qual tipo de nota recebe uma batida. Ele aparece no início de uma peça musical, depois do que é conhecido como a fenda, para informar o alcance do instrumento e a chave do compasso.

A assinatura mais familiar é 4/4. Isso significa que existem quatro tempos por compasso e uma semínima, 4 para o trimestre, é o que dá uma batida no compasso. Então a música em um compasso de tempo 4/4 seria contada 1 -2-3-4- 1 -2-3-4- 1... etc. Uma batida forte geralmente se resume à primeira batida de um compasso, embora diferentes estilos de música pode mudar isso. A maioria das músicas de rock é em 4/4, mas a ênfase está na segunda e na quarta batida. Se você ouvir algo com uma batida forte de bateria de rock, naturalmente conte-o como 1- 2 -3- 4 -1- 2 -3- 4 -1- 2 ... Os dois são um pouco mais fortes que o quatro.

Na assinatura 3/4, três compassos estão em uma medida, enquanto a semínima, quatro, ainda obtém o valor de uma batida. A valsa é uma peça comum de 3/4. 1 -2- 3- 1 -2-3- 1 -2-3… Outras comuns são 2/4, 6/8 e 12/8.

Embora não haja uma série de correspondências mágicas para música facilmente acordadas, em alguns sistemas, associa-se o compasso a correspondências mágicas específicas. A música nessas assinaturas de compasso é mais propícia à magia em harmonia com essas associações.

ASSINATURA	ASSOCIAÇÃO ELEMENTAR	QUALIDADES E USOS
4/4	Terra	Aterrar, solidificar, propósitos gerais do transe.
3/4	Ar	Estimulação mental, memórias, expressão.
6/8	Água	Cura Emocional, fluxo, sentimento.
9/8	Fogo	Energia, inspiração, criatividade, poder.

Fig. 9: Correspondências de Assinatura de Compasso

Exercício: Explorando o Compasso

Esteja você mesmo tocando o seu próprio tambor ou alguém que se prontificou a tocá-lo, ouça os ritmos nesses vários compassos. Ouça cada um deles por apenas cinco minutos e até dez ou vinte. Que tipo de sentimentos isso evoca em você? Que tipo de ritual isso sugere? Se você encontrar associações diferentes das listadas aqui, use as que for melhor e as que fizer mais sentido para os seus próprios ritmos internos. Explore ritmos diferentes para ver se eles fazem a diferença. Anote sua experiência para referência futura e repita o processo, vendo se os mesmos ritmos evocam as mesmas sensações a cada vez.

Instrumentos Afinados

Instrumentos afinados também são bastante poderosos em nossos rituais mágicos. Como percussivos, nossos primeiros instrumentos musicais afinados têm, provavelmente, uma magia original. Muitos mitos antigos citam os Deuses como fontes de instrumentos. Pan é citado como o criador da flauta. As sete palhetas se passam não apenas como as sete notas tradicionais, mas também como uma alegoria para as sete notas emitidas pelos sete planetas, as estrelas errantes, criando a "música das esferas". A lira grega, um instrumento de cordas do tipo harpa, feito da casca de uma tartaruga, é geralmente atribuída a Hermes, que o entregou a seu irmão Apolo, trocando-o pelo caduceu. Apolo é patrono da música e da poesia. Desses dois mitos, temos o nascimento da família de instrumentos de sopro e de cordas (com a ascensão do metal acontecendo somente mais tarde com o desenvolvimento humano).

Ao contrário dos instrumentos de percussão, onde você pode emitir um som com pouco ou nenhum treinamento, instrumentos afinados requerem mais conhecimento e habilidade. Embora alguns instrumentos melódicos também são considerados percussões, como o xilofone e o piano, eles também exigem conhecimento e habilidade. Alguns são relativamente simples. Você pode soprar através de um instrumento de sopro, puxar uma corda e tocar uma nota no teclado, mas ainda assim vai precisar de habilidade para usá-los.

O treinamento em qualquer instrumento musical está além do escopo deste livro, mas se você possuir conhecimento em um instrumento afinado ou em música em geral, pode aplicar essas ideias mágicas para sua reprodução e apreciação da música.

Para muitos místicos antigos, o Céu emanava um som, a "música das esferas". Dizia-se que essa música correspondia aos padrões da Terra, não na proporção apenas da música, mas da luz, da geometria, da natureza e até do próprio tempo, e nós poderíamos nos aproximar dos céus.

No Ocidente, a música foi organizada em torno do conceito de sete escalas de nota. O som em si é dividido em uma escala de doze tons, uma série de incrementos de meio passo à medida que você toca na escala ascendente. Quando olhamos para um piano, vemos que uma oitava tem doze notas com sete teclas brancas e cinco teclas pretas. A escala mais simples, a escala maior, consiste nas sete notas brancas e soa alegre e brilhante até atingir sua oitava, a primeira nota do próximo conjunto. Alterando as notas no padrão de sete dobras, criamos várias escalas com diferentes humores, gostos e correspondências mágicas. Podemos encontrar a influência de tons que dão o tempero a estilos particulares de música, que são basicamente divididos em tons semelhantes à escala maior e similares à escala menor. Vários filósofos e músicos apresentaram suas próprias ideias sobre como os tons da música influencia a consciência.

Os tons musicais, ou pelo menos o estudo deles, tiveram origem na Grécia, pois recebem o nome de subgrupos ou regiões da Grécia antiga que os usavam com frequência. Diz-se que os tons predominantes na música de uma cultura a influência. Embora essa influência se limitou à música clássica, elas ressurgiram na música moderna através do jazz, do impressionismo, do rock e de outras tendências no século 20.

Jônico
Escala Maior Padrão
Planeta: Sol

A maioria de nós conhece a música tocada em grande escala, que evoca a presença de clareza, brilho e felicidade geral. O jônico é usado em músicas infantis e traz o poder da saúde, da amizade e a boa vontade.

Lídio
Escala Maior com 4ª subida
Planeta: Marte

Embora o folclore oculto dê às associações de música lídia o aumento da energia ou o desabafo de qualquer raiva ou frustração, a tradição musical clássica a descreve como "feliz". O Lídio é brilhante, ardente e, dependendo da composição, pode levar adiante sua vontade e intenção.

Mixolídio
Escala maior com um 7º rebaixado
Planeta: Júpiter

O folclore musical clássico o descreve como angelical, unindo os sentimentos de prazer e tristeza na música. Os gregos usavam esse modo na adoração de Dionísio, pois diziam que era para induzir êxtase divino naqueles que o ouvem. Também é usado para tradicionais associações de Júpiter, como riqueza, progresso e boa sorte.

Lócria
Nem Maior nem Menor
Planeta: Mercúrio

O estranho modo lócrio tem o temido intervalo dissonante conhecido como trítono, ou quinto diminuído, popularizado na psique moderna pela música tema do desenho Os Simpsons. A Igreja proibiu o uso do intervalo na música litúrgica, considerando ser do Diabo. Na verdade, esse intervalo tem mesmo um som verdadeiramente estranho e eu descobri que a maioria das Bruxas gosta disso. É raro ter música tocada apenas nessa escala, mas é uma ferramenta mágica, muito eficaz e poderosa, usada para fazer todas as formas de magia: abrir portais para o mundo espiritual e realizar magia da invisibilidade, desenvolvimento psíquico, necromancia e convocação de espíritos.

Eólica
Escala Menor Natural
Planeta: Lua

As associações musicais tradicionais pintam a escala menor natural como "triste" ou "sombria", particularmente quando comparada com a escala maior (jônica) mais conhecida. Dentro da magia ela é calmante, suave e refrescante para o humor e o temperamento. Isto nos abre para o poder da alma e para o toque da Deusa.

Dórica
Escala Menor com um 7º levantado
Planeta: Saturno

Diz-se que a escala dórica é séria e pode domar as paixões, embora também seja usada em muitas músicas folclóricas. Também é encontrada no Canto Gregoriano e nos cantos de muitos Covens de Bruxas. Esse foi um dos primeiros modos com os quais comecei a experimentar enquanto estava almejando meu diploma em música, e as composições sempre assumiam um tom oculto. A magia da escala dórica é evocar uma sensação de atemporalidade e antiguidade.

Frígio
Escala Menor com um 2º rebaixado
Planeta: Vênus

Na tradição musical, o frígio é considerado místico em termos da atmosfera que evoca e, estranhamente, por suas associações ocultas com Vênus, é considerado a escala que incita a raiva. Talvez não seja raiva, mas paixão ou ciúme, pela sensualidade do balanço que pode ser ouvida na música do flamenco cigano, bem como na música árabe e hindu, ingressando na música pop americana nos psicodélicos anos 60.

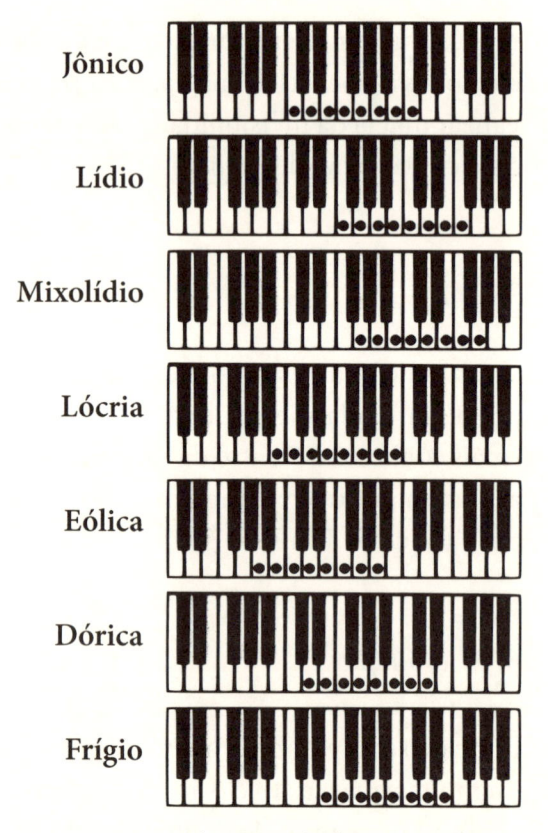

Fig. 10: Métodos em um Piano

Certas notas, portanto, as chaves das quais elas são o tônico – ou a nota raiz dela – dizem que são influenciadas por um corpo celeste em particular. Tal conhecimento é uma combinação de princípios antigos, padrões mágicos e ciência especulativa, mas não há um sistema universal de correspondências musicais/mágicas, pelo menos não nota por nota. Um dos problemas para isso é que o nosso atual sistema de notação musical não é o mesmo que no Mundo Antigo, ou mesmo entre os primeiros compositores clássicos. Nossa medição do que é o C médio no piano foi padronizada, mas o padrão no passado não era o mesmo. A nota A abaixo do C médio no piano é considerada 440 htz, embora nem sempre fosse esse o caso ao longo da história, aumentando a confusão de correspondências musicais.

Aqui estão algumas associações que eu achei úteis na minha prática:

C	Raiz	Lua/Saturno	Áries-Marte
C#			Touro/Vênus
E	Plexo Solar	Vênus/Marte	Leão-Sol
G	Garganta	Júpiter/Mercúrio	Escorpião-Marte/Plutão
G#		Urano	Sagitário-Júpiter
B	Coroa	Plutão, Urano/Sol	Peixes-Júpiter/Peixes

Fig. 11: Correspondência de Notas Musicais

Tocando essa nota, ou uma peça musical na tecla desta nota, estamos ajudando a invocar esse poder planetário. Podemos combinar os modos com associações planetárias ou chaves particulares para enfatizar mais de um poder planetário. E se tocarmos no modo Jônico para invocar o Sol, mas tocarmos o C Jônico, o C vai trazer a influência da Lua, de Saturno ou de Áries.

Alguns magos associam instrumentos específicos aos elementos, acreditando que cada família de instrumentos evoca certas associações. As pessoas atraídas por esses instrumentos estão trabalhando em parte com aquelas forças elementares. Embora eu ache que qualquer instrumento com uma ampla variedade e flexibilidade de estilos possa incorporar mais de um elemento, a sabedoria geral associa os seguintes instrumentos aos elementos:

Terra: tambores e instrumentos de percussão de todos os tipos, instrumentos de tons baixos, como o baixo, por exemplo.

Água: instrumentos de cordas (violino, violoncelo, viola), harpa.

Ar: instrumentos de sopro e instrumentos de alta frequência.

Fogo: trompete e guitarra elétrica.

Espírito: instrumentos de teclado e harpa.

Música cantada

Ao contrário dos instrumentos afinados, a música cantada é um método para criar uma melodia que qualquer pessoa pode fazer. Você pode duvidar de sua capacidade, mas passei um tempo como treinador vocal e descobri que poucas pessoas conseguem realmente distinguir os tons musicais. Elas podem não estar confortáveis com sua voz, carecem de requinte ou controle, mas podem, com alguma prática, realizar uma simples afinação. Outras são naturalmente talentosas e confiantes e conseguem criar uma melodia. Mesmo aquelas que não se sentem à vontade cantando em um ritual, podem encontrar maneiras de usar a voz para fortalecer sua magia. Contanto que você possa falar em voz alta, pode encontrar uma maneira de usar sua voz para abrir os portais.

TONIFICAÇÃO: tonificação é uma técnica simples para criar qualquer tom e qualquer som em que você sente intuitivamente que é apropriado para o momento. A tonificação é geralmente usada para liberação e limpeza. Os curandeiros emitem um tom ou emitem um som para o cliente, intuindo um som que removerá a doença no corpo. A tonificação pode limpar a energia de um espaço, assim como uma forma sônica de sálvia ou outro incenso, e pode ser usada para transferir energia para qualquer outro propósito. É uma forma muito primária de vocalização, variando de uma simples nota harmoniosamente sustentada a uma mais desequilibrada, um som desfocado. Às vezes, os ruídos criados imitam sons da natureza.

SONS DAS VOGAIS: a tonalidade da vogal é tonificada exclusivamente a partir dos vários sons das vogais da linguagem do ser humano. Às vezes, esses sons são combinados com várias consoantes para criar algo semelhante a uma palavra mágica primal. Os planetas, assim como os elementos, foram associados a partir de um som de vogal, e esses sons podem ser usados em práticas rituais para evocar sua energia ou despertar todos os poderes dentro você, fazendo-os em sequência.

PLANETA	SOM VOGAL
Lua	A (ah)
Mercúrio	E (eh)
Vênus	A (ei)
Sol	I (ii)
Marte	O (oh)
Júpiter	Y (u)
Saturno	O (uu)

Fig. 12: Correspondência de Vogais e Planetas

Exercício: Vogais Planetárias

Cante os sons da vogal em uma sequência planetária. A sequência listada é cabalística, começando com o "planeta" mais baixo da Árvore da Vida, a Lua, e subindo através da árvore até Saturno. Você pode usar esta sequência ascendente ou descendente. Caso tenha aprendido a trabalhar com os planetas em uma ordem diferente, fique à vontade para usar a sua sequência. Sustente cada vogal em uma respiração, durante um total de sete respirações. Como você está se sentindo durante cada som e como se sente no final? Mudando a sequência, você se sente diferente?

Para os elementos, criei um sistema de invocação e banimento baseado nos pentagramas elementares, originalmente inspirados nos elementos quádruplos de convocações de RJ Stewart, encontrados em seu livro, *The Spiritual Dimensions of Music*. Minhas próprias convocações usam os cinco sons vocálicos que associo aos elementos. Ao colocá-los no Clássico Pentagrama Ocidental Mágico dos Elementos, eles podem ser transformados em convocações e liberações. Magos e Bruxas têm maneiras específicas de desenhar o pentagrama para abrir uma força elementar específica, ou para fechar e banir. Eles são usados no início e no fim dos rituais de Círculo.

Espírito
Vogal: U
Nota: G (Dominante)

Ar
Vogal: E
Nota: E (Mediante)

Água
Vogal: O
Nota: D (Supertônica)

Terra
Vogal: A
Nota: C (Tônica)

Fogo
Vogal: I
Nota: F (Subdominante)

Fig. 13: Pentagrama Elementar com Sons e Notas Vogais

Ao tonificar a vogal associada ao ponto para o qual você está compondo, cria-se uma convocação específica para esse elemento, seguindo um padrão de convocação. O mesmo acontece para uma convocação específica de liberação sônica ao seguir o padrão banido de um pentagrama. A primeira vez em que eu as compus, pretendia que cada uma fosse feita com uma respiração prolongada e uma única nota. A complexidade das convocações pode ser aumentadas atribuindo uma nota das primeiras notas da escala maior (Modo Jônico) para cada elemento. Se você está familiarizado com os pentagramas de invocação/banimento, os padrões são mais fáceis de compreender. Aqueles que não estão familiarizados com esses pentagramas podem precisar de mais tempo para que aprenda os padrões, vogais e notas para ter um sistema eficaz.

VOGAL	ELEMENTO	NOTA (ESCALA C)
U	Espírito	G
I	Fogo	F
E	Ar	E
O	Água	D
A	Terra	C

PENTAGRAMA	SOM VOGAL	NOTAS
Invocando o Pentagrama da Terra	A-O-E-I-U	C-D-E-F-G
Banindo o Pentagrama da Terra	U-I-E-O-A	G-F-E-D-C
Invocando o Pentagrama da Água	O-A-U-I-E	D-C-G-F-E
Banindo o Pentagrama da Água	E-I-U-A-O	E-F-G-C-D
Invocando o Pentagrama do Ar	E-I-U-A-O	E-F-G-C-D
Banindo o Pentagrama do Ar	O-A-U-I-E	D-C-G-F-D
Invocando o Pentagrama de Fogo	A-O-E-I-U	C-D-E-F-G
Banindo o Pentagrama do Fogo	U-I-E-O-A	G-F-E-D-C
Invocando o Pentagrama do Espírito Ativo	E-O-A-U-I	E-D-C-G-F
Banindo o Pentagrama do Espírito Ativo	I-U-A-O-E	F-G-C-D-E
Invocando o Pentagrama do Espírito Passivo	O-E-I-U-A	D-E-F-G-C
Banindo o Pentagrama do Espírito Passivo	A-U-I-E-O	C-G-F-E-D

Observe nesse sistema que alguns padrões de notas se repetem, assim como alguns pentagramas são repetidos e são apenas diferenciados pela intenção colocada no tipo de elemento que você está tentando convocar ou banir. A intenção clara em seu uso é o que realmente torna essas convocações eficazes. Eu uso as convocações e os banimentos em rituais e como foco para o transe quando quero trabalhar especificamente com um domínio elementar.

O mago ritual Gareth Knight, em seu livro *The Rose Cross and the Goddess*, tem uma abordagem completamente diferente aplicando o sistema e o conjunto de associações com tons de música ritual. Também com base em intervalos, em vez de chaves específicas, ele associa a nota raiz de uma chave ao Leste e ao Ar; o terço menor ao Sul e ao Fogo; o quinto com o Oeste e a Água e o Norte e o elemento Terra com a sétima menor. Na chave de C, as notas são C, EB, G e BB. Padrões rituais, usando sinos, chocalhos ou tonificação são criados, começando no leste.

E – S – W – N – E	C – Eb – G – Bb – C	Construindo o Círculo, Aumentando o Poder
E – N – W – S – E	C – Bb – G – Eb – C	Liberando o Círculo, Diminuindo o Poder
E – W – N – S – C	C – G – Bb – Eb – C	Fluxo de Energia do Círculo Cruzado

MANTRAS: fórmulas verbais usadas para induzir diferentes estados de consciência e afetar a corpos sutis de energia. Embora o termo venha das tradições hindus, variações de materiais podem ser encontrados no Ocidente. Os mantras são derivados dos grandes sábios e mestres da meditação profunda e agem como condutores, conectando-nos ao mesmo nível da consciência divina. Com significados diferentes, cada mantra reflete uma experiência diferente do divino e podem ser dados, quase como uma receita espiritual, para facilitar uma mudança saudável em um praticante. Alguns são estritamente devocionais, para aperfeiçoar a alma e se fundir com o divino. Um mantra pode ser repetido silenciosamente como foco de meditação, falado ou cantado em voz alta. Tem aqueles que, assim como os praticantes de Kundalini Yoga, acreditam não apenas que o som afeta nossa consciência, mas que também, quando falado em voz alta, a língua atinge pontos específicos da paleta e envia energia em padrões específicos, através do sistema de energia do corpo, como na reflexologia. Um dos mantras mais famosos vem do Budismo e é bastante popular na Nova Era, *Om mani padme hum* (geralmente pronunciado *Ohm mani pame hum*) e traduzido como *Jewel in the Lotus* (A Joia do Lótus), referindo-se possivelmente aos chacras. Mas existem muitas outras interpretações. Provavelmente, trata-se de um nome ou de um título para o Bodhisattva da compaixão, Avalokiteshvara (o Dalai Lama é uma encarnação de Avalokiteshvara). Mantras do Oriente são às vezes usados em um contexto Neopagão, mas em um esforço para encontrar sons que ressoam mais com a cultura e tradições Pagãs, tem havido uma vasta gama de experimentos. Alguns usam sons simples de sílabas de culturas antigas, agora associadas a elementos e planetas. Eu gosto do canto moderno da Nova Era de *El-Ka-Leem-Om-Ra* para o espírito da Terra-Fogo-Ar-Água. Sou particularmente favorável aos sons da sílaba-semente para cada um dos chacras. As Bruxas, cabalisticamente influenciadas, usam os nomes hebraicos de Deus associados aos planetas e aos elementos. De longe, o modo mais Neopagão é usar um único nome de divindade ou uma lista de nomes dessas divindades como mantra. O "Cântico da Deusa" de Ísis, Astarte, Diana, Hécate, Deméter, Kali, Inanna é um excelente Mantra da Bruxaria para sintonizar o poder da Grande Mãe, elevar a energia e alterar a consciência para o ritual e a meditação.

CHACRAS	SÍLABAS SEMENTES
Raiz	LAM
Ventre	VAM
Plexo Solar	RAM
Coração	YAM
Garganta	HAM
Testa	KSHAM (OM)
Coroa	OM (None)

Sílabas Elementais

ELEMENTO	EGÍPCIO	HINDU	TIBETANO	THELEMIC	MODERNO
Terra	Ta	Lam	A	Al	El
Água	Nu	Vam	Va	Nu	Om
Ar	As	Pam	Ha	Ad	Leem
Fogo	Am	Ram	Ra	Re	Ra (Ka)
Espírito	Sa	Ham	Kha	Ah	Ka (Ra)

Nomes Hebraicos de Deus

ELEMENTO	NOME	TRADUÇÃO
Terra	Adonai ha Aretz	Senhor da Terra
Água	Elohim	Deuses
Ar	Shaddai el Chai	Deus Vivo Todo Poderoso ou Deus-Mãe Vivo
Fogo	Yod Heh Vehv Heh Tzabaoth	Deus dos Exércitos
Espírito	Eihehe	Eu Sou, Eu Sou O Que Sou

PLANETA	NOME DE DEUS	TRADUÇÃO
Terra	Adonai Ha Aretz	Senhor da Terra
Lua	Shaddai El Chai	Deus Vivo Todo Poderoso ou Deus-Mãe Vivo
Mercúrio	Elohim Tzabaoth	Deus dos Exércitos
Vênus	YHVH Tzabaoth	Senhor dos Exércitos
Sol	YHVH Eloah Va Daath	Senhor Deus do Conhecimento
Marte	Elohim Gibor	Deus da Força, Deus do Poder
Júpiter	El	Deus
Saturno	YHVH Elohim	Deuses Tetragrammaton
Netuno	YHVH	Tetragrammaton
Plutão/Urano	Eihehe	Eu Sou, Eu Sou O Que Sou

Exercício: Experimento com o Mantra

Escolha um mantra de qualquer um dos sistemas mencionados e use-o como foco de meditação. Situe-se exatamente como você fez para a meditação da vela, mas ao invés de encarar a vela, feche os olhos e repita o mantra em voz alta. Tradições orientais usam contas de oração conhecidas como "contas de mala" ou *japamalas*, geralmente com cento e oito contas menores e com uma conta maior para "marcar" a contagem. Toda vez que um mantra é dito, você segura outra conta até chegar ao fim, mantendo a contagem sem se perder. As tradições de Bruxaria às vezes usam uma ferramenta conhecida como Escada de Bruxa, que é uma corda com nós, como veremos a seguir.

Exercício: A Escada de Bruxa

Trance três cordões juntos, usando cores significativas para você (consulte o capítulo três). As combinações mais populares incluem as cores branco, vermelho e preto, para uma virgem, uma mãe ou uma idosa, ou vermelha, azul e amarela, para os três raios primários encontrados nas tradições Teosóficas. Para propósitos básicos de meditação, sugiro escolher um número significativo para você. (Eu tracei uma variação desse exercício para um curso de dezenove meses no Templo Vivo da Bruxaria.) As Escadas de Bruxas são feitas em conjuntos de nove, treze, vinte e oito, trinta três ou quarenta nós, sendo quarenta o mais tradicional nas formas antigas de Bruxaria. Use seus nós como um rosário ou conjunto de contas mala para acompanhar seu mantra, cânticos e outras orações repetidas enquanto medita ou pratica feitiços. A Escada de Bruxa pode ser usada para uma verbalização em voz alta, um "cantar" silencioso ou até mesmo para contar suas respirações.

Exercício: Mantra da Kundalini

Um dos meus mantras favoritos pessoais das tradições orientais é encontrado na tradição Sikh da Kundalini Yoga. Conhecido como o Mantra Shakti, diz-se que ele pode sintonizá-lo com a Mãe Divina. Seu poder é gerador e criativo, protege os usuários e realiza seus desejos com o poder primordial da Deusa. Eu aprendi esse mantra particular como um chamado e uma resposta, com cada linha chamada por um líder de canto ou gravação e, em seguida, repetida pelo grupo.

ADI SHAKTI,
ADI SHAKTI,
ADI SHAKTI,
NAMO NAMO,
SARAB SHAKTI,
SARAB SHAKTI,
SARAB SHAKTI,
NAMO NAMO,
PRITHUM BHAGAWATI,
PRITHUM BHAGAWATI,
PRITHUM BHAGAWATI,
NAMO NAMO,
KUNDALINI,
MATA SHAKTI,
KUNDALINI,
MATA SHAKTI,
NAMO NAMO.

ORAÇÃO AUDÍVEL: é uma oração feita falando suas intenções em voz alta ao divino, um instrumento poderoso, uma maneira simples de usar o som para mudar sua realidade. Embora frequentemente procuremos técnicas e procedimentos formalizados, a conversa simples e sincera com o divino pode ser a mais transformadora. Você pode ritualizar suas orações tanto quanto quiser. Muitas tradições acreditam que o incenso ou a chama das velas levam as orações aos Deuses mais facilmente, portanto, iluminar um ou ambos pode ajudar a definir o humor e a intenção da oração, mas são necessários.

CÂNTICO RÚNICO: prática de cantar a sequência de runas, os nomes associados aos mistérios simbólicos da Tradição Nórdica, do *Futhark Antigo* ou do *Futhark Recente*. A sequência inteira pode ser usada para santificar o espaço, aumentar a energia e induzir ao transe ou a sequências específicas baseadas nas propriedades mágicas escolhidas pelo praticante para a intenção do transe. Abaixo está a sequência do *Futhark Antigo*.

Fehu, Uruz, Thurisaz, Ansuz, Raido, Kenaz, Gebo, Wunjo, Hagalaz, Nauthiz, Isa, Jera, Eihwaz, Pertho, Algiz, Sowilo, Tiwaz, Berkano, Ehwaz, Mannaz, Laguz, Ingwaz, Dagaz, Othila.

ENCANTO FALADO: como uma oração, as intenções podem ser faladas, muitas vezes em rima, para manifestar seu desejo. O encanto falado induz ao transe ao abrir os portais e se torna o foco mágico para manifestar algo. A Rede Wiccaniana completa, diz: "Para prender o feitiço todas as vezes, deixe que o feitiço seja dito em rima". Muitas Bruxas acreditam em receitas, cujo estilo é possivelmente preservado nos escritos de Shakespeare, como dispositivos mnemônicos para lembrar o que fazer, códigos para disfarçar as ervas usadas como partes de animais e encantos que adicionam versos rítmicos quando falados em voz alta, para induzir ao transe e fortalecer a infusão.

> Dedo de rã e olho de tritão,
> Lã de morcego e língua de cão.
> Forquilha de víbora, ferrão da lesma lenta,
> Pata de lagartixa e asa de coruja azarenta.
> Para um encanto de problema poderoso,
> Como um caldo infernal, fervendo e borbulhoso,
> Dobro, dobro, de trabalho e confusão,
> Queime fogo e borbulhe caldeirão.
>
> Macbeth

As tradições antigas e modernas da Bruxaria usam versos falados para atrair mudanças. Muitos exemplos disso podem ser encontrados em livros de feitiços modernos, um dos mais interessantes, no entanto, vem da famosa Bruxa Escocesa Isobel Gowdie, que deu uma confissão detalhada e despreocupada de suas práticas e do seu Coven. Ela usava a fórmula seguinte para mudar de forma, transformar-se em uma lebre e voltar à sua forma humana novamente (ver capítulos cinco e doze). Observe que a menção do "Nome do Diabo" é indicativa do período cristão em que Isobel Gowdie viveu, e essa magia pode ser adaptada pelos Pagãos modernos para refletir sua própria visão teológica do mundo sem o conceito do Diabo.

A Transformação em uma Lebre

Em uma lebre vou entrar,
Com tristeza grande cuidado vou tomar;
Em nome do Diabo eu irei certamente,
Enquanto chego em casa novamente.

Transformação Reversa de Lebre

Lebre, lebre, Deus te cuide
Estou na forma de uma lebre agora,
Mas volto à a forma de uma mulher sem demora.

PROSA RITUAL: a poesia do ritual possui sua própria medida e ritmo que conduzem ao transe. Embora sinceros e espontâneos, os rituais são bastante poderosos, a repetição de certa poesia é uma técnica poderosa. Se você tiver uma experiência passada particularmente intensa e um poema fez parte dessa experiência, a recitação dele evoca sua experiência ritual passada e ajuda a levá-lo mais fundo, de volta ao local em que estava no ritual passado. Em algumas versões dos Oito Caminhos de Poder, o conhecimento ritual é tido como "as Chaves", como nas chaves para o poder. Conhecimento de como executar um ritual e, particularmente, o que dizer com o trabalho energético, é a chave para induzir ao transe e levá-lo através dos Portais de Poder. O conhecimento de runas, não especificamente o sistema de símbolos nórdicos, mas os dispositivos poéticos, são realmente encantos falados. Você pode olhar à poesia, particularmente as do Mundo Antigo, por padrões indutores de transe. As oito sílabas rítmicas, o padrão encontrado em grande parte do Kalevala Finlandês, são bastante indutoras de transe. Mesmo traduções modernas de prosa, como o mito sumério de Inanna, traduzido por Diane Wolkstein e Samuel Noah Kramer em *Inanna: Rainha do Céu e da Terra*, pode induzir ao transe. Três das mais modernas e importantes partes das prosas do Ritual Wiccaniano Moderno são A Carga da Deusa, A Rede Wiccaniana e A Runa das Bruxas.

A Carga da Deusa

Ouçam as palavras da Grande Mãe; ela, desde tempos antigos também conhecida entre os homens como Ártemis, Astarte, Athena, Dione, Melusine, Afrodite, Cerridwen, Dana, Arianrhod, Ísis, Brigit e por muitos outros nomes.

Sempre que tiverdes necessidade de qualquer coisa, uma vez por mês e melhor ainda quando a Lua estiver cheia, deveis vos reunir em algum lugar secreto e adorareis o meu espírito, que sou Rainha de toda Sabedoria.

E vós sereis libertos da escravidão e, como sinal de que sois realmente livres, estareis nus em vossos ritos. Cantareis, festejareis, dançareis, fareis música e amor, tudo em minha presença, pois Meu é o êxtase do espírito, e meu também é o prazer na Terra. Pois minha lei é amor sobre todos os seres. Pois meu é o segredo que abre a porta da Juventude, e meu é o cálice do vinho da vida, que é o Caldeirão de Cerridwen, o Santo Graal da imortalidade.

Concedo o conhecimento do espírito eterno e, após a morte, concedo paz, liberdade e reunião com aqueles que partiram antes. Não exijo sacrifício, pois observai, eu sou a Mãe de todas as coisas, e meu amor é derramado por sobre a Terra.

Ouçam também as palavras da Deusa Estrela; ela que na poeira dos pés traz as hostes dos céus, e cujo corpo envolve o universo. Eu que sou a beleza da terra verde e a Lua branca entre as estrelas, e o mistério das águas, chamo a tua alma para que se eleve e venha a mim. Pois eu sou a alma da natureza que dá vida ao Universo. De mim todas as coisas se originam e a mim todas elas devem retornar.

Que minha adoração esteja entre os corações que regozijam, pois observai – todos os atos de amor e prazer são meus rituais. Que haja beleza e força, poder e compaixão, honra e humildade, júbilo e reverência dentro de ti.

E tu que buscas me conhecer, sabei que tua busca e anseio não te auxiliarão, a menos que conheçais o mistério: se aquilo que procuras não encontras dentro de ti, tu jamais o encontrareis fora de ti. Pois observai, eu tenho estado contigo desde o começo; e eu sou aquilo que é alcançado no fim do desejo.

A Rede Wiccaniana

A Lei Wiccaniana deseja perfeito amor e confiança perfeita.
Devemos viver e deixar viver, doar para receber.
Três vezes o Círculo traçar, para os espíritos indesejados afastar.
Para atar o encanto, quando desejar, o feitiço deve rimar.
Olhos brandos, suave tocar, pouco deve falar e muito escutar.
Deosil para a crescente lunar e a Runa dos Bruxos vamos cantar.
Widdershins quando a Lua diminuir, cantando a Runa para banir.
Quando a Lua da Senhora é nova e bela, beije duas vezes a mão para Ela. Quando a Lua ao ápice chegar, um desejo o coração vai procurar.
Se o poderoso vento Norte soprar, tranque a porta e vá velejar.
Quando do Sul ventar, o amor vai você beijar.
Quando o mouro vento Oeste está soprando, vêm os espíritos sem descanso. Quando o vento do Leste soprar, espere as novidades e prepare para festejar.
Nove madeiras no caldeirão vão queimar com rapidez e lentidão.
A árvore da Senhora é o sabugueiro sagrado, não o queime ou será amaldiçoado.
Quando a Roda começa a girar, deixe os fogos de Beltane queimarem. Quando a Roda a Yule chegar, acende a Tora para os Corníferos reinarem.
À flor, ao bosque e às árvores que crescerão, a Deusa traz a sua bênção. Onde a água agitada correr, jogue uma pedra para a verdade conhecer.

Quando tiver uma necessidade ou uma aflição, à ganância alheia não dê atenção.

E ao tolo, uma só estação é melhor não passar, ou como seu amigo confundido será. Feliz Encontro e Feliz Partida, então, ilumine a face e aqueça o coração.

A Lei Tríplice devemos lembrar, três vezes o mal ou o bem vai voltar.

Quando o azar despontar, a Estrela azul na testa deve ornar.

Apaixonados devemos sempre ser, para o falso amor não crescer.

Oito palavras a Rede Wiccaniana respeita:

"Sem nenhum mal causar, faça o que você desejar".

A Runa das Bruxas

Noite escura e Lua clara
A Runa das Bruxas vamos escutar
Leste e Sul, Oeste e Norte;
Aqui viemos te invocar!

Terra e Água, Ar e Fogo,
Trabalhai o nosso desejo,
Bastão, pentáculo e espada,
Escutai nossa palavra!

Corda e incensário, açoite e faca,
Para vida despertai,
Poder da lâmina do Bruxo,
Enquanto o encanto aqui se faz
Rainha do Céu, Rainha do Inferno,
Conceda poder ao nosso feitiço
Chifrudo caçador da noite,
Trabalhe o desejo pelo mágico rito!

Por todo poder da terra e do mar
O nosso desejo acontecerá;
Pelo poder lunar ou solar
Cantando o encanto, assim será!

Entoando cânticos e cantando: os bons cânticos e cantos à moda antiga são métodos eficazes para concentrar a energia e induzir ao transe. Uma música simples também é uma maneira de criar consciência de grupo, para obter um número maior de pessoas focadas ao mesmo tempo, no mesmo objetivo. Um dos cânticos tradicionais mais antigos é uma runa estrangeira, conhecida como Runa Bagahai que, repetida durante o ritual, aumenta o poder. Possivelmente essa runa se origina da região Basca da Espanha, uma área conhecida por sua associação à Bruxaria, e poderia ser uma lista de nomes de divindades agora perdidas e esquecidas para nós. A sensação estranha das palavras, independentemente do idioma em que você pratica, ajuda a aumentar o mistério da magia e altera sua consciência. É frequentemente usada no Samhain, nos Círculos da Wicca Britânica Tradicional. O canto moderno mais popular foi escrito pela autora e ativista Zsuzsanna Budapest (www.zbudapest.com) e tem como título: Todos Nós Viemos da Deusa. Muitas variações de melodia e batida existem e são frequentemente combinadas com o Canto da Deusa. Eu também escrevi uma série de cânticos sazonais para a Roda do Ano, que podem ser encontrados no CD The Outer Temple of Witchcraft CD Companion (Disco 4).

A Runa Bagahai

Bagahi laca bachahe
bah-GAH-hee LAH-ka BAH-khah-hey
Lamac cahi achabahe
Lah-Mahk kah-HEE ah-KHAH-bah-hey

Karrrelyos!
Kah-RREL-yohs!

Lamac lamec bachalyos
La-Mahk lah-Mekh bah-KHAH-lee-ohs
Cabahagi sabalyos
Kah-BAH-hah-Gee sah-BAH-lee-ohs

Baryols!
Bah-RREE-oh-lahs!

Lagozatha cabyolas
Lah-Goh-zah-THAH kah-BEE-oh-lahs
Samahac et famyolas
Sah-MAH-HAHK EHT fah-MEE-oh-lahs

Harrahya!
Hah-RRAH-hee-yah!

Todos Nós Viemos da Deusa (Z. Budapest)

Todos nós viemos da Deusa
E a Ela vamos voltar
Como uma gota de chuva
Fluindo em direção ao mar.

Cântico Samhain (Christopher Penczak)

Terra e Ar,
Fogo e Água,
Deusa Antiga,
Mãe e Filha.

Senhores da Luz,
Senhores da Morte,
Com seu amor
Nós somos abençoados.

Uma música não tão popular na Bruxaria Moderna, mas que encontra o caminho de volta à nossa tradição, é Green Grow the Rushes O. (Oh, Verdes crescem os juncos). Em uma das famosas cartas de Robert Cochrane a Joe Wilson em sua Arte tradicional, ele declara: "Minhas crenças religiosas são encontradas em uma música antiga, Green Grow the Rushes O" e isso nos dá algumas dicas sobre as crenças e uma música que pode capturar o espírito dessas crenças para o ritual.

Verdes Crescem os Juncos Ó

Eu vou cantar para você, Ó
Verdes crescem os juncos, Ó
Qual é o seu, Ó?
Verdes crescem os juncos, Ó
Um é um e sozinho,
e cada vez mais será assim.

Eu vou cantar para vocês dois, Ó
Verdes crescem os juncos, Ó
Quais são os seus dois, Ó?
Dois, dois meninos brancos
como lírios vestidos todo em verde,
Um é um e sozinho,
e cada vez mais será assim.

Eu vou cantar para vocês três, Ó
Verdes crescem os juncos, Ó
Quais são os seus três, Ó?
Três, três os rivais!
Dois, dois meninos brancos
como lírios vestidos todo em verde, Ó
Um é um e sozinho,
e cada vez mais será assim.

Eu vou cantar para vocês quatro, Ó
Verdes crescem os juncos, Ó
Quais são os seus quatro, Ó?
Quatro para os quatro fabricantes de vento,
Três, três os rivais!
Dois, dois meninos
brancos como lírios
vestidos todos em verde, Ó
Um é um e sozinho,
e cada vez mais será assim.

Eu vou cantar para vocês cinco, Ó
Verdes crescem os juncos, Ó
Quais são os seus cinco anos, Ó?
Cinco para o símbolo à sua porta,
Quatro para os quatro fabricantes de vento,
Três, três os rivais!
Dois, dois meninos brancos como lírios,
vestidos todos em verde, Ó
Um é um e sozinho,
e cada vez mais será assim.

Eu vou cantar para vocês seis, Ó
Verdes crescem os juncos, Ó
Quais são os seus seis anos, Ó?
Seis para os seis orgulhosos caminhantes,
Cinco para o símbolo à sua porta,
quatro para os quatro fabricantes de vento,
Três, três os rivais!
Dois, dois meninos brancos
como lírios, vestido todos em verde, Ó
Um é um e sozinho,
e cada vez mais será assim.

Eu vou te cantar sete, Ó
Verdes crescem os juncos, Ó
Quais são os seus sete, Ó?
Sete para as sete estrelas no céu,
Seis para os seis orgulhosos caminhantes,
Cinco para o símbolo à sua porta,
Quatro para os quatro fabricantes de vento,
Três, três os rivais!
Dois, dois meninos
brancos como lírios,
vestidos todos em verde, Ó
Um é um e sozinho,
e cada vez mais será assim.

Eu vou cantar para vocês oito, Ó
Verdes crescem os juncos, Ó
Quais são os seus oito anos, Ó?
Oito para as chuvas de abril,
Sete para as sete estrelas no céu,
Seis para os seis orgulhosos caminhantes,
Cinco para o símbolo à sua porta,
Quatro para os quatro fabricantes de vento,
Três, três os rivais!
Dois, dois meninos
brancos como lírios,
vestidos todos em verde, Ó
Um é um e sozinho,
e cada vez mais será assim.

Eu vou cantar para vocês nove, Ó
Verdes crescem os juncos Ó
Qual é o seu nove, Ó?
Nove pelas nove luzes brilhantes,
Oito para as chuvas de abril,
Sete para as sete estrelas no céu,
Seis para os seis orgulhosos caminhantes,
Cinco para o símbolo à sua porta,
Quatro para os quatro fabricantes de vento,
Três, três os rivais!
Dois, dois meninos
brancos como lírios,
vestidos todos em verde, Ó
Um é um e sozinho,
e cada vez mais será assim.

Outro poema encontrado nas tradições associadas a Robert
Cochrane e nos escritos de William G. Gray, é o estilo curto e infantil
de *This is the Taper That Lights the* Way, que também pode revelar
crenças em outras formas de Bruxaria e ser usado como poesia ritual
e canto.

Esta é a Vela que Ilumina o Caminho

Esta é a vela que ilumina o caminho.
Esta é a capa que cobre a pedra.

Isso afia a faca.
Isso corta o cordão.
Isso liga a equipe.

Isso é propriedade da Donzela.
Isso tende ao fogo.
Isso ferve a panela
Isso queima a espada.
Isso modela a ponte.

Isso atravessa a vala.
Isso compara a mão.
Isso bate na porta.
Isso busca o relógio.
Isso liberta o homem.

Isso transforma o moinho.
Isso mói o milho.
Isso assa o bolo.
Isso alimenta o cão.
Isso guarda o portal.
Isso esconde um labirinto.

Isso vale uma luz.
E dentro da casa que Jack construiu.

A música completa "original" Lebre, de Isobel Gowdie, pode ser encontrada no livro de Robert Graves, *A Deusa Branca*, e tem sido usada como poesia ritual, toda ou em parte, em uma ampla variedade de tradições de Bruxaria. Os animais que mudam de forma são sazonais e são usados nos rituais do Sabbat, mas também fala de um ciclo de iniciação mais profundo, semelhante à caça da mudança de forma de Cerridwen e Gwion Bach/Taliesin, ou a punição de Gwydion.

Astúcia e arte a ele não podem faltar;
Sim, seu apito o faria voltar.
Ó, eu me transformarei em uma lebre
Com tristeza, suspiros e cuidado leve,
Em nome do Diabo isso eu vou causar
Sim, até eu que possa retornar
Olhe, a um galgo fêmea preste atenção
Vai atormentar todos esses companheiros que aí estão,
Pois irei em nome de Nossa Senhora
Sim, antes que o arreio me busque sem demora
Astúcia e arte a ele não podem faltar;
Porque o assobio dela o faria voltar.

Ainda que eu me transforme em uma truta
Com tristeza, suspiros e leve dúvida,
E te mostrar muitos jogos divertidos afora
Antes que o arreio me busque sem demora
Truta, a uma lontra esguia preste atenção
Irá persegui-la de perto, de banco em banco então
Pois irei em nome de Nossa Senhora
Mas antes que o arreio me busque sem demora
Astúcia e arte a ele não podem faltar;
Porque o assobio dela o faria voltar.

No entanto, em uma abelha me transformarei
Muito horror e pavor de ti eu terei
E em nome do Diabo vou voar para me esconder agora
Antes que o arreio me busque sem demora
Abelha, ataque a cabeça de uma galinha sem temor
Te atormento de perto, pelas costas e pela parte inferior,
Pois irei em nome de Nossa Senhora
Tudo, antes que o arreio me busque sem demora
Astúcia e arte a ele não podem faltar;
Porque o assobio dela o faria voltar.

No entanto, em um rato vou me transformar
E para a casa do moleiro me encaminhar

Lá no seu milho para bem me divertir
Antes que que eu tenha de retornar e ir
Rato, cuide de um branco gato
Isso nunca foi briga de camundongo ou rato,
Pois irei em nome de Nossa Senhora
Então, antes que o arreio me busque sem demora
Astúcia e arte a ele não podem faltar;
Porque o assobio dela o faria voltar.

Um excelente recurso de correspondências musicais modernas de um musicista é o *The Goodly Spellbook: Old Spells for Modern Problems*, de Lady Passion e *Diuvei. Eu achei este livro extremamente útil para novas ideias sobre música e magia, incluindo correspondências com sons de vogais, letras e formas. A ajuda fonética para a Runa Bagahai também é de *O Bom Livro de Feitiços*.

Exercício: Espírito Tambor & Círculo Cântico

Os círculos musicais podem ser uma excelente maneira de aumentar a energia para outros usos mágicos. Grupos xamânicos iniciam rituais com tambores, chocalhos e bate-papo, para construir a energia no espaço sagrado e usar essa energia para a jornada ritual, deixando-a os impulsionar para o Outromundo ou experimentar diferentes estados de consciência neste mundo. A energia também pode ser aproveitada e carregada para um ato específico da magia, como a cura. Crie seu espaço sagrado para conter a energia gerada e, em seguida, comece a fazer música. Sugiro ter vários "líderes" com uma ordem pré-determinada de liderança, de modo que, quando um se cansa, outro possa perfeitamente assumir. Normalmente, aqueles mais experientes no tambor estabelecem o ritmo para outros participarem, os cantores mais experientes lideram o canto até que outros participem. Você pode fazer esse Círculo com percussão e canto, ou apenas um ou outro, dependendo do seu grupo e a sensação do Círculo. Depois de gerar energia suficiente, passe para a próxima parte do seu ritual.

O poder do silêncio

O silêncio é a sombra das palavras e dos sons. No entanto, de todas as sombras dos caminhos, esta é uma das mais poderosas, potentes e seguras para explorar. Enquanto um transe induzido pelo som é uma técnica poderosa, às vezes a falta de som, o silêncio ou simplesmente os sons ambientes da natureza e da vida, podem fornecer um foco para a meditação. Há sim poder no silêncio e na capacidade de ouvir, ao invés de preencher o segundo plano.

O único momento em que o silêncio é obrigatório é quando ele é forçado, e não escolhido, por ter usado muito a voz em falas ou cantos muito altos. Se você planeja fazer muitas canções ritualizadas e cantá-las, vale a pena aprender técnicas de respiração e vocais adequadas, para usar bem suas cordas vocais ao invés de forçá-las. Tensão repetida resultará em ferimentos.

Se você usa muito som em sua magia, reserve um tempo para explorar o poder do silêncio. O caminho do silêncio também será mais explorado na discussão das técnicas do isolamento no capítulo seis.

Aliados para o caminho da música

Lembre-se do seguinte ao explorar música, tambor e canto:

FAÇA BARULHO: não permita que o medo de não parecer "bom" seja capaz de lhe impedir de fazer um som. A música para o ritual pode ser bonita, mas deve ser sincera acima de tudo. Ninguém, incluindo os Deuses e os espíritos, está julgando sua capacidade musical. E se você não tentar, nunca poderá melhorar.

IMITE: imite aqueles que você gosta ao aprender a encontrar seu próprio estilo e maneira de fazer as coisas. Nossas primeiras canções foram provavelmente imitações de cantos de animais, cantos de pássaros e outros ruídos na natureza. A imitação tem uma história longa e rica.

Se você encontrar alguém que tem um estilo que gosta, cante, toque, aprenda a imitar e copiar. À medida que aprender a fazer isso com várias influências, começará a criar seu próprio estilo.

Escute: ouça a música que influenciou seus colegas e professores. A seguir, vou apresentar uma lista de artistas que inspiraram muitos Pagãos modernos. Se funcionou para outros Pagãos, essas músicas podem ajudá-lo também. Felizmente, com a Internet, muitas vezes temos a oportunidade de experimentar as músicas antes de comprar, assim você pode descobrir quais artistas e músicas são adequados para seus próprios rituais.

Amethystium	Enya	McKennitt, Loreena
Azam Ali	Faith and the Muse	McLachlan, Sarah
Bjork	Fleetwood Mac	Medieval Babes
Blackmore's Night	Frenchy and the Punk	Merlin's Magic
Bush, Kate	Gaia Consort	Nicks, Stevie
Carol, Shawna	Gerrard, Lisa	Nox Arcana
Clannad	Gladiator Soundtrack	Reclaiming Chants
Conti, Al	Godsmack	Rhea's Obsession
Copland, Aaron	Gypsy Enchantress	Roach, Steve
Coyle, T. Thorn	Heart, Micky	Rule, Wendy
Cure, The	Horne, Fiona	Spiral Dance
Dark Muse	Inkubus Sukkubus	Spiral Rhythms
Dead Can Dance	Interview with a Vampire	Steeleye Span
Delerium	Soundtrack	Stravinsky, Igor
Doors, The	Jethro Tull	Thiel, Lisa
Dragon Ritual Drummers	Kelianna	Vox
Emerald Rose	Labyrinth Soundtrack	The Wicker Man Soundtrack
Enigma	Mannheim Steamroller	

A Dança Sagrada

Alguns dizem que o Universo começou como uma dança lenta e íntima de namoro entre a Deusa e o Deus. Cada um se moveu pra lá e pra cá, aproximando-se e diminuindo a distância um do outro, criando os padrões e as pulsações que levaram à criação do nosso Mundo. O namoro deles pôs em movimento a criação, dando forma ao mundo que conhecemos.

Desde aquela época, nós, humanos, usamos movimento, posturas e danças para nos conectar a esse impulso divino da criação. A dança, assim como a música, faz parte de quase todas as culturas e, particularmente, de uma parte da cultura religiosa. A dança emula o êxtase do divino, sempre em movimento, sempre em mudança e evoluindo para uma conclusão invisível e desconhecida. O ato de dançar se tornou um ritual por si mesmo. Uma das razões pelas quais a dança é tão universalmente popular, tanto por razões religiosas quanto seculares, é que regozijar-se é um caminho de poder que leva ao centro da consciência.

Posturas Corporais

Algumas das técnicas de magia do corpo só poderiam ser chamadas de dança da maneira mais rudimentar, o que significa que são movimentos, mas não necessariamente o que pensamos sobre o que é a dança. Diz-se que mover o corpo em posturas e posições específicas facilita a mudança de consciência dentro de nós, e isso se tornou a base de muitas de nossas práticas metafísicas, incluindo uma variedade de formas de yoga e artes conjugais. Embora esses movimentos não sejam o que tipicamente classificamos como dança, eles têm aparência e forma de dança.

Mudras

Os mudras são formas simples de postura corporal da tradição hindu, geralmente envolvendo segurar uma posição de mão ou dedos, ao invés de uma posição de corpo inteiro, embora alguns mudras envolvam todo o corpo. São gestos rituais vistos na obra de arte hindu e budista, sendo realizada pelos Deuses e gurus. Mudras são considerados "selos" sagrados. Diz-se que ocupar tais posições confere particular conexão com a consciência divina.

Na Bruxaria, o primeiro mudra que aprendi foi o meu *Instant Alpha Trigger* (Gatilho Alfa Instantâneo). Enquanto estava em um estado meditativo, cruzei meus dedos indicador e médio e programei para que esta posição me levasse automaticamente a um estado meditativo leve, onde eu pudesse fazer toda a minha magia. Chamada de *Instant Alpha Trigger* na tradição Cabot, eu chamo de *Instant Magick Trigger* (Gatilho Instantâneo Mágico) na minha série de livros do *Templo da Bruxaria*, e, a princípio, assumi que era apenas um comando pós-hipnótico, programado em nossa consciência através do transe meditativo. Mais tarde descobri que a posição específica da mão sugerida por Laurie Cabot era, na verdade, um mudra oriental para equilibrar as energias masculinas e femininas dentro de nós, e poderia conceder desejos. Em outras palavras, essa posição nos fornece acesso à nossa magia natural. Enquanto a programação ajuda a reforçá-la, a posição em si tem uma qualidade mágica.

Os mudras são descritos como botões no nosso sistema energético. Pressionando certos pontos, criamos mudanças em nossa energia. Mudando os pontos tocados, alteramos a qualidade da energia que flui e, assim, podemos alterar o resultado no nosso corpo e em nossa consciência.

Alguns dos meus mudras favoritos são simples, envolvendo apenas os dedos e o polegar. Unindo o polegar com cada um dos quatro dedos, enfatizamos a energia de quatro planetas diferentes dentro de nós. Dentro do Conhecimento Ayurvédico, bem como na Quiromancia, cada dedo é governado por um planeta diferente, e o mudra de cada um confere bênçãos diferentes.

DEDO	MUDRA	TÍTULO	PLANETA	ATRIBUTO
Indicador	Gyan Mudra	Selo do Conhecimento	Júpiter	Sabedoria
Médio	Shuni Mudra	Selo da Paciência	Saturno	Paciência
Anelar	Surya Mudra	Selo da Vida	Sol	Energia
Mínimo	Buddhi Mudra	Selo do Esclarecimento	Mercúrio	Comunicação

Fig. 14: Correspondências dos Mudras

Geralmente, colocar a parte carnuda do polegar na parte carnuda de cada dedo é considerado o foco interno. As qualidades que isso gera circularão dentro de você. Se quiser ser projetivo com as energias e transmiti-las para a área ao seu redor, toque a parte carnuda do polegar na unha do dedo.

Uma das posições de meditação mais comuns é o polegar e o indicador juntos, para obter maior sabedoria e conhecimento na meditação. Simplesmente segurando o polegar e o dedo médio juntos, ganha-se mais paciência. Segure o polegar e o dedo anelar juntos para uma explosão de energia. Em uma negociação ou comunicação difícil com outras pessoas, segure o polegar e o mindinho juntos. Se você procurar meditar com alguma dessas qualidades e integrá-las à sua vida, manter o mudra ajuda a fazer uma conexão natural.

Exercício: Meditação Mantra-Mudra

Uma simples meditação Kundalini Yoga Mantra-Mudra mistura os caminhos da respiração, do som e do movimento de uma maneira muito fácil. Fique em uma posição confortável, inspire e pense em *Sa-Ta-Na-Ma*, enquanto segura o polegar e o indicador juntos no *Sa*, o polegar e o dedo médio no *Ta*, o polegar e o dedo anelar no *Na* e o polegar e o mindinho no *Ma*. Expire e pense *Sa-Se-So-Hung*, repetindo o padrão mudra de indicador, médio, anelar e polegar em cada uma das quatro sílabas. Diz-se que este mantra invoca a natureza curativa da sua alma, a parte interna imortal de si mesmo. Se você se sentir confortável com essa versão internalizada, poderá entoar o canto em voz alta. Uma versão popular e bonita deste canto está definida na música Canon de Pachelbel (Canon em Ré Maior). Esta meditação é bastante poderosa, rejuvenescedora e curadora do corpo, da mente, do coração e da alma.

Embora em outras culturas eles não sejam especificamente chamados de mudras, você pode encontrar movimentos semelhantes na arte e nas histórias míticas. Outra posição usada nas tradições Celtas de Bruxaria e Magia, por mais estranha que possa parecer, é feita colocando o polegar na sua boca, como chupar o polegar quando criança. Esse ato é considerado um símbolo de inspiração, figuras míticas, como Taliesin, são conhecidas por manter esse gesto. A origem leva de volta à própria iniciação de Taliesin. Em sua vida anterior como Gwion Bach, servo da Deusa Cerridwen, ele queima o polegar na poção da inspiração e chupa o dedo ferido para acalmar a queimadura. Gwion inadvertidamente engole o poder de inspiração da poção e dá início a uma cadeia iniciática de eventos que resulta em sua transformação no bardo Taliesin.

Outro mudra meditativo popular, particularmente para as Bruxas, é juntar as pontas dos dedos correspondentes de cada mão, com uma leve pressão, para equilibrar as cinco forças do elemento interior. Isso pode ser considerado semelhante a uma posição de oração ao nível do peito. Diz-se que cada dedo corresponde a um diferente elemento, algumas fontes geralmente discordam entre si na atribuição de qual elemento corresponde a cada dedo. Geralmente penso nos elementos, baseados nas associações planetárias como Indicador-Júpiter-Água, dedo do Meio-Saturno-Terra, Anelar-Sol-Fogo e dedo Mínimo-Mercúrio-Ar, com o polegar como espírito.

Yoga

A maioria das pessoas no mundo ocidental pensa no yoga como uma forma de exercício em que você coloca seu corpo em posições estranhas e desconfortáveis. O yoga realmente cobre uma ampla variedade de práticas e tradições, mas apenas algumas delas incluem formas de exercício. Traduzido no Ocidente como "jugo" ou "união", referindo-se a práticas que "te jugo" ao divino, suas posições físicas preparam o corpo e a consciência para estados mais profundos de consciência. Muitas das posições das várias formas de yoga são nomeadas com referência a fenômenos naturais, como animais, plantas ou natureza. Poses populares são chamadas de Montanha, Árvore, Meia-Lua e Cobra. Algumas práticas de yoga são sequências de posições que se sintonizam com a natureza, como a Saudação ao Sol e a Saudação à Lua.

Enquanto o yoga provém das tradições védicas da Índia e é idealmente praticado em contexto de cultura e de tradição, no Ocidente ele foi introduzido de maneira não religiosa, não dogmática, tornando-se parte de programas de exercícios de academia e estúdios de yoga, onde aqueles que exploram tradições e filosofias místicas podem encontrar suporte. É aqui que muitos Pagãos e Bruxas encontraram a filosofia yogue e o poder das posições corporais do yoga, *pranayama*, *mudras*, *mantras* e *yantras*. Embora as filosofias orientais não sejam uma teologia completa para a Bruxaria, existe uma raiz indo-europeia comum a ambos, e muitas tradições modernas de Bruxaria reivindicaram termos e conceitos hindus, como karma, dharma, chacras e reencarnação. A associação das posições yogues com fenômenos naturais é outro elo entre as duas tradições e muitas Bruxas usam técnicas de yoga como parte de suas próprias meditações e práticas espirituais. Descobri que as sequências Saudação ao Sol e Os Cinco Ritos Tibetanos são bastante úteis em minha própria prática.

Exercício: Saudação ao Sol

Também conhecida como *Surya Namaskar*, esta é uma série de doze posturas levando você de volta ao centro, usado para fortalecer, afrouxar e alinhar os músculos das costas e da coluna, além de alinhar o praticante com os poderes da cura e da vitalidade do Sol. Idealmente, isso é feito quando o Sol está nascendo, de frente para o leste, alinhando-se com a esfera solar, espiritualmente e fisicamente.

Fig. 15: Saudação ao Sol

1. Comece em pé (geralmente voltado para o leste), pés juntos, olhando para a frente, com os braços e mãos em posição de oração na altura do coração. Reconheça o Sol e seu poder em nossas vidas.

2. Inspire e levante os braços, mantendo as palmas das mãos juntas. Coloque os braços para trás levemente acima da linha da cintura, olhando para o céu. Reconheça as estrelas como outros sóis.

3. Expire e incline o corpo para a frente, esticando até que as mãos toquem nos pés. Se você não é flexível o suficiente para alcançar seus pés, toque seus tornozelos ou canelas. Direcione a luz do Sol e das estrelas para baixo enquanto você se abaixa e expira.

4. Enquanto inspira, a perna direita dá um passo para trás. Arqueie as costas e levante o queixo, de frente para o "Sol". Sinta-se mais profundamente conectado ao Sol.

5. Expire e pise com o pé esquerdo para trás. Endireite seu corpo como uma prancha, com coluna, pescoço e pernas retos, e apoie seu peso nas mãos e nos pés. Sinta a luz do Sol, dando-lhe apoio e força.

6. Mantendo sua respiração estável, primeiro, abaixe os joelhos no chão, depois coloque o peito no chão e finalmente leve sua testa ao chão. Mantenha os quadris para cima e curve os dedos dos pés. Nesta pose você está fazendo o seu sol e sua luz interior humildes, diante do Sol.

7. Inspire e estique para a frente enquanto se inclina para trás. Pressione os quadris para baixo e endireite os dedos dos pés enquanto mantém os braços retos. Esta é a posição da cobra, erguendo-se para cumprimentar o Sol.

8. Expire e curve os dedos dos pés para que você possa pressionar os calcanhares e, enquanto os pressiona, pressione também as mãos, eleve os quadris e levante o corpo do chão.

9. Inspire e mova a perna esquerda para trás. Sinta a parte superior do pé esticada no chão. Seu pé direito está entre os seus braços. Levante o queixo e olhe para o Sol.

10. Expire e coloque o pé esquerdo alinhado com o direito, estenda a mão para a frente e toque os pés, unindo Sol e Terra, como você fez na etapa 3.

11. Inspire e fique de pé. Ao continuar a inspirar em um movimento fluido, estique os braços para cima, mantendo as palmas das mãos juntas. Coloque os braços para trás levemente acima da linha da cintura, olhando acima para o céu. Reconheça as estrelas como outros Sóis, como você fez na etapa 2.

12. Expire e volte gentilmente à posição inicial. Circule os braços para a posição de oração no coração, enquanto endireita as costas para a posição vertical. Sinta o poder do Sol dentro de você.

Há também uma moderna Saudação à Lua, às vezes chamada *Chandra Namaskar*, uma série de vinte movimento realizados para alinhar com os poderes da Lua, seus efeitos são mais frios e claros. Essa saudação é encontrada predominantemente nas Américas e no estilo de yoga Kripalu, enquanto a Saudação ao Sol tem mais associações encontradas no yoga tradicional.

Os Cinco Ritos Tibetanos não são uma prática tradicional de yoga védica. Embora sejam yogue por natureza, eles são supostamente do Tibete, apesar de sua história e prática, e estão cheios de controvérsia, pois não são encontrados em nenhuma Tradição Tibetana tradicional e algumas associações conflitam com essa tradição. Diz-se que os exercícios são para aprimorar os sete chacras, ainda nas formas tibetanas de misticismo, apenas cinco dos chacras são reconhecidos. Quando essa discrepância foi apontada, teorizou-se que talvez eles venham da Índia ou do Nepal, ao invés do Tibete, ou são o engano inteligente de algum charlatão. Eu tenho tendência a favorecer uma origem mais mística, mesmo que não seja o Tibete, pois encontrei um grande benefício praticando regularmente esses exercícios. Tive contato pela primeira vez com eles no trabalho do mago cerimonial Donald Michael Kraig, especificamente em seu livro clássico *Modern Magick*.

Esses exercícios foram popularizados pelo Americano Peter Kelder, em 1939, com base em sua reunião com um coronel Britânico aposentado, que teria aprendido os cinco rituais enquanto viajava pelo Tibete. Diz-se que os benefícios da prática é uma "fonte da juventude" para o corpo e o espírito, além de curar doenças e melhorar a visão, aumenta a memória e promove o crescimento e evita a queda de cabelos. Mesmo com sua origem controversa e desconhecida, eles cresceram em popularidade tanto no mundo ocidental na saúde alternativa quanto em formas cerimoniais de magia. Descobri que os Cinco Tibetanos não apenas têm os benefícios da cura e do exercício, mas é um grande rito preparatório para preceder a meditação e o ritual. Eu costumava realizar os Cinco Tibetanos, também conhecidos como os Cinco Ritos de Rejuvenescimento, antes de fazer minhas meditações noturnas.

Exercício: Os Cinco Ritos Tibetanos

Apesar de trazer benefícios para a saúde, Os Cinco Ritos Tibetanos podem agravar certas condições de pessoas não acostumadas a exercícios físicos regulares. Se vocês sofrem de problemas cardíacos, artrite grave, pressão alta ou quaisquer condições que tornam o movimento difícil ou doloroso, ou se estiver grávida, consulte um médico antes de praticar estes exercícios para ver se eles são adequados para você. Idealmente, cada um dos cinco exercícios devem ser feitos 21 vezes em uma sessão diária. Faça até vinte e uma repetições, lentamente, e ganhe força com o tempo. Uma variedade de materiais foi impressa em livros e publicações on-line, com diversos exercícios para pessoas com deficiências físicas. Pesquise as variações que funcionam melhor para o seu corpo.

PRIMEIRO RITO TIBETANO: estique os braços para os lados, paralelos ao chão, com as palmas das mãos viradas para baixo. Gire no sentido horário com os braços estendidos, inspirando e expirando enquanto você gira. Você pode ficar um pouco tonto.

SEGUNDO RITO TIBETANO: deite-se no chão, com o corpo voltado para cima. Coloque os braços totalmente estendidos ao seu lado com as palmas das mãos voltadas para baixo, dedos juntos. Inspire e levante a sua cabeça do chão, dobrando o queixo no peito, enquanto levanta simultaneamente as pernas, deixando os joelhos retos. Expire e abaixe lentamente as pernas, mantendo os joelhos retos, enquanto abaixa a cabeça suavemente no chão.

Terceiro Rito Tibetano: ajoelhe-se no chão com o corpo ereto. Coloque suas mãos na parte de trás das coxas. Curve os dedos dos pés para que eles possam tocar o chão, se possível. Arqueie ligeiramente para a frente com o pescoço dobrado. Inspire e arqueie para trás, deixando as mãos apoiando às costas. Expire ao retornar à posição inicial.

Fig. 16: Cinco Ritos Tibetanos

Quarto Rito Tibetano: sente-se no chão com as pernas esticadas à sua frente, com a distância de trinta centímetros entre os pés. Mantenha o tronco ereto e reto, dobrando apenas o quadril. Inspire e abaixe a cabeça para trás enquanto, ao mesmo tempo, levanta o corpo para cima, para que os pés fiquem apoiados no chão, com os joelhos dobrados deixe o corpo reto, como uma "mesa". Tensione os músculos e mantenha assim por um momento. Expire e volte à posição inicial. Você pode sentir a cabeça e o queixo levemente dobrados em direção ao peito antes do próximo impulso para trás.

Quinto Rito Tibetano: deite-se de bruços com os braços ao lado do corpo, as palmas das mãos voltadas um pouco à frente dos ombros e com os dedos dos pés curvados no chão. Inspire e pressione as palmas das mãos e dos pés, levantando o corpo e arqueando a coluna, olhando para os pés. Expire e abaixe o corpo, arqueando a cabeça e a coluna.

Gestos Rituais

A Bruxaria e a Magia Cerimonial são compostas de gestos rituais. Às vezes simples, outras vezes mais complexos, mas que têm uma semelhança impressionantemente maior com o espírito, do que com as posições atuais da yoga. De fato, muitos chamam a "Yoga do Ocidente" de Magia Cerimonial Ocidental, baseada na Cabala, significando que tem o mesmo nível de profundidade e complexidade espiritual que as formas orientais de yoga, associada às posições do corpo físico e do treinamento.

Fig. 17: Vênus do Rio Nilo

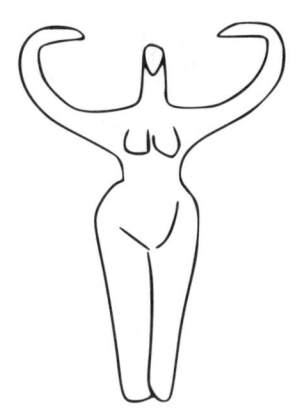

Fig. 18: Posição da Deusa

Na Wicca moderna, as duas posições que mais prevalecem são conhecidas como Posição da Deusa e Posição do Deus. A posição da Deusa imita a Estátua de Vênus do Rio Nilo, com os braços estendidos sobre a cabeça, um pouco como um quarto-crescente. O ideal é ficar com os pés ligeiramente afastados, apoiando o seu peso. Esta posição é feita para liberar o Cone de Poder através do ritual e enviar esse poder para manifestar sua magia.

A posição do Deus imita a posição dos Faraós Egípcios em seus túmulos e o Deus Osíris. Os braços estão cruzados sobre o peito, com os pés juntos. A Posição do Deus segue a Deusa, como uma posição de aterramento e centralização após elevar o Cone de Poder e liberar a energia do ritual. É uma posição reflexiva, onde é possível receber informações e sabedoria propícias ao cumprimento e as intenções da sua magia.

Fig. 19: Osíris

Fig. 20: Posição do Deu

Outra posição usada na Wicca é conhecida como Posição da Estrela. Pode ser encontrada em grimórios dando a cada membro uma associação com um dos planetas, conforme a imagem de um homem é inscrita no pentáculo. Isso pode ser feito de pé ou deitado. A versão dessa posição quando feita em pé é energizante, enquanto a versão deitada é usada para sintonizar com a terra e meditar.

Exercício: Posição da Estrela

Quando feita em pé, os braços são estendidos horizontalmente, com a palma esquerda para cima e a palma da mão direita para baixo (se você é canhoto, inverta). Deixe as pernas bem espaçadas e incline a cabeça ligeiramente para trás. Você vai ficar parecendo uma estrela de cinco pontas em pé. Ao permanecer nesta posição, você recebe energia "cósmica" fluindo dos céus em você. Essa energia entra na palma da sua mão virada para cima e no topo da sua cabeça. Sinta-a encher seu corpo e sair pelos seus pés, pela base da coluna e através de sua mão virada para baixo. Quando sair da posição, o restante da energia fluirá através de você e o seu fluxo contínuo para. Mesmo que você seja um canal de energia cósmica para a Terra, uma parte dela permanece dentro do seu sistema para curar e energizar você.

Na versão deitada desta meditação, você faz exatamente a mesma coisa, deitado estendido como uma estrela no chão, mas pode ter as duas palmas voltadas para cima, ou ambas voltadas para baixo, ou imite a posição feita em pé, com a palma da mão esquerda para cima em direção ao céu e a palma da mão direita até a terra. Esta posição sintoniza você com os ciclos da natureza e da consciência da Mãe Terra.

Fig. 21: Mano Pantea   *Fig. 22: Fare La Fica*   *Fig. 23: Mano Cornuta*

A Bruxaria também possui várias posições de mãos, como os mudras. Muitas delas são usadas em formas de bênção e maldição na magia popular. Na Tradição Italiana Strega tais gestos são conhecidos como *gettatura*. Um sinal de bênção conhecido como *Mano Pantea* é formado com o polegar, o indicador e o dedo médio estendidos para cima, pressionados ao dedo anelar e ao dedo mínimo dobrados para baixo em direção à palma da mão. Este sinal é usado para abençoar e como proteção contra o mau-olhado. Para amaldiçoar é usado o sinal da figa, também conhecido como *Fare la Fica*. Um sinal hexagonal feminino formado por um punho e colocando o polegar entre o indicador e o dedo médio, uma forma semelhante aos órgãos genitais femininos. Uma variação é colocar o polegar entre os dedos médio e o anelar. O sinal masculino para amaldiçoar é chamado *Mano Cornuta*, ou *Mão Chifrada*, formado pelo polegar sendo dobrado sob o dedo médio e anelar, e o dedo mindinho e indicador ficam estendidos, para formar dois chifres. Outra variação tem o polegar sobre os dedos médio e anelar. A imagem geralmente é transformada em um pingente de ouro a ser usado em uma corrente para proteção contra maldições.

Um dos gestos mais prevalentes na Arte da magia moderna é o Triângulo da Manifestação, realizada com os polegares e os indicadores de cada mão tocando seu dedo correspondente. O "triângulo" é levantado para o céu para enquadrar a Lua e direcionar sua luz para baixo.

Fig. 24: Triângulo da Manifestação

A magia cerimonial moderna contém gestos e posições ainda mais formalizados. Quatro desses que são mais úteis para explorarmos são os quatro sinais dos graus mais baixos da Ordem da Golden Dawn. Cada um está associado a um elemento e o incorpora quando realizado em um ritual. Estão associados também a vários níveis na ordem, aos elementos e à uma posição específica na Árvore da Vida.

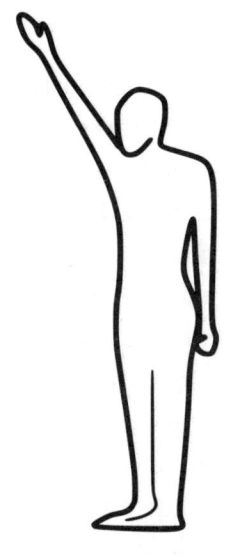

Fig. 25: Sinal do Grau Zelator
Terra

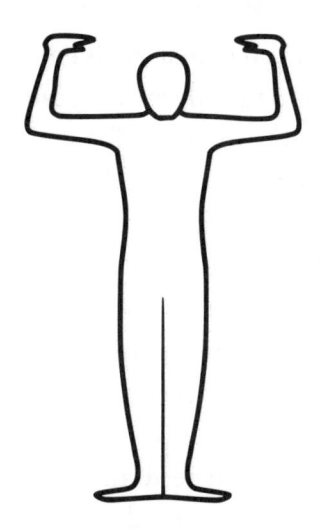

Fig. 26: Sinal do Grau de Theoricus
Ar

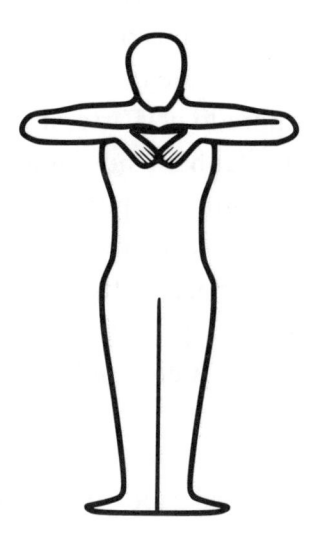

Fig. 27: Sinal do Grau de Practicus
Água

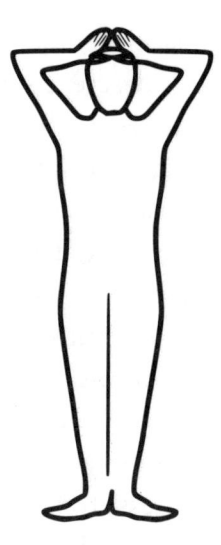

Fig. 28: Sinal do Grau de Philosophus
Fogo

Estive em um grupo moderno de Neopaganismo que mistura técnicas Wiccanianas mais tradicionais com esses gestos elementares para chamar os quatro elementos dentro do Círculo Mágico.

Posturas de Transe em Êxtase

Uma das áreas mais emocionantes da exploração de posições para a Bruxaria Moderna é a pesquisa sobre antigas posturas de transe em êxtase. Os interessados nas antigas culturas e ciências neurais têm explorado as formas de arte deixadas pelas antigas culturas, particularmente sociedades caçadoras-coletoras e hortícolas, e acreditam que a variedade de arte deixada por essas culturas não é apenas arte, mas instruções rituais sobre como manter seu corpo durante um transe xamânico. A pesquisa revelou muitas dessas posições principais, tipos específicos de jornada xamânica e contato espiritual. Muito parecidas com as posições de yoga, essas posturas colocam o corpo e o campo de energia em certo nível de consciência. A entrada e a permanência em posições particulares facilita uma determinada experiência, como se essas poses fossem "configurações" específicas em nossa psique, ou então chaves exclusivas para o Outromundo. Alguns até personificavam as posições como espíritos individuais, nomeados para a peça artística que descreve sua posição ritual. A posição de transe é como um chamado específico ao espírito incorporado pela arte ritual.

Embora algumas dessas informações tenham sido usadas por praticantes xamânicos antes – emulando pinturas rupestres e outras obras de arte deixadas por culturas xamãs – recentemente adquiriu maior compreensão na comunidade convencional metafísica envolvida no trabalho do transe xamânico através do corpo. Diz-se que essas posturas corporais ativam informações de DNA em nossos corpos a partir de nossos ancestrais, que também as usavam. A postura cria um fio de continuidade com a sabedoria do passado.

Muito desse trabalho foi pioneiramente realizado por Felicitas D. Goodman, e me chamou a atenção pela escrita de sua aluna Belinda Gore, podendo ser encontrada em detalhes nos livros *Ecstatic Body Postures: An Alternate Reality Workbook*, de Belinda Gore, *Where the Spirits Ride the Wind: Trance Journeys and Other Ecstatic Experiences*, de Felicitas D. Goodman e *Ecstatic Trance: New Ritual Body Posture*, de Felicitas D. Goodman e Nana Nauwald. Através de suas pesquisas no Instituto Cuyamungue, eles dividiram as posturas rituais em sete categorias possíveis: Cura, Adivinhação, Metamorfose, Viagem Espiritual, Iniciação, Mito Vivo e Celebração.

Fig. 29: Postura do Espírito do Urso

Postura do Espírito do Urso

TIPO: Cura

POSIÇÃO: fique em pé com os pés apontando para a frente e separados paralelamente por quinze centímetros. Mantenha os joelhos levemente dobrados para evitar que eles travem e causem tensão nas costas. Segure as mãos como se estivesse colocando um ovo em cada palma. Traga-as para a área do Plexo Solar. Toque na primeira articulação de cada um dos dedos indicadores até formar o ápice de um triângulo. Posicione seus polegares um na frente do outro, não um em cima do outro. Incline delicadamente a cabeça para trás como se estivesse olhando logo acima de onde a parede e o teto se encontram. Feche seus olhos. Durante o transe, você pode balançar ou tremer.

MAGIA: a Postura do Espírito do Urso é uma das mais globais encontradas na arte de muitas culturas e épocas. Seu uso evoca o espírito da grande cura, frequentemente na forma de um espírito de urso que, ou cura você ou lhe mostra como fazer a cura por si mesmo. Outros espíritos de animais ou cores específicas de energia podem ser conjurados outras vezes.

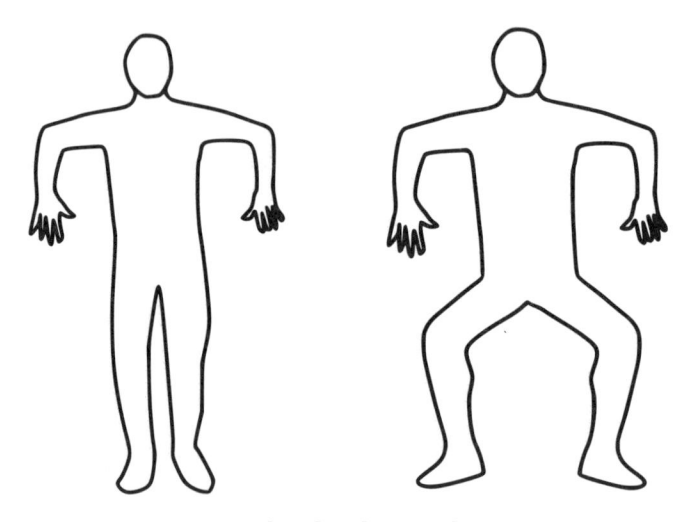

Fig. 30: Postura do Adivinho Caçador (e variação)

Postura do Adivinho Caçador

TIPO: Adivinhação

POSIÇÃO: coloque os pés afastados com os dedos da esquerda apontando para fora, para o lado esquerdo, e os dedos dos pés direitos apontando para o lado direito. Dobre os seus joelhos até que estejam sobre os dedos dos pés. Alinhe seus ombros e estenda seu braço direito para o lado direito e o braço esquerdo para o lado esquerdo. Mantenha seus cotovelos ao nível dos ombros, mas permita que seus braços caiam, pendendo os cotovelos, com as palmas voltadas para trás. Estique os dedos tão largos quanto puder e mantenha a cabeça reta com os olhos fechados. Se você não conseguir manter os pés e as pernas separados, uma variação menos poderosa seria aproximá-los.

MAGIA: esta é uma das mais difíceis, mas na minha experiência, a mais poderosa das posturas corporais em êxtase. Aqueles que podem fazê-la obtêm grande discernimento, evoca o poder das sociedades caçadoras-coletoras e nos oferece uma jornada que adivinha desde a resposta a uma pergunta até a solução de um problema. É melhor fazer sua pergunta claramente antes de começar a jornada. Pode responder a perguntas sobre saúde, lar, amor, dinheiro ou qualquer outra coisa que desejar, que essa postura vai ajudar a "caçar" a resposta no mundo espiritual para você.

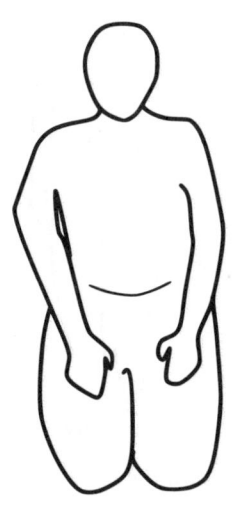

Fig. 31: Postura da Deusa do Milho

Posição da Deusa do Milho

TIPO: Metamorfose

POSIÇÃO: ajoelhe-se com as nádegas apoiadas sobre os calcanhares. Coloque as palmas das mãos sobre as coxas, apoiadas no ponto em que suas coxas encontram seu tronco e quadris. Mantenha os dedos juntos e aponte suas pontas em direção aos joelhos, apoiadas nas coxas. Mantenha seus braços próximos ao corpo, ombros rígidos e levemente elevados. Olhe para frente, fechando seus olhos.

MAGIA: partindo da arte e das tradições Nativas Astecas e do Sudoeste, essa posição é surpreendentemente poderosa também para os Pagãos modernos. É uma postura de mudança de forma, mas não apenas para se metamorfosear em animais. É uma posição que reestrutura o seu corpo, sua autopercepção e seus limites. As próprias moléculas parecem se reorganizar, com metamorfoses tanto no mundo das plantas, dos insetos e dos fungos como no mundo dos animais. É uma mudança de forma através o ciclo da vida.

Fig. 32: Postura da Sacerdotisa de Malta

Sacerdotisa de Malta

Tipo: Viagem Espiritual

Posição: fique em pé com os pés apontando para a frente e separados paralelamente por quinze centímetros. Mantenha os joelhos levemente dobrados para evitar que eles travem e causem tensão nas costas. Deixe o braço direito rígido e reto ao lado, com o cotovelo do seu braço direito travado. Segure o braço esquerdo próximo ao tronco, dobrando o lado esquerdo do cotovelo em um ângulo de 90 graus. Coloque a palma da mão esquerda na cintura e olhe para a frente com os olhos fechados.

Magia: a jornada espiritual dessa postura não é para os mundos Superior ou Inferior do xamã, mas através do mundo intermediário, através da Terra. É uma posição usada em sepultamentos e no trabalho psicopompo. O Dr. Goodman especula que as Sacerdotisas de Malta usavam esta posição para lembrar a morte de sua terra natal antes de partir para o próximo mundo. Aqueles que a usam frequentemente, experimentam a sensação de estar "morto" ou em um ritual de funeral.

Fig. 33: Postura da Vênus de Galgenberg

Vênus de Galgenberg

Tipo: Viagem Espiritual

Posição: fique em pé com a perna esquerda esticada e o pé esquerdo voltado para a frente, enquanto a perna direita está levemente dobrada no joelho e o pé direito ligeiramente inclinado, afastando-se do corpo para a direita. Segure um bastão (ou varinha) na mão direita, com o dedo indicador estendido ao longo do eixo, apontando-o para baixo em direção ao chão. Com seu braço esquerdo, forme um ângulo de 37 graus. Coloque sua mão esquerda com a palma em direção ao corpo. Vire a cabeça para a esquerda, levante-a e olhe para a mão esquerda, depois feche seus olhos.

Magia: essa postura leva o usuário à Árvore do Mundo e pode facilitar uma jornada ao Mundo Superior e/ou ao Mundo Inferior. Isso gera uma grande quantidade de energia no corpo físico do usuário, às vezes se manifestando como calor intenso ou uma sensação elétrica percorrendo o corpo. A pele de algumas pessoas reage à energia, causando uma erupção cutânea temporária ou manchas na pele.

Fig. 34: Postura da Vênus de Laussel

Vênus de Laussel

Tipo: Iniciação e Renascimento

Posição: fique em pé com as pernas juntas, pés paralelos entre si, dedos dos pés voltados para a frente e joelhos travados. Mantenha o braço esquerdo perto do tronco e coloque a mão esquerda logo acima do umbigo. Mova o ângulo da sua mão para que seus dois primeiros dedos apontem para o umbigo. Abra os dedos. Com a mão direita, segure um chifre ou uma figura de um chifre (você pode fazer uma de papelão, se necessário). O chifre deve estar entre o polegar e os dedos. Coloque os dedos para a frente. Levante o chifre até o nível dos ombros, mantendo o braço direito ao lado do tronco, dobrando o cotovelo. Crie um ângulo de 37 graus entre o braço e o antebraço. Olhe para a esquerda com os olhos fechados.

Magia: uma forma familiar para muitos Pagãos é essa Vênus segurando um chifre de bisonte com doze entalhes esculpidos nele, como os doze signos do zodíaco. Originalmente ela foi esculpida em uma parede de uma caverna perto de Bordeaux, na França. Como muitas outras posturas de caçadores-coletores, a Vênus de Laussel possui um ângulo de 37 graus, uma forma especial que parece desencadear uma consciência primal. Diferentemente das posturas da jornada, esta forma parece iniciar o usuário nos caminhos da Deusa através da morte e do renascimento, retornando e sendo renovado pela Deusa e pela Terra.

As posições listadas aqui são algumas das que têm mais pesquisas e experimentação e são todas as posições com que tive uma experiência de uso pessoal. Descobri a perspectiva de pesquisar posições mais cerimoniais, olhando mais para a arte sacra dos celtas, nórdicos, saxões, egípcios, sumérios e outras, culturas "Bruxas" bastante fascinantes. Talvez imagens como as figuras do Caldeirão de Gundestrup, a figura do Feiticeiro de Trois-Frères, França, xilogravuras medievais e desenhos do Sabbat das Bruxas e até as posições modernas da Wicca e a Magia Cerimonial o levarão a uma nova ramificação da pesquisa sobre transe em êxtase. Creio que a posição da Deusa facilita as viagens ao Mundo Médio e Superior, enquanto a Posição do Deus facilita as posições do Submundo nos mistérios da morte. A Posição da Estrela também pode ajudar a facilitar a meditação do Mundo Superior.

Fig. 35: Caldeirão Gundestrup

Fig. 36: O Feiticeiro

Seidr

Seidr ou *Seidhr* (geralmente pronunciado Seeth) é uma forma de magia encontrada nas tradições da cultura germânica do Norte e particularmente associada aos nórdicos. É diferenciada, porém, da outra forma principal de magia germânica, a *Galdr*, ou magia rúnica, que usa os sistemas de símbolos conhecidos como runas na forma pictórica, bem como falar ou cantar os nomes das runas. As duas formas mais populares dos sistemas rúnicos conhecidos hoje pelos Pagãos modernos são o *Futhark Antigo* e o *Futhark Recente*. Embora saibamos que era diferente da magia rúnica, não estamos exatamente certos sobre o que *Seidr* realmente era enquanto prática.

O Deus nórdico Odin conhecia as duas formas de magia, mesmo que *Seidr* fosse considerado "mais sombrio", mais "vergonhoso" ou "lascivo" que *Galdr*, e não como algo que muitos homens aspiravam praticar. Foi dito que Odin ensinou essa magia para alguns de seus seguidores. As mulheres que praticavam eram conhecidas como

Seidkona e os homens eram *Seidmard*, e mesmo com esse conheci-mento, essas pessoas podiam estar, também, envolvidas com outras práticas mágicas ou religiosas. A partir do folclore, acreditamos que *Seidr* poderia ser usado para adivinhar o destino dos homens, mudar o futuro, causar doenças e morte, curar, encantar objetos, proteger, viajar através do espírito, mudar o clima, pescar e guiar navios no mar. É possível que *Seidr* fosse simplesmente um nome para a Bruxaria, para práticas mágicas encontradas na cultura nórdica que não eram rúnicas. Devido às suas associações sombrias, as práticas do *Seidr* são possivelmente bastante influenciadas pelo povo Sami da região Norte, conhecido por sua Bruxaria e seus Bruxos poderosos.

Hoje, os magos modernos especulam sobre toda uma gama de práticas onde o *Seidr* pode ser incluído. Os Pagãos modernos recons-truíram várias versões do *Seidr oracular* sendo pioneira e popularizada pela Sacerdotisa e autora Diana Paxson. O foco de tais rituais é a profecia através da comunicação com os espíritos dos Nove Mundos da Cosmologia Nórdica e, em particular, falar com os espíritos de Hel. Frequentemente essa prática envolve procedimentos invocatórios, onde os espíritos falam através do corpo do Sacerdote ou da Sacer-dotisa, como uma forma tribal de canalização Pagã.

Outra abordagem das práticas do *Seidr* que chamou minha aten-ção, defendida pelo autor Jan Fries em seu livro inovador *Seidways*, é o uso de agitações do corpo, estremecimentos e movimentos para induzir ao transe para uma variedade de propósitos mágicos. Ele é rápido em apontar que não sabemos se é isso o que o antigo povo germânico fez em suas práticas do *Seidr*, mas apresenta um argumento bastante razoável e detalha o movimento e os tremores corporais em várias culturas e tradições mágicas. A agitação incontrolável do epi-lético é considerada em muitas tradições como sendo uma marca de um potencial xamã, e a epilepsia é tida como uma doença "sagrada". Durante a Inquisição, essa particularidade foi considerada um sinal de possessão demoníaca ou Bruxaria.

A palavra *Seidr* também está associada ao aquecimento de alimentos e bebidas, além de fermentação, e tais ações fornecem uma boa analogia do que acontece com a corpo quando tais práticas são realizadas. Nos aquecemos e muitas vezes sentimos como se estivéssemos borbulhando ou fervendo por dentro quando entramos em transe. Tremedeira, ondulação e agitação são técnicas ideais para pessoas que vivem no clima da região Norte, onde prevalece o frio e a técnica pode manter um calor razoável. Esse movimento também associa essas práticas aos mistérios da serpente, pois o balanço produz uma ação e as cobras também são fortemente associadas à Bruxaria. Ainda que tradicionalmente escrito como *Seidr*, muitos hoje se referem à técnica como "chacoalhar".

Muitos magos experimentais e pagãos estão usando essas técnicas em suas práticas extáticas, tornando-a um caminho perfeito para discutir a entrada do movimento, misturando as antigas práticas potenciais com uma nova interpretação. Hoje, as técnicas do *Seidr* são usadas para:

ADIVINHAÇÃO: o transe induzido com as práticas do *Seidr* pode intencionalmente ou espontaneamente levar a experiências de adivinhação, percepção do passado, presente e futuro, direto e literalmente, ou através de um sistema de símbolos abertos a interpretação.

AUMENTO DE ENERGIA: sacudir-se e tremer aquece o corpo e aumenta a energia para qualquer ritual que exija geração de força mágica, incluindo o Cone de Poder Wiccaniano.

CELEBRAÇÃO: assim como é possível se sintonizar com o espaço, pode-se também entrar em sintonia com um momento em particular, sazonal ou astrológico, podendo ser sintonizado e celebrado com um transe agitado.

CURA: todas as formas de transe podem curar, sozinhas ou usadas em rituais, especificamente com feitiços de cura e técnicas de energia, mas *Seidr* tem a vantagem e o benefício de gerar energia interna como o calor e, através de seu movimento, destruir as "armaduras psíquicas" pessoais e propriedades encontradas no corpo que impedem que a força da vida flua, conforme descrito nos ensinamentos de Wilhelm Reich em *Terapia Reichiana*.

FEITIÇARIA: os praticantes às vezes relatam habilidades de visualização mais desenvolvidas em transe *Seidr* e usam essa capacidade adicional para visualizar o objetivo de sua magia, realizando um *wyrdworking*[6] ou alterando seu destino para um novo futuro em alinhamento com a vontade deles.

INVOCAÇÃO: hoje o *Seidr* está muito associado a rituais de invocação, trazendo uma ser espiritual completamente para dentro de si mesmo, para falar e movimentar o corpo. Muitos dos outros usos do transe podem ser aprimorados através da invocação por um profissional experiente.

MUDANÇA DE FORMA: tremer e sacudir ajuda na experiência de alterar a autoimagem em outra forma, especialmente se for para o totem de animais.

PERSONA MÁGICA: um transe por meio do *Seidr* facilmente rompe com a tradicional persona cotidiana convocando a persona mágica para o ritual.

SINTONIZAÇÃO: é possível sintonizar-se com a terra e os espíritos de um lugar em particular, o *genius loci*, ao entrar ou expandir-se pela terra onde o ritual ocorre.

VIAGEM PSÍQUICA: incluindo formas de viagem astral, visualização remota e jornada xamânica para mundos espirituais.

O transe por meio do *Seidr* pode ter uma ampla gama de manifestações. No nível mais suave, pode envolver um leve balanço, para frente e para trás ou de um lado para o outro. Muitas pessoas naturalmente entram nesse ritmo durante certas formas de meditação e de oração. Encontrei-me entrando em um padrão de movimento quase

---

6. N.T. Wyrdworking é uma palavra usada no Paganismo Nórdico para se referir aos trabalhos mágicos de alteração do destino.

constante, como se estivesse andando em um corcel xamânico. É mais físico do que oscilante, mas ainda assim meditativo. Movimentos reais de agitação podem variar de um leve tremor, como em um dia frio, a uma agitação mais vigorosa, como a marcha lenta de um motor. As formas mais intensas de agitação do transe se parecem mais com convulsões ou com crises.

Embora este seja um capítulo dedicado ao movimento, muitos acham o uso do som útil, particularmente nos transes menos agitados. O uso do cantarolar, sibilar ou até assobiar podem ser bastante eficazes na indução de um transe e, além disso, mantêm a mente ocupada para evitar se sentir bobo demais.

Exercício: Chacoalhando

Verifique se você está devidamente preparado para a prática. É uma técnica bastante avançada usada por pessoas que estão em boa forma física e que praticam exercícios regularmente. Se você não está acostumado ao movimento físico, o *Seidr* pode não ser a prática certa para começar. Caso tenha alguma dúvida, fale com seu médico, mas se sentir pronto, comece devagar e apenas por curtos períodos, aumentando sua intensidade.

Prepare o seu espaço. Configure-o como um espaço ritual – um Círculo Mágico ou outra forma ritual. Incenso, velas e todos os apetrechos tradicionais da cerimônia ajudam a definir o seu humor e focar sua vontade. Embora a música não seja necessária, acho que ela geralmente ajuda. Música com uma batida forte, sendo algo não muito rítmico, mas, sim, fora de ritmo, é útil. Qualquer coisa com sons deslocados também pode ser eficaz, embora praticantes relatam o uso do rock também. Certifique-se de estar usando roupas soltas (se possível, nenhuma). Não fique com o estômago cheio, mas é preciso muita energia, então também não jejue. Verifique se você consumiu calorias suficientes para sustentá-lo e é uma boa ideia comer um pouco, ainda que levemente, depois, para ajudar no aterramento. Por ser tão físico e o ritmo assumir uma qualidade quase involuntária, é importante ter a certeza de visitar o banheiro e se aliviar antes de começar. Quando estiver pronto para começar, alongue e aqueça como você faria para qualquer atividade física.

Comece com uma postura solta. Geralmente transes ferventes são feitos em pé, com os joelhos dobrados levemente. Alguns acham útil colocar as mãos nos joelhos para ter algum apoio. Se você está pretendendo ter um transe mais suave ou com um balançar, pode estar em pé ou sentado. Eu gosto de sentar na posição yogue conhecida como "pose de pedra", joelhos dobrados como se estivesse ajoelhado em oração e nádegas nos calcanhares, balançando para alcançar o transe.

Comece a tremer as pernas. No começo, pode parecer estranho ou bobo, mas logo você pega o jeito. Para alguns, o tremor começa nos braços e é trazido para o resto do corpo.

Mova essa pulsação para cima, através do corpo, das pernas e para o tronco. Sinta o tronco tremer e estremecer. Esse tremor pode se espalhar para os braços, cabeça e pescoço. Alguns experimentam mais estabilidade nas pernas à medida que o tremor é elevado, outros sentem seu corpo inteiro tremer.

Varie a pulsação do tremor. Acelere, como se estivesse colocando água na panela para ferver. Abaixe-a como se estivesse diminuindo o fogo e parando de ferver, mas mantendo a água quase fervendo. Tente usar a panela fervendo para visualização ou encontre outras opções que funcionem bem para você. Jan Fries oferece uma visualização muito eficaz de dragões em *Seidways* que vale a pena explorar. Permita-se entrar em transe e observe a qualidade diferente do transe em cada nível. Quando estiver pronto, varie o tremor de leve a moderado e intenso para ver que tipo de experiências você vai ter com cada um. Depois de entender sua própria conexão corpo-mente-espírito, você pode "apontar" para o tipo de transe que deseja no futuro.

Quando terminar seu trabalho de transe, você poderá descobrir que está em colapso. Embora isso seja aceitável, você pode tentar interromper lentamente o tremor. Encerre seu ritual, realizando todos os fechamentos e banimentos necessários, e se ancore conforme necessário.

Exercícios

Embora não seja visto particularmente como espiritual, qualquer tipo de atividade física pode ser usada para ajudar a alterar a consciência e entrar em estado de transe. O exercício é um método onde aqueles que não estão envolvidos nas artes do ritual podem experimentar a mudança fisiológica que ocorre através do movimento extático, sem necessariamente se inscrever para uma cerimônia religiosa ou mística. Eu tinha uma instrutora de yoga que nos contou sobre suas experiências de corrida à noite, comparando-as com um voo. Ela disse que tinha as mesmas sensações e realizações durante sua corrida noturna, de como quando faço a jornada xamânica.

Qualquer forma de exercício repetitivo pode desencadear um estado de transe. Se você executar qualquer tipo de exercício cardiovascular, como aeróbica, caminhada, corrida, uma variedade de atividades em equipamentos de cardio na academia moderna ou rotinas repetitivas de artes marciais, prestem atenção aos seus pensamentos antes, durante e depois. Você percebe alguma diferença? Já tentou meditar, fazer práticas de viagem astral ou outras formas de ritual depois do exercício? O exercício pode prepará-lo para uma experiência mais profunda, como uma sessão de yoga ou dança ritual, por exemplo. Talvez seja porque o batimento cardíaco está aproximadamente no mesmo ritmo xamânico do tambor, então, em essência, estamos tocando para nós mesmos com nossos próprios corações quando experimentamos o batimento cardíaco no exercício e na dança.

A Verdadeira Dança

Uma dança verdadeira é o coração deste caminho. O movimento extático, reunindo postura e movimento, é um método poderoso para alterar a consciência. Como a própria música, a dança faz parte da maioria das principais culturas. É uma forma natural de expressão humana, e também uma chave natural e intuitiva para estados expandidos de consciência.

Até começar a estudar Bruxaria, achei estranho que culturas repressivas e regimes restringiam a dança. Arte, literatura, teatro e música eu entendi. Ideias contrárias ao regime podem ser expressas abertamente e sutilmente em tais formas de arte, fazendo as pessoas pensarem e questionarem seus arredores. A arte pode ser um desafio para o status quo, mas não dei o mesmo crédito à dança. Ela é criativa e expressiva, talvez a dança profissional do mundo da alta arte mundial apresentasse simbolicamente ideias artísticas, mas por que restringir os indivíduos da dança recreativa?

De muitas maneiras, dançar é libertador e, portanto, mais perigoso do que qualquer outra forma de arte visual ou literária. Ao invés de ser um espectador ou exigir habilidades linguísticas, neste contexto, a dança oferece uma experiência direta e, através desta experiência direta, você pode tocar, sentir e até dançar com o divino. A dança é uma porta de entrada para a gnose, você sabendo o que é gnose ou não. Quando se experimenta a libertação encontrada em tal experiência, é difícil ser oprimido ou, pelo menos, assumir uma mentalidade oprimida e vencida, mais uma vez. Muitas culturas escravas e camponesas encontraram grande poder e prazer na dança. Não é necessário ter ferramentas reais, não requer educação e nenhuma habilidade importante, além da vontade de mover seu corpo com paixão e espírito e, assim, levar sua consciência consigo.

A dança remonta às nossas culturas tribais pré-alfabetizadas, onde o movimento extático é uma forma principal de adoração, uma experiência espiritual. Dentro da dança há poder e uma parte de nós se lembra disso, mesmo que tenhamos perdido conscientemente a conexão entre dança e espírito.

O Universo é frequentemente descrito em termos de dança: a dança divina consigo mesmo, ou com os Deuses, dançando com o Universo para a manifestação. Diz-se que Shiva, do Panteão Hindu, é o dançarino cósmico quando descrito como Nataraja. Ele é o Deus primário da destruição ou dissolução, mas também o Deus da regeneração. Na maioria dos sistemas de astrologia os planetas têm nomes de vários Deuses e seus movimentos através dos céus podem ser vistos na Terra como uma dança cósmica. Quando dançamos, usamos as mesmas forças cósmicas, emulando-as no microcosmo enquanto dançam no macrocosmo.

Para propósitos de abrir os portais a uma maior consciência, a dança pode ser dividida de diferentes maneiras, podendo ser pelo número de participantes ativamente envolvidos em um movimento semelhante ou complementar à intenção, ou podem ser individuais, em parceria ou em grupo. Cada um pode trazer o seu próprio poder e desafios. Há também uma divisão da dança baseadas em formas, nos tipos:

CAMINHADA: em algum lugar entre a dança verdadeira e o exercício repetitivo, a caminhada pode ser uma parte do movimento sagrado. A "caminhada" da viagem, mantendo uma intenção sagrada, como uma busca da visualização em movimento, é uma técnica poderosa. Como também simplesmente andar em lugares da natureza ou mesmo em ambientes urbanos, prestando atenção às energias e aos espíritos, é uma técnica poderosa. É provável que a repetição de etapas induz a uma técnica de transe tanto quanto tocar tambor, se você prestar atenção nela e usar isso.

Exercício: Caminhada Reversa

A Caminhada Reversa (*Widdershins*) é uma técnica simples com muitas variações. A maioria delas usa, notadamente, um padrão espiral ou movimentos em forma de oito, como no numeral, para literalmente "andar entre mundos", quando a consciência muda. A técnica básica é simples. Enquanto estiver fora, construa um caminho circular em sua mente, marcando onde o círculo está, mentalmente ou literalmente, com pedras ou outros objetos naturais. O círculo deve ser razoavelmente largo, pelo menos do tamanho do diâmetro tradicional do círculo de 2,74 metros, embora eu ache que se for maior pode ser mais benéfico. Você pode executar isso em torno de um círculo de pedra real, se tiver sorte de ter um na vizinhança, ou pode construir seu próprio círculo de pedras.

Faça a caminhada reversa ou no sentido anti-horário. A direção anti-horária é contrária à maioria das tradições Wiccanianas, mas para algumas Bruxas, esse é o movimento de estar se transformando na terra ou no Submundo, caminhando em direção à esquerda. É a direção das estrelas, movendo-se contra o movimento "natural" do *deosil* (pronunciado *jed-sil* ou *jesh-il*) ou no sentido horário, a resistência pode gerar bastante energia para ir para o Outromundo ou para lançar feitiços. Depois de muitas rotações, sente-se no centro do círculo e sinta-se afundando na terra. Essa é uma jornada com os espíritos do solo, ou da terra profunda, e do Submundo.

Quando terminar, o ideal é repetir esse processo ao contrário, andar no sentido horário várias vezes, para lhe trazer de volta das profundezas, "para cima". Aterre conforme necessário.

FORMA LIVRE: a dança de forma livre refere-se a movimentos espontâneos e não planejados, sem padrão formal. Simplesmente mova seu corpo com ritmo, sendo tão elegante e criativo quanto você desejar. Muitas danças modernas das baladas são neste estilo, assim como aquelas que consideramos como dança neotribal em festivais Pagãos. A forma livre da dança mistura características de grupo e a forma individual. Você pode fazer sozinho ou em grupo. Mesmo que estiver em grupo, sua dança não precisa ser feita necessariamente baseando-se ou interagindo com a dança de qualquer outra pessoa, a menos que essa seja a sua escolha. Dois ou mais dançarinos podem se mover fora do espaço um do outro, fazendo os movimentos um do outro, ou simplesmente ignorando os outros. Por não haver regras, essa pode ser a forma mais libertadora de dança para induzir uma percepção alterada. A desvantagem dessa forma de dançar é que não há orientação. Não há ponto de referência para iniciar. Se você é tímido ou inibido, não há nada para ajudá-lo a começar, além de observar outros menos tímidos e desinibidos. Mesmo que não exista instrução específica, um entendimento do movimento e da anatomia nos dá vários tipos de movimentos para refletir antes, durante e depois da nossa dança. Esses movimentos são baseados nos vários "eixos" do corpo humano. Você tem o eixo vertical, paralelo à coluna, tem o eixo horizontal esquerdo-direito e o eixo horizontal frente-trás. O Mago do Caos, Steve Wilson faz um trabalho incrível para incentivar os leitores a explorar esses três movimentos em seu livro *Chaos Ritual*. O eixo vertical envolve dançar em um pequeno círculo, ou girando como no arquetípico Dervish Giratório Sufi. É interessante notar que muitos do tempo de Gardner, incluindo a autora e Alta Sacerdotisa Doreen Valiente, achou que havia uma influência Sufi do Oriente Médio sobre a Wicca como eles a conheciam. O eixo vertical está associado à Cobra. O eixo horizontal da esquerda-direita é associado por Wilson ao Elefante e às qualidades lunares. O eixo horizontal do verso da frente está associado à Gazela, para figurar em um totem, e ao planeta Marte. Tais movimentos de salto e empuxo são encontrados em danças africanas e nativas americanas. Wilson também descreve um movimento trêmulo sem eixo, semelhante a *Seidr*, e o associa ao Pavão; um Galo Urano para a dança livre de movimento, mas com a cabeça se movendo aleatoriamente, como se você fosse uma galinha assustada; e a Dança dos Anjos, outra dança de forma livre com os movimentos de cabeça vistos na música do estilo metal pesado, movendo para frente e para trás.

O estilo de forma livre pode somar uma quantidade enorme de energia durante a dança se realizada em um espaço sagrado, e mais ainda se o espaço for contido, como um círculo. Aqueles com capacidade de sentir e manipular a energia ambiente e pessoal pode se mover e "tecer" a energia ao seu redor em padrões, construindo seu poder e direcionando-o para o feitiço.

Exercício: Dançando com Energia

Simplesmente dance da maneira que você escolher, mas enquanto o faz, esteja consciente da energia ao seu redor. Imagine mover e tecer a energia. Use seus braços, mãos e dedos em particular, mas não ignore pernas, quadris, costas e o restante do corpo. Sinta a energia fluindo dentro de você e através do ambiente ao seu redor. Na próxima vez que fizer um ritual, tente esta técnica como um meio de manipular a energia para o ritual e o feitiço.

FORMAL: dança formal é o que consideramos dança tradicional, como nos famosos passos de dança, a exemplo da valsa, ou como a dança folclórica específica de uma região ou cultura. As danças formais podem ser individuais, duplas ou em grupo, dependendo de sua natureza. Muitas das danças folclóricas da Europa estão associadas a dias sagrados, celebrações e demarcações, e disputas podem ser feitas por sua origem e significado Pagãos. Os passos da dança formal devem ser aprendidos e executados em um padrão específico. Apesar de cada dançarino trazer sua habilidade e arte pessoal para a dança, não há muito espaço para a interpretação e variação, até que uma dança seja transformada em algo novo. As autoras Dorothy Morrison e Kristen Madden alinham vários arquétipos da Deusa para danças mais conhecidas em seu livro *Dancing the Goddess Incarnate*. Gerald Gardner dá instruções para o Encontro de Dança, no *Livro Gardneriano das Sombras*:

> A Donzela deve liderar. Um homem deve se posicionar atrás dela com as duas mãos em sua cintura e, alternadamente, homens e mulheres devem fazer o mesmo, a Donzela liderando e eles dançando, seguindo-a. Eles finalmente vão em uma espiral à direita. Quando o centro é alcançado (e é melhor que seja marcado por uma pedra), ela, de repente, vira-se e dança de volta, beijando cada homem quando se aproxima deles. Todos os homens e mulheres se voltam da mesma forma e dançam também, homens beijando mulheres e mulheres beijando homens. Tudo ao tempo da música, é um jogo divertido, mas que deve ser praticado para ser bem feito. Observe que os músicos devem assistir aos dançarinos e tornar a música rápida ou lenta, conforme for melhor. Para os iniciantes deve ser lenta, ou haverá confusão. É mais que excelente levar as pessoas a conhecer-se em grandes encontros.

No livro *Light from the Shadows*, o autor Gwyn relata danças alinhadas com os Oito Sabbats da Bruxaria, mas não fornece instruções específicas sobre como executá-las.

YULE	Dança da Roda Flamejante
IMBOLC	Dança da Vassoura
OSTARA	Dança da Serpente
BELTANE	Dança do Mastro (*May Pole Dance*) e Dança Espiral
LITHA	Dança do Cavalo
LAMMAS	Dança da Espada
MABON	Dança da Corrente
SAMHAIN	Dança do Labirinto

Algumas dessas danças serão bastante familiares aos Pagãos mais modernos, como a Dança do Mastro e a Dança Espiral. Outros podem ser encontrados nos traços das tradições populares ainda sobreviventes, como a Dança da Roda Flamejante, a Dança do Cavalo e a Dança da Espada. Ao explorar as danças folclóricas culturais sobreviventes da Grã-Bretanha, as Bruxas modernas em todo o mundo podem adaptá-las para os seus rituais. Enquanto elas não são necessariamente as mesmas que nas tradições populares rurais, a menos que você encontre instruções explícitas ou alguém para ensiná-lo diretamente, você ainda ressonará com os caminhos do passado dos ancestrais e encontrará as chaves para se aprofundar no ritual e nas danças sazonais.

Exercício: Dança do Mastro

Uma Dança do Mastro ou Dança do Dia do Mastro exige que um poste vertical, conhecido como Mastro de Beltane, seja construído com serpentinas de fita penduradas nele. Tradicionalmente, o Mastro de Beltane é feito de uma árvore (geralmente Bordo, Bétula, Hawthorne ou Carvalho) cortada pelos homens da comunidade, enquanto as mulheres cavam o buraco para o mastro ser colocado. A imagem é uma sugestão óbvia do Deus dos Bosques entrando na Deusa da Terra pela fertilidade do solo. O mastro em si deve ser mais alto que o mais alto dançarino. Se você tem uma comunidade grande, o poste pode ser bem alto e as comunidades competem para obter o Mastro de Beltane mais alto. O costume tem raízes no Paganismo Germânico e pode ser encontrado em toda a Europa, mas na versão encontrada na Inglaterra e nos Estados Unidos são geralmente mais baixos do que os feitos no norte na Escandinávia.

As fitas são presas ao topo, em igual número, de duas cores diferentes. Normalmente, homens e mulheres também em números iguais dançam, cada um segurando uma fita de cor diferente, alternando no círculo. Os homens são voltados ao sentido horário ao redor do círculo, enquanto as mulheres os encaram no sentido anti-horário e, juntos, tecem dentro e fora, as mulheres primeiro passam por baixo, depois os homens, e assim repetidamente até que um padrão de tecido seja criado no mastro. Muitas vezes, uma guirlanda floral é colocada no topo, sobre as fitas, então quando as fitas são mantidas esticadas pelos dançarinos a coroa permanece e desce lentamente enquanto os dançarinos enrolam as fitas. A dança garante a fertilidade, a saúde das comunidades e o relacionamento que eles têm com a terra.

Exercício: Dança Espiral

A Dança Espiral foi popularizada na Wicca Moderna Americana por meio da Reforma da Tradição e, especificamente, no trabalho de Starhawk, que escreveu um livro de mesmo nome. É uma dança ritual poderosa que pode ser feita com um grande grupo, idealmente com pelo menos trinta pessoas. Grupos menores não estão bem preparados para uma dança mais longa. O grupo começa em um círculo grande, de mãos dadas. O líder da dança liberta a mão esquerda do círculo e fazem espirais para dentro, no sentido horário, de frente para o centro do círculo. Ao criar cerca de três voltas (com mais voltas se o grupo for maior), o líder vira-se para a pessoa que segura a mão direita e segue a espiral para fora, em sentido anti-horário. O padrão se repete com espirais internas e externas, resultando em pessoas umas de frente para as outras, olhando nos olhos, muitas vezes acompanhadas de um cântico como "Todos Viemos da Deusa". Este é um poderoso instrumento espiritual. A experiência para contemplar o divino dentro dos olhos de todas as pessoas no ritual, alterando, assim a consciência, e também uma maneira de aumentar a energia de outras práticas mágicas.

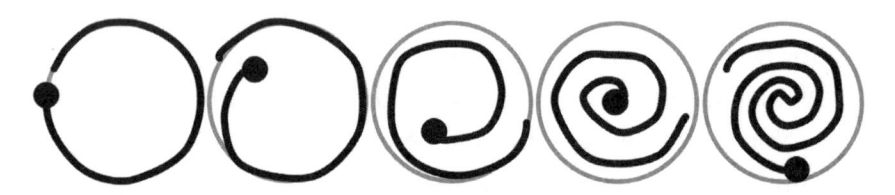

Fig. 37: Dança Espiral

Exercício: Dança do Labirinto

A Dança do Labirinto poderia se referir a atravessar um labirinto. Uma das imagens mais populares do labirinto no Paganismo Moderno hoje remontam à antiga Creta. O labirinto sétuplo de Creta, quando esculpido em pedra e usado como um dispositivo meditativo, era conhecido como pedra de Troy na Grã-Bretanha. A imagem pode servir como raiz do Labirinto do Minotauro no mito grego. William G. Gray, em seu livro *Western Inner Workings*, descreveu o desempenho de um grupo Pagão com a técnica do Labirinto da seguinte maneira:

> O Labirinto foi uma performance mais complicada. Um padrão de labirinto geralmente do tipo circular tinha que ser rastreado no chão. O líder entrou primeiro com uma espécie de movimento de pular e o resto seguiu em linha, cantando uma música sem palavras, usando, principalmente, sons de vogais. Passos e direções mudavam de acordo com os padrões e continuaram a percorrer o labirinto por um tempo considerável, até se sentirem, como descreveu, "diferentes" e prontos para "entrar no castelo". Essa pode ser apenas uma experiência momentânea de consciência com seu Eu Interior, ou eles podem ficar deitados ou sentados por um bom tempo,

mas normalmente "chegavam" depois de alguns minutos e se juntavam ao banquete ao redor do fogo, quando se sentiam inclinados a isso.

O Labirinto de Creta pode ser construído com bastante facilidade se você tiver espaço e terra para marcar suas margens. Alguns criarão labirintos semipermanentes com pedras, galhos, serragem e/ou velas.

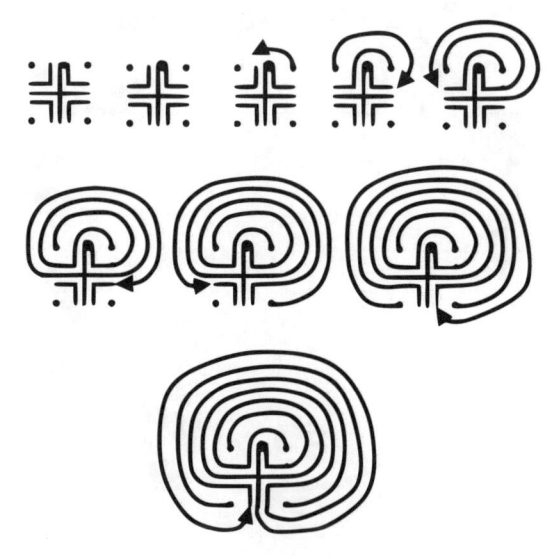

Fig. 38: Criando um Labirinto de Creta

Exercício: Dança para Puxar a Lua ou o Sol

Meu marido e companheiro de Coven, Steve Kenson, criou uma dança para "Puxar" a Lua ou o Sol para baixo, usando alguns dos princípios de eixo e movimento descritos na Forma Livre e outras seções citadas. Sua intenção é a de atrair o poder do Sol ou da Lua para um grupo, através da dança, para um ritual no Círculo Mágico. Faça seu grupo de dançarinos ficar em círculo, voltados para a direita. Caminhe três passos, seguindo a linha do Círculo, gire o corpo no sentido anti--horário, girando no eixo vertical e então repita, tomando três passos novamente e uma rotação no sentido anti-horário. Repita uma terceira vez, mas em vez de girar no sentido anti-horário, eleve os braços, puxe a energia para baixo e agache-se, com suas mãos tocando o chão. Salte para cima e repita o padrão três vezes. Isso pode ser feito em uma fórmula de compasso de 6/8. Consideramos útil contar quando estiver aprendendo (Passo – 2 (passo) –3 (passo) – Volta – 2–3 – Passo – 2–3 – Volta – 2–3– Passo – 2–3 – Acima – Abaixo – Acima. Repetir.)

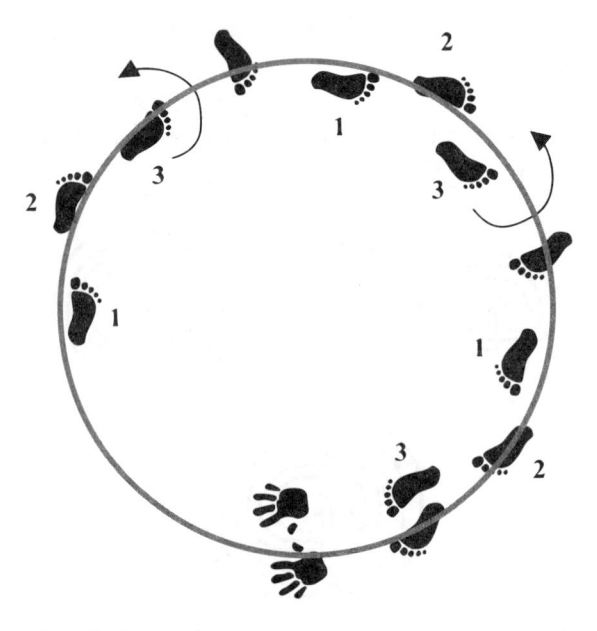

Fig. 39: Passos da Dança para Puxar a Lua ou o Sol

METAMORFOSE: as danças de metamorfose são aquelas realizadas para a mudança de forma e transformação. Elas podem ser de forma livre ou formal, ou uma mistura dos dois. Muitas culturas tribais têm danças animais específicas ou movimentos para ajudar um novo dançarino a comungar com o espírito e a experienciar um animal específico. Outras tradições da dança encorajam o contato direto do espírito do animal e a transformação da energia para combinar melhor com o espírito deste animal e movimentos espontâneos para refletir essa mudança. Eu acredito que muitas experiências espontâneas de mudança de forma são ensinadas, tornando-se codificado em uma dança específica, postura yogue ou forma de arte conjugal.

Exercício: Dançando Seu Espírito Animal

A dança é sempre facilitada com músicas adequadas ao clima do ritual. Escolha uma música que você associa com seu animal favorito ou, mais apropriadamente, o animal que se identifica como seu animal ou "totem" de "poder" animal. Imagine-se tornando esse animal. Como isso se moveria? Como isso agiria? Faça o seu melhor para imitar os movimentos, sons e, eventualmente, a mentalidade do animal. Cada dança e cada dançarino será diferente, embora tradições posteriores tenham codificado danças animais específicas. Para os fins deste exercício, não tente criar passos de dança, mas um ritual de imaginação para se tornar mais parecido com o seu animal. Eu prefiro fazê-lo, quando apropriado, ao redor de uma fogueira, dançando em círculo enquanto imito meu animal. Depois de um tempo, a imitação cessa e me sinto mais como meu animal, espiritualmente e fisicamente. Dançar seu espírito animal pode ser facilitado pelo uso de máscaras rituais de animais (ver capítulo doze), fantasias ou, se apropriado, peles. Certas posturas corporais extáticas, embora não sejam danças, facilitam experiências semelhantes de metamorfose.

DANÇA EM CÍRCULO: a Dança em Círculo é talvez a mais apropriada para rituais de Bruxaria, particularmente aqueles que envolvem um grupo. Nossos rituais são mantidos em círculo. Nós já nos movemos em círculo. Fortalecer o fluxo de energia e induzir ao transe, mantendo essas tradições faz mais sentido. A dança em círculo é apenas isso, dançar em um círculo. Na sua forma mais básica, está movendo todos ao redor de um eixo vertical central, imaginado em um ponto central incorporado por uma fogueira, um altar, um caldeirão, uma pedra branca reflexiva ou uma estaca ou cajado plantado no chão. Normalmente, a dança circular refere-se à um grupo movendo-se em círculo com algumas etapas específicas organizadas, geralmente de mãos dadas. Embora a Dança Espiral possa ser considerada uma forma de dança circular, o círculo é obviamente quebrado para formar o movimento espiral, enquanto as danças circulares geralmente mantêm a forma de um círculo.

Fig. 40: Estaca

Exercício: Passo da Videira

Uma forma simples de dança circular que pode ser feita em deosil ou reversa é o Passo da Videira, que imita o movimento serpenteante crescente desta planta. Os participantes ficam em círculo, voltados para dentro, de mãos dadas, mão direita no topo da mão esquerda. Em movimento síncrono (para uma dança no sentido horário), a perna direita é movida sobre a esquerda, deixando as pernas cruzadas momentaneamente com o pé direito à esquerda do pé esquerdo. Em seguida, a perna e o pé esquerdo são trazidos para o lado esquerdo do pé direito. A perna direita é então trazida para trás do pé esquerdo, deixando as pernas cruzadas momentaneamente, novamente com o pé direito à esquerda do pé esquerdo. Então a perna esquerda e o pé são posicionados no lado esquerdo do pé direito. Os passos são repetidos para mover o círculo. O mesmo movimento é seguido para uma dança reversa, mas as direções são invertidas.

Exercício: Dança de Cordas em Grupo

A Dança da Corda é executada por um clã usando seus cíngulos ou cordas da Bruxa. Na maioria das vezes usada como cinto para mantos, as cordas são ligadas como os raios de uma roda. A primeira pessoa faz um laço com a corda, segurando nas suas duas extremidades. O segundo passa a corda pelo laço e segura as duas extremidades em uma mão, criando os dois primeiros "raios" da roda. Outros membros passam suas cordas e seguram ambas as extremidades com uma mão, criando raios adicionais, até que uma roda de muitos raios é formada.

O grupo move-se em um movimento circular, geralmente no sentido horário, cada vez mais rápido, até a energia aumentar. O líder do grupo, que pode ou não estar na dança propriamente dita, faz um sinal para que todos abandonem uma extremidade e soltem a roda, permitindo que ela seja usada em viagens ou em feitiços.

Exercício: Dança x Circular Espiral Solitário

Gareth Knight, em *The Rose Cross and the Goddess*, adota os benefícios de não apenas estudar o padrão espiral, mas mover-se fisicamente nesse padrão, mostrando-nos outra forma de "Dança Espiral". Uma dança Solitária simulando a imagem e o movimento do eixo. Comece no centro com uma haste, como um bastão ou uma estaca firmemente fincada no chão, com uma corda enrolada em torno dele. Então, no sentido horário, desenrole lentamente a corda da haste, traçando com seus passos uma espiral que culmina em um círculo. Através deste trabalho, você está alinhado com a grande Deusa Weaver e os mistérios da roca e do tear. Seus "parceiros" são os próprios Destinos, enquanto você segura uma extremidade da corda e eles seguram a outra.

MOVENDO O MOINHO: dançar ou mover o moinho tem sido um dos mais interessantes e poderosos rituais de dança que aprendi. Tecnicamente, essa é uma forma de dança circular que requer realmente sua própria seção, pois seu conhecimento é profundo e mágico. O "moinho" não é um conjunto de etapas, ou qualquer dança, mas um conceito encontrado em formas derivadas da Bruxaria Gardneriana. Eu me deparei com os escritos de Doreen Valiente em referência aos ensinamentos que aprendeu com Robert Cochrane e seu clã de Tubal Cain. Mais tarde, experimentei isso através de várias fontes diferentes, incluindo um grupo de galeses descendentes de Bruxas tradicionais e do trabalho do vidente das fadas, o autor Orion Foxwood. O moinho é o representativo das forças rotativas do Universo. É o moinho rotativo, está nas estrelas, mas também na terra viva. É a roda do destino a partir da qual nossos fios da vida são girados e a pedra de amolar dos Deuses que moem o Universo até o pó. Os passos da dança são formas de mover a energia do moinho para não apenas induzir ao transe e aumentar a energia, mas também para comungar com as forças da natureza para fazer sua magia. Embora o moinho possa fazer parte do espaço sagrado, às vezes ele é confundido com o Círculo Mágico Wiccaniano. O moinho não é um Círculo Ritual Mágico no sentido formal, embora Foxwood ensine que ele tem quatro pontos. Porém, esses pontos não são aqueles quatro elementos bem conhecidos do Círculo Mágico, mas quatro forças celestes – Sol, Lua, Planetas e Estrelas.

Exercício: Dança do Moinho

A real Dança do Moinho pode ser feita de várias maneiras. Algumas Bruxas a executam no sentido horário, ou deosil, enquanto outros preferem o sentido anti-horário, reverso *widdershins* ou *tuathal*. Para muitos, virar para a esquerda no sentido anti-horário significa descer para o Submundo, enquanto outros o veem subindo para as estrelas. No sentido horário é o movimento da vida na superfície do nosso Planeta, o mundo intermediário do espaço e do tempo. A dança pode ser feita de mãos dadas, fazendo algo semelhante ao Passo da Videira detalhado anteriormente, mantendo os ombros de costas um para o outro, com cordas ou sem vínculo físico. Para algumas das danças, os participantes ficam um de frente para o outro voltados para dentro, outros estão voltados para fora ou na direção do movimento do Círculo. Muitas vezes é uma lenta movimentação ao redor desse Círculo, feita por muito tempo. A monotonia disso ajuda a induzir ao transe. A característica geral da dança é um sentimento energético de "moagem" ou "atrito", aumentando a energia para alterar a consciência e fazer o trabalho. Pode cantar e entoar cânticos, com palavras específicas ou tons simples. O canto Moinho da Magia é obviamente um canto popular para este trabalho. Existem duas versões, uma considerada "tradicional" e a outra conhecida como Cântico do Moinho da Bruxa de Devonshire. Embora não sejam creditados e listados como tradicionais, alguns acreditam que eles foram escritos, ou pelo menos retrabalhados, pela Alta Sacerdotisa Doreen Valiente.

Moinho de Magia (Tradicional)

Ar que respira, sopro de ar
Fazendo o Moinho da magia andar
Trabalhe o pedido que aqui desejei
Io, Deo, Ha He Hey.

Chama do Fogo e fogo a queimar
Fazendo o Moinho da magia girar
Trabalhe o pedido que aqui desejei
Io, Deo, Ha He Hey.

Água que ferve, água a borbulhar
Fazendo o moinho da magia trabalhar
Trabalhe o pedido que aqui desejei
Io, Deo, Ha He Hey.

Terra de fora e terra em mim a habitar
Fazendo o moinho da magia fiar
Trabalhe o pedido que aqui desejei
Io, Deo, Ha He Hey.

A apresentação do cântico de Devonshire termina cada estrofe com Eman hetan, hau he hu!, em vez de Io, Deo, Ha He Hey!

Uma das versões mais poderosas da dança em que participei envolveu simplesmente alinhar as pessoas em lados opostos do Círculo, como se estivessem no mesmo "raio", e dançar silenciosamente no sentido anti-horário. Sincronizávamos nossa expiração superenfatizando isso, ajudando a criar a consciência de grupo. O líder do grupo aumentava o ritmo, tornando-o cada vez mais rápido, até que todos caímos no chão, mãos unidas, direita e esquerda, e inicia-se uma jornada ao Submundo com o grupo. A respiração e a dança facilitaram uma forte consciência de grupo.

Exaustão

A exaustão é a sombra da dança, um componente necessário no caminho, mas uma vantagem disso deve ser acompanhada com cuidado. Enquanto a dança em si é indutora de transe, a maioria das práticas de Bruxaria que lidam com os outros mundos usam a dança para gerar energia antes de um colapso e de uma jornada visionária. A exaustão que precede o colapso é a ajuda para abrir o portal interno para viajar e a energia gerada pelo ritual de dança ajuda a impulsionar os participantes através do portal. É um método poderoso encontrado em muitas culturas, mas tem suas desvantagens. Embora possa ser usado, não é sempre o método mais sábio para usar regularmente. Se você mantém uma prática espiritual regular, pode ser bastante difícil para o seu corpo dançar até uma exaustão maníaca e entrar em uma jornada todas as noites. O caminho da dança e outras atividades com movimentos árduos devem ser reservados para trabalhos importantes, quando a energia extra é necessária, a força do corpo deve ser construída ao longo do tempo com mais exercícios regulares, principalmente as formas de yoga e artes marciais.

Caso precise seguir técnicas que induzam a exaustão, tenha cuidado para não exagerar a longo prazo. Certifique-se de cuidar do seu corpo físico. Nutra-se com uma boa alimentação, exercícios moderados regulares e ar fresco. Se seu corpo é seu instrumento, ele deve ser afinado. Não se force ao ponto de ruptura com uma prática regular, enquanto ainda desafia seu corpo e sua psique. Construa sua força e o seu poder para que possa ir mais longe. Não se abstenha de exercícios regulares para aumentar sua energia e, em seguida, tente um grande ritual de dança sem prejudicar a si mesmo. Assim como realizar uma maratona, treine para aumentar sua força aos poucos, antes de enfrentar as práticas maiores. O uso positivo da exaustão será um pouco abordado no capítulo seis e nove deste livro.

Aliados para
o caminho da dança

O movimento e a dança sagrada podem ser aprimorados se você lembrar desses pontos:

PERCA SUAS INIBIÇÕES: os envolvidos no êxtase da dança não se importam como estão sendo olhados por outras pessoas. Eles não estão preocupados em ser ridicularizados, estão dentro do momento, saindo de suas autopercepções, em fluxo contínuo com a música, o movimento e o espírito. Se você está inibido, preocupado em parecer tolo ou envergonhado, nunca alcançará este ponto de gnose através da dança. Perca suas inibições. Dance até que não se importe mais, e o portal mágico se abrirá.

DANÇA DE GRUPO: essa dança pode ser menos intimidante no ritual do que a dança solo, pois você pode se perder no grupo e usar os "bons" dançarinos como inspiração enquanto se move. Encontre aqueles que parecem usar com sucesso a dança e a magia juntos. Observando e imitando-os, você encontrará sua própria inspiração para trabalhar a magia da dança.

FAÇA O QUE TE FAZ BEM: faça aquilo que é bom para o seu corpo. Embora a dança possa ser desafiadora atleticamente e cansativa depois de um tempo, encontre o que funciona para você. Se seu corpo simplesmente não quiser se mover de certas maneiras, não force. Impulsione você mesmo, mas não se esforce além dos limites seguros. A lesão não é propícia como forma de movimento.

PERFEIÇÃO: embora a técnica seja importante, dependendo do tipo de movimento sagrado, não há necessidade em acertar as coisas na maioria das formas de dança sagrada. O sentimento, atitude de fazer o melhor possível dentro dos parâmetros do movimento é o que mais importa.

O Caminho do Isolamento

À medida que prosseguimos pelos oito caminhos originais, eles se tornam mais cheio de dificuldades. O caminho do isolamento, a senda da solidão e do ascetismo, não é uma escolha fácil para a maioria das Bruxas.

Estranhamente, associamos muitas das práticas desse caminho a ser feito como sendo verdadeiramente "Espiritual", pois o caminho se encaixa em muitas das noções dominantes, preconcebidas, mas também tanto nas tradições cristãs quanto nas tradições espirituais Orientais. No entanto, eles não são apenas um caminho, como alguns acreditam. Em nosso esforço para abraçar as abordagens positivas do corpo à espiritualidade, tendemos a negligenciar os caminhos. Enquanto alguns pensam que as técnicas monásticas não têm lugar no Neopaganismo, se olharmos para as ordens dos sacerdotes no Mundo Antigo, encontramos estilos de vida monásticos que não se restringem ao cristão ou ao budista.

O caminho do isolamento e do ascetismo pode ser encontrado no mundo Pagão Antigo. Primeiro e acima de tudo, nossos ancestrais tribais, com homens astutos xamânicos e mulheres sábias, provavelmente teria esses curandeiros e padres vivendo à margem da sociedade, acessível, mas um pouco isolado da tribo. Os curadores dos povos tribais com práticas xamânicas geralmente vivem à margem da sociedade, à parte da tribo, ou mesmo separado dela, em um estado intermediário que os torna sobrenaturais. Isso é semelhante à Bruxa rural da Europa Medieval, que vive à margem da vila ou na fronteira da floresta.

À medida que as sociedades tribais dos caçadores-coletores davam lugar ao surgimento das comunidades, nossos primeiros assentamentos urbanos, elas organizaram tradições de templos de Sacerdotes e Sacerdotisas, atuando como clero comunitário. Em muitas dessas culturas o clero vivia nos terrenos do templo e adotava práticas de estilo de vida, incluindo períodos de reclusão, silêncio e restrições alimentares específicas que os separavam da sociedade dominante. Tais práticas das tradições do templo acabou evoluindo para a vida monástica mais familiar da disciplina que encontramos no cristianismo convencional e em algumas seitas orientais. Muitos Pagãos modernos especulam que irmandades e confrarias Celtas de Druidas, Bardos e videntes eram mais facilmente absorvidas pelas ordens cristãs, porque suas práticas não eram tão diferentes e, portanto, foram capazes de influenciar o desenvolvimento Céltico da Igreja Cristã. As Sacerdotisas de Bride fizeram uma transição bastante fácil para as Freiras de St. Bridget.

Descobri que o caminho do isolamento não é uma técnica para o uso diário, mas, sim, para quando for necessária uma forma particularmente poderosa e intensa de transe. Seu uso se dá para rituais de natureza que mudam a vida – iniciação, missões de visão, expiações. Enquanto aspectos dela podem ser usados para rituais mais comuns, como Sabbats ou Esbats, rituais lunares ou anuais, várias técnicas deste capítulo devem ser combinadas apenas quando se pretende um ritual particularmente vital.

Se você tem pouca experiência com essas técnicas, comece devagar e em pequenas etapas e verifique se a técnica é algo de que você é capaz de fazer, tanto mentalmente quanto fisicamente. Muitos magos e Bruxas nem sempre têm resistência física para algumas das técnicas.

Existem muitos caminhos para o centro, e esse é apenas o primeiro, se não for bom para você, não se sinta forçado a explorá-lo.

Embora muitas de nossas técnicas antes tenham sido simples, você as executa quando deseja entrar em transe, mas o caminho do isolamento leva mais tempo. Simplesmente usando uma técnica por vinte minutos, ou mesmo algumas horas, não criará o necessário para mudar sua consciência. Elas precisam ser feitas por um período de várias horas, senão dias, dependendo da técnica.

Isolamento

O isolamento é o componente principal desse caminho. Você se diferencia do normal, do cotidiano através do estado de transe desejado. Uma das maneiras mais profundas de criar essa separação mágica da consciência é realmente separar-se do normal, do comum, do mundano. Um retiro espiritual de algum tipo, isolamento autoimposto, faz coisas estranhas à consciência. Por exemplo, removendo-se das preocupações do dia a dia, seu diálogo interno muda. Você se concentra menos na apresentação de como deseja que as coisas sejam, tanto para si mesmo quanto para os outros, e fica mais focado no que simplesmente é. O isolamento pode ser feito moderadamente ou dramaticamente. De maneira geral, exige uma mudança de local, como literalmente fazer um retiro sem as comodidades modernas, particularmente as que dizem respeito à comunicação. Telefone, televisão, computadores e similares nos levam de volta ao estado de consciência normal, não isolada, derrotando o propósito. Ir para uma cabana de retiro é um excelente começo. Outros simplesmente se isolam enquanto permanecem em casa – tirando uma folga do trabalho, dos eletrônicos e de outras conexões. As práticas de isolamento mais graves incluem realizá-la ao ar livre, longe de pessoas, ou em fazer uma vigília noturna. Defina uma quantidade de tempo e passe-o longe da civilização, mesmo que seja apenas uma curta caminhada até a floresta, ou uma tarde em um campo solitário. Faça sua magia lá e observe como a falta de companheirismo humano e, de fato, a falta de todos os sinais de civilização pode induzir à uma nova consciência, levando você de volta aos caminhos de seus ancestrais, sendo "sozinho" na natureza.

Silêncio

O silêncio é exatamente o que parece ser – ficar quieto. Embora grande parte do ritual se concentre nos sons e ritmos que produzimos e nas palavras que falamos, existe certo poder no silêncio. Há muito poder quando nos calamos, não apenas permanecendo em um ambiente silencioso. Interromper o fluxo da força vocal força a energia dentro da nossa consciência e pode abrir os portais para novas percepções e introspecções. A falta de comunicação externa com alguém restringe nossas interações e nos permite focar em nossa própria energia.

Interromper a comunicação verbal também nos conscientiza dos milhares de sons e milhares de correntes de energia que ignoramos todos os dias, porque estamos sempre muito ocupados, em vez de ter essa percepção. O sentido da audição pode realmente se tornar mais agudo durante períodos de silêncio. Você pode ficar mais agradecido pelos sons que já estão no seu ambiente e esses sons podem ajudar a induzir a gnose. E se você está associando silêncio com isolamento ao ar livre, os sons do vento, dos pássaros, da água, dos insetos, todos esses sons se combinam para aumentar sua consciência aprofundada.

Exercício: Voto de Silêncio

Faça um voto de silêncio por vinte e quatro horas. Organize sua programação para não ter nenhuma responsabilidade que exija que você fale. Se não combinar isso com isolamento, informe sua família e amigos que você está explorando um aspecto de sua espiritualidade e por isso não quer ter contato verbal por vinte e quatro horas. Se as obrigações familiares não permitirem o luxo de ter as vinte e quatro horas completas, escolha um tempo mais curto. Este é um ritual de disciplina e também de isolamento. Faça o seu voto de silêncio pelo período de tempo que puder fazer e observe seus pensamentos e sentimentos ao longo do dia. Silêncio inclui todo o ruído verbal, não apenas a conversa com as pessoas, mas também sem falar com animais, plantas ou com você mesmo. Evite zumbidos ou outros ruídos vocais. Conserve a energia verbal. Faça alguma forma de magia ou meditação no ponto culminante deste período. Fazer o voto de silêncio afeta sua experiência? Faça um diário sobre a sua experiência, detalhando o que você sentiu, pensou e fez durante o seu período de silêncio, e como isso alterou sua consciência.

Privação do sono

A privação do sono é outra técnica poderosa (e perigosa) para alterar consciência. Quando o corpo humano não experimenta sono suficiente, ocorrem mudanças psicológicas no estado onírico, fisiológico e emocional. Este processo pode ser usado com vantagem no caminho do isolamento, pois a falta de sono nos isola do mundo dos sonhos e da humanidade normal e nos diferencia da regra. Nesse estado de alteração de consciência e de percepção, novas realizações podem ocorrer. Os textos mais antigos alertam que uma mente privada de sono começará a alucinar e, embora isso possa ser verdade, o Bruxo, o xamã e o mago questionariam se tais experiências são alucinações ou visões induzidas pelo transe. Existe alguma diferença? Talvez a única diferença é o benefício que a visão, o medo e a discórdia concedem ao espectador. A principal diferença entre os dois é que um é controlado, intencional e feito com um propósito, enquanto o outro é casual e fora de um contexto ritual sagrado. A fronteira do ritual é uma importante demarcação entre as práticas que normalmente seriam consideradas mal aconselhadas para um mago.

Uma das mais poderosas formas de usar a privação do sono é manter uma vigília. Em um contexto religioso, uma vigília consiste em permanecer acordado além dos limites do sono normal, geralmente para preceder um serviço devocional, um festival ou ritual. Embora vigílias possam ser feitas em um contexto de grupo, geralmente elas são silenciosas e a maioria das Bruxas acham mais eficaz a prática solitária. Este é um método poderoso para o solitário aumentar a experiência antes de um grande trabalho. A vigília pode ser realizada nos limites de um espaço sagrado, como um Círculo Mágico (capítulo quatorze) ou em um local externo, considerado apropriado para o trabalho, mas sem os limites específicos de um círculo. Às vezes, vigílias são combinadas com jejum e outras técnicas de isolamento deste capítulo.

Jejum

O jejum é uma maneira de restringir sua energia e suas interações com os outros. Diminuir a quantidade e o tipo de comida que você ingere altera o tipo e a quantidade de "combustível" que seu corpo recebe, alterando o seu funcionamento. Muitos acreditam que, ao consumir bem pouco alimento, seus órgãos internos "descansam", uma oportunidade para que essa energia seja voltada para dentro. Você está limpando o corpo, purgando produtos químicos e resíduos do trato digestivo e dos órgãos. Seu corpo opera da maneira mais eficiente possível em jejum e remove doenças indesejadas, enquanto as células limpam todos os sistemas do corpo. Ao limpar o corpo fisicamente, você também está limpando a psique. Em um nível fisiológico, a falta de comida faz com que fiquemos menos aterrado. Esse estado facilita o contato sobrenatural e a sensibilidade da energia. A maioria dos praticantes usa a técnica do jejum como parte de um ritual maior para fins pessoais como revelação, cura e iniciação.

Um famoso *Argúcio*[7], que usava o jejum como método de gnose prática, foi o *Homem Sábio de Stokesley*, John Wrightson. Ele era o sétimo filho de uma sétima filha, mas alegou que não era mais sábio

---

7. N.T.: termo em português usado para se referir à *cunning man*.

do que qualquer outro homem. Ele simplesmente recebeu conhecimento quando jejuou e era conhecido por curar animais, encontrar animais perdidos ou bens roubados e saber dos acontecimentos que ocorriam em outros locais por alguns meios psíquicos. Ao invés de uma profunda gnose filosófica sobre os mistérios, ele usou seu estado de transe em jejum para fins práticos e era estimado e respeitado pela população de sua aldeia e arredores, por sua grande ajuda.

Existem muitos tipos de jejuns, e nem todos são adequados para todos os tipos de pessoas. De fato, muitas pessoas provavelmente não deveriam jejuar, pelo menos sem a supervisão de um profissional médico treinado. Algumas pessoas simplesmente têm tipos de química corporal propícios à ingestão restrita de alimentos. Se tiver alguma dúvida, consulte um médico antes de iniciar um jejum.

JEJUM DE ÁGUA: em um período de abstinência de todos os alimentos, os líquidos são consumidos tanto para sede quanto para necessidades corporais. É possível que uma pessoa ingira somente água por quarenta dias sem sofrer deficiência de proteínas, vitaminas, minerais e gorduras ácidas e saudáveis, isso se não exposta a elementos agressivos ou outras substâncias que causem condições debilitantes. Pelo menos dois litros de água devem ser ingeridos por dia. A água destilada é a melhor para a limpeza, embora a água da nascente também possa ser usada. Água da torneira deve ser evitada a menos que seja completamente purificada. Jejuns de água trabalham agressivamente o corpo.

Usualmente, alguns dias de jejum de suco precedem o jejum de água e, em seguida, o contrário também deve ser feito: alguns dias de jejum de suco, após o jejum de água, para ajudar a aclimatar novamente seu corpo à digestão. E se o jejum de água for muito difícil para o seu corpo, pode ser alternado com o jejum do suco rapidamente, por exemplo, ter três dias de suco e depois dois dias de água, depois cinco dias de suco e três dias de água. O suco pode ser usado quando você estiver trabalhando mais intensivamente, e a água para quando tiver no fim de semana e dias de folga.

Jejum de suco: este tipo jejum evita todos os alimentos sólidos, sendo somente o sumo de frutas e vegetais adicionados à água. Idealmente, os sucos de frutas e vegetais devem ser tão frescos e tão puros quanto possível. Algumas versões deste jejum também incluem chás de ervas, caldo de legumes, cevada verde, suco de grama de trigo e suplementos alimentares saudáveis. A intensidade do jejum depende de quanto suco você bebe. Geralmente beba quando sentir fome, até ficar agradavelmente satisfeito, ao invés de cheio. O suco também pode ser diluído com água.

Jejum de frutas e vegetais crus: esta é uma variação do jejum de suco, na qual se abstém de todos os alimentos sólidos, exceto frutas e vegetais crus e seus sumos. A redução de pesados alimentos processados e carnes na dieta altera o processo digestivo e dá alguns dos benefícios de um verdadeiro jejum.

Dieta xamânica: ensinada pelos xamãs sul-americanos, que trabalham principalmente com o enteógeno vegetal da Ayahuasca, esta dieta, embora seja semelhante a vários outros métodos de tradições mágicas, não é um jejum verdadeiro, mas um método de comer que facilita o contato espiritual e é feito em conjunto com rituais, meditações, cantos e remédios de ervas para ajudar a preparar o praticante para o contato com o espírito. É uma dieta realizada durante o aprendizado do xamã e repetida antes das principais práticas ou ensinamentos.

- Sem sal
- Sem álcool
- Sem especiarias ou condimentos
- Sem porco
- Sem gorduras
- Sem café ou outros estimulantes
- Sem frutas cítricas, principalmente limão ou lima
- Sem frutos do mar ou outras "criaturas do fundo do mar".

Coma principalmente arroz, peixe e legumes não temperados. Embora as aves sejam permitidas, elas não são incentivadas. Grãos diferentes do arroz não são especificamente proibidos, mas não parecem ser incentivados. As nozes são geralmente evitadas. Também não é permitido sexo nessa dieta, pois o espírito das plantas como aliado é frequentemente visto como amante e fica com ciúmes se suas atenções se desviam para outra. Para quebrar o jejum quando o trabalho espiritual estiver completo, coma sal ou um limão com sal. Retome gradualmente a alimentação normal. O trabalho de William Gray confirma que esta não era apenas uma prática sul-americana, relatando no seu livro *Western Inner Workings* que os Pagãos que ele conhecia se abstinham de sal por vários dias antes de qualquer trabalho importante. Dizem que o sal bane os espíritos. Uma das ideias subjacentes do tal jejum é que não praticar o sexo diminui a conexão dos praticantes com o mundo físico, aumentando a conexão com o mundo espiritual.

JEJUM DO ESPÍRITO DAS PLANTAS: as mesmas condições são seguidas para a Dieta Xamânica, mas um dos alimentos permitidos nessa forma de jejum é uma bebida forte de uma planta em particular, vista como um espírito instrutor. Neste método, a pessoa está bebendo seu "ensinamento" para facilitar um contato mais profundo com o espírito da planta.

MASTER CLEANSE: o Jejum *Master Cleanse* (Jejum Limpeza Master), também conhecido como *Lemon Cleanse Fast* (Jejum de Limpeza do Limão), um dos meus favoritos, é o jejum com que tenho a melhor experiência pessoal por motivos de saúde, no qual eu combinei o sucesso com técnicas de indução ao transe. O *Master Cleanse* consiste em beber, ao longo do dia, a seguinte receita:

- 1 colher de chá de pimenta caiena (ou à gosto)
- 2 colheres de sopa de limão fresco espremido (1/2 limão)
- 2 colheres de sopa de xarope de bordo orgânico (categoria B ou C)
- 250 ml de água pura (nascente, purificada ou destilada)

Essa mistura fornece calorias suficientes para seu corpo funcionar normalmente e tem propriedades de limpeza suficientes para desintoxicar. A mudança radical na digestão também funciona bem para jejuns indutores de transe. Beba pelo menos doze copos de 20 ml dessa "limonada" e beba também muita água. Para sair do jejum, comece com caldo de vegetais e suco de frutas antes de retomar uma dieta normal.

JEJUM BLACK FAST: este não é um jejum de saúde, mas também tem uma certa magia que percebi ao escrever sobre Doreen Valiente. Ao invés de eliminar as toxinas do corpo ou induzir a um estado de gnose, o Black Fast direciona toda a sua energia psíquica para um objetivo específico. Infelizmente, em geral ele é objetivo de uma maldição, mas eu usei as técnicas de um jejum que são semelhantes ao Black Fast para fins mais construtivos. Basicamente, promete-se não comer nada além de pão, água e sal até que ocorra uma determinada condição ou ação. Todos os recursos de sua mente e corpo são direcionados para esse objetivo, devido ao jejum, e torna a magia mais potente. O Black Fast também é referido no catolicismo, com suas próprias diretrizes e direção, omitindo a arte da maldição ou do feitiço. Foi um dos tipos mais rigorosos de jejum realizados durante a Semana Santa ou antes da ordenação, mas gradualmente caíram em desuso com a Igreja.

Os jejuns são realizados por períodos variáveis. Se você não tem experiência em jejuar, fazê-lo em um único dia é o melhor jeito de começar. Para efeitos indutores de transe, de um a três dias de jejum podem ser mais que suficientes para alterar as percepções. Jejuar para o dia de um ritual de prática, Esbat, Sabbat ou outra reunião é suficiente. Para um jejum medicinal, para limpar e curar doenças, períodos variados são recomendados. Para o jejum de água, dez dias é o padrão. Para o jejum de suco, vinte a trinta dias. O jejum *Master Cleanse* é realizado entre oito a quarenta dias. É melhor determinar um horário definido para o seu jejum e cumpri-lo, começando com pouco se você não tem experiência. A alimentação deve ser retomada de uma maneira muito gradual e gentil. Mantenha suas primeiras refeições sólidas leves e fáceis de digerir e retorne gradualmente a uma dieta normal. Você pode achar que seu gosto e necessidades mudaram após um jejum prolongado.

Preste atenção a tonturas ou desmaios durante o jejum. Dores de cabeça são comuns nos primeiros dias. Embora muitos relatem ter mais energia, reflexos mais rápidos e sentirem a cognitividade mais aguda do que quando come normalmente, seja cauteloso ao operar qualquer máquina pesada ou se colocar em qualquer outra situação que possa trazer riscos à vida. Você pode experimentar sintomas de gripes ou resfriados, bem como diarreia, constipação, coceira e uma variedade de sintomas à medida que o corpo se limpa durante um jejum estendido. E também pode experimentar uma crise de cura mental, de natureza emocional ou espiritual. Como parte do processo de perspectiva alterada e energia, problemas reprimidos podem vir à tona e devem ser enfrentados.

Todos os jejuns pressupõem que você se absterá de todas as drogas, nicotina e álcool durante certo período. Alguns programas de jejum usam chás de ervas, mas a maioria não. Se você tem uma prescrição que deve ser tomada diariamente, fale com seu médico antes de executar um jejum ou suspender sua medicação. Pessoas que tem hiperglicemia, hipoglicemia, diabetes, funcionamento anormal da tireoide, problemas nos rins, doença hepática, doenças cardíacas crônicas ou qualquer doença mental ou desequilíbrio devido ao uso de substância química, consulte um especialista em jejum antes de realizá-lo.

Este não é um livro sobre jejum medicinal e não pode cobrir a gama de necessidades médicas e de saúde de todos. Se você deseja executar um jejum prolongado além das técnicas normais de indução de transe, consulte fontes confiáveis e especialistas.

Celibato

Restringir o uso de energia sexual, abstendo-se de parceiros e também de atividade sexual solitária, é uma maneira potente de reunir energia. Muitas tradições de devoção espiritual, variando do catolicismo e ascetismo Oriental, até o Paganismo e tradições xamânicas, usam a abstinência, temporariamente ou como estilo de vida, para reunir e transmutar poder espiritual. Ordens de freiras, monges e padres celibatários ainda são tradicionais hoje. O Paganismo moderno e a maioria das tradições Xamânicas usam apenas celibato temporário, abstendo-se de atividades sexuais antes de práticas de magia ou religiosas para perseverar a energia e purificá-la para o ritual. Em algumas tradições xamânicas, os espíritos, principalmente os espíritos das plantas, são vistos como amantes, qualquer atividade antes de implorar sua ajuda é considerada infidelidade, resultando em ciúmes do espírito. Abster-se de atividade sexual por dias ou mesmo por semanas antes de uma prática importante ajuda a facilitar as energias do ritual.

Espaço restrito

Outro método de isolamento é restringir especificamente sua área. Ao invés de simplesmente estar em um lugar para evitar o mundo mundano e o contato social, estabelecer um limite específico e não se afastar desse limite é uma maneira excelente de melhorar esse isolamento.

Restringir a si mesmo pode ser uma maneira simples de limitar sua área, em sua casa, uma sala específica ou determinada área ao ar livre. Você pode usar o limite natural de uma colina, uma margem de rio, um campo ou uma clareira para limitar o seu espaço.

O espaço restrito é como criar um Círculo Mágico. Não se trata de apenas conter você mesmo em uma área, mas de criar uma espécie de vaso para a energia da consciência, impedindo-a de se dissipar em um milhão de direções e distrações diferentes. Como todas as partes do Caminho do isolamento, essa técnica força você a estar presente com o que é, ali mesmo, com você e com tudo o que trouxer psiquicamente para o espaço, ao invés de se concentrar nas convenções futuras, passadas ou sociais.

Busca da Visão

Uma busca da visão, mais comumente encontrada nas tradições Nativas Americanas e especificamente na cultura Lakota, onde é conhecida como *Hanblecheyapi* (Clamando por uma Visão), é um método que combina muitas das técnicas que já vimos, incluindo isolamento, silêncio, privação do sono, jejum e restrição de espaço. Tradicionalmente, essa prática é feita sob a supervisão de um ancião tribal ou de um curandeiro, e geralmente é feita pela primeira vez no início da adolescência, com o intuito de receber uma visão para guiar alguém na vida. As Bruxas modernas com tendências às tradições nativas adotaram e adaptaram a técnica.

O *Hanblecheyapi* não é diferente da tradição nórdica chamada *utiseta*, ou "estar ausente". O termo parece que significa simplesmente ficar afastado por um tempo marcado, ficar "fora" de todas as coisas, fora do seu mundo, da sua sociedade, das expectativas, estar fora do seu próprio eu, pensamentos e ego. Só então você pode ver claramente e ter contato adequado com os espíritos. *Utiseta* pode ser combinado com outras técnicas nórdicas de transe, como a magia rúnica ou o *Seidr*.

Normalmente o buscador encontra um lugar e marca um círculo predeterminado, muito parecido com o círculo tradicional de 2,74 cm de diâmetro da Bruxa, geralmente em pedras, não trazendo nada da sociedade "normal" para dentro dele, exceto a água. Itens sagrados podem ser trazidos para o círculo. Somente a água é bebida e geralmente a vigília deve ser mantida, sem dormir. O buscador ora, medita, canta, realiza um ritual e faz uma jornada para dentro de si mesmo, pedindo uma visão. O contato espiritual, particularmente com um animal totêmico ou guardião, pode ocorrer, ou uma mensagem pode ser recebida do mundo espiritual em um sonho. O buscador discute a experiência com o ancião para receber uma interpretação adequada da visão, sem ego ou ilusão para obscurecê-la. Um objeto do lugar é frequentemente coletado e colocado na "bolsa de remédios" dos objetos de poder, para reter o domínio da visão por toda a vida.

A busca pela visão pode durar de um a quatro dias. Às vezes, um mentor ou amigo verifica o requerente, direta ou secretamente, principalmente em casos de clima extremo. Os rituais de limpeza, para se preparar para o evento, não são incomuns, como a Tenda do Suor (veja a seguir). Se você decidir realizar um tipo de experiência de busca da visão, aqui estão alguns pontos a serem lembrados:

COMIDA: mesmo se você optar por não fazer jejum para sua missão, prepare-se para o experimento reduzindo a ingestão calórica por pelo menos uma semana antes do ritual. Elimine coisas como cafeína, álcool, açúcar, tabaco e todos os medicamentos não prescritos, assim você pode fazer uma eliminação razoável e permanecer seguro e saudável. Faça uma dieta que inclua alimentos integrais, como frutas e vegetais frescos, alimentos com mais fibras, muita água pura e chás de ervas desintoxicantes. Banhos de purificação anteriores à busca da visão também o preparam. Quando estiver indo para a sua busca da visão, verifique se você tem muita água fresca. Se estiver se alimentando, traga alimentos simples como frutas e nozes.

PREPARAÇÃO MENTAL: prepare-se para o isolamento uma semana antes do evento, limitando a pessoas que você vê socialmente, fazendo apenas o necessário para a família, o trabalho e compromissos. Reduza o consumo de mídia eletrônica, como televisão, rádio e Internet. Abstenha-se de fofocas. Retire o que não é necessário ou isso irá distraí-lo.

FERRAMENTAS RITUAIS: tenha todas as ferramentas rituais que achar necessário para a viagem. Leve oferendas para os espíritos da terra e seus aliados. Nas tradições Nativas, farinha de milho, sálvia e tabaco são oferendas habituais. Incenso, instrumentos musicais e até uma caneta e diário são apropriados. Normalmente, barracas e sacos de dormir podem ser deixados de lado nesses tipos de rituais, mas leve um cobertor e roupas adequadas para protegê-lo das intempéries do clima.

LOCALIZAÇÃO: escolha um local remoto, longe de sons, pontos turísticos e distrações da sociedade moderna, mas acessível a você.

Não escolha um local que seja além da sua capacidade de realizar sua viagem. Muitas vezes você pode se livrar dos traços da civilização humana em bosques e parques locais sem precisar viajar muito longe. Certifique-se de ter alguém que possa ajudá-lo se necessário, ou que possa encontrá-lo no local onde você está, e que saiba como levá-lo para casa caso algo dê errado. Verifique a história do local, se possível. Escolha lugares que são "neutros" ou geralmente benignos psiquicamente. Pesquise, se o local já foi um lugar de batalha, crime ou outra violência, evite-o.

DURAÇÃO: embora uma busca da visão possa continuar por quatro dias, se você nunca experimentou tal ritual e não tem alguém experiente para guiá-lo, creio que uma vigília de seis horas é a melhor maneira de começar a praticar sua jornada solitária durante a noite.

RITUAL: crie um espaço sagrado da maneira que desejar. Normalmente você marca as quatro direções e seu limite de espaço sagrado com um pó como a farinha de milho, ou usando pedras do local. Faça suas ofertas e convide seus aliados espirituais, antepassados e divindades para se juntar a você. Caso tenha uma intenção específica para a visão da busca, declare. Faça rituais – oração, tambor, canto, meditação, etc. Esteja ciente de tudo o que ocorre, dentro da sua consciência e fora do seu corpo. Procure sincronicidades entre seus pensamentos e sentimentos e sinais da natureza – a passagem de um animal, o som de um pássaro ou uma mudança no clima. A natureza, associada ao mundo espiritual, costuma responder ao seu apelo por uma visão.

GRAVE E DISCUTA: registre tudo que puder. Enquanto você procura entender sua visão e sua experiência, tradicionalmente é melhor revisar suas visões com um sábio ancião ou professor que o guiará. É fácil se tornar zeloso em tais estados de consciência aumentada e interpretar mal as coisas podem ser mais lisonjeiras para o nosso ego do que o necessário.

Às vezes, esse ritual não é realizado a céu aberto, mas no interior de uma caverna natural ou outro espaço subterrâneo restrito, geralmente sem luz. O *fogous*[8] é uma estrutura cerimonial subterrânea criada pelo homem e encontrada na Cornualha, enquanto os *souterrains*[9], são seus equivalentes na Bretanha. A maioria dos praticantes de magia acredita que eles foram usados para fins cerimoniais, mas poderiam ser abrigos de habitação ou mesmo armazéns.

Peregrinação Sagrada

A peregrinação sagrada não restringe o seu espaço, mas, sim, o da vida cotidiana e do movimento típico. A peregrinação é uma jornada, geralmente solitária, a um lugar sagrado, embora a tradição da "caminhada" seja simplesmente um passeio, seguindo a intuição e os presságios até o objetivo ritual da jornada, quando a resposta a uma questão de vida for completada. Muitas vezes essa jornada significa seguir um caminho percorrido por peregrinos em tempos passados. O termo celta *turas* pode denotar caminhos específicos de peregrinação, geralmente associados com santos celtas, ou um termo geral para peregrinação sagrada. Em seu sensacional livro *The Camino*, a atriz Shirley MacLaine descreve sua própria peregrinação pessoal na Espanha, seguindo um trem tradicional que se acredita estar alinhado com uma "linha ley" sobre a Terra (veja o capítulo dez). Muitas das mesmas restrições em uma Busca da Visão são seguidas em uma peregrinação de outras ações sagradas, como isolamento, alimentação e roupas simples, silêncio (ou pelo menos uma comunicação mínima) e sintonia com a natureza. A jornada pode ser culminada com um ritual ou meditação na última parada.

---

8. N.T.: a palavra *fogous* pode estar relacionada com as palavras córnica *Fow* (plural *fowys*) e/ou *gogow* (plural *gogowyow*), ambos significando "caverna". No passado, os moradores da Cornualha os chamavam de "buracos de fuggy", mas esse termo raramente é usado atualmente.

9. N.T.: literalmente "casa subterrânea".

Sentidos restritos

Depois de limitar o espaço que você ocupa, a única maneira de promover seu isolamento é restringir os sentidos com os quais você percebe o espaço. Com menos estímulos sensoriais, sua consciência se volta ainda mais para dentro. Você se concentra nos mundos além do véu, pois o mundo da carne e do sangue está bloqueando os seus sentidos.

ELEMENTOS	SENTIDOS
Fogo	Visão
Ar	Olfato
Água	Paladar
Terra	Tato
Espírito	Audição

VISÃO: vendas nos olhos, véus, capuzes e máscaras com os olhos fechados podem ser usados para bloquear a luz. Áreas rituais que naturalmente bloqueiam a luz exterior também podem ser usadas. Em um cenário natural, cavernas e florestas escuras garantem uma visão limitada. Um templo em uma sala com a luz bloqueada pelas janelas e portas também servirá. A escuridão absoluta pode evocar imagens vívidas, onde jornadas, mitos e histórias assumem um realismo incrível. Alguns praticantes modernos conjecturam que essa era uma técnica que os bardos e Druidas antigos usaram para memorizarem suas histórias e crescerem em poder mágico. As três trevas de Taliesin em seu mito do renascimento com Cerridwen (a cabana escura agitando o caldeirão, o tempo no ventre de Cerridwen e a jornada marítima na bolsa de couro escuro) marcam três períodos em que o bardo estava imerso na escuridão total, buscando uma visão. Enquanto essa escuridão pode conjurar viagens devido à privação sensorial, às vezes uma única iluminação, como uma vela ou uma lâmpada, pode servir como um foco poderoso, bloqueando todas as outras informações visuais e concentrando-se em uma única fonte de luz. Às vezes, simplesmente obscurecer um dos olhos com um véu ou capuz também pode ajudar a induzir ao transe, imitando o olho do Deus Odin/Wotan em sua busca por magia e poder.

SOM: tampões para os ouvidos, algodão, protetores de ouvidos e longos lenços usados em volta da cabeça podem servir para isolar o som dos seus sentidos. Os *white noise generator* (geradores de ruído branco), embora produzam som, bloqueiam todos os outros ruídos e podem ser usados através de alto-falantes ou fones de ouvido. A falta de ruído externo força você a se concentrar no "ruído" interno.

TATO: remover qualquer objeto tátil do contexto no ritual – objetos macios, peles ou penas, ferro ou pedra dura e fria, reduz a sensibilidade sensorial tátil em formação. Alguns sugerem trabalhar com uma túnica simples ou outro tipo de roupas soltas, outros sugeririam trabalhar vestidos de céu[10], embora a falta de vestimentas possam aumentar a sensação de toque e temperatura.

OLFATO: odores fortes, óleos ou incensos podem bloquear o sentido do olfato e outras informações de aromas e, eventualmente, tornar-se parte do fundo olfativo. Isso pode até não ser tão perceptível, mas não permite que outras informações olfativas o distraiam. O perfume escolhido depende do indivíduo e também deve ser magicamente propício à operação (veja o capítulo sete). A cânfora, tendo um forte aroma marcante, também é propícia para trabalhar com outros níveis de consciência.

PALADAR: se não der para combinar esta restrição com o jejum, ao menos tente manter os alimentos ao mínimo possível, como pão ou outros grãos, água e uma proteína simples, sem temperos ou sabores fortes. Isso ajuda a reduzir a ingestão de informações sobre o paladar e abre nossos sentidos para outras informações, incluindo informações psíquicas.

---

10. N.T.: em nudez ritual.

As câmaras modernas de privação sensorial são a extensão definitiva desse conceito. Conheci muitas pessoas que tiveram profundas experiências espirituais enquanto imersas na água flutuante do tanque de privação. No Mundo Antigo "tanques de privação" incluiriam cavernas e catacumbas. Se você explorar esses lugares escuros, tenha cuidado, pois nunca se sabe quando um animal perigoso reside em uma caverna ou em um túnel. Trabalhe com alguém que conheça bem o lugar e que possa apontar sinais de habitação ou de perigo.

Restrição de movimento

O movimento restrito não se refere apenas a restringir o espaço em que você está, e possivelmente também os sentidos, mas reduzir fisicamente sua capacidade de se mover. Muitas formas de restrição de movimento podem induzir a estados de transe, pois isso direciona a consciência para um estado alterado, já que as saídas usuais de energia a serem liberadas não estão mais disponíveis. Às vezes, a restrição é feita para promover uma determinada posição, e essa posição é mais propícia a certo estado de transe, muito parecida com as posturas corporais extáticas do capítulo anterior.

No Caminho Óctuplo original, o controle do fluxo de sangue através de cordas é um dos caminhos para o poder, às vezes chamado de *Warricking*. Um *Warrick* é um parafuso usado para apertar correntes ou cordas em torno de uma carroça ou em torno da madeira, mas no contexto da Bruxaria, refere-se ao controle do fluxo sanguíneo (às vezes é confundido com a palavra *warlock* ou *warlocking* – Bruxo –, mas não é a mesma coisa.). A restrição e a amarração pode alterar o fluxo sanguíneo e os padrões respiratórios, resultando em um estado alterado de consciência. Em algumas versões do Caminho Óctuplo, as cordas também estão vinculadas com o controle da respiração como um caminho para isso, mas, ainda assim, são dois caminhos distintos. Um é medido, controlado e controla a respiração conscientemente, enquanto o outro é involuntário, causado pela ferramenta ritual da corda.

O uso da corda é encontrado com maior prevalência nos rituais de iniciação da Wicca Tradicional Britânica. Alguns apontam para o uso da restrição como o primeiro exemplo histórico de uma corda reduzindo o fluxo de sangue na Bruxaria. Uma pintura em uma caverna na Espanha, aparentemente representando uma figura xamânica com uma corda ou com uma liga amarrada sob cada joelho, cercado por nove mulheres com cocares pontiagudos, é um exemplo de nossos ancestrais da Bruxaria da Idade da Pedra praticando essa tradição. Outros exemplos foram encontrados na magia cerimonial de sociedades e de ordens secretas. Os Cátaros, Templários e Valdenses são conhecidos por usarem cordas ou cintas. A liga foi associada à Bruxaria e pode ser indicativa de participação em um pacto ou uma posição e nível específicos de iniciação. O Rei Eduardo III da Inglaterra estabeleceu a Nobilíssima Ordem da Jarreteira, também conhecida como Ordem dos Cavaleiros da Jarreteira e especula-se que ele era um Bruxo, ou tinha simpatia pelos grupos locais de Bruxas enquanto estava no poder. Edward procurou conduzir a Inglaterra à uma época de cavalaria que lembra as lendas do rei Arthur e muitas Bruxas modernas hoje veem uma conexão entre os antigos mistérios, a Bruxaria e a ordem do Rei Edward. Outros afirmam que essa conexão é totalmente fictícia.

Na iniciação da Wicca moderna ao estilo Britânico, as cordas são usadas de duas maneiras. Uma é usada para tirar a medida das proporções corporais do iniciado, amarrando pontos na corda e criando um elo complacente com o iniciado, e a outra pela amarração do iniciado durante a cerimônia. No primeiro caso, originalmente essa medida é mantida pelo iniciador, por "segurança", caso o iniciado rompa seus juramentos com o Coven. Ter um talismã perfeitamente alinhado com o iniciado pode ser usado na magia de retribuição para garantir que os juramentos sejam mantidos. Uma prática que se acredita ter sido iniciada pela linha de Bruxaria Alexandrina e adotada por muitas tradições progressistas, é entregar a medida de volta para o iniciado, como um sinal de confiança e maturidade. Desta forma, eles mantinham os velhos costumes, mas entendiam que ninguém é o guardião de ninguém e que devemos, em primeiro lugar, arcar com as responsabilidades de nossas ações perante os Deuses. Frequentemente, a corda propriamente dita é fina, não sendo útil para uma amarração verdadeira, mas simplesmente para fazer a medição.

A segunda maneira pela qual a corda é vista nas cerimônias de iniciação é devido a amarração do iniciado durante a cerimônia. Embora existam outros métodos para amarrar uma pessoa com a corda para controlar o fluxo de sangue e induzir ao transe, atar o iniciado é uma das práticas mais prevalentes e carrega tanto significado mágico quanto suporte fisiológico.

Quando ouvimos sobre o ato de controle do sangue, pensamos em práticas que podem restringir demais o sangue e causar danos. Mas ninguém está tentando causar danos ou ferimentos para induzir ao transe. O fluxo sanguíneo diminui, mas não está bloqueado. Da mesma forma, a traqueia não é comprimida a ponto de não poder respirar. Muitos contos na mídia têm dito sobre praticantes infelizes de asfixia autoerótica. Esse não é o objetivo da Bruxa. Qualquer amarração que restrinja a pessoa ao ponto físico e cause prejuízo é contraproducente para a criação de magia. O processo fisiológico fica mais lento, mas não impede o fluxo sanguíneo ou induz a inconsciência. Um dos motivos pelos quais esse método é feito com outra pessoa ou em um grupo, é que existe uma rede de segurança de praticantes experientes para aliviar a pressão ou dar ajuda no caso de alguém ter abordagens limitadas que ocultam ou causam desconforto inadequado.

A sensação da amarração visa direcionar nossa energia e nossa consciência e pode agir como uma "panela de pressão". As coisas são desconfortáveis, mas não necessariamente dolorosas. Muitos de nós vestimos o traje ritual e o vestuário formal para várias ocasiões. O colarinho do empresário vem à mente. A pressão que a gola e a gravata produzem é propícia à pressão do ambiente de negócios com que trabalha (pode-se argumentar o quão condutivo esse ambiente é a longo prazo, mas o efeito dos negócios modernos à saúde seria o tópico de outro livro inteiro). A restrição corresponde ao teor do trabalho do "ritual" e pode fazer mais um alerta, pronto e produtivo nessa capacidade de trabalho. Quando o trabalho é concluído, o colarinho é desabotoado e a pressão e a energia são liberadas. Colares estilo gargantilha também desempenham uma função semelhante.

A amarração da iniciação é descrita no *Livro Gardneriano das Sombras* como parte da seção Preparado Apropriadamente:

> [...] Para a iniciação, amarre as mãos atrás das costas, puxe até a parte inferior e amarre as pontas na frente da garganta, deixando um cabo para puxar pendurado na frente (assim, os braços formam um triângulo nas costas). Quando o iniciado está ajoelhado no altar, o cabo é amarrado a um sino no altar. Um cordão curto é amarrado como uma liga em volta da coxa esquerda do iniciado acima do joelho, com as pontas dobradas. Outro cordão é amarrado ao redor do tornozelo direito e termina dobrado para ficar fora do caminho enquanto se move. Essas cordas são usadas para amarrar os pés enquanto o iniciado está ajoelhado no altar e devem ser longas o suficiente para fazer isso com firmeza. Os joelhos também devem estar firmemente amarrados. Isso deve ser feito com cuidado. E se o aspirante reclamar de dor, os laços devem ser levemente soltos; lembre-se sempre que o objetivo é retardar o fluxo sanguíneo e é suficiente para induzir um estado de transe. Isso envolve um leve desconforto, mas um grande desconforto impede o estado de transe; então é melhor gastar um pouco de tempo afrouxando e apertando os laços até que esteja adequado. O aspirante sozinho pode dizer quando assim for [...]

A tradição da restrição de sangue também ajuda no uso de plantas mágicas ao aplicar Unguentos. A área ungida com um unguento enteogênico de ervas é restrita para ser melhor absorvida onde o sangue diminuiu a velocidade e quando a corda é liberada, a substância é liberada no sistema mais rapidamente, ao invés de uma introdução gradual ao sistema quando nenhum cabo é usado.

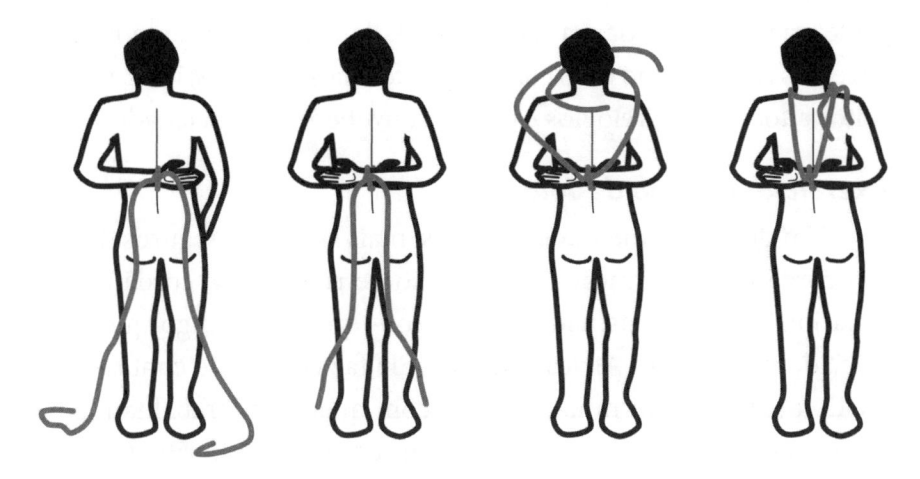

Fig. 41: Amarração

A amarração das mãos nos impede de sentir que precisamos "fazer" algo e pode nos sintonizar em direção ao transe ou ao objetivo da magia. As cordas no pescoço podem ser mais problemáticas para as Bruxas, como muitos de nós acreditamos, elas tiveram vidas passadas onde foram penduradas, e uma corda ritualmente colocada ao redor do pescoço pode desencadear traumáticas memórias de vidas passadas e sentimentos e energias em nível profundo, no entanto, essas práticas nos ajudam com essas memórias a atravessar os limites de nossas vidas passadas e a experimentar as bênçãos dessas mesmas práticas. Além da simples postura inicial, as cordas ao redor do pescoço podem ser feitas como uma gravata deslizada facilmente e concede apenas a mesma quantidade de pressão que essa e outras formas causam, incluindo um nó de liberação rápida. O fio ao redor do pescoço faz com que a maioria das pessoas reaja à pressão levantando-se, ficando ereta, arqueando-se para trás e alterando a capacidade do pulmão para ajudar a induzir ao transe. Tendo o cabo de reboque na frente, faz-se a maior parte da pressão na parte de trás do pescoço, não na traqueia, aliviando quaisquer preocupações de asfixia.

Embora isso possa parecer extremo para um observador externo, qualquer quantidade de restrição, mesmo uma quantidade mínima, pode criar uma mudança na mentalidade e ativar a mente mágica. Fazemos isso o tempo todo com roupas formais, gravatas, joias, roupas, saltos altos, cintos, relógios e outras convenções da sociedade.

Exercício: Cordão de Joia

Um dos meus métodos favoritos, mais simples e seguros de usar um cordão de amarração é o processo de ritualizar o cordão como uma joia. Foi-me ensinado este método por um amigo que é um iniciado na tradição Africana de Ifá. Ele faz colares de contas ou de tecido para um determinado Orixá com quem está trabalhando e o mantém continuamente com ele até que o trabalho espiritual interior termine. Xamãs Siberianos amarram um fio vermelho ao redor do pescoço de um paciente, anexando um espírito de cura ou proteção a esse paciente, que permaneceria apenas até que o fio se desgastasse e caísse, e então retornasse ao xamã. Na magia folclórica da América do Sul, em homenagem a Pachamama, fios brancos e pretos de lã são tecidos no primeiro dia de agosto e amarrados aos tornozelos, punho e pescoço para evitar a "punição" dessa Deusa.

Com linha, fio ou cordão fino, faça um talismã para ser amarrado ao pulso, tornozelo ou pescoço. Pode ser três fios trançados, fios únicos atados ou qualquer coisa mais que você puder criar. Faça com intenção. Existe algo em que você está trabalhando e manifestando no mundo exterior? Você está fazendo isso para criar uma mudança no seu relacionamento consigo mesmo, com os espíritos ou Deuses no mundo interior? Ou para lembrá-lo de fazer algo ou impedir que você tome uma ação prejudicial, talvez tentando quebrar um mau hábito? Faça-o com intenção e, sozinho ou com a ajuda de uma pessoa de confiança, amarre ritualmente o cordão ao seu redor. Continue com ele até que se desgaste naturalmente do seu corpo, ou depois de um período de tempo predeterminado. Embora o cordão não restrinja você ou o seu fluxo sanguíneo, ele produzirá uma pressão psíquica, uma consciência constante para ajudar você a direcionar e concentrar sua energia para atingir seu objetivo.

O Berço da Bruxa

O Berço da Bruxa (*Witch's Cradle*) é uma das técnicas de isolamento mais intensas e sérias encontradas em nossa tradição. Devo admitir não ter nenhum conhecimento em primeira mão e conheço muito poucas pessoas que o tem. Supostamente, era originalmente um método de tortura para provocar a confissão de uma Bruxa durante a Inquisição. Na sua forma mais simples, a Bruxa era amarrada em um saco, pendurada em um galho de árvore e colocada para balançar. A privação sensorial assossiada à desorientação do movimento produziam "alucinações" que aumentavam as confissões. Outra versão do Berço da Bruxa parece ser uma espécie de cavalete onde a Bruxa está embrulhada, amarrada com couro e o cavalete inteiro é pendurado e posicionado para girar, semelhante ao saco. Raymond Buckland e Carl Llewellyn Weschcke são dois dos poucos Bruxos modernos a discutir o uso do Berço da Bruxa.

Minha única experiência intrigante em segunda mão sobre um método semelhante foram tradições discutidas com uma Bruxa da Espanha Basca, que atualmente vive nos Estados Unidos. Decididamente, não de origem ou prática Wiccaniana, mas buscando a comunidade, ela fez amizade com membros de sua comunidade Pagã local e passou a me ouvir enquanto eu estava em uma excursão. Eu contei o suficiente sobre técnicas de transe diferentes das dela no Grupo Wicca nos Estados Unidos e ela me fez mais perguntas após a palestra e compartilhou comigo alguns dos fatos externos de sua própria iniciação na Espanha. Ela me disse que um touro foi morto e a pele transformada em tiras de couro como parte de iniciação, e uma pessoa seria enrolada nas tiras de couro e pendurada em uma árvore durante a noite. Seu corpo lutaria contra o estresse e a pressão do corpo e do couro até que ficasse, finalmente, completamente relaxado, tendo uma experiência fora do corpo em comunhão com os espíritos e Deuses, que dariam a pessoa o nome de Bruxa e compartilharia os segredos da magia. Mas o truque para induzir a esse estado de consciência estava no enforcamento.

Eu disse a ela o pouco que sabia sobre o Berço da Bruxa, e ela concordou que pareciam muito semelhantes, embora sentisse o sacrifício do touro, o curtimento do couro pelo iniciado fez com que ficasse muito mais importante e energizado para a iniciação.

Fig. 42: Berço da Bruxa

Exercício: Mortalha

Embora não seja tão desorientador quanto o Berço da Bruxa, que é uma forma sensorial de privação, outra forma de restrição de movimento pode ser encontrada em uma técnica mais simples reservada para a jornada iniciática e intensos rituais de renascimento. Eu a encontrei pela primeira vez no trabalho de John Matthews, especificamente *The Celtic Shaman*, e foi utilizada com sucesso tanto para mim quanto para os meus alunos.

A pessoa que quer realizar a viagem se deita no chão, na pose da morte hindu, com as costas retas e as palmas das mãos para cima, ou na posição do Deus no estilo egípcio, braços cruzados sobre o peito como uma múmia. Uma mortalha, colorida para se adequar à intenção da magia, mas geralmente preta, é colocada sobre o viajante e várias pedras são colocadas ao redor da mortalha para "prender" o pano, impedindo que o viajante se levante facilmente. Uma jornada xamânica ou de meditação é realizada enquanto a pessoa está coberta pela mortalha. O ajudante deste ritual deve então pegar as pedras e encobrir a mortalha, ajudando no processo de "ressurreição".

O processo pode ser mais intenso se tratado realmente como a morte e o enterro, com o viajante que se despiu e se banhou, como se estivesse se preparando para um funeral. Ervas usadas em enterros e em purificações, como sal, mirra, fumaria, sândalo, tanaceto, cipreste, teixo, rosas, pervinca, carvalho, salsa e erva-cidreira podem ser usadas. O viajante é então envolto em linho, como uma múmia. Lençóis brancos simples também podem ser usados.

Certifique-se de que o viajante possa respirar facilmente, caso contrário, o movimento pode estar severamente restrito. É preciso ser "desembrulhado" no final da jornada para despertar para o mundo novamente.

O Berço da Bruxa e a amarração inicial são semelhantes a muitas práticas de BDSM – Servidão e Disciplina, Sadismo e Masoquismo – práticas de fantasias sexuais que exploram papéis fora da norma da sociedade cotidiana. Pelo fato de muitos nas comunidades Pagãs desfrutarem de práticas de BDSM, e muitos experimentarem estados alterados de consciência em sua prática, ou mesmo profundos insights, essas práticas acabam indo além do escopo deste livro. Elas não são necessariamente parte da tradição da Bruxaria, embora os praticantes a tenham adotado e a adaptado para se adequarem aos nossos rituais. Se você se sentir atraído por essas práticas, procure treinamento com quem tem experiência para poder fazê-lo com segurança ao invés de tentar experimentar por conta própria, sem o entendimento ou o conhecimento das técnicas e guias de segurança adequados.

Tenda do Suor

A última, e possivelmente a mais intensa fisicamente das técnicas descritas aqui, é a Tenda do Suor (*Sweat Lodge*). Tradicionalmente associada à purificação ritual dos Nativo Americanos, o processo de purificação e de alteração da consciência através do suor é encontrado na Europa também. Enquanto muitos Pagãos modernos conjecturam versões Europeias da sauna, encontramos uma rica história deste uso no *Xamanismo Finish* e em sua cultura, com uma semelhança impressionante com a Tenda de Suor Nativa Americana até a ascensão à sauna moderna orientada para os centros esportivos. Nas tradições mais antigas, a Tenda do Suor estava conectada com a natureza e acreditava-se ter seu próprio espírito de "elfo" ou gnomo que ajuda aqueles presentes na tenda. Alguns usavam a Tenda de Suor como se fosse uma "igreja". De acordo com velhos costumes, este é um lugar sagrado. Devido à popularidade de tradições Nativas Americanas no cenário moderno de Neopaganismo, as práticas de suor foram adotadas em muitas tradições Pagãs, tentando reivindicar mais associações tribais da Tenda de Suor em um contexto ritual. Enquanto a sauna é conhecida por seus benefícios para a saúde e propriedades relaxantes, o suor é mais frequentemente considerado um ritual de resistência e purificação.

Geralmente, uma tenda é construída temporariamente ou como uma estrutura permanente, como um pequena cabana ou cúpula na terra nua. O salgueiro, ou outra madeira flexível, é dobrada para formar a cúpula e cobertores molhados, telas ou peles de animais são colocadas sobre ela, para formar as paredes da tenda, que está alinhada com as quatro direções, geralmente com uma fogueira do lado de fora, no Leste, e a porta da tenda de frente para o fogo. De muitas maneiras, a tenda simboliza o útero e o fogo é o poder masculino. Pedras são aquecidas no fogo e movidas com chifres de veado, um forcado ou uma pá, para o centro de poço na tenda, onde brilham em brasa na escuridão. Elas são muito parecidas com o poder masculino entrando no útero. O líder da tenda derrama água e faz ofertas e orações ao fogo, as pedras são vistas como anciãos e seres. Geralmente são realizadas quatro rodadas de pedras e vapor, e algumas tradições têm ritmos compassados, tambor, chocalho, orações e ofertas, enquanto em outras é feito em silêncio. Os participantes saem ao final de um ciclo, também conhecido como rodadas, como crianças saindo do útero, renascidas e renovadas. Muitas vezes existem quatro rodadas para cada um dos pontos cardeais. O poder da escuridão, calor, vapor, sudorese, jejum e oferendas de ervas e orações tornam-se um feito de resistência que altera a consciência e podem trazer realizações profundas, contato espiritual e experiências transformadoras. Os rituais da tenda misturam os espíritos humanos com Fogo, Terra, Água, Ar, animal e plantas juntos, e as tradições nativas dizem que faz comunhão direta com o criador, o Grande Espírito. São orações, purificações e uma chance de se curar e estar completo.

As Tendas de Suor são práticas longas e envolventes e só devem ser realizadas com um líder de grupo treinado e experiente, seja em um ambiente tradicional, seja no estilo moderno da configuração Pagã.

Medo

Talvez não tanto a sombra, mas um parceiro para o isolamento é o medo. Muitas práticas iniciáticas usam alguma forma de isolamento, real ou não, e o objetivo desse afastamento é induzir ao medo. Quando isso se resume à um simples temor, aquele estado em que nos encontramos preocupados com nossa segurança e sobrevivência, grande parte de nosso condicionamento social diminui. No contexto do ritual, podemos ver as coisas como realmente são, não como nós imaginamos ou como a sociedade que nos programaram pensam que deveríamos ver.

Esse medo pode ser um grande professor, supondo que o contexto ritual nos dê as habilidades para nos recompormos novamente, com novas ideias e a nossa consciência intacta. Enquanto explorar o medo ritualmente é um ato poderoso, de todos os caminhos, com a possível exceção dos caminhos do veneno e da dor, este é o mais importante para se ter uma experiência em que o praticante ou o mentor o guie durante o processo, podendo finalmente fornecer uma rede de segurança necessária para lidar com esse medo. Isso não significa que os medos não são reais ou que o fato de os enfrentar não é real, mas, sim, que vai lhe dar algo para enfrentar esse medo e um método para retornar à vida, ao invés de correr cegamente para o deserto. Enquanto o arquétipo do eremita louco é romântico por um curto período de tempo, a realidade não é bem assim. Os rituais modernos comprimem o tempo do medo e da loucura, para que o iniciado possa se recuperar e se reintegrar. Se você estiver intrigado com o caminho do isolamento, poderá encontrar seu melhor no decorrer da ação e procurar um mentor, professor ou caminho de linhagem de iniciação para guiá-lo.

Aliados para o caminho do isolamento

Lembre-se dos seguintes pensamentos ao percorrer o Caminho do Isolamento:

ESCUTE SEU CORPO: uma máxima importante "escute seu corpo, não sua mente". Há uma diferença entre o sinal do corpo que está com dor ou que atingiu certo limite e a mente dizendo que algo é impossível. O corpo está lhe dizendo a verdade, enquanto a mente está ecoando suas próprias dúvidas e medos, não necessariamente a realidade. Parte deste trabalho é percorrer a mente do ego e conectar-se a uma sabedoria maior que o seu Eu pessoal. Aprender a distinguir entre os dois é fundamental nesse caminho.

O ISOLAMENTO NÃO É PARA TODOS: outra verdade – o isolamento não é mesmo um caminho para todos. Não sinta que você deve que tentá-lo para ser uma Bruxa. Muitas Bruxas funcionam muito bem sem explorar os caminhos mais escuros de isolamento, veneno e dor. Não se force a fazer algo além de seus limites pessoais, a menos que você esteja realmente pronto para isso e realmente queira fazer.

O Caminho do Veneno

De todas as formas de poder, o caminho do veneno se encaixa melhor no arquétipo da Bruxa Clássica, com seus caldeirões borbulhantes produzindo poções e ervas colhidas e penduradas nas vigas de sua casa. Embora possamos chamá-lo de Caminho do Veneno, o nome é um pouco enganador. O que é "veneno" pode às vezes ser subjetivo. Dependendo na dose, tudo pode ser um veneno ou uma cura. A magia está em como você a usa. O objetivo desse caminho não é envenenar você mesmo, porém, ao contornar o limite do perigo com substâncias muito poderosas, é importante lembrar a realidade desses poderes e o potencial de envenenar a nós mesmos fisicamente, mas também mentalmente, emocionalmente e espiritualmente.

Isso é chamado de caminho do veneno por muitas razões. Muitos têm medo do mundo das plantas e o que ele oferece. Muitos de nós tomamos todos os tipos de venenos em produtos farmacêuticos, mas evitamos o mundo das plantas temendo que seja perigoso demais. Plantas são remédios e devem ser respeitadas, elas são aliadas que devem ser cortejada e estão longe de serem menos tóxicas, porém são muito mais dispostas a ajudar do que a maioria dos produtos químicos que nos são passados através da comida e dos remédios na dieta americana moderna. O medo impede que muitas pessoas abram os

Portais da Magia, e esta é uma das razões pelas quais Bruxas e Xamãs são temidos por seu próprio povo; eles vão onde outros temem pisar. Não deixe que a sociedade e o medo do mundo verde o impeça de buscar sabedoria. Em seus corações, as plantas são aliadas e amigas que procuram se comunicar conosco para equilibrar não apenas a nós mesmos, mas nosso relacionamento com o mundo.

Embora frequentemente trabalhemos com substâncias vegetais que não são tecnicamente classificadas como venenos, elementos tóxicos estão sim ao alcance da Bruxa. O envenenamento sobre o qual mais falamos nesse caminho é o da mente racional, a guarda mental que nos mantém trancados na realidade comum, descartando nossas intuições e devaneios. Todas as portas e técnicas da Bruxa e do místico são realmente maneiras de enganar, comandar, controlar, sedar ou fazer parceria com o guardião que nos mantém em consciência normal, além de aprender a controlar a abertura e o fechamento do próprio portal. Esta não é uma rejeição do espírito guardião encontrado em muitas tradições, mas do ego do guardião, usando a lógica para mascarar o medo. Nosso caminho de veneno leva o guardião a uma agradável euforia, sono ou êxtase, para que possamos viajar para os reinos intermediários.

O caminho do veneno pode ser chamado de Caminho dos Enteógenos ou Caminho dos Psicodélicos, embora a maioria das substâncias que cobrimos aqui não sejam tecnicamente consideradas psicodélicas ou enteógenas. Psicodélico é um termo frequentemente usado no lugar de alucinógenos, porque os usuários dessa substância discordam que suas experiências são alucinações ou falsidades induzidas pela planta. Eles acreditam, com razão, que essas substâncias abriram sua psique, sua alma, para outra realidade. Enteógenos são substâncias que liberam o "Deus interior", ajudando-nos a percebermos a nossa própria divindade, muitos praticantes acham que essa é uma definição ainda mais verdadeira para a substância, substituindo o psicodélico.

O aspecto da toxicidade entra em jogo porque muitas dessas substâncias são potencialmente letais, sendo ainda mais no folclore clássico da Bruxa. Poderosas toxinas como *monkshood*, cicuta e beladona são básicos na cultura medieval do herbanário das Bruxas. Todas as substâncias psicodélicas ou enteogênicas abrem novas percepções do mundo, enviando sua percepção para "fora" ou mais profundamente para "dentro". É uma linha tênue entre sair/entrar em uma viagem temporária ou sair permanentemente.

Devido a esse perigo e ao medo associado ao caminho do veneno, as Bruxas modernas sabem relativamente pouco sobre o assunto. Embora esteja listado no Livro de Sombras, poucos recebem treinamento além do básico. Parece que, até recentemente, a tradição das ervas não tem sido uma parte importante do renascimento da Bruxaria Moderna.

Para a tradicional Wicca Britânica, o caminho inclui não apenas "drogas" vegetais, mas também incenso, óleos e vinho, todos usados para liberar o espírito e abrir os portais para novas consciências. O termo droga caiu em desuso, porque a maioria o usa para se referir a substâncias ilegais, como na "Guerra das Drogas" dos Estados Unidos, e não aos medicamentos fitoterápicos. Esse caminho tem sido frequentemente combinado com movimentos e danças, como visto em um Livros das Sombras intitulado *Vários Aforismos* que nos diz: "Melhore o seu transe com drogas e dança".

Perguntamos sobre quais movimentos os fundadores da Bruxaria Moderna experimentaram e obtiveram com esse caminho. Gerald Gardner nos deixou um alerta sobre o uso de cânhamo:

> [...] Nota. É preciso ter muito cuidado com isso. O incenso geralmente é inofensivo, mas você deve ter cuidado. Se tiver efeitos secundários ruins, reduza a quantidade usada ou a duração do tempo em que é inalada. Drogas são muito perigosas se tomadas em excesso, mas é preciso lembrar que existem drogas absolutamente inofensivas, embora as pessoas falem delas prendendo o fôlego, mas o cânhamo é especialmente perigoso, porque abre o olho interno rápido e facilmente, de modo que somos tentados a usá-lo cada vez mais. Se for utilizado, deve ser o mais estrito possível e com precauções

para garantir que a pessoa que o utiliza não tenha controle sobre o suprimento. Isso deve ser distribuído por alguma pessoa responsável e a oferta estritamente limitada.

Na Revista *Pentagram Magazine*, uma publicação Pagã britânica de curta duração, um autor que escreve sob o pseudônimo "Taliesin" diz que conversou com Gerald Gardner sobre o cogumelo agárico, e que Gardner disse-lhe que não sabia nada sobre isso e duvidava de seu papel na religião antiga. Taliesin reivindicou o conhecimento de tradições vivas que ainda o usavam. Doreen Valiente, que tinha sido Alta Sacerdotisa de Gardner e, de muitas maneiras, a mãe do Movimento da Bruxaria Moderna, escreveu mais tarde que Gardner estava simplesmente sendo discreto com alguém novo no assunto, e que ela o conhecia e a seu Coven de New Forest e tinha conhecimento do cogumelo agárico e de outras preparações com ervas. Talvez seu aviso no Livro das Sombras também seja sua maneira de ser discreto, caso o livro chegue às mãos de um não iniciado.

Outras Bruxas da época de Gardner também usaram as ervas e as poções das Bruxas tradicionais. Além de Taliesin, o professor de Bruxaria Robert Cochrane, do Clã de Tubal Cain, era famoso por suas poções mágicas. Ele morreu de uma overdose de beladona e ainda especulamos se sua morte foi suicídio, sacrifício voluntário ou um terrível acidente. Dessa forma, Cochrane é um excelente professor para lembrar a todos nós os perigos das poderosas e terríveis aliadas que são as plantas e, não importa o nosso nível de domínio, conhecimento ou experiência, sempre há perigo.

É interessante notar que grande parte de nossa conversa sobre "drogas como caminho" tende a focar o sensacionalismo, ao invés da toxicidade de tais plantas ou a sua ilegalidade. Estranhamente, algumas plantas, como o cânhamo, por exemplo, são considerados ilegais em muitos países, mas as mais perigosas são bastante legais e podemos encontrá-las crescendo em qualquer quintal como uma planta selvagem ou ornamental. Grande parte de nossa discussão ignora completamente a variedade de plantas que são ao mesmo tempo relativamente seguras e legais e uma variedade de técnicas para trabalhar com as mais perigosas.

As plantas no caminho do veneno podem ser trabalhadas de várias maneiras. Enquanto consumir a planta geralmente é a melhor maneira de interagir diretamente com ela, existem muitas que seria imprudente consumir, mesmo se você for um mago experiente em trabalhar com elas. Existem opções mais seguras para colocá-lo em contato com o espírito da planta e induzir ao transe.

Poção ingerida: a poção ingerida inclui qualquer mistura que consumimos e digerimos. Isso inclui chás de ervas (infusões feitas em água), tinturas em álcool, tônicos de ervas, vinho, cerveja, filtros do amor (pós dissolvidos em água) ou qualquer outra forma de elixir ingerido.

Poção tópica: são aquelas que incluem óleos (variando de óleos essenciais puros, óleos essenciais misturados em uma base e óleos de ervas com infusão), pomadas (óleos e cera), cremes, lavagens (infusões usadas topicamente, muitas vezes preservadas com sal) e condensadores mágicos fluídicos.

Incenso: o uso de incenso e de ervas para fumar é um subconjunto do caminho do veneno. É "o caminho da fumaça" ou "a ponte de fumaça", pois essas misturas parecem não apenas abrir os portais, mas também fornecem uma base tênue para o Outromundo. Ervas podem ser queimadas para liberar seu poder, ou para liberar inerentemente sua energia espiritual, ou ainda a fumaça é inalada, de modo que seu perfume induz ao transe através de seus componentes químicos ao entrar na corrente sanguínea. A queima altera a composição química das plantas e algumas são mais propícias ao transe quando submetidas ao aquecimento. O incenso consiste em uma mistura de resinas, madeiras, ervas e óleos, embora as ervas possam ser queimadas isoladamente ou em uma mistura sem misturar as substâncias mais pegajosas.

Encantamentos: ervas podem ser transformadas em encantamentos, objetos físicos a serem mantidos, transportados na vida cotidiana e usada no ritual. Os encantamentos podem ser ervas transportados em uma bolsa ou em uma cápsula, costurados em travesseiros, colocados em garrafas, raízes esculpidas para feitiços ou transformados em outras decorações.

CULTIVO: cultivar suas próprias ervas em seu jardim é uma maneira poderosa de aliar-se com as plantas mais tóxicas. Se você não é capaz de manter um jardim, ter conhecimento para colher as plantas certas direto da natureza também pode ajudar na construção de um relacionamento com o espírito da planta.

MEDITAÇÃO: meditar ao lado de uma planta em crescimento é uma maneira de comungar com o espírito. Algumas das minhas experiências mais profundas de transe foram conversar com uma planta ou com uma árvore, simplesmente deitado próximo à planta.

SONHAR: assim como meditar com a planta, também é possível fazer um contato efetivo enquanto se sonha com ela. Em muitas tradições xamânicas é difícil dizer quando um professor está falando sobre jornada xamânica ou literalmente dormindo e sonhando. Se você não pode dormir sob uma planta viva, pode colocar a planta em um saquinho ou dentro do travesseiro para servir como um ponto de contato físico para sonhos mais profundos de magia.

SEMEAR: espalhar ervas em seu caminho, ao redor de sua casa ou em seu ambiente interno ou externo ajuda na conexão com a energia e os efeitos da erva. Você pode fazer um pó de ervas moídas e criar um anel físico para o seu Círculo Mágico, cercando-se da energia da planta.

ALIMENTOS: ervas que não são tóxicas na natureza podem ser usadas em alimentos, temperando o prato principal e saborizando assados. A ingestão de uma erva como parte de sua rotina diária integra seu espírito ao seu eu interior. Ter ervas frescas no jardim é uma excelente maneira de sintonizar seu espírito e a arte da magia culinária. A combinação de ervas com vários grupos de alimentos é uma forma incrível e muitas vezes subestimada de magia, cura e transe. Refeições sagradas com sabores variados, ervas, especiarias, cores e texturas podem estimular os sentidos e criar um ambiente diferente de atmosfera mágica.

Banhos: usar banhos de ervas não tóxicas é outro método para se comunicar com a energia das plantas. Infusões de ervas são adicionadas à água do banho e o praticante é imerso na fermentação de ervas para receber suas bênçãos. Banhos de ervas podem ser usados para purificação antes do ritual ou com os próprios rituais.

Essências florais: as essências florais e os remédios vibracionais são formas modernas de poções ingeridas, prática pioneira pelo Dr. Edward Bach. Embora pareçam formas antigas de magia usando flores de orvalho ou água coletada de pedras consideradas sagradas, elas são soluções diluídas de matéria vegetal, parecida com um remédio homeopático sem as mesmas diluições e processo de potencialização. As flores são embebidas em água, imprimindo sua assinatura energética sobre ela e preservando esse líquido para diluição como remédio para doenças mentais, emocionais e espirituais. Esta é uma maneira muito segura de ingerir as energias das ervas mais tóxicas, pois a toxicidade se torna pequena e a matéria física da planta é consumida.

Muitas plantas não consideradas psicodélicas podem ter um efeito poderoso quando usadas com conhecimento, intenção e preparação ou em várias combinações com outras ervas. Isso inclui plantas comuns encontradas localmente, em seu jardim ou mesmo em sua própria prateleira para temperos. Essas plantas podem abrir os portais de várias maneiras. Mesmo sem o perigo da toxicidade, elas ainda alteram a química do corpo de diversas formas que conduzem à magia.

Espírito das plantas

A parte mais importante de trabalhar com plantas nesse caminho é trabalhar conscientemente com o espírito da planta. Muitas Bruxas, Xamãs e Magos acreditam que cada espécie de planta tem sua própria inteligência governante, às vezes chamada de *deva, daimon, anjo, fadas* ou simplesmente, *espírito*. Levando em conta o relacionamento com tais espíritos, os antigos Bruxos aprenderam a trilhar o caminho verde e a encontrar curas e venenos. Através da comunicação com o espírito da planta, eles aprenderam a preparar e o quanto de dosagem usar para transformar um veneno em um guardião do portal e professor de sabedoria.

Embora todas as plantas tenham espírito e cada espírito tenha seu próprio objetivo e, sem dúvida, personalidade, os espíritos das plantas associados à Bruxaria são, como seria de esperar, Bruxas. São sedutoras e perigosas e, na maioria das vezes, femininas. Elas podem aparecer como plantas ou como belas damas, principalmente a beladona e o estramônio.

Um dos pontos comuns entre as plantas na Bruxaria é a propensão para flores de cinco pétalas. Muitas de nossas ervas sagradas florescem com cinco pétalas, muito parecido com o pentagrama. As flores de cinco pétalas têm um propósito especial no mundo verde. É muito provável que elas abram e fechem portais da força vital. Elas representam um espectro de poderes.

No lado direito, temos plantas como a erva-de-são-joão e a verbena. Ambas são conhecidas como ervas protetoras e curativas e foram usadas como encantos, como escudos, para bloquear os danos e para nutrir e rejuvenescer todos os tipos de doenças. A estrela de cinco pontas traz energia ao mundo e ao corpo encarnado, para cura e proteção. Elas são o escudo do pentáculo.

No lado esquerdo, temos os venenos mortais da erva-moura, estramônio, *hyoscyamus* e mandrágora. Elas matam e devem ser manuseadas com cuidado. Essas plantas abrem o portal de cinco pontas para enviar seu espírito ao Submundo, o reino dos mortos. Elas abrem e soltam, afastando a força da vida. São a porta de entrada do pentagrama, para abrir a porta para o espírito.

No entanto, quando se altera a dose de cada erva, diminuída da dose medicinal ou da dose tóxica, obtêm-se ervas que criam uma porta que oscila nos dois sentidos. Elas permitem que você saia do material para o espiritual e volte novamente, proporcionando um relacionamento com os espíritos das plantas que permitem saber qual dose e que combinação de outras ervas é ideal para você. Eu acredito que esse relacionamento é essencial para trilhar o caminho do veneno da maneira mais segura e responsável possível.

Fig. 43: Flores de Cinco Pétalas

Exercício: A Jornada do Espírito da Planta

Escolha uma planta com que você sinta afinidade. Não precisa necessariamente ser uma das plantas tóxicas do caminho do veneno. Pode ser uma flor, um arbusto, uma árvore do jardim ou sua erva favorita. Idealmente, vá a algum lugar onde você possa encontrar a planta viva ou, se fizer isso no outono ou no inverno, poderá manter a planta seca em um saquinho de encantamento ou queimá-la como um incenso enquanto faz este trabalho.

Execute o exercício de jornada xamânica do capítulo quatro. Você não tem que ingerir a planta neste momento. De fato, pode ser bom em sua jornada preliminar não ingerir a planta antes, estabeleça uma conexão espiritual com ela, certificando-se que a planta deseja mesmo trabalhar com você. Os espíritos são como pessoas, alguns querem realizar o trabalho, outros não. Trabalhando com as plantas certas, é possível estabelecer um relacionamento que torna as coisas mais eficazes do que tentar trabalhar com aquelas plantas que não ressoam bem com você. Entre na jornada com a intenção de conhecer o espírito da planta e ver como esse espírito se manifesta para você. Depois de repetidas viagens, se a planta optar por trabalhar com você, ela revelará seus mistérios e poder.

Repita este processo com várias plantas. Aprenda a discernir a natureza de cada uma delas e de umas em relação a outra. Construa relacionamentos com várias espécies antes, experimentando-as em qualquer técnica de indução de transe.

Transe da planta

Como em outras técnicas de indução de transe, as plantas aliadas podem ser divididas em inibitórias e exibitórias. As plantas inibidoras naturalmente acalmam o corpo, limpam a mente e os sentidos ou as funções da parte inferior do corpo. As plantas exibitórias tendem a excitar, estimular e elevar as funções do corpo. Para algumas plantas, a linha não é tão clara, dependendo das circunstâncias, elas podem ser usadas de várias maneiras.

Inspirado na mandala do pentagrama criada por Dale Pendell, em sua inovadora trilogia *Pharmako/Poeia*, *Pharmako/Dynamis* e *Pharmako/Gnosis*, explorando o efeito das plantas aliadas com as pessoas, dividindo-as em categorias e colocando os pontos e caminhos do pentagrama, eu me vi construindo minha própria mandala de plantas, focado especificamente na Bruxa praticante, em vez de um psiconauta moderno. Em vez de procurar em todo o mundo de variedade de plantas com substâncias exóticas, olhei para o que já estava no repertório da Bruxa Moderna, em termos de plantas e seus usos. Plantas exóticas são melhores para diferentes tipos de magia. Aqui compartilho parte da mandala, focada em propósitos de inibição e exibição para o transe. A mandala inteira será apresentada em um dos meus futuros livros, específico sobre ervas, que incluirá magia prática, cerimônia e fitoterapia.

Os caminhos das estrelas envolvem cinco categorias básicas consideradas mais ativas e exibitórias. As linhas do pentágono, nas quais o pentagrama está inscrito, detalham mais cinco intenções mágicas direcionadas para dentro.

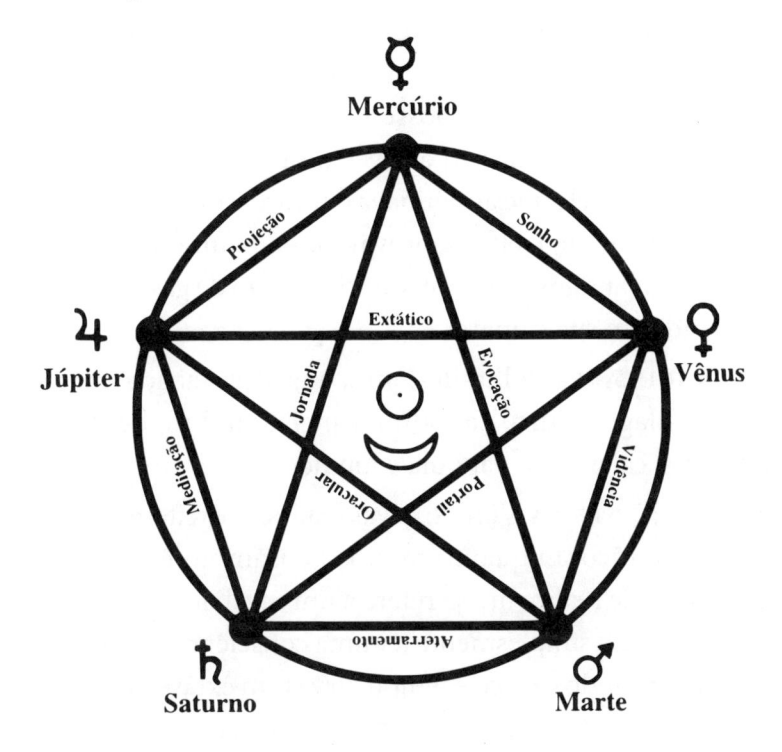

Fig. 44: Pentagrama de Ervas para Transe

Transe Expositivo – Pentagrama

EVOCAÇÃO – MERCÚRIO PARA MARTE: o processo de evocação é convocar um espírito para manifestação. Os espíritos são conjurados e tornam sua presença conhecida. Às vezes, a manifestação é percebida apenas pelos psíquicos sensíveis, enquanto outros chegam com manifestações mais tangíveis, como uma rajada de vento ou uma mudança na temperatura na sala. Algumas formas de evocação têm manifestações na fumaça ou na chama.

ERVAS DE EVOCAÇÃO: absinto, dittany de creta, tabaco, capim-doce, cardo, patchouli, mástique, orégano, verbascum, salsa, dente-de-leão, cinzas-das-montanhas, teixo e salgueiro-branco.

ORACULAR – MARTE PARA JÚPITER: ervas oraculares são aquelas usadas não para evocação ou manifestação de um espírito extracorpóreo, mas para invocação, para manifestação do espírito dentro do corpo. Estas são as ervas da posse e da canalização do transe, para os espíritos e Deuses falarem através do praticante. Um oráculo é, classicamente, aquele que adivinhava o futuro e oferece conselhos em transe. O Oráculo de Delfos é provavelmente um dos mais famosos desses oráculos antigos e usava ervas e liberação de gases subterrâneos de uma fenda em sua câmara.

ERVAS ORACULARES: folha-de-louro, angélica, tabaco, manjericão, lobélia, tussilago, cedro, carvalho, canela, zimbro, dente-de-leão, galanga, anis, calêndula, papoula e lúpulo.

EXTÁTICO – JÚPITER A VÊNUS: ervas extáticas excitam o corpo para um transe extático. Enquanto muitos pensam no êxtase como um prazer sexual, ele realmente se refere a um nível de consciência, estar "livre da carne" ou simplesmente ter uma consciência expandida além da carne, alcançando espaço e tempo. Ervas em êxtase são usadas para o transe envolvendo dança, mudança de forma, criação de energia, magia sexual e inspiração.

ERVAS EXTÁTICAS: alcaçuz, louro, calamus, damiana, hyoscyamus, anis--estrelado, pimenta-da-jamaica, lobélia, gengibre, chá, vinho e cerveja.

PORTAIS – VÊNUS PARA SATURNO: as ervas para abertura de portais são aquelas que induzem o transe a abrir um portal de consciência, onde as conexões podem ser feitas. Elas podem abrir o caminho para viajar para outros reinos ou facilitar o contato desses outros reinos para nós. Embora categorizadas como exibitórias, algumas podem ser consideradas inibitórias. Ervas desse caminho também são frequentemente associadas a encantamentos e fascínios, pois elas fazem conexões entre pessoas. Enquanto a maioria dos enteógenos de Bruxaria são consideradas plantas que abrem portais, estas em particular mantêm a característica.

Ervas que abrem portais: datura, beladona, mandrágora, pontetilla, digitalis, lótus, romã, élder, amora, cânfora, salgueiro e elm.

Jornada – Saturno para Mercúrio: as ervas da jornada são aquelas que facilitam a viagem do xamã. Embora algumas possam ser consideradas indutoras de transe inibitório, geralmente essa se refere à jornada visionária realizada intensamente através de postura extática ou com som repetitivo. As viagens de uma variedade xamânica incluem trabalho com Psicopompo, espíritos orientadores entre mundos, bem como a cura pessoal, tribal e planetária.

Ervas para jornada: vassoura-escocesa, noz-moscada, damiana, cânhamo, cicuta, selo-de-salomão, phytolacca, angélica, milefólio e anis.

Transe Inibitório – Pentágono

Sonho – Mercúrio a Vênus: ervas para sonhos são aquelas que induzem uma sonolência no estado de transe. São relaxantes medicinais, calmantes e sedativos. Através de um em transe sonhador, podemos receber profecia do futuro, ter contato espiritual e obter contato particular espiritual com nossos antepassados, podendo até definir nossa mente adormecida para resolver os problemas do mundo cotidiano.

Ervas para Sonhar: scutellaria, palha-de-aveia, leite-de-aveia, lúpulo, lavanda, valeriana, alface-selvagem, agrimônia, rosa, calêndula, papoula, jasmim, cânfora, lótus, verbena, freixo e maçã.

Vidência – Vênus para Marte: as ervas para a vidência são aquelas que vão mais longe, além da visão simples que temos da visão psíquica. Em muitas pessoas essas ervas induzem à clarividência, é verdade, mas também trazem outros dons psíquicos da clariaudiência, clarividência, psicometria e telepatia. Elas nos abrem para a informação, pois um verdadeiro vidente "vê" em muitos níveis e recebe todas as informações necessárias. São as ervas de adivinhação, para certos padrões de visão, prever o futuro e responder perguntas.

ERVAS PARA A VIDÊNCIA: artemísia, eufrásia, urtiga, damiana, catnip, tomilho, pervinca, laço-da-rainha-anne, framboesa, amora, hibisco, incenso, glória-da-manhã, mirtilo, cânfora e jasmim.

ATERRAMENTO – MARTE PARA SATURNO: as ervas para aterramento fecham os portais e ligam você com seu corpo, limpando os canais de energia do excesso, além de ser o centro de ajuda para estabilizar seu ser. Elas geralmente protegem e preservam, ajudando a nos resguardar quando voltamos de um estado psíquico mais vulnerável ao mundo de vigília.

ERVAS PARA O ATERRAMENTO: mirra, patchouli, linho, batata, confrei, selo-de-salomão, dente-de-leão, cedro.

MEDITAÇÃO – SATURNO PARA JÚPITER: as plantas associadas aos poderes da meditação são pacíficas ou hipnóticas. Elas não induzem ao sono de ervas sedativas, mas trazem paz e clareza a uma mente ocupada e a um corpo agitado. Elas são mais tônicas por natureza, sem um forte efeito químico.

ERVAS PARA MEDITAÇÃO: sândalo, maracujá, castanha-da-índia, pulmonaria e zimbro.

PROJEÇÃO – JÚPITER PARA MERCÚRIO: em geral, as ervas para projeção são semelhantes à função das ervas expositivas. De fato, muitos poderiam sugerir que a arte da jornada do xamânico não é diferente das viagens astrais. Mas na prática, existe uma intensidade de exposição à técnica de viagem associada ao tambor, chocalhos, dança e ervas excitantes, enquanto outras plantas aliadas nos ajudam com os mais meditativos como a visão remota, viagem astral e projeção mental. Na verdade, eles são dois lados do mesmo dom, mas os praticantes os abordam de maneira diferente. Práticas rotuladas como viagens astrais costumam ter uma natureza mais cerebral, desapegada, enquanto a jornada xamânica pode ser mais primitiva.

ERVAS PARA PROJEÇÃO: benjoim, anis, catnip, centáurea, milefólio, poejo e erva-cidreira.

Poções Mágicas

Trabalhar com poções é a maneira mais fácil de trilhar esse caminho. Chás, tinturas, lavagens, óleos e pomadas são métodos que misturam a magia das plantas com um objetivo específico e tem sido um importante diferencial da Arte. Muitas de nossas primeiras artes mágicas remontam à fabricação de poções, elixires de cura e o conhecimento dos venenos mortais.

Ter as ervas em seu sistema, através da digestão ou absorção pela pele, mesmo em doses mínimas, é uma das melhores maneiras de construir um relacionamento com elas e abrir os portais.

Preparos, chás ou infusões

A forma mais simples de poção ingerida é em chá. Os nomes chá, preparo e infusão foram usados como sinônimos. Embora o chá tenda a refletir uma bebida social, preparar uma bebida mágica significa infundir uma ajuda medicinal. Tais misturas são geralmente fabricadas exclusivamente com água e ervas, extraindo as partes solúveis em água da planta.

Geralmente, uma colher de sopa de matéria vegetal em pó seca é usada com um copo de água fervente para fazer uma bebida. Se a planta for fresca, use duas colheres de sopa de erva para um copo de água quente. Deixe em infusão de cinco a quinze minutos. Ou, para obter uma bebida verdadeiramente forte, deixe durante a noite toda no escuro, com uma tampa. As beberagens são melhores se usadas frescas, pois estragam facilmente com o tempo, mesmo na geladeira.

Chá da Dança Sagrada
- 1/2 parte de anis-estrelado
- 1/2 parte de coentro
- 1/2 parte de folha-de-damiana
- 1 parte de raiz de alcaçuz

- 1 parte de raiz de cálamo
- 1 parte de raiz de gengibre
- 2 partes de chá preto
- Mel a gosto

Misture as ervas e coloque uma colher de sopa da mistura seca em um copo de água quente, cubra e deixe descansar por pelo menos dez minutos. Beba antes ou no início do ritual, cerca de meia hora antes é preciso estar em êxtase.

Chá de Estramônio para a Jornada

- 1/2 colher de chá de cinquefoil
- 1/2 colher de chá de erva-cidreira
- 1/2 colher de chá de verbena
- 1 fatia de raiz de gengibre fresco ou 1/2 colher de chá de raiz seca
- 5 sementes de estramônio
- Mel a gosto

Essa é uma fórmula controversa, pois envolve o uso de sementes de estramônio, que são consideradas tóxicas, portanto, use por sua própria conta e risco. Se você é um adulto saudável e sem alergias específicas ao estramônio, esse chá pode ser bastante potente para a Bruxa experiente e não apresenta efeitos negativos a longo prazo. Como pode causar náusea, então o gengibre é adicionado para acalmar o estômago. Moa as sementes em um pilão e misture-as com as ervas. Adicione 1,5 xícaras de água fervente (354 miligramas) e deixe em infusão, coberta, por pelo menos uma hora. Adicione mel para torná-lo mais palatável e beba no ritual. Aguarde pelo menos meia hora para o chá passar adequadamente pelo seu sistema. Esta dose, não necessariamente cria uma "viagem", como drogas recreativas, mas quando usada com a intenção de "viajar", pode tornar a experiência mais clara e mais poderosa.

Chá de Comunhão com a Natureza

- 1/2 parte de artemísia
- 1/2 parte de erva-cidreira
- 1/2 parte de folha de amora-preta
- 1/2 parte de quadril de rosa
- 1 parte alchemilla
- Mel local para adoçar

Beba uma xícara deste chá antes de conversar com os espíritos das plantas, da terra, da natureza e dos elementais. Isto torna você mais sintonizado com os espíritos da natureza e mais apto a ser aceito e poder comungar com eles. Usar o mel local ajuda a sintonizar com o espírito da sua localização.

Tinturas

Uma tintura é um extrato de ervas feito em álcool, geralmente vodca. A maioria dos líquidos alcoólicos são uma mistura de água e álcool verdadeiro. A proporção de água para o álcool cria a "prova" da substância: 100 provas[11] significa 50% de álcool. A mistura de água e álcool extrai as suas porções solúveis, potencialmente produzindo uma mistura mais possante, e cada um dos produtos químicos fazem coisas diferentes. Algumas fórmulas precisam apenas da porção solúvel em água para serem eficazes. O método simples de fazer uma tintura é pegar um pote, encher 1/3 com a erva seca ou, se for com a erva fresca, encher o pote e preencher o espaço restante com pelo menos 80 provas de álcool (100 provas é ainda melhor). Cubra com filme plástico antes de fechar a tampa, para impedir que o metal entre em contato

---

11. N.R.: a prova de álcool é uma medida do conteúdo de etanol (álcool) em uma bebida alcoólica. O sistema de provas nos Estados Unidos foi estabelecido por volta de 1848 e se baseou no percentual de álcool, e não na gravidade específica – 50% de álcool por volume foi definido como 100 provas.

com a mistura. Agite regularmente e deixe descansar por quatro a seis semanas ou mais. O líquido mudará de cor. Coe a erva. Eu gosto de fazer tinturas na Lua nova. Se possível, passe pela próxima Lua nova e depois em mais duas semanas decante-os na Lua cheia.

Tintura para Meditação

- 1/2 parte de casca de limão
- 1/2 parte de lavanda
- 1 parte de folha de urtiga
- 2 partes de flor de maracujá

Misture as ervas e coloque-as em álcool antes de coar. Coloque de 10 a 20 gotas debaixo da língua antes da meditação. Essa tintura é particularmente útil para o desenvolvimento de caminhos e meditações guiadas.

Tintura para Trabalhar com Espíritos

- 1/2 parte de erva-cidreira
- 1/2 parte de flor de maracujá
- 1 parte de artemísia
- 1 pitada ou 5 gotas de lobélia
- 2 partes de absinto

Coloque de 5 a 20 gotas embaixo da língua ou em uma bebida ritual quando procurar se comunicar com os espíritos. Isto é particularmente útil para a comunhão com os antepassados, guias espirituais e mestres. Se misturar tinturas já prontas, use uma colher de sopa como uma "parte" e adicione 5 gotas de lobélia. Se você estiver usando uma tintura completa de ervas secas, adicione apenas uma pitada de lobélia. Essa tintura ajuda a abrir caminho tanto para os espíritos falarem com você quanto para você falar com os espíritos. Se o seu desejo for o de se sintonizar com o reino angélico dos espíritos, adicione um pouco de raiz de angélica. Se quiser sintonizar com o Reino das Fadas, adicione flores ou frutas do sabugueiro. Meu Coven usou essa fórmula em nosso trabalho de Samhain e pessoas que notoriamente têm dificuldade em se comunicar com os espíritos tiveram visões e receberam mensagens e ideias incríveis.

Tintura para Adivinhação

- 1/2 parte de noz-moscada
- 1 parte de tomilho
- 1 parte de urtiga dioica
- 2 partes de anis-estrelado
- 3 partes de artemísia

Tome de 5 a 20 gotas dessa tintura antes de realizar qualquer tipo de adivinhação, incluindo a leitura de cartas de tarô, runas ou cristais.

Bebidas alcoólicas

Enquanto uma tintura é geralmente vista como uma poção medicinal, as ervas podem ser transformadas em bebidas geralmente vistas mais como sociais. Doces também podem ser feitos com ervas. Várias receitas de cervejas e vinhos utilizam ervas adicionais, para alterar o sabor e adicionar magia. As ervas podem ser facilmente adicionadas ao vinho para fazer uma bebida mágica.

Vinho da Jornada para Samhain

- 1 colher de chá de camomila
- 1 colher de chá de escutelária
- 1 pitada de mandrágora americana (ou raiz de maçã de maio)
- 2 colheres de chá de artemísia
- 2 colheres de chá de verbena
- 3 colheres de chá de canela

Essa mistura foi criada por mim para um ritual de Samhain anos atrás e tem sido a favorita entre meus alunos e amigos. Embora não trabalhe com nenhuma das plantas mais tóxicas e quimicamente ativas, sua mistura com o vinho cria uma bebida poderosa que ajuda a conversar com os ancestrais, viajar para o Submundo e experimentar a orientação espiritual através da adivinhação. Despeje uma garrafa de vinho tinto em uma panela fervendo e adicione as ervas, uma por vez. Deixe a mistura ferver em fogo baixo, coberta por pelo menos trinta minutos, mexendo constantemente. Coe, deixe esfriar e engarrafe. Tome alguns goles de um copo de vinho cheio antes ou durante o ritual para melhorar sua experiência mágica. Se a raiz da mandrágora europeia estiver disponível, use-a no lugar da raiz de maçã de maio.

Óleos

Na magia moderna, os óleos rituais geralmente se referem a misturas de óleos essenciais, produtos químicos voláteis de uma planta destilada da matéria vegetal, misturados com um óleo como uma base para diluir sua potência química para o uso na pele ou por inalação. Aromaterapeutas medicinais geralmente usam uma proporção de 3,69 ml de óleo base, como o de sementes de uva, damasco óleo de jojoba ou mesmo azeite para poções de uso imediato, com 5-9 gotas de puro óleo essencial. As receitas ocultas mais antigas costumam usar uma proporção de 50/50 ou, em suas receitas, em uma razão de meio DRAM para um DRAM. DRAM é uma medida imprecisa, de 20 gotas, formulada com 10 gotas de um óleo base e 10 gotas de mistura de óleo essencial para ter um óleo mágico e quimicamente potente. Tais relações não devem ser usadas por pessoas com pele sensível ou com óleos tópicos fortes, como o de canela.

Embora a aparência, o sabor e a textura possam ser usados como gatilhos mnemônicos, a sensação do cheiro mantém a conexão mais forte com a nossa memória. Uma poderosa técnica de tradições mágicas é usar um óleo ou um incenso perfumado de maneira dramática e bem rituais. O aluno então associa esse perfume em particular a uma intensa experiência de magia, os rituais subsequentes podem não ser tão intensos, mas o uso de uma essência leva o aluno de volta àquele tempo e lugar, e àquele nível de intensidade. Quando comecei minha prática, usei um óleo sintético horrível, de incenso e mirra, mas eu não sabia que não era real na época. Até hoje o cheiro ainda me induz a uma sensação de magia, mesmo que a substância não possua nenhuma conexão com a planta verdadeira, e cheira a nada mais que incenso e mirra. A mistura da essência com o espírito da planta faz uma conexão ainda mais poderosa.

Óleo da Visão Psíquica

- 2 gotas de óleo essencial de incenso
- 3 gotas de óleo essencial de artemísia
- 5 gotas de óleo essencial de sândalo
- 10 gotas de óleo base

O ideal é ungir sua sobrancelha com este óleo antes de fazer qualquer trabalho psíquico. O jasmim também é tradicionalmente encontrado em óleos psíquicos, mas devido ao alto custo do óleo de jasmim autêntico, pode não ser acessível para muitos de nós. Óleo ou semente de cânhamo infundido é outro ingrediente tradicional. Se você tiver acesso a qualquer um, fique à vontade para adicionar uma gota de jasmim ou use o óleo com infusão de cânhamo como óleo base.

Óleo para Meditação

- 1 gota de óleo essencial de capim-limão
- 1 gota de óleo essencial de lavanda
- 2 gotas de óleo essencial de incenso
- 2 gotas de óleo essencial de mirra
- 4 gotas de óleo essencial de sândalo
- 10 gotas de óleo base

Use algumas gotas deste óleo antes de uma meditação ou ritual. Esse óleo possui qualidades relaxantes e protetoras para ajudar a manter o foco na prática da sua meditação. Tradicionalmente, pode-se ungir os dois pulsos, as sobrancelhas e parte de trás do crânio, onde a cabeça e a coluna se encontram.

Óleo de Unção Gardneriano

A Tradição Gardneriana tem sua própria receita de óleo para ungir, feito com óleo infundido ao invés de óleos essenciais, usados para uma variedade de efeitos, desde bênçãos e proteção até a indução de transe. Tomilho, um dos principais ingredientes, é usado na fórmula clássica para ver fadas. A fórmula do Livro das Sombras é:

> Para fazer o óleo para a unção, pegue algumas panelas de vidro encha até a metade com gordura ou azeite de oliva. Coloque em uma delas hortelã-doce, manjerona em outra e tomilho moído em uma terceira, se puder, acrescente folhas secas de patchuli moídas. Coloque as panelas em banho-maria. Mexa e cozinhe por várias horas, depois coloque em sacos de linho, esprema a gordura nas panelas novamente e encha com folhas frescas. Depois de fazer isso várias vezes, a mistura estará altamente perfumada. Em seguida, misture tudo e guarde em um frasco bem fechado com uma rolha. Unja atrás das orelhas, garganta, axilas, seios e útero. Além disso, para todas as cerimônias em que os pés são beijados, eles também devem ser ungidos.

Loções

Uma loção é usada para unção, bênção, banho ou até mesmo literalmente para lavar pisos e janelas e para mudar a energia de um lugar. Elas são feitas como uma infusão fermentada, mas não são ingeridas, e podem ser preservadas com um pouco de álcool, vinagre ou sal marinho se mantida a longo prazo. Geralmente loções são feitas conforme necessário. Algumas são adicionadas com óleos essenciais para melhorar o aroma geral. Em ritual, elas são aspergidas – polvilhada com o dedo, galho de árvore ou outra ferramenta ritual – ao redor da área do ritual ou sobre o altar.

Loção das Fadas

- Folha ou casca de salgueiro
- Flor de sabugueiro
- Lavanda
- Malmequeres
- Pétalas de rosa
- Urtigas

Essa loção é para aqueles que desejam maior contato com o Reino das Fadas. Pode ser usada como banho, loção para os pés ou aspergida para criar um espaço ritual propício ao trabalho das fadas. Misture essas ervas com água morna. Use ervas frescas se disponível.

Loção dos Antepassados

- Agulhas de teixo
- Alecrim
- Óleo essencial de mirra
- Óleo essencial de poejo

Como a Loção das Fadas, essa mistura cria uma atmosfera propícia aos antepassados. Não deve ser usada como um banho ou uma loção para o corpo, é para ser aspergida em uma área ritual para receber os ancestrais. Funciona melhor ao ar livre, mas se estiver trabalhando em ambientes fechados, o chão deve ser bem limpo antes de pessoas ou animais de estimação entrarem em contato com ele. Definitivamente, deve ser evitado por quem está grávida, pois o poejo é um abortivo.

Unguentos

Nome chique do velho mundo para uma pomada. O unguento é uma mistura de óleo e de cera, ou talvez outras substâncias gordurosas, para obter uma substância pegajosa que pode ser aplicada sobre o corpo. Normalmente, a matéria herbal é extraída em um óleo e misturada com cera derretida, com outros óleos ou essências adicionadas a ela e deixada para esfriar. A pomada resultante é espalhada no corpo. A clássica Unguento Voador Voadora era para ser aplicada nas áreas sensíveis do corpo: órgãos genitais, ânus e sob os braços, onde a pele absorveria mais facilmente os produtos químicos à base de plantas. As ervas dessas pomadas eram notoriamente tóxicas para ingerir, e esta era uma maneira em que elas poderiam ser usadas com mais segurança, porém esse uso ainda tem muitos perigos.

Unguentos Clássicos

Aqui estão alguns clássicos exemplos históricos de Unguento Voador de Bruxas, que são bastante tóxicos e são apresentados aqui apenas para fins históricos. Essas receitas NÃO devem ser testadas. Elas contêm os elementos sensacionalistas da "gordura do bebê" ou sangue animal que não faz parte do trabalho da Bruxaria Moderna.

Unguento Voador Nº 1

- Acônito
- Folhas de álamo
- Fuligem
- Gordura fervida em um recipiente de cobre
- Salsinha

Unguento Voador Nº 2

Açoro
Água de pastinaga
Beladona mortal
Óleo
Pontetilla
Sangue de Morcego

Unguento Voador Nº 3

- Acônito
- Beladona mortal
- Fuligem
- Gordura de bebê
- Pontetilla
- Sumo de pastinaca

Unguentos Voadores Modernos

Aqui está uma variação de uma receita perfeitamente segura que usei como meu próprio Unguento Voador Moderno. Use desde que você não esteja grávida ou não seja alérgico a especificamente qualquer uma das plantas utilizadas. Pessoalmente, prefiro adicionar algumas sementes de datura à mistura, mas o estramônio é uma das plantas com as quais tenho uma forte conexão espiritual.

- 28 gramas de cera de abelha
- 30 ml de óleo infundido de artemísia
- 30 ml de óleo infundido de erva-cidreira
- 1 bolota[12]
- 1 gota de tintura de mandrágora (venenosa!)
- 2 gotas de óleo essencial de lavanda
- 3 gotas de flor de Elder ou tintura de frutos de Elder
- 3 gotas de óleo essencial de capim-limão
- 5 gotas de óleo essencial de artemísia
- 5 gotas de tintura de verbena
- 7 gotas de tintura de pontetilla
- 10 gotas de tintura de absinto
- 13 gotas de tintura de artemísia

---

12. Se possível no galho ou uma semente da árvore que você considera ser a Árvore do Mundo.

Para fazer um óleo de infusão, coloque um frasco (como os de conserva) cheio de ervas frescas ou 1/4 do frasco cheio da erva seca, encha o restante com um óleo como azeite ou óleo de semente de girassol e deixe em infusão sob a luz do Sol quente por pelo menos quatro semanas. Cubra a boca da garrafa com filme plástico antes de fechar com a tampa de metal. Retire a matéria vegetal, pois suas propriedades medicinais e mágicas já foram transferidas para o óleo. Se estiver com pressa, aqueça o óleo e a matéria vegetal em uma panela de barro ou em banho-maria por algumas horas para acelerar a infusão e depois aqueça o óleo novamente em banho-maria e adicione as tinturas para misturar. Coloque a cera de abelhas e deixe derreter. Despeje em um frasco de pomada selável. Adicione os óleos essenciais ao frasco frio, misture-os rapidamente e cubra o jarro para não perder seu perfume ou poder químico, pois são bastante voláteis.

A ponte de fumaça

Considerada uma subdivisão do caminho venenoso verde da magia, a Ponte da Fumaça é uma prática em que os efeitos das plantas são absorvidos pela inalação, ao invés da ingestão ou aplicação tópica. Os três principais métodos de trabalho com a ponte de fumaça é através do incenso, do cachimbo e da fogueira.

Incenso: o incenso é o mais comum dos três métodos da Bruxaria Moderna. Bruxas elaboraram suas próprias misturas de ervas para queimar no carvão, em um turíbulo ou em outro recipiente, desde o início das tradições do templo. A Bruxa de hoje pode facilmente obter carvão autoinflamável em lojas ocultas e usá-lo em um queimador de incenso ou caldeirão para queimar uma variedade de incensos. Normalmente, os incensos consistem em várias partes, incluindo resina ou madeira, como a maior parte do incenso, para produzir um cheiro agradável quando queimado. A mistura restante de incenso é uma combinação de raízes, folhas, caules, sementes e flores. Aqueles com maior concentração de óleos essenciais queimam com aroma mais agradável do que outros. O aquecimento delicado do vinho ou uma mistura de vinho e mel ajuda o processo. As resinas, madeiras e outras matérias vegetais são trituradas em um pilão ou em outro dispositivo de moagem. Às vezes é usada uma mistura "base", como pó de bamba (serragem de bambu) colorido com corante vegetal ou outro pó de madeira, como sândalo. A mistura é unida aos óleos. Geralmente usa-se óleos essenciais das ervas já presentes na mistura, que também pode ser misturado com mel ou vinho. A mistura é deixada para secar e depois armazenada por aproximadamente uma Lua, afastada da luz, para deixar os aromas amadurecerem e se misturarem.

Incenso para um Ritual Pagão

Essa mistura foi usada pelos Pagãos conhecidos pelo autor William G. Gray e encontrada em seu livro *Western Inner Workings*. Embora ele não nomeie esse grupo, podemos especular, com base em sua vida e em seus contatos sociais, de que era principalmente ao Clã de Tubal Cain, com Robert Cochrane, ou a um grupo associado com Patricia ou Arnold Crowther que ele se referia. Esta receita não lista proporções. Porém, geralmente, quanto mais abaixo o ingrediente está na lista que não tem quantidade, menos ele foi usado. Eu não usei essa fórmula exata devido a alguma dificuldade em conseguir todos os ingredientes, então usei uma variação. Gray parece menos preocupado com fórmulas exatas, dando mais ênfase na maneira como estas plantas são boas para serem usadas em trabalhos sobrenaturais. Ele acrescenta que absinto, agrimônia, alecrim e verbena podem ser adicionadas para melhorar o aroma da mistura.

- Raiz de meimendro
- Casca de bétula
- Casca de salgueiro
- Resina de maçã
- Resina de pinho
- Raízes de beladona

- Raiz de briônia-branca
- Folhas de sunspurge
- Folhas de pontetilla
- Folhas de dedaleira
- Sementes de samambaia

Incenso para Meditação

- 1/2 parte de lavanda
- 1 parte de olíbano
- 1 parte mirra
- 2 partes de sândalo

Esse é um incenso simples para ser usado no auxílio às práticas de meditação de todos os tipos. Seu uso limpa o espaço, e também o praticante, e acalma a mente.

Incenso para Abertura de Portais

- 1/2 parte de flores e/ou folhas de dedaleira
- 1 parte de folhas de datura
- 1 parte de mel
- 1 parte de olíbano
- 1 parte de pontetilla
- 2 partes de flor de Elder
- 3 partes de casca de salgueiro

O incenso para abertura de portais é ótimo para rituais em que você "abre a porta" para a palavra espiritual, seja para convidar os espíritos para o seu espaço ou para facilitar a jornada para o reino deles, e ainda ajuda a criar um espaço sagrado para a ponte entre os mundos.

Incenso da Prática Espiritual

- 1/2 parte de artemísia
- 1/2 parte de eufrásia
- 1/8 parte de sementes de datura
- 1 parte de absinto
- 1 parte de casca de salgueiro
- 1 parte de sangue de dragão
- 2 partes de mirra
- 13 gotas de óleo essencial de mirra

Use esse incenso sempre que chamar os espíritos para você, para melhorar a manifestação, a comunicação e seu relacionamento com eles. Como a tintura da Prática Espiritual, ele pode ser adaptado para trabalhar com tipos específicos de espíritos. Adicione raiz de angélica (para contato angelical), flor de Elder (para contato com fadas) ou flores/sementes de meimendro (para contato com o ancestral).

Incenso para a Jornada Nº 1

- 1/2 parte de arruda
- 1/2 parte de artemísia
- 1/2 parte de flores de giesta
- 1/2 parte de flores de milefólio
- 1 parte de anis-estrelado
- 1 parte de benjoim
- 1 parte de raiz de orris
- 1 parte de sândalo
- 1 parte do olíbano

Um incenso para a jornada simples é usado por meus alunos de Bruxaria mais xamânicos. Seu perfume ajuda o processo da jornada e o voo espiritual, mas também pode funcionar bem em viagens astrais/visão remota e trabalhos mais tradicionais. Arruda, em todas as formas, deve ser evitada por mulheres grávidas.

Incenso para a Jornada Nº 2

- 1/2 parte de raiz de angélica
- 1/2 parte de raiz de phytolacca
- 1/4 parte de folha de damiana
- 1 parte de benjoim
- 1 parte de noz-moscada

Esse é um incenso para a jornada mais focado e potente, usado tanto para a palavra superior quanto para as jornadas ao mundo inferior.

Incenso Oracular

- 1/2 parte de casca de carvalho
- 1/8 parte de cânhamo
- 1 parte de raiz de angélica
- 2 partes de sândalo
- 3 partes de folha de louro
- 3 partes de vinho tinto para facilitar a mistura

Esse incenso pode facilitar trabalhos oraculares mais profundos, desde adivinhações até a invocação de espíritos e de Deuses a serem expressados através do corpo físico do praticante. Idealmente, a fumaça é inalada, embora possa ser cáustico à garganta a longo prazo. Achei melhor usá-lo em uma grande, porém fechada sala, deixando o incenso permear o ambiente antes do ritual, ao invés de inalar diretamente.

CERIMÔNIAS COM CACHIMBO: frequentemente considerado uma ferramenta Nativa Americana, cada vez mais e mais Bruxas, influenciadas pelas tradições Nativas, estão usando cachimbos em suas cerimônias e magia. As combinações para cachimbo podem ser usadas para induzir ao transe, bem como uma forma de "fumar suas orações" e enviá-las ao mundo espiritual como sopros de fumaça. Cachimbos, como tambores e chocalhos, são considerados vivos, além se serem as próprias ferramentas espirituais, devendo ser "cordados" e "alimentados" regularmente. Aqueles que querem manter a saúde respiratória e o vigor para escalar montanhas e vales nos caminhos da natureza, podem renunciar aos rituais com cachimbo e se concentrar mais no incenso e no fogo para ambientar a magia.

Cerimônia Moderna com Cachimbo

Embora as cerimônias feitas com cachimbo sejam específicas de muitas tribos e culturas norte-americanas, e não tão facilmente assimiladas no Neopaganismo moderno, muitos professores tribais estão treinando estudantes não nativos e incentivando novas tradições de cerimônias com orações e cachimbo para serem desenvolvidas. A base do ritual pode ser adaptada a uma perspectiva Pagã e usada de maneira bastante eficaz pelas Bruxas Modernas, embora ainda seja culturalmente respeitoso com seu contexto original. Eu vejo o ritual como uma "tecnologia", uma estrutura na qual fazemos conexão, muito parecido com a "tecnologia" de todos esses caminhos. A estrutura pode ser adaptada ao sistema de crenças, cultura e tradições dos usuários, mas carrega alguns pontos básicos. Geralmente, uma cerimônia com cachimbo é realizada em três "rodadas" de orações e contém o seguinte:

INVOCAÇÃO DE ABERTURA: realizada pelo líder do ritual, reconhecendo e convidando o divino. Na Bruxaria, isso seria uma evocação da Deusa, Deus e/ou Grande Espírito.

ABERTURA PARA AS DIREÇÕES: o cachimbo é oferecido nas quatro direções e a extremidade da haste aponta para cada uma delas, para convidar os poderes das quatro direções a se unirem a você. Em tradições mais xamânicas, a haste do cachimbo também é oferecida aos reinos acima, abaixo e ao centro, bem como aos *genius loci*, ou espírito do lugar, e os antepassados. Embora uma cerimônia com cachimbo realmente não tenha nada a ver com um ritual do Círculo Mágico, se você estiver mais confortável criando um espaço sagrado dessa maneira, pode incorporar as oferendas de cachimbos em um Círculo mais tradicional. Uma vez que o cachimbo tenha sido "oferecido" aos espíritos, as pessoas encarnadas fumam.

PRIMEIRA RODADA: aqui as orações são oferecidas para convidar outros aliados e pedir bênçãos para a comunidade, para o mundo ou para outras pessoas. As orações podem ser feitas em voz alta ou silenciosamente, o cachimbo então é aceso, o líder inala e retém a fumaça nos pulmões enquanto pensa na oração e concentra sua atenção e depois exala, para liberar a oração. Quando concluído, o cachimbo é passado para a próxima pessoa que faz o mesmo. O cachimbo gira em torno do círculo de participantes, no sentido horário.

SEGUNDA RODADA: agora, orações com o cachimbo são feitas da mesma maneira que na primeira rodada, porém estas são orações específicas para você e para sua vida. Bruxas podem pensar neles especificamente como um feitiço feito através do cachimbo e da fumaça, um encanto que não invoca apenas poder pessoal, mas também o poder das divindades e espíritos para manifestá-lo.

TERCEIRA RODADA: pra finalizar, temos uma rodada de orações que são feitas como gratidão pelo o que você já tem e para agradecer aos espíritos reunidos na cerimônia. Este é o momento em que se fecha o espaço e a cerimônia. Caso você tenha feito outros rituais, como um ritual de Círculo Mágico, por exemplo, pode abrir o espaço e fechar como normalmente faria nessa tradição.

Misturas para Cachimbos

Embora a erva escolhida para o cachimbo em sua maioria seja o tabaco, essa não é a única planta possível. Muitas ervas como capim--doce, cedro e sálvia podem ser usadas. A autora Kristen Madden, em seu livro *Magia, Mistério e Medicina*, sugere a angélica como uma erva para cachimbo. Outras ervas podem ser misturadas com base no sabor, cheiro e magia correspondentes, embora as ervas usadas tradicionalmente para fumar também podem ser usadas. Hortelã, artemísia-tridentada, sálvia e outras ervas, como erva-cidreira, lobélia, verbasco e tussilago são usadas como ervas de cachimbo. Não use receitas de incenso para misturas de cachimbo, pois muitos dos materiais usados no incenso não são propícios à respiração profunda. Misturas específicas podem ser usadas para diferentes intenções. Algumas são estimulantes, outras são para orações e outras são mais indutoras de transe. Qualquer mistura para cachimbo não deve ser usada por mulheres grávidas ou portadores de doenças respiratórias, elas só devem ser usadas com moderação, durante o ritual, por pessoas com boa saúde, pois qualquer fumaça pode ser prejudicial aos pulmões com o uso prolongado.

Fórmula de Mistura para Cachimbos

- 1/2 parte de folha de tussilago
- 1/2 parte de verbascum
- 1/3 parte de erva-cidreira
- 1/4 parte de lobélia
- 1 parte de raiz de angélica

MAGIA DE FOGO: a fumaça produzida a partir de fogueiras é outra maneira eficaz de percorrer esse subcaminho, supondo que tenha o espaço para acender uma fogueira. Você pode queimar madeiras específicas no fogo e deixar a chama e o cheiro da fumaça liberada induzir ao transe ou lançar misturas de ervas no fogo, como o incenso e a do cachimbo acima.

Fogos de Azrael

Um dos fogos mágicos mais famosos, descrito no romance *A Sacerdotisa do Mar*, de Dion Fortune, são ao Fogos de Azrael. Diz-se que uma mistura de cedro, zimbro e sândalo induz a um transe que lhe revelará suas vidas passadas. Deixe uma fogueira queimar e, quando o fogo começar a cessar, coloque o tronco de cedro, galhos de zimbro e lascas de sândalo e carvões. Olhe para as brasas usando a técnica de observação e deixe que elas revelem informações sobre suas encarnações passadas. A combinação dessas três madeiras também podem ser usadas como um incenso para induzir a visão interior, ou também como um incenso de proteção. Alguns dizem que na fórmula revelada por Fortune está faltando alguns ingredientes para torná-la realmente eficaz, mas tive ótimos resultados com os Fogos de Azrael como um incenso usando apenas cedro, zimbro e sândalo.

A essência das flores

Uma das maneiras mais seguras de trabalhar com plantas tóxicas é através da essência. Enquanto muitos pensam que a essência se refere ao óleo essencial, um concentrado de química muito complexo, a essência da flor é, na verdade, uma solução muito diluída. Mergulhando flores frescas na água, você está imprimindo a energia, a essência e as propriedades espirituais da flor naquela água, preservando-a para uso futuro. Essas essências são semelhantes a remédios homeopáticos, com doses muito diluídas, geralmente sem a planta original detectável em uma dose, mas elas trabalham poderosamente na mente, nas emoções e no espírito. Em termos mágicos, as essências funcionam através da Lei do Contágio. Uma vez que duas substâncias se tocam, estão sempre se tocando. A água, mesmo que diluída, captou o poder dessa planta. Normalmente, o processo de preparação é ritualizado, invocando o espírito da planta, pedindo sua bênção. Frequentemente é feita uma oferta ao espírito da planta. As essências estão disponíveis comercialmente, embora eu pense que as feitas por você mesmo são melhores. Para fazer uma essência, coloque uma tigela de vidro transparente com água de nascente ou água destilada, em um dia ensolarado, sob a planta que deseja extrair. Sente-se e medite com a planta, comungue com o seu espírito. Peça permissão. Pergunte quantas flores, se houver, você deve colher para fazer a essência. Algumas plantas preferem que você não as colha, mas simplesmente transfira sua energia para a água. Eu gosto de tocar a água com a flor viva e devolvê-la ao chão. Você pode desenhar símbolos de poder sobre a água, invocando um pentagrama, uma espiral, um nó triplo ou uma Cruz Celta. Então deixe as flores e a água ao sol por pelo menos três horas. Se estiver nublado, mantenha-as por cerca de cinco horas. Entre em contato com o espírito da flor e pergunte se está pronto. Se achar que está, pegue a tigela de água e coloque-a em uma garrafa maior de vidro escuro com 1/4 a 1/3 prova de álcool de vodca, conhaque ou rum. Essa mistura de água da tigela e o álcool como conservante é agora sua Essência Mãe. Rotule e coloque a data. Quando você comprar uma essência comercial, ela está no "nível mínimo" da diluição. Agite a Essência Mãe e coloque 1-5 gotas em um frasco com conta-gotas preenchido com 1/4-1/3 de conservante e o restante com uma fonte pura/água destilada. Este é agora o seu estoque reserva. Várias essências de estoque podem ser misturadas para um frasco de dosagem. Simplesmente repita, colocando 1-5 gotas de cada essência em um frasco contendo 1/4-1/3 de conservante e o restante com água pura de nascente ou água destilada. Tome algumas gotas da dosagem quando quiser sentir os efeitos das essências. Algumas você leva para uma mudança imediata, enquanto outras criam cura e transformação duradouras em si mesmo.

Essência Voadora da Bruxa

- 1 gota de essência de flor de rosa
- 2 gotas de essência de flor de artemísia
- 2 gotas de essência de flor pontetilla
- 3 gotas de essência de flor de acônito
- 5 gotas de essência de flor datura

Use essa essência antes de fazer qualquer viagem astral ou jornada xamânica. Tome três gotas diretamente ou coloque no seu cálice durante o ritual.

Essência da Meditação

- 1 gota de essência de flor do acônito
- 2 gotas de essência de flor de scutellaria
- 4 gotas de essência de flor de castanha-da-índia
- 4 gotas de essência de flor de lavanda

Se você tiver dificuldade para fazer meditações básicas ou concentrar sua mente, respiração e atenção, tome de uma a cinco gotas alguns minutos antes de sua prática de meditação.

Essência dos Sonhos

- 1 gota de essência de flor de amora-preta
- 1 gota de essência de flor de datura
- 2 gotas de essência de flor de escutelária
- 3 gotas de essência de flor de artemísia
- 4 gotas de essência de lavanda
- 6 gotas de essência de flor de erva-de-são-joão

Essa é uma excelente combinação de essências para experimentar as viagens dos sonhos e melhorar sua capacidade de lembrá-los. Tome algumas gotas antes de dormir.

Essência do Poder Psíquico

- 1 gota de essência de flor de mirtilo
- 3 gotas de essência de flor de tradescantia
- 5 gotas de essência de flor de vinca
- 5 gotas de essência de flores de renda da rainha Anne

Essa essência pode ser tomada regularmente, três gotas três vezes ao dia, para melhorar gradualmente a capacidade psíquica, ou como um impulso antes de fazer uma magia que requer visão e intuição psíquica.

Encantos

Uma das maneiras mais seguras de trabalhar com plantas poderosas e potencialmente tóxicas é não as ingerir, mas, sim, usar sua energia e invocar seu espírito através de encantos. Assim como praticantes de magia animal, os encantos criam objetos com a forma e a semelhança do animal com que trabalham, os magos das plantas também podem fazer o mesmo. O mais famoso de tais encantos é o *alraun*, ou *manakin*, feito da verdadeira raiz da mandrágora, *Átropos mandrágora* e suas espécies relacionadas. Isso desperta o espírito da planta, e a raiz serve como um "lar" para ela. Conheço algumas Bruxas que fizeram esse encanto, mas agora é difícil obter as raízes ou cultivá-las. Os encantos podem ser feitos com uma variedade de outras raízes, como valeriana, angélica ou selo-de-salomão. Datura e beladona são excelentes aliadas, meditar com elas produz ótimos resultados, mas depende de preparo e cuidados específicos. Obtive incríveis experiências com meu encanto feito com raiz de datura. Muitas vezes, os feitiços de raízes são ungidos com líquidos e óleos, defumados com um incenso especial, envoltos em tiras de tecidos e transportado em uma bolsa especial.

Fig. 45: Encanto da Mandrágora

Uma variação é um encanto de garrafa, preenchido com uma mistura de plantas vivas e secas para o trabalho de visão, uma forma de homúnculo à base de plantas ou espírito de servidor, projetado para ajudar seu transe e a prática da jornada. Escolha uma variedade de ervas expositivas ou inibitórias e inclua algumas de suas próprias plantas aliadas especiais, mesmo que elas não tenham associações de transe específicos. Transforme-as em uma tintura com um alto teor de álcool, mas não remova as ervas. Coloque a mistura em uma garrafa decorativa.

Adorne-a com cordas e marcações. Capacite-a com um nome e com imagem e forneça instruções específicas sobre como você deseja que isso o ajude – alterando suas ondas cerebrais como se você consumisse as ervas, abrindo o caminho, levando-o pelo mundo espiritual ou para qualquer outra coisa que possa imaginar.

A maneira mais simples de trabalhar com ervas é simplesmente carregar um feitiço de ervas secas e mantê-lo junto ao corpo, ou colocá-lo debaixo de um travesseiro ou no bolso quando quiser sentir seus efeitos mágicos.

Rituais Enteógenos

Não importa de que maneira a parceria com os aliados verdes é feita, o importante é usá-los em um ritual, ao invés de em um contexto recreativo. Quando você usa essas plantas sagradas no contexto ritual, elas são mais eficazes e pouca quantidade é necessária para se ter uma experiência. Muitos relatam que tomaram doses abaixo do limiar de uma substância vegetal e que tiveram uma "viagem" muito melhor do que aqueles em doses maiores. Tudo remonta ao relacionamento que se tem com os espíritos das plantas, e o ritual nos fornece um contexto para conhecê-los.

Rituais, tradições e estruturas místicas nos dão um cenário para experimentar os mundos desconhecido dos espíritos. Aqueles que realizam tais ritos no contexto de uma tradição, possui a estrutura dessa tradição para ancorá-los. Eles têm algo para interpretar as experiências de uma maneira útil.

No entanto, aqueles que exploram enteógenos fora de uma estrutura mística geralmente demoram mais para serem induzidos ao transe. A qualidade deste transe pode ser emocionante e até profunda, mas também confusa, e não necessariamente fornecer uma mudança de vida ou sabedoria. A comunicação é ininteligível porque os espíritos, sejam eles das plantas, sejam de outros espíritos, não possuem uma interface comum, um sistema de símbolos com o qual possam se comunicar.

Eles não têm um meio para a jornada e não são capazes de transmitir claramente as informações de uma maneira que possamos entender. Quando olhamos para as transcrições de experiências de viagem com drogas da década de 1960, sem um âmbito cultural ou mágico, vemos viagens estranhas e inspiradoras, mas nem todas são claras. Quando olhamos para as visões daqueles que estão tendo uma experiência mágica, na verdade ela ainda pode ser bastante estranha, mas de alguma maneira mais facilmente digerida, tanto pela pessoa que a experimenta como por aqueles que recebem as informações do Outromundo.

Eu uso plantas indutoras de transe no ambiente de um ritual, em espaço sagrado, seja ele em um Círculo (veja o capítulo quatorze), seja de alguma outra forma, e faço invocações não apenas para meus Deuses e aliados, mas ao próprio espírito da planta, pedindo sua ajuda para abrir os portais e que me auxiliem a aprender seus mistérios no Outromundo. Geralmente eu combino a planta mágica nos meus rituais tradicionais usando incenso, uma fórmula à base de plantas no meu cálice e um óleo ou poção para me ungir.

Alguns argumentam que o contato espiritual em um contexto mágico ou religioso é menos "puro" do que despreparado, porque não há um toque religioso da experiência neste último. Embora isso possa ser verdade, aqueles que praticam a Arte da Bruxaria fazem isso de coração, e nos preocupamos menos com a pureza do que com a descoberta de algo transformador que pode ser integrado em nossas vidas e compartilhado com a sociedade. Aqueles que não têm um contexto espiritual ainda têm o contexto de suas vidas, mas também a desordem de suas vidas, de suas mentes, diferente da perspectiva de um iniciado místico, refletido em suas jornadas desordenadas e incompreensíveis.

A magia do transe com plantas não é o primeiro caminho a percorrer. Aqueles que têm experiência paralelas têm muito mais sucesso quando chegam aqui, devido à disciplina, à clareza e à cura que trazem. Esses rituais são frequentemente combinados com as técnicas de isolamento de capítulos anteriores, particularmente o jejum, para aumentar o efeito das ervas e para garantir que ele não reaja com outras substâncias em seu sistema. Se você estiver tomando medicamentos prescritos, convém repensar o uso de enteógenos, pelo menos no que diz respeito a ingeri-los medicinalmente. Essências florais e o incenso pode ser uma rota mais segura.

Doença e vício

O caminho do veneno tem pelo menos duas manifestações sombrias. O primeiro é a doença. Simbolicamente, ou não, estamos sempre nos envenenando, tornando nosso corpo desequilibrado com substâncias estranhas para induzir uma nova consciência. Tal experimentação pode resultar em doença, variando de um efeito purgativo violento do aparelho digestivo, para problemas mais sérios. As dosagens de todas as ervas, mesmo que aparentemente benignas, é importante. Há uma linha tênue entre epifania espiritual e náusea.

A iniciação pode ser bastante libertadora em termos de transe para aquelas doenças que não são induzidas por nossa própria fabricação herbal, refiro-me as doenças da vida, as doenças que marcam o expurgo purificador da nossa energia. Algumas das mais profundas experiências místicas ocorreram não durante as iniciações, mas com os expurgos que se seguiram delas. Certa ocasião tive sonhos febris enquanto eu parecia estar com gripe ou pneumonia. A doença abriu os portais para eu comungar com seres do Outromundo e receber iniciações e bênçãos mundiais. Você pode aproveitar o tempo que estiver doente e, com intenção, transformá-lo em um possível tempo de crescimento e discernimento espiritual. Em alguns casos, uma doença é apenas uma doença, um tempo para o seu corpo se recuperar, não necessariamente para fazer mais práticas.

A segunda sombra desse caminho é o potencial de dependência. Muitos magos pretendem não aprender outro caminho da gnose que não seja aqueles induzidos por drogas. Eles confiam em substâncias para todas as formas de contato mágico e espiritual e logo descobrem que a dose não é suficiente, criando, então, uma tolerância física ou psicológica. Nesses casos, eles precisam de doses cada vez mais altas para se aprofundarem e perdem o pouco equilíbrio que tinham com sua substância enteógena. Sem seu aliado, que é à base de plantas, eles são impotentes em fazer até mesmo a mais simples das magias.

Eu achei o caminho do veneno um ótimo complemento para as tradições fundamentais de meditação, respiração, som e movimento. Essas são ferramentas que exigem nada além de você mesmo, utilizável em qualquer lugar. Com essa base, tive mais experiências poderosas no mundo das plantas do que colegas que se concentraram exclusivamente no trabalho com substâncias indutoras de transe. As plantas têm grandes dons e muita sabedoria para oferecer, mas descobri que usá-las para trabalhos importantes e outras habilidades para práticas diárias não é a melhor estratégia para minha própria prática espiritual.

Aliados para o Caminho do Veneno

Esse caminho dos aliados verdes é bem difícil, muito conhecimento e consideração devem ser levados em conta antes de você começar a trilhá-lo. Lembre-se do seguinte:

SEJA SAUDÁVEL: se você não tem uma constituição saudável e forte, o caminho de veneno não é para você. Se está frágil, adoentado ou tem uma série de doenças físicas, lesões ou problemas bioquímicos, esse caminho não é para você. Se estiver em constante tratamento com medicamentos prescritos ou à base de plantas, esse caminho não é para você. Houve um tempo na Arte da Magia em que potenciais iniciantes doentes, com sobrepeso, fisicamente deficientes ou doentes mentais seriam recusados, pois o caminho à base de plantas era uma parte muito maior da Arte, e aqueles com tais desvantagens arriscavam se ferir, adoecer ou perder a sanidade com o caminho do veneno. Embora agora todos sejam bem-vindos aos caminhos, os cuidados ao trabalhar com preparações à base de plantas devem ser intensificado sempre.

GRAVIDEZ: se estiver grávida, evite todas as fórmulas do caminho do veneno e tome apenas suplementos de ervas saudáveis recomendadas pelo seu médico ou outro profissional qualificado. Muitas ervas usadas nas tradições de Bruxaria, até mesmo algumas que são protetivas, podem induzir a um aborto.

APENAS DIGA NÃO: esse caminho só deve ser seguido por quem estiver disposto e apto. E se não é para você, não há necessidade de fazer isso, assim como nos caminhos do isolamento e da dor. Não permita que amigos ou cônjuge o pressionem a fazer algo que sinta que não é certo para você. Esteja em alinhamento com a sua vontade, pois você é responsável por suas próprias decisões e por suas consequências.

DISCIPLINA: embora possa parecer um caminho livre de drogas e alucinógenos para o observador casual, aqueles que estão no caminho verde sabem que é um processo de disciplina. Você deve estar no controle e saber quando dizer sim, quando dizer não e quando dizer chega. Dê pequenos passos até saber mais do que está fazendo e, então, apenas aumente a seriedade do seu trabalho com ervas de forma incremental. Contenha-se, não fique confiante demais.

MISTURAR COM OUTROS CAMINHOS: o caminho do veneno funciona melhor em conjunto com outros caminhos, incluindo dietas restritas para trabalhar diretamente com a planta e não ficar doente. Leia todo o livro antes de tentar trabalhar com ervas aliadas, então você saberá como trabalhar com elas ao lado dos outros portais.

FECHANDO OS PORTAIS: cronometre seus rituais para garantir que tenha tempo suficiente para desintoxicar e para sentir os efeitos das plantas deixar seu corpo totalmente antes de entrar no mundo mundano, com seus deveres e responsabilidades, incluindo a operação de máquinas pesadas como um veículo. Enquanto vinho, hidromel, cerveja e licores de ervas são frequentemente usados para abrir os portais, um pouco de álcool de grãos, particularmente uísque, pode ser usado em dose única, para ajudar a fechar os portais. Alimentação, pedras de aterramento e simplesmente descansar em sua cama também o ajudará a retornar a um estado normal e aterrado.

O Grande Rito

Em todos os contos de Bruxaria, nada é mais emocionante do que a ideia do Sabbat das Bruxas como uma orgia sombria, onde todos os desejos carnais são satisfeitos, além dos mais selvagens imaginados. Se ao menos isso fosse verdade! Bem, na verdade é, de várias maneiras, mas não do jeito que tal descrição sugeriria.

A Bruxaria como tradição espiritual tem meios de satisfazer todos os desejos. Isso se revela quando recitamos as palavras da Deusa que nos comanda: "Eu sou aquilo que é alcançado no fim do desejo." Gosto da minha vida ao máximo e experimento coisas que, antes de minha experiência em Bruxaria, estavam além da minha imaginação. No entanto, eu ainda não experimentei o ritual da orgia carnal no mundo físico, como tantas pessoas supõem quando pensam em Bruxaria.

Embora eu queira pensar que essa imagem é da mente reprimida dos inquisidores durante os Tempos das Fogueiras, dando visão a seus próprios desejos profundos e não expressos, encontramos sim atos sexuais mais livres no mundo dos Pagãos antigos, e essa filosofia faz parte da Bruxaria Moderna. Pagãos modernos não são restringidos pelo mesmo código moral do mundo judaico, cristão e islâmico. Mas seria errado pensar que nós não temos um código moral em relação à sexualidade. Cora Anderson, cofundadora da Tradição Feri, escreveu em *Fifty Years in the Feri Tradition*, "A Arte como a conhecemos tem um código de honra e moralidade sexual que é tão difícil e exigente quanto o bushido do Japão e do xintoísmo..." Para muitos da tradição Wicca, a ordem é "Não prejudicar ninguém" em relação a tudo, incluindo a sexualidade. Todos os envolvidos devem ser claros em sua comunicação e diretos sobre seus sentimentos e as repercussões de suas ações. Todos devem assumir a própria responsabilidade.

Um dos principais aspectos que nos separa de muitas outras tradições é a visão de que a sexualidade é sagrada por si só, sem contexto ritual. Não consideramos isso primariamente uma fonte de procriação. É sim uma força de procriação, mas é muito mais. É a fonte de toda a criação. Nunca a consideramos uma fonte de pecado ou culpa. Simplesmente, como Bruxos ou Pagãos, temos uma visão da natureza, do mundo material e de nossos corpos como sagrados. Os corpos são criados através do sexo, e isso é sagrado. Vemos a sexualidade como um princípio mágico essencial, se não o princípio central, pois o sexo é o começo da criação. Nossos mitos geralmente começam com a divisão do divino na Deusa e no Deus, e sua união sexual, como o começo de toda a vida. Através da sexualidade sagrada, podemos descobrir que a vida primitiva dá força ao nosso próprio poder criativo. E é através do contato com outro que podemos ver a centelha do divino olhando para nós. É através deste tipo de gnose e da visão do divino em nossos parceiros e em nós mesmos que encontramos uma sensação de iluminação através da sexualidade.

Muitas tradições místicas, tanto no Oriente quanto no Ocidente, têm sistemas sagrados de sexualidade, vemos ensinamentos semelhantes na Bruxaria. Para algumas destas tradições, os segredos da magia sexual são simplesmente símbolos de forças superiores, e não tem nada a ver com o corpo físico e a excitação sexual real. Para outros, as descrições espirituais superiores são códigos para ações físicas reais e contato sexual, seja sozinho, seja com um parceiro, seja em grupo.

Para alguns, os ensinamentos da magia sexual não são elevados, mas práticos. É um método para lançar feitiços. Outros abordam a magia sexual como a forma mais alta de teurgia, adorando o divino através do eu interior e/ou do outro. Você encontra todos esses conceitos a sexualidade nas práticas da Bruxaria Moderna.

O Tabu

Tais tradições reconhecem que a energia sexual é uma maneira poderosa de entrar na gnose e obter energia diretamente. Todos somos capazes de canalizar energia sexual, e o prazer desse contato é todo o incentivo que precisamos para explorar a magia sexual, não é?

Embora a magia sexual pareça um método bem fácil para alcançar um estado alterado de consciência, ela apresenta alguns problemas. Para a maioria de nós, a ideia de sexualidade, religião e poder são, pelo menos inicialmente, incompatíveis. Para a maioria dos praticantes de hoje, a Bruxaria não foi criada em uma família ou cultura Pagã, e tem expectativas e ideias em torno da sexualidade. A maioria das pessoas não explora o uso de enteógenos, isolamento, postura corporal yogue, canto, viagens astrais ou meditação. Mas o sexo tem uma carga que parece particularmente poderosa. Explorar o sexo em um ritual é um tabu no sentido mais verdadeiro da palavra. A maioria de nós pensa em um tabu como algo fora dos limites, algo que é restrito, e realmente o é. Tabu é aquilo que é proibido no uso "normal" ou diário. Nem todo mundo pode fazer isso. É algo sagrado. É aquilo que as pessoas "normais" não podem fazer. É tudo que é colocado de lado. Aqueles que se envolvem com o tabu também são separados da sociedade normal. A Bruxas, por sua natureza, explora o tabu. Exploramos o que é proibido. Indo além dos limites normais, passando pelas bordas onde outros temem pisar, encontramos poder.

Você pode evitar completamente todos os outros caminhos anteriores a este, mas todos desejamos o prazer, o contato sexual. Todos nós desejamos intimidade. Em certo nível, sabemos que é normal. No entanto, temos todo tipo de condicionamento social nos dizendo que tipo de sexo pode ou não pode ser feito, o que devemos querer e quando devemos querer, enquanto que, simultaneamente, bombardeiam-nos com propagandas sexuais em programas de televisão, filmes e outras mídias. Estamos sem saída, querendo sexo e somos pressionados para isso, mas sentimos que devemos restringi-lo a ser "bom" e "moral" em acordo com algum plano predeterminado. Esse conflito interno inerente a muitos de nós, que vivemos no mundo moderno, drena muita energia psíquica. Conscientemente ou não, passamos muito tempo pensando em sexo, sentindo-nos culpados pelo sexo e nos preocupando muito mais do que praticamos sexo. Isso consome uma tremenda quantidade de energia e ainda assim nos acostumamos. Porém, ficando acostumados a isso, perdemos a energia potencial que podemos usar para a magia e para o nosso próprio processo de cura e iluminação. Bem, a maioria das pessoas "normais" não está em um caminho mágico, nem estão buscando a verdadeira cura ou iluminação. Para os que não estão, não sabem o que estão perdendo. Como Bruxas, magos e místicos, precisamos libertar toda a energia disponível possível para nossas atividades mágicas.

Perseguir o tabu, quebrando nosso condicionamento social é, a princípio, extremamente estressante. É uma das maneiras de abrir os portais em si, pois força você a se perceber diferentemente do que sempre acreditou ser. No entanto, o estresse é direcionado através dos canais de energia do corpo e pode criar maior sensação de consciência e liberdade. Através da quebra repetida de restrições, você não mantêm a mesma tensão psíquica e pode direcionar a energia sexual livre em mais atividades criativas e mágicas.

Houve um tempo em nossa cultura moderna de Bruxaria em que tínhamos nossas próprias restrições. Definindo-nos exclusivamente como um culto à fertilidade, temas heterossexuais eram dominantes e muitos professores da Arte da magia trouxeram para sua sexualidade cristã, costumes e educação de suas práticas Pagãs. Embora não haja nada errado com visões mais conservadoras da sexualidade, as Bruxas modernas percebem que esse é um caminho entre muitos em relação à orientação, identidade de gênero e prática. Hoje as Bruxas são monogâmicas e poliamorosas. Elas são heterossexuais, bissexuais e homossexuais. Outras Bruxas são transexuais ou simplesmente incapazes de serem rotuladas, indo além dos papéis tradicionais e de identidades já estabelecidas. Tais extremos são minoria, como em grande parte do resto da sociedade, a heterossexualidade mais conservadora é a maioria, mas não a única identidade, e todos fazem parte da comunidade Pagã em geral. Como os Pagãos não têm as mesmas restrições cristãs contra tais práticas, vários exemplos podem ser encontrados no mundo Pagão antigo, quase como da mesma maneira que no mundo moderno. Elas fazem parte da nossa comunidade pagã reconstruída.

O Grande Rito

Embora eu queira ilustrar um ensino avançado e ininterrupto da sexualidade sagrada como encontrado no folclore Oriental e nos textos tântricos, a sexualidade sagrada da Bruxaria Moderna apenas começa a florescer quando as Bruxas exploram velhos ensinamentos em nosso Novo Mundo. Nosso rito sexual principal é, na verdade, a parte central de muitos rituais Wiccanianos. Conhecido como o Grande Rito, este é um ato sexual ritual para corporificar a união da Deusa e do Deus no ato da criação.

O Grande Rito é frequentemente realizado em rituais de iniciação, como um método de transferência da corrente de iniciação do iniciador para o iniciado. Em algumas tradições, isso é quando os nomes secretos dos Deuses são sussurrados para o iniciado. É também um método de aumentar o poder para a prática ritual e na arte dos feitiços. O Livro das Sombras Gardneriano diz:

O Grande Rito é de longe o melhor. Libera enorme poder, mas as condições e circunstâncias tornam difícil para a mente manter o controle. É novamente uma questão de prática e a força natural da vontade do operador e, em menor grau, a dos seus assistentes. Se, como no passado, houvesse muitos assistentes presentes e todas as vontades devidamente sintonizadas, maravilhas ocorreriam.

Como a Bruxaria mudou ao longo de sua transição de uma tradição de mistérios secreta para algo mais aceito pelo convencional, com uma ampla variedade de praticantes e tradições, a ideia de ter "assistentes" adequados ao sexo ritual parece estranho. Embora muitas tradições da Arte se identifiquem como uma religião de fertilidade, o sexo físico entre Sacerdotisa e Sacerdote nem sempre se faz necessário. O Grande Rito foi adaptado e se tornou um ritual simbólico através do cálice e da lâmina, na bênção do Bolos e Vinho. A lâmina do athame ou o bastão, como um símbolo da masculinidade, é mergulhado no cálice ou no caldeirão, a ferramenta do feminino, para recriar ritualisticamente o ato cósmico de união entre a Deusa e o Deus que deu início ao Universo.

A energia sexual é a força primária da criação, seja o poder da terra física ou o poder do Universo cósmico. Então, ao abençoar o vinho e os bolos, e ao consumi-los em comunhão como um sacramento ritual, sorvemos o poder da Deusa e do Deus. Despertamos nossa própria divindade interior, nosso próprio poder criativo e, como acontece com a Deusa e o Deus, passamos a ter autoridade para criar nossa própria vida e nossos próprios mundos.

As instruções tradicionais do Bolos e Vinho são:

O Mago se ajoelha, enche o cálice e oferece à Bruxa (ela está sentada no altar, segurando seu athame; o Sacerdote se ajoelha diante dela, segurando o cálice).

A Bruxa, segurando o athame entre as palmas das mãos, coloca a ponta dele no cálice.

Mago: "Como o athame é masculino, o cálice é feminino; portanto, em conjunto, eles trazem bem-aventurança."

A Bruxa coloca o athame de lado, pega o cálice entre as duas mãos, bebe e oferece a bebida. O Mago segura uma Patena para a Bruxa, que a abençoa com athame, depois comem e dão de comer. Dizem que antigamente a cerveja ou o hidromel eram frequentemente usados em vez de vinho. E que destilados ou qualquer coisa podem ser usados desde que contenham vida[13].

Vinhos de ervas e bolos, que participaram da magia do caminho do veneno no capítulo anterior, podem ser usados neste ritual, aumentando seu poder. Rituais de invocação, como o da Deusa que Faz Descer a Lua e do Deus que Faz Descer o Sol são frequentemente mesclados com o Grande Rito, tanto em simbologia quanto em sua forma sexual.

Ao explorar os problemas de polaridade encontrados na Bruxaria, acho fascinante que algumas tradições tenham a Sacerdotisa, que segura o athame ou a varinha, símbolo masculino, e o Sacerdote/Mago, que segura o cálice, símbolo feminino. Tais tradições acreditam que as polaridades etéricas se revertem nos planos superiores, e que a energia feminina se tornar ativa e projetiva, e a energia masculina se torna receptiva e responsiva. Esses papéis rituais ativam a reversão da polaridade. Muitas tradições modernas e solitárias acreditam que todos nós temos as duas polaridades internas e podemos decretar magia, incluindo que o Grande Rito pode ser feito por uma só pessoa. A lâmina é segurada em uma mão e o cálice na outra. Faço sozinho meu próprio ritual para o Grande Rito, mas poderia ser dividido entre duas pessoas.

---

13. N.T.: *Aqua vitae* ou "água da vida" é o nome original dos destilados. Os primeiros destiladores os fabricaram para fins medicinais e de saúde. Isso significa que as bebidas alcoólicas destiladas, ou seja, purificadas através do processo de destilação a partir de uma substância fermentada, como frutas, cereais e outras partes vegetais, são as apropriadas para este tipo de cerimônia.

Exercício: O Grande Rito Simbólico

Segure a lâmina na mão direita (se for destro) e o cálice cheio de água ou vinho na mão esquerda enquanto estiver em um Círculo Mágico (ver apêndice). Levante a lâmina para o céu. Se estiver ao ar livre, aponte a lâmina para a Lua (ou o Sol) e tente captar seu reflexo no líquido imóvel do cálice. Diga: "Que os Deuses toquem esta lâmina com luz".

Enquanto inspira, capte as energias da Lua, do Sol ou das estrelas para tocar a lâmina, enchendo-a com poder. Diga: "Como a espada é para o Graal, a lâmina é para o cálice, a verdade é para o amor. Que todos os paradoxos sejam resolvidos dentro de mim".

Mergulhe a lâmina no cálice três vezes e projete a energia no líquido. Desenhe um pentagrama Invocante no líquido usando a lâmina, com três círculos ao redor dele. Beba.

Pegue a lâmina e desenhe um pentagrama Invocante com três círculos ao redor do bolo/pão descansando em um refratário ou em outra forma de prato ritual. Coma um pedaço do bolo. Se não estiver sozinho, passe o bolo e o cálice para os outros membros do Círculo.

Fig. 46: Pentagrama Invocante

As raízes de nosso sacramento ritual e sua ligação com o sexo podem ser encontradas no controverso texto de O Evangelho de Aradia, especificamente na Conjuração de Diana. Embora o texto, que chega até nós, via Charles Leland, tenha ameaças estranhas contra Diana até que ela conceda às Bruxas o pedido que os Pagãos mais modernos nunca fariam, semelhanças com os bolos, vinho e rituais de união sexual são encontrados. As ameaças podem ser uma influência pós-cristã encontradas no texto, semelhante a ameaçar os santos a realizar seu "trabalho" em formas de "Magia" cristã. No entanto, os bolos com sal e o vinho com mel são equiparados ao corpo, sangue e a alma da Deusa, e consumido em um banquete em sua homenagem. Há canto, música, dança e salto, seguido pelo "amor livre" no escuro.

> Eu não cozinho o pão, nem coloco o sal,
> Nem mesmo cozinho o mel com o vinho,
> Eu cozinho o corpo, o sangue e a alma,
> A alma da (grande) Diana, que ela deve
> Não conhecer nem descansar em paz,
> E esteja sempre em sofrimento cruel
> Até que ela conceda o que eu peço,
> O que eu mais desejo,
> Eu imploro a ela do meu coração!
> E se a graça for concedida, ó Diana!
> Em honra de ti, realizarei este banquete,
> Se banquetear e beber do cálice profundamente,
> Nós vamos dançar e pular loucamente,
> E se você conceder a graça que eu exijo,
> Então, quando a dança é mais louca,
> Todas as lâmpadas serão extintas
> E amaremos livremente!
> E assim será feito: todos se sentarão à ceia,
> Todos nus, homens e mulheres,
> E o banquete terminará,
> Eles devem dançar, cantar, fazer música
> E depois se amar na escuridão,
> Com todas as luzes apagadas:
> Pois é o Espírito de Diana que as extingue,
> Para que eles dancem e façam música em seu louvor.

A Conjuração de Diana inclui elementos de vários caminhos, mas é interessante notar como a relação sexual como elemento é o pináculo do ritual, mostrando seu poder e sacralidade na tradição.

Práticas Sexuais Orientais

Devido ao desenvolvimento repressivo do mundo ocidental em relação à energia e a espiritualidade sexual, grande parte de nosso conhecimento sexual esotérico é complementado pelas tradições orientais. As práticas tântricas yogues e a alquimia sexual Taoísta tornaram-se mais populares no ocidente quando abrimos o elo entre a sexualidade e o espírito. Tais práticas foram adaptadas e enxertadas no ocultismo e na Bruxaria ocidentais, expandindo a associação natural do Paganismo com sexualidade, força vital e fertilidade. *Tantra*, tornou-se a palavra da moda para práticas espirituais sexuais, embora o termo simplesmente se refira a um texto. Esses textos sagrados propunham instruções para uma variedade de lições da vida, e a sexualidade sagrada era um dos vários tópicos, incluindo dieta, medicina, sociedade, etiqueta e relacionamentos. O *Kama Sutra* é um dos mais famosos desses textos hindus no Ocidente, e as verdadeiras traduções vão muito além do que a maioria assume ser simplesmente um manual de posições sexuais excêntricas. Há também manuais semelhantes de tradições asiáticas e árabes da sexualidade sagrada que são menos conhecidas dos ocidentais.

Um dos principais conceitos encontrados nas formas orientais da magia sexual é o de que a energia sexual é geralmente desperdiçada no Ocidente. A maioria das pessoas nas culturas seculares modernas mantêm a energia sexual apenas nos centros de energia mais baixos, a raiz, a barriga e, possivelmente, no chacra do Plexo Solar. A energia sexual não circula e a vida vital, a força, é perdida através do sexo. O "objetivo" do orgasmo não é enfatizado, e algumas técnicas ainda encorajam o homem a não ejacular, enquanto ainda experimenta o orgasmo dentro do corpo e do espírito. A experiência em si é o único objetivo, não importando o que essa experiência signifique.

Exercício: Energizando os Chacras com Energia Sexual

Se você não tem experiência em trabalhar com energia sexual em um contexto mágico, é melhor tentar este exercício sozinho, a princípio, e depois construir gradualmente sua técnica, até que esteja confortável em realizá-la com um parceiro ou em grupo. Estimule-se sexualmente e esteja ciente da energia que cresce na parte inferior do corpo à medida que a sensação começa a ser construída. Primeiro essa sensação é sentida principalmente nos chacras da raiz ou da barriga, na base da coluna vertebral e/ou na área do umbigo. A raiz diz respeito à sua sobrevivência e ao prazer, em ensinamentos modernos dos chacras é visualizado com a cor vermelha. A barriga é o centro da intimidade e da confiança, geralmente representada com a cor laranja. Concentre-se em extrair essa energia através do seu corpo. Enquanto inspira, imagine inalar a sensação da energia até o Plexo Solar de cor amarela, seu centro de poder pessoal. Sinta a sensação crescer no Plexo Solar. Se a energia se acumular demais na raiz ou na barriga, continue respirando-a para cima até que o Plexo Solar tenha uma sensação mais dominante. Repita esse processo trazendo a energia ainda mais para cima, para o centro do coração representado pela cor verde. O coração é o chacra do amor, compaixão e empatia. A energia sexual pode mudar aqui, com forte emoções e sentimentos reprimidos podendo surgir. Se você é homem, não se permita ejacular ainda, embora possa sentir fortes sensações durante esse processo, idêntico ao orgasmo sem ejaculação. Continue esta prática, elaborando a energia do coração para o chacra da garganta, representado pela cor azul, nas comunicações. Direcione essa energia pela sua respiração com o chacra representado pela cor roxa do Terceiro Olho, na testa. Canalize a energia até a coroa de cor branca ou violeta no topo da cabeça e sinta-a jorrando como um chuveiro. Muitos homens se permitem ejacular neste momento, quando eles já elevaram a vibração da energia sexual para carregar todos os sete chacras pontos.

Depois de se sentir confortável com esse processo, você pode executá-lo com um parceiro, guiando um ao outro no processo de elevar a energia. Sintam a energia trocada em pontos de contato, principalmente nos chacras-raiz, e compartilhem a energia refinada que exala da coroa.

As formas Taoístas Internas de Alquimia Chinesas usam um sistema completamente diferente de pontos de energia e circuitos em seus exercícios. Uma técnica usada para circular a energia, ou *chi*, por todo o corpo, e uma pedra angular da saúde em *Qigong*, uma forma mais avançada de alquimia sexual, é conhecida como Órbita Microcósmica, que tem sido adotada em muitas formas de cura Reiki e em algumas tradições de magia.

O caminho que essa órbita toma é como um desenho na forma de oito em torno da parte externa do corpo. O ponto médio da passagem do "8" é no períneo, e é preciso contratar o *hui yin* ou ponto do períneo, como feito nos exercícios de Kegel. O circuito sobe a espinha e vai por cima da cabeça. No mesmo momento que o *hui yin*, a língua deve tocar a raiz da boca atrás dos dentes para completar o circuito, à medida que a energia viaja abaixo do rosto, garganta, peito e barriga, até o períneo. Em seguida, viaja pela parte de trás das pernas, sob os pés, por cima e acima até atingir o períneo para outro circuito.

Exercício: Órbita Microcósmica

Enquanto estiver sentado ou em pé, concentre sua atenção no centro de energia *Tan t'ien*, localizado três dedos abaixo do umbigo. Faça a posição *hui yin* e coloque sua língua na posição correta. Segure o *hui yin* e a língua em posição durante todo o exercício. Sinta a energia acumulada neste centro, reunindo o *chi* ou força vital, como uma bola. Muitos imaginam isso como uma luz de cura dourada. Imagine pousar esta bola no circuito em forma do número oito, até o períneo, descendo pela parte de trás das pernas, na frente das pernas, até o períneo, nas costas, na cabeça, no peito e de volta para onde você começou. Continue o fluxo. Geralmente a respiração é coordenada com a órbita. Na inspiração, concentre-se no "Recipiente Regulador" subindo as costas ao longo da coluna e terminando no céu da boca.

Na expiração, o foco é no "Recipiente da Conceição" movendo-se pela frente. Continue a órbita, completando vários circuitos. Quando terminar, traga seu foco de volta ao *Tan T'ien*, aterrando a si mesmo e a energia de volta ao seu centro de gravidade.

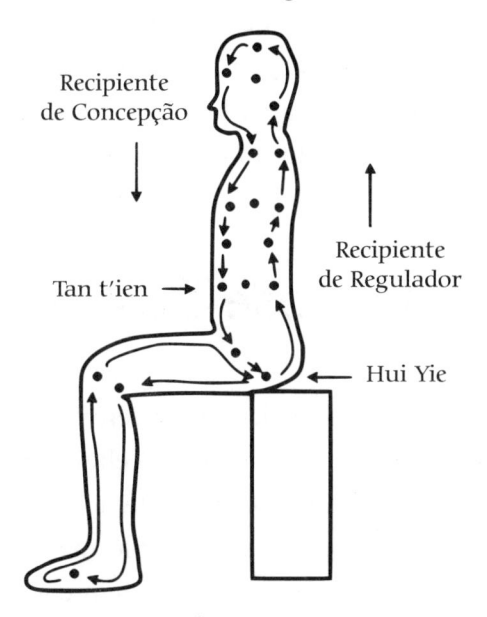

Fig. 47: Órbita Microcósmica

Os Taoístas acreditam que esse exercício em órbita ajuda muitas dores e doenças a longo prazo e evita que novas doenças e lesões se enraízem. Nos mais avançados ensinamentos Taoístas, a energia sexual é compartilhada com um parceiro através do contato sexual dos órgãos genitais e do beijo, ligando as órbitas dos dois parceiros. Esta troca de energia sexual se torna um catalisador para formas superiores de meditação para experimentar o "orgasmo cósmico". O livro *Segredos Taoístas do Amor*, de *Mantak Chia,* explora um maior nível de detalhes sobre essas tradições e ensinamentos em parceria. A órbita microcósmica é de grande benefício quando realizada sozinha e é suficiente para a construção de energia, alterando a consciência de um indivíduo, usando força vital e energia sexual em vez de outras técnicas meditativas.

Nas tradições do Reiki, a Órbita Microcósmica, ou MCO, é transformada em Respiração Violeta ou Respiração do Dragão para transferir energia durante a iniciação reikiana. A força vital universal é reunida e transformada em energia violeta desenhando a energia azul da Terra para a raiz, a energia branca dos céus para a coroa e a energia vermelha das estrelas para a testa, misturando-se como energia violeta que é depois soprada para fora da boca na iniciação. Eu encontrei uma energia violeta circulando no corpo bastante transformadora, curativa e meditativa.

Apoteose Sexual

Uma das formas mais profundas da gnose sexual e do Grande Rito é a prática da apoteose sexual, que se refere à deificação do outro. Políticos, líderes militares, acadêmicos ou religiosos da antiguidade eram frequentemente deificados após a morte, adorados como Deuses. Em termos de ritos sexuais, não se é simplesmente adorado como um espírito intangível após a morte, mas a divindade do indivíduo é celebrada em carne. Dar prazer ao parceiro é primordial nos ensinamentos do tantra.

Tais rituais de adoração física geralmente funcionam de duas maneiras. Ambas as visões são profundamente entrelaçadas com o Grande Rito como uma celebração sexual, não importando como o Rito é realizado. A santidade inerente à união sexual faz parte do nosso grande mistério. Na Carga da Deusa somos ensinados assim: "Que minha adoração esteja no coração que se alegra, pois eis que todos os atos de amor e prazer são os meus rituais."

No primeiro, a divindade adorada é essencialmente a alma, o espírito ou o Eu Superior do parceiro sexual. A divindade do indivíduo é uma extensão da maior divindade criativa. Nesta filosofia, somos extensões do divino. Vemos isso na filosofia de muitos dos rituais Pagãos que descendem da Igreja de Todos os Mundos, com a bênção

"Tu és Deus" ou "Tu és Deusa". Muitos Pagãos são teologicamente panteístas ou panenteísta, e ambas as filosofias sustentam que o mundo material é divino. Agradar o outro pode ser visto como semelhante a agradar o divino e, em essência, uma forma de adoração. O ato ritualizado de dedicar-se sexualmente a outro e ver a essência do brilho divino através dele no ato é imensamente poderoso. Quando ambos os parceiros fazem isso ao mesmo tempo, uma incrível experiência de amor, espírito e poder sexual pode ocorrer.

Exercício: Observar a Alma

Observar a alma é um exercício que pode ser feito dentro ou fora de um contexto sexual, mas eu acho particularmente poderoso fazer em um ambiente sexual. Este exercício requer um parceiro. Conhecido como *Face Scrying*[14] você e seu parceiro primeiro se olham nos olhos um do outro por um período prolongado de tempo. Não há problema em piscar, se necessário, pois não é um concurso de encarar. Muitas vezes há a tendência de rir ou fazer piadas a princípio, mas quando você aquieta sua mente, todos os tipos de impressões psíquicas podem ocorrer. Como se você estivesse examinando uma bola de cristal, as imagens podem ser conjuradas nos olhos do seu parceiro. O rosto dele pode revelar imagens de vidas passadas, animais aliados, medos, alegrias e, eventualmente, sua verdadeira natureza. Você está procurando contemplar o Eu central, o ego da alma e revelar essa parte de si mesmo para ele. Em essência, você está buscando o divino dentro de cada um de vocês, uma experiência direta do ditado oriental *Namastê*, que significa "o divino dentro de mim honra o divino dentro de você".

A segunda manifestação dessa forma de adoração mágica ocorre através do ato de invocação ritual, onde uma Sacerdotisa ou um Sacerdote invoca uma divindade específica. Em algumas tradições a Deusa da Lua é invocada na Sacerdotisa através do Ritual de Descer a Lua, ou uma Deusa específica é invocada, como Diana, Arianrhod ou

---

14. N.T.: Observação Facial.

Ísis. O mesmo se aplica às invocações do Deus, com uma invocação geral do Deus do Sol ou Deus de Chifres, ou uma invocação específica de figuras como Lugh, Apollo, Pan ou Cernunnos. O adorador está então em comunhão sexual com a divindade por meio do Sacerdote/Sacerdotisa em quem foi invocado. A experiência é diferente e é mais especificamente sintonizada com um aspecto do poder divino em particular, em vez da adoração generalizada do primeiro método. Às vezes, divindades harmoniosas são invocadas sobre casais ou em todo um grupo que experimentam a encarnação da união sexual.

Um método de invocação que geralmente tem conotações sexuais é o beijo sagrado. Um dos sinais de bênção na Bruxaria esta é uma das "três senhas" para entrar no Círculo Mágico, assim como Amor Perfeito e Confiança Perfeita. Nas bênçãos e invocações rituais, o Beijo Quíntuplo é realizado. O beijo é dado nos pés, nos joelhos, no triângulo púbico, nos seios/peitos e nos lábios.

> Abençoados sejam os teus pés, que te trouxeram por estes caminhos. (Ele beija os pés dela.)
> Abençoados sejam os joelhos que se ajoelharão perante o altar sagrado. (Ele beija os joelhos dela.)
> Abençoado seja o teu ventre, sem o qual não existiríamos. (Ele beija o topo do triângulo púbico. Se o invocado for um homem, o ventre seria substituído pelo falo.)
> Abençoados sejam teus seios, formados em beleza e força. (Ele beija seus seios.)
> Abençoados sejam os teus lábios, que pronunciarão os nomes sagrados. (Ele beija seus lábios.)

Em algumas tradições, uma estrela de cinco pontas é beijada de várias maneiras, como o pé esquerdo, testa, pé direito, mama esquerda, mama direita e de volta aos pés, ou um beijo sete vezes mais expansivo, nos sete chacras, básico, umbilical, plexo solar, coração, garganta/lábios, testa e coroa. Em tais beijos, há frequentemente trocas de energia, abrindo e despertando os chacras como um exercício tântrico.

Ambas as técnicas são profundas para todas as partes envolvidas e são recompensadoras como experiências de expansão da consciência. Elas também podem ser combinadas com outras formas de magia sexual quando praticadas por Bruxas experientes. Tal tradições foram encontradas nos ensinamentos orientais, mas são totalmente apropriadas para as Bruxas Modernas.

Transe Sexual Xamânico

Um aspecto raramente abordado na magia sexual é o elemento xamânico para movimento repetitivo e estimulação. Embora muitas vezes variamos nosso toque e movimentos para trazer prazer inesperado, os movimentos repetitivos da relação sexual têm muito em comum com os movimentos que se repetem na dança xamânica, com sua música usando tambor, chocalhos e sinos. Um ritmo regular e rápido é estabelecido e esse ritmo ajuda a induzir ao transe. O mesmo pode ser dito para ritmos sexuais. Pode-se entrar em um estado alterado de consciência e experimentar o êxtase marcado por uma sensação de deixar o corpo e ir para o Outromundo ou simplesmente expandir a consciência além do corpo, alcançando um ponto de vista "Cósmico".

Muitas pessoas orientadas para a magia relatam profunda consciência, tanto que não pode ser facilmente colocada em palavras durante ou depois do sexo e até no contato espiritual espontâneo. Visões durante e depois não são incomuns, mas por que poucos textos e tradições discutem sobre esse tópico? É que essas "visões" podem ser alarmantes. Talvez muitas de nossas lendas de íncubos e súcubos, que agridem os incautos à noite e tomam seus líquidos sexuais, são simplesmente um espírito fazendo contato durante sonhos eróticos. Colocar essas situações em um contexto ritual, com a intenção específica de comungar com espíritos, viajar para outros mundos ou expandir a consciência pode torná-lo ainda mais poderoso.

Feitiço Sexual

O sexo se tornou um componente da conjuração moderna, encontrando seu caminho nas técnicas favorecidas pelos magos do caos. É uma maneira simples e profunda de "lançar" um feitiço por alguém que, de outra forma, tem pouco treinamento mágico, e é também eficaz para aqueles que são mais avançados em seu entendimento das técnicas e têm experiência.

Basicamente, o desejo é transformado em um sigilo, um símbolo mágico, usando uma simples técnica de alfabeto. Sua intenção é reduzida a uma declaração tão simples quanto possível, normalmente apenas uma palavra. Letras duplicadas são riscadas até que apenas uma permaneça com um pequeno número de letras. Essas letras são combinadas graficamente em uma imagem agradável, que incorpora a intenção e ainda dá à sua mente consciente uma medida da distância da intenção. Essa técnica é ótima para quem é obcecado com os feitiços que lançam. Permite que você não se preocupe com isso, pois não está focado na intenção, mas no sigilo criado a partir da intenção.

Um deles se concentra no sigilo, contemplando-o durante o orgasmo, que pode ser alcançado com um parceiro, grupo ou experiência solitária. O fator importante é que, no momento do orgasmo, e idealmente durante grande parte do ritual, você se concentra no sigilo, não no seu prazer, no prazer do seu parceiro ou em qualquer outro problema de desempenho. O sigilo pode ser pendurado na parede ou no teto, colocado no chão ou até pintado no peito de um/a parceiro/a sexual. Coloque em qualquer lugar, em qualquer mídia que permite uma visão clara durante o orgasmo. A imagem libera um erótico poder no sigilo, em seguida, faça algo para destruí-lo. Lave o corpo, queime o papel ou simplesmente jogue-o fora e o esqueça. A intenção é carregada eroticamente e resultados surpreendentes podem ocorrer.

Fluidos sexuais também podem ser usados em rituais. Algumas tradições usam esses fluidos como sacramentos. Em uma época de maior conscientização sobre a transmissão de DSTs e HIV, tais práticas não devem ser feitas levianamente, ainda assim, elas têm significado e não deve ser rejeitadas e descartadas.

RAISE AND PROMOTION
(tradução: AUMENTO E PROMOÇÃO)

~~RAISEANDPROMOTION~~

SEDPMT

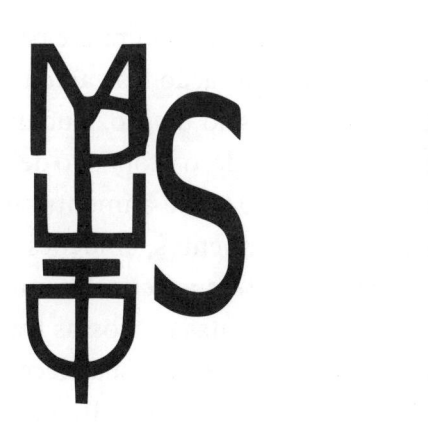 

Fig. 48: Declaração – Cartas – Sigilo 15

Enquanto algumas tradições de Bruxaria usam o sangue como um fluido de unção para magicamente ligar um instrumento ao seu corpo, outras pessoas usam fluidos sexuais para o mesmo objetivo. Ambos contém os poderes da vida e são uma ligação genética com você. Fluidos sexuais podem ser carregados com uma intenção por meio de sigilos mágicos citado anteriormente, usados para ungir instrumentos como o athame, bastão, pentáculo, cálice e caldeirão. Esta técnica deve ser reservada para seus instrumentos pessoais, não para o Coven, o grupo ou para ferramentas públicas usadas por uma comunidade maior.

---

15. N.T.: a frase original foi mantida aqui para que o exemplo da imagem do sigilo fosse preservado.

Obsessão

A obsessão é a ruína do poder sexual. O signo de Escorpião está classicamente ligado com poder sexual e é de fato conhecido como o sinal do sexo e da morte, e os poderes da vida e da morte estão conjugados nele. Escorpião também é conhecido como o signo dos segredos e da obsessão, pois tais poderes estão profundamente entrelaçados com a sexualidade.

Desejo é bom. Como Bruxos/as, passamos grande parte do tempo explorando nosso desejo. Essa exploração nos ajuda a entender o que é o desejo do ego e o que é o desejo divino, ajudando-nos no cumprimento de nossa verdadeira vontade, o propósito de nossa alma no mundo. O desejo por um resultado pode alimentar uma magia poderosa. Colocar todos os seus pensamentos, emoções e intenções em direção a um objetivo declarado até que se torne uma obsessão é uma magia poderosa, ainda assim, muitas de nossas tradições nos ensinam a "soltar" a nossa intenção, ao invés de estabelecer um movimento ou fazer mágica sem "desejo por resultados". Isso é feito porque há uma linha muito tênue entre as forças trabalhando para nós e nós trabalhando para elas. Às vezes, a obsessão assume o controle e a nossa incapacidade de soltar e manifestar frustra nossos esforços, tornando a obsessão autoperpetuadora.

Embora desejo e obsessão possam desempenhar um papel em todas as formas de magia, quando você realmente adicionar o contato sexual a uma prática mágica, estará trabalhando com forças que têm o potencial de levar à obsessão. Algumas pessoas confundem energia sexual com emoções ou relacionamentos definidos. A obsessão por professores, alunos e companheiros de Coven geralmente resultam em uma situação doentia e controladora. Outros ficam obcecados em trabalhar com a energia sexual porque é muito poderosa e nunca aprendem outras técnicas de magia ou como direcioná-la. Eles ficam presos e atrofiados porque agora não têm outras maneiras de abrir os portais. A carga de quebrar os "tabus" magicamente e sexualmente diminuem com o tempo. Uma vez lançada e armazenada a energia quando era nova, passa a não liberar mais as mesmas forças, mesmo que ainda possa ser eficaz. Um componente viciante surge, buscando mais maneiras de estimular a mesma resposta. Em vez de integrar o tabu em sua vida e a consciência de uma maneira saudável, novas linhas a atravessar são constantemente procuradas, sem fazer as pazes com os velhos conceitos. Tais ciclos se tornam difíceis de romper e manter uma prática de Bruxaria.

Moderar mistérios sexuais, reservando-os para ocasiões específicas, em vez de torná-los o foco de toda prática mágica é o melhor conselho para evitar essa armadilha. Também é importante estabelecer e manter formas seculares saudáveis de expressão e relacionamentos. Embora todo sexo tenha um elemento espiritual, nem todo sexo precisa se concentrar em ritual, magia e gnose. Sexo apenas pelo prazer disso, sem outro objetivo, é igualmente sagrado, se não ainda mais.

Aliados para o Grande Rito

A energia sexual é poderosa, primal e catalítica. É fácil se deixar levar não apenas pela energia, mas pelas emoções associadas a ela, e perder a perspectiva. Mantenha isso em mente antes de embarcar seriamente neste caminho.

EXAMINE SUA ÉTICA SEXUAL: você tem ética sexual? Já pensou sobre sexo em termos de conduta ética? Quais são as condições que você tem em relação ao seu comportamento e a sua natureza sexual? Quanto disso foi herdado dos seus pais, sociedade e religiões anteriores e com o quanto você realmente concorda e acredita e por quê? A maioria das pessoas raramente avalia o que eles pensam e acreditam em sexo e criam conflitos internos entre o que acreditam e o que desejam.

EXPLORE SUAS FANTASIAS: se você puder fazê-lo de maneira segura e responsável, explore suas fantasias sexuais. Existe um vasto reservatório de energia reprimida para se libertar. Sua vida e práticas mágicas podem evoluir e se transformar quando você está em um relacionamento consciente com essa energia.

COMECE DEVAGAR: se você tem pouca experiência em sexo ritual, não planeje elaborar rituais. As coisas nem sempre tendem a correr como planejado com rituais sexuais e é bom aprender a controlar sua energia sozinho, antes de se envolver e juntá-la com a energia do outro. Rituais masturbatórios menores podem ser grandes blocos para construir práticas maiores.

GRANDE RITO SIMBÓLICO: enquanto alguns nunca exploram o Grande Rito além do cálice e da lâmina, e acho que isso é uma pena, ainda há um grande poder nos rituais simbólicos. Quando feitos adequadamente, esses rituais estimulam e aumentam a força da vida sexual, mesmo que sem orgasmo corporal. Explore o ritual devagar, meditativamente e com a sua orientação interior. Isso pode desbloquear muitos segredos.

VIDA SEXUAL NORMAL: mantenha uma vida sexual "normal", o que quer que isso possa significar para você. Não dedique tanto da sua energia sexual exclusivamente à magia, de modo que seu amante/parceiro/cônjuge se sinta perdido e negligenciado. Se possível, tente envolver essa pessoa em sua prática sexual mágica. Caso contrário, dedique tempo suficiente para ambos. Não perca o seu relacionamento enquanto procura os mistérios. Bruxas acreditam em um equilíbrio de ambos, pois a magia é encontrada no ritual e em todos os momentos da vida cotidiana.

LIMITES: se estiver trabalhando com outras pessoas sexualmente, estabeleça limites claros e discuta a ramificação emocional de suas ações e das ações de seus parceiros. Independentemente do que alguém diz, você não precisa dormir com seu Sumo Sacerdote ou Alta Sacerdotisa para se tornar um Bruxo ou uma Bruxa. Algumas tradições funcionam sexualmente, então você pode não encontrar o caminho nessas tradições, mas existem muitos caminhos para o poder da Bruxa. Nunca deixe alguém o convencer a fazer sexo quando não quer fazê-lo. Covens que exigirem sexo como parte de seu processo de iniciação deve deixar isso claro no início do seu compromisso com o treinamento e a Tradição. Você não deve estar sobre pressão. O sexo mágico não o absolve dos votos anteriores e de seus compromissos, então decida bem antes de agir e converse com todos os envolvidos. Cuidado com aqueles que usam posições de poder e autoridade para se beneficiar com o sexo ao invés de realmente ensinar os mistérios.

SUPLEMENTOS DE ERVAS: muitas das ervas de transe exibitórias funcionam bem em sexo mágico e no Grande Rito. Algumas ervas têm histórias específicas com a magia de amor e do sexo, talvez por sua ação à base de plantas para excitação e luxúria, como a damiana, usada em chás e sucos, ou a rosa, por suas propriedades mágicas. Geralmente as ervas com influências astrológicas de Vênus e Marte são melhores em magia sexual. Algumas elevam a frequência cardíaca, o metabolismo e a respiração, por isso esclareça qualquer uso com o seu médico, especialmente se você sofre de alguma doença. Jasmim, em especial o óleo de jasmim, aumenta a vibração de qualquer ato, ajudando a elevar a magia sexual à uma forma de alta magia, geralmente considerada segura de usar, embora cara.

SEGURANÇA: aja com segurança e responsabilidade, pois você é responsável pelos resultados de suas ações. Só porque você é mágico e espiritual não significa que ainda não há a chance de estar livre de uma gravidez, DST e transmissão do HIV. Use o bom senso e tenha precauções, mesmo que esteja fora de áreas de risco de saúde e segurança, particularmente em torno da quebra de tabus e explorando o lado sombrio da sexualidade. Embora seja bom ir além da norma, faça-o com apoio e cautela, não a esmo. Determine previamente quais tabus você deseja quebrar e em que cenário. Decidir essas coisas no momento leva a dificuldades.

O Caminho da Dor

O caminho menos explorado pelas Bruxas modernas é o caminho da dor. Foi esse caminho que eu achei mais difícil para ensinar e escrever, por ser um tópico extremamente sensível e maduro, pode haver mal-entendidos e mau uso. No entanto, qualquer manual sobre os caminhos da gnose estaria incompleto sem discutir pelo menos um pouco sobre isso.

A maioria de nós vemos a Bruxaria como uma tradição em êxtase, uma celebração da vida e, portanto, não entende o caminho da dor. Buscamos os caminhos do prazer. No entanto, qualquer boa Bruxa sabe que tudo lança uma sombra. Você não pode buscar a sabedoria de um lado da moeda sem segurar a outra. Elas são inseparáveis. Você não pode saber como curar se não sabe amaldiçoar. Você não aprecia o prazer da vida se não reconhece a dor. Ao contrário de outras tradições que buscam renunciar ao mundo material e minimizar tanto o prazer quanto a dor, as Bruxas encontram sabedoria em ambos, pois há divindade na carne e no sangue no mundo material. Tudo é dos Deuses. Alguns usam a dor como teste para transcender o mundo material e o prazer como uma tentação para a nossa renúncia. Não encontramos nada inerentemente errado ou certo em qualquer um deles. Sua virtude depende das circunstâncias. Quais são seus objetivos e sua intenção? Qual é a sua verdadeira vontade? Só então você pode determinar se o prazer ou a dor será uma ajuda para sua jornada mágica. Enquanto ambos são caminhos para os mistérios e têm sabedoria a oferecer, eu também devo admitir que o caminho do prazer é muito mais fácil de abraçar, pelo menos a princípio.

Muitas das técnicas nos caminhos do movimento extático e de isolamento são fronteiras dos reinos da dor. Exaustão física e luta contra a restrição não são caminhos agradáveis, mas não são exatamente o mesmo que levar a sensações nítidas para induzir a gnose. Várias técnicas podem ser catalogadas e definidas especificamente em um contexto místico. Alguns são encontrados em representações mais tradicionais da Wicca, enquanto outros ouvem as sociedades tribais e o desejo do mundo moderno de capturar algumas das estéticas da cultura tribal em nossa "aldeia global". Hoje, os praticantes Nativos Americanos ainda fazem ofertas de carne e sangue para si mesmos, e realizam rituais como a dança do Sol, mais conhecida pelo piercing doloroso no peito ou nas costas, amarrado a uma corda em um Mastro do Sol.

Uma das razões pelas quais as Bruxas modernas têm tanta dificuldade com dor e sacrifício é a forte associação de sacrifício religioso e sofrimento com cristandade. O crucifixo incorpora a inspiração de tortura para a religião. A ideia de sacrifício está ligada a conceitos teológicos como pecado e salvação, conceitos antitéticos à visão do mundo espiritual da Bruxa. Nós, Bruxos, não acreditamos que qualquer um deve ser sacrificado por nós ou exigir salvação. Não acreditamos em ninguém que possa fazer nosso trabalho espiritual por nós, ou a simples crença que uma figura abrirá os portais da iniciação. Também percebemos que tanta dor e sacrifício, do outro ou de nós mesmos, não é necessário para o nosso crescimento espiritual, e que este é apenas um dos muitos caminhos. Tantas religiões cristãs negam a essência espiritual do mundo físico e seus prazeres, às vezes tentamos negar a essência espiritual encontrada nas dores do mundo físico. Como Bruxos, nossa verdadeira teologia é de moderação, ciclos e estações.

Todas as coisas têm seu propósito e caminho. Sacrifício, ofertas e dor estiveram em grande parte da história Pagã e das tradições baseadas na natureza como as cristãs, mas não são mais assim. Examinando alguns métodos possíveis neste trabalho, podemos ver como e de que maneira a dor pode nos servir hoje.

FLAGELAÇÃO: a flagelação é o ato de chicotear, seja por si mesmo, seja pelo outro. Geralmente é pensado como um castigo ou um ato de estimulação erótica. Isto tem uma história no misticismo, nas tradições Pagãs e cristãs, para uma variedade de propósitos. Na Bruxaria o ritual do chicote é conhecido como "açoite".

BDSM: além da simples flagelação encontrada em vários contextos rituais e sexuais, o BDSM, uma abreviação para os termos "servidão e disciplina/dominação e submissão/sadismo e masoquismo", inclui uma ampla gama de comportamentos e ações.

Geralmente vistos como um subconjunto de fetiches sexuais, muitos praticantes modernos de BDSM encontram uma dimensão espiritual para a prática, e muitos místicos exploram o papel do BDSM como uma técnica mágica. O caminho em si inclui elementos dos caminhos anteriores sexuais discutidos e caminhos de restrição/ isolamento, mas também podem incluir o ato de infligir dor física ou humilhação em um contexto estritamente consensual. A combinação de restrição ou controle com elementos eróticos e dor pode quebrar velhos padrões de identidade e consciência ambiental, semelhante a um ritual mágico. O BDSM se desenvolveu em sua própria subcultura, bem como a LGBT e as comunidades Pagãs, e aqueles que procuram explorar esse caminho da gnose devem buscar mais recursos detalhados e instrutivos dessa comunidade.

PERFURAÇÃO: o ato ritual de perfurar a carne é encontrado tanto em ritos religiosos quanto na sociedade secular. O piercing nas orelhas agora está na moda, não só para as mulheres, mas também para homens, e tornou-se um rito de passagem para muitos adolescentes. O piercing em outras partes do corpo, em uma estética neotribal, também se tornou popular. A localização do piercing pode ter significado espiritual. Eu tinha um companheiro de Coven que perfurou sua língua para observar suas palavras e sempre pensar antes de falar. Piercings pode atuar como uma experiência de união em um grupo. O piercing na orelha estava mais na moda para os homens, e ainda hoje é considerado um tanto rebelde, mas antes era considerado um Rito de Passagem. Quando eu estava em uma banda de rock, tínhamos nossos ouvidos perfurados ao mesmo tempo, forjando um vínculo entre nós. Mesmo não sendo incomum colocar um piercing nas orelhas em casa, visto que é fácil fazê-los, eu sugiro veementemente ir a um profissional treinado com equipamento esterilizado adequado, caso você escolha este caminho.

TATUAGEM: a tatuagem é um método de fazer uma marca permanente com tinta na pele. Como o piercing, já foi considerado tabu, mas agora se tornou bastante elegante. Aqueles em um caminho mágico usam tatuagem para fazer marcas mágicas, para invocar forças específicas em seus corpos e para marcar passagens precisas da vida. Algumas tradições da Bruxaria encorajam a tatuagem como uma marca de iniciação. Muitas tradições tribais veem a tatuagem como uma arte espiritual, e agora existem tatuagens modernas de artistas que também evocam um componente espiritual para o seu trabalho.

IDENTIDADE VISUAL: ao contrário do piercing e da tatuagem, a identidade visual que grava uma marca específica na carne não se tornou moda, mas serve a um propósito semelhante. Este método evoca os poderes do fogo e do metal, trabalhando de maneira diferente da tatuagem e do piercing. Tais cicatrizes podem ser usadas em ritos de passagem e rituais de iniciação, marcando um horário ou um evento muito específico.

CORTE: derramar sangue para fazer magia é uma tradição de longa data. O sangue de um corte ou mesmo o sangue da menstruação é usado para liberar energia. O ato de fazer o corte e a leve dor de um corte superficial concentram a mente. A magia de sangue é uma forma específica de magia, para não ser confundida com questões de automutilação. Um corte é feito apenas em configurações rituais específicas para um determinado propósito, não apenas para aliviar o estresse, liberar emoções ou induzir prazer. A magia de sangue está ligada à palavra "bênção" oriunda do *blétsian* do inglês antigo, que originalmente significa consagrar ou tornar santo com sangue.

OFERTAS E SACRIFÍCIO: "sacrifício" é uma palavra que assusta a maioria das pessoas que não estão profundamente envolvidas com magia. Significa simplesmente tornar sagrado. Aqueles que temem a Bruxaria imediatamente ouve a palavra e pensa no sacrifício humano ou animal. Embora nossos ancestrais Pagãos possam ter praticado alguma forma de sacrifício humano, nós não o fazemos. A maioria das Bruxas Modernas não realiza nenhum tipo de sacrifício de animais. Tradições que ainda o fazem, usam o sacrifício normalmente no contexto de fazer uma oferenda alimentar. Sacrificar animais por comida fazia parte da vida, ao contrário do que acontece com a maioria hoje. Mas o sacrifício sobre o qual estou falando trata-se de fazer uma oferta de algo sagrado e importante para você, para os espíritos, para os Deuses ou a para própria magia. O ato de desistir de algo importante para nós, ou algo difícil de adquirir, possui uma tremenda energia. O ritual de oferecimento, feito sob tais condições, pode induzir novas perspectivas, mudanças em identidade e gnose mágica, diferente de outras formas de transe. Mas a oferta deve ter energia investida nela. Hoje muitas pessoas tentam imitar nossos antepassados Pagãos, mas fazem oferendas de coisas que lhes são inúteis ou intocadas por suas próprias mãos. As ofertas tradicionais sempre significaram algo para as pessoas que a fazem ou algo criado por mãos humanas não existentes na natureza, como várias bebidas, pães, queijo, chocolate, ofertas votivas esculpidas à mão, moedas ou joias artesanais.

PURGAR: o purgar combina aspectos de isolamento e muitas vezes a magia das plantas aliadas. Através do uso de uma dieta restrita com substâncias enteógenas específicas, o místico procura purgar emocionalmente, mentalmente e, principalmente, fisicamente, induzindo o vômito antes de um transe mais profundo. Embora se possa argumentar que não é a mesma reação de dor como as outras técnicas nesse caminho, essas experiências certamente não são agradáveis e carregam uma forma semelhante de liberação psicológica e mágica.

Provação: a provação se refere a qualquer forma de experiência que pareça um teste severo ou sofrimento. Provações são as experiências de vida que ameaçam nos destruir, mas se elas não nos matam, literal ou metaforicamente, acabam servindo para nos fortalecer. Provações são vistas como experiências iniciáticas, sejam rituais controlados, sejam práticas da nossa vida diária.

A dor, em qualquer uma dessas formas, serve como foco. A estimulação física forçada pode focar e aguçar a mente de maneiras tão profundas quanto diferentes, com tambor, dança e privação sensorial. Enquanto todos criam uma reação fisiológica, as endorfinas liberadas pelo caminho da dor são diferentes de outros caminhos. Muitas vezes, o medo da dor é tão estimulante quanto a própria dor. Distinguir entre o medo e a antecipação da dor e a sensação real da dor torna-se uma parte inestimável de uma Bruxa ou Mago no trabalho de "conhecer a si mesmo". Muitas vezes, antecipamos que as coisas são piores do que realmente são e aplicamos poderes psíquico a elas. Enfrentar nossos medos libera esse poder psíquico. Para ter foco através da dor, podemos direcionar esse poder para nossas intenções mágicas.

O Açoite

O açoite é um dos menos utilizados e mais incompreendidos instrumentos das práticas modernas. Muitos de nós têm aversão ao açoite. Eu sei que sim. Lembro-me questionando uma das minhas primeiras professoras sobre o tema do açoite, já que isso constava em alguns materiais de leitura que ela exigia. Ela respondeu com desagrado: "Nós não fazemos essas coisas hoje. Eu nunca deixaria um homem me chicotear". E esse era o entendimento que eu tinha do açoite por muitos anos.

Para aqueles que treinaram em linhas tradicionais não britânicas e tiveram a influência dos psicodélicos americanos e tribais, o açoite era pensado como uma ferramenta arcaica. Um chicote ritual curto, com várias extremidades, semelhante a um gato de nove caudas, na maioria das vezes feito de couro.

Geralmente o açoite é visto como um dispositivo de punição usado para prejudicar ou torturar, ou uma ferramenta de automortificação, muitas Bruxas agora acreditam que é um remanescente dos magos cerimoniais trabalhando em um quadro judaico-cristão orientado para o castigo, ou o açoite está em nossa tradição devido aos fetiches sexuais pessoais de Gerald Gardner, naturalista e fundador do movimento da Arte Moderna.

Quanto ao uso do açoite na Antiguidade, a flagelação tem alguma história em práticas Pagãs antigas, embora muitos poucos pensem que Gardner a recebeu como parte de uma linhagem Pagã, ainda existem algumas semelhanças entre seus instrumentos de trabalho e os do Culto de Mitras.

Nas obras de arte de Osíris, o Deus egípcio da fertilidade e dos mortos, temos uma representação de um mangual com o cajado nas mãos cruzadas de Osíris em repouso. Embora fosse fácil ver um açoite, esse mangual provavelmente foi usado para debulhar trigo, marcando seu poder agrícola como um Deus Verde, embora seja possível também ter sido usado no Egito antigo para bater nos escravos. O cajado é símbolo do papel de Osíris, e do faraó, de "pastorear" seu povo. As Bruxas modernas imitam as representações de Osíris na "Posição de Deus" (capítulo cinco) enquanto segura o açoite e a varinha para o mangual e o cajado.

Uma das primeiras referências à flagelação ritual é o Ritual da Diamastigosis, realizado no Santuário de Artemis Orthia, em Esparta. Os rituais se originaram em um religião pré-olímpica, e a figura de Orthia era representada por um xoanon, uma efígie arcaica esculpida em madeira. Um grupo de caldeireiros, liderado por uma Sacerdotisa segurando o xoanon, flagelaria um grupo de jovens do sexo masculino tentando "roubar" queijos sob a guarda dos flageladores. Ao contrário dos nossos modernos rituais de açoite, o sangue seria derramado no altar. Esse foi possivelmente um ritual agrícola, com ritual de danças, donzelas e premiado com uma foice. De acordo com o filósofo Plutarco, em sua Vida de Aristides, o ritual era mais uma comemoração de um evento das guerras greco-persas. Eventualmente, na era romana, os rituais se transformaram em um espetáculo de sangue, atraindo os curiosos e sedentos de sangue, em vez de um ritual sagrado para Artemis Orthia. Os seguidores de Dionísio foram representados usando flagelação em seus ritos. Outras referências à flagelação, mas não em detalhes, foram feitas entre os filósofos romanos como sendo parte de ritos religiosos. O culto romano mítico tinha instrumentos semelhantes aos da Bruxaria Moderna, como um bastão, taça, lâmina e prato, além de uma espada e o "Chicote do Sol", que soa como um açoite de algum tipo.

Quanto ao uso do açoite por Gardner, não temos certeza de como ele chegou às nossas tradições, apesar de uma teoria popular, com a qual certamente alguns dos meus primeiros professores concordam, foi que Gardner o adicionou porque simplesmente gostava da excitação. Muitos acreditam que suas regras a respeito de "ritos vestidos de céu" (nus), jovens Sacerdotisas, Grande Rito e açoite são baseados em sua afinidade pela exploração do nudismo e da sexualidade, ao invés de qualquer tradição antiga da Arte. Era uma maneira aceitável para ambos envolver outros em suas explorações sexuais que, de outra forma, seriam condenados por aqueles que o rodeavam. Torná-lo "espiritual" tornou-se o mais aceitável. Encobrindo-o no mistério da tradição, ele foi colocado além do julgamento. E, embora possa haver verdade em tais afirmações, Gerald Gardner tem sido uma grande influência sobre como as Bruxas operam hoje. Difícil descartar seus pensamentos e escritos de imediato, sem examiná-los pelos valores que temos hoje.

Gardner achou que o açoite era uma ferramenta poderosa, perdendo apenas para o Grande Rito em termos de elevar a energia, pois "estimula e excita o corpo e a alma, ainda que facilmente retém o controle". Sendo um homem com problemas respiratórios, ele encontrou no açoite um método poderoso, mas fisicamente mais fácil para aumentar a energia, em comparação com a dança e a fumaça do incenso.

Enquanto o sal, a água, a fumaça e o fogo foram usados para purificar o ambiente e o corpo, dizem que o açoite purifica a alma. Após sua apresentação nos Rituais de Primeiro Grau, ele é descrito como uma ferramenta de "poder e dominação e de também causar sofrimento e purificação, pois está escrito que, para aprender, você deve sofrer e ser purificado". E o mais importante, o açoite desempenha um papel no mito da iniciação da Descida da Deusa.

Baseado nas lendas de Astarte e Inanna, a Wicca tem sua própria versão da Descida da Deusa. Embora tenha havido muitas versões escritas e reescritas, o mito essencial, frequentemente representado como uma peça de teatro nas cerimônias de iniciação, é o mesmo. Nossa Deusa desce ao Submundo para resolver os mistérios da morte. Ela enfrenta provocadores nos portais e é despida de suas joias e vestuário, além de ser cortejada pelo Senhor do Submundo e de rejeitar seus avanços. Rejeitando o beijo, ela se depara com o açoite dele. Tal açoite o liga a Osíris como Deus do Submundo. A Deusa então o aceita, o que não é apenas um aceite de seus avanços, mas uma aceitação de amor e até mesmo aceitação pela morte, por final, para que tudo possa renascer, e a ela é ensinada "todas as mágicas" permitindo que encontre, assim, alegria e conhecimento.

A Lenda da Descida da Deusa

Nossa Deusa nunca havia amado, mas ela decidiu resolver todos os mistérios, até o mistério de Morte: e então viajou para o Submundo.

O Guardião dos Portais a desafiou: "Tire as suas roupas, ponha de lado as suas joias; porque nada podes trazer contigo para esta terra". Então ela se despiu de suas vestes e as de suas joias e foi amarrada, como são todos os que entram nos Reinos do Senhor da Morte, o Poderoso.

Tal era sua beleza que a própria Morte se ajoelhou e beijou seus pés, dizendo: Abençoados são seus pés, que te trouxeram por este caminho. Fique comigo; mas deixe-me colocar minha mão fria no teu coração.

Ela respondeu: "Eu não te amo. Por que você faz com que todas as coisas que eu amo e me deleito desapareçam e morram?".

"Senhora", respondeu a Morte, "isto é o tempo e destino, contra o qual eu sou impotente. A idade faz todas as coisas murcharem, mas quando os homens morrem no fim dos tempos, dou-lhes descanso, paz e força, para que possam retornar. Mas tu! Tu és adorável. Não retorne; fique comigo!".

Mas ela respondeu: "Eu não te amo".

Então, a Morte disse: "Já que não recebes a minha mão sobre o teu coração, tu deves receber o açoite da Morte".

"Esse é o meu destino – melhor que seja assim." Ela disse.

E ela se ajoelhou e a Morte a açoitou com ternura. E ela chorou: "Eu sinto as dores do amor".

E a Morte disse: "Abençoada Seja!" E deu-lhe o Beijo Quíntuplo, dizendo: "Somente assim podes alcançar a alegria e o conhecimento", e ele ensinou a ela todos os mistérios, e eles se amaram e se tornaram um, e ele deu a ela todas as magias.

Pois existem três grandes eventos na vida do homem: Amor, Morte e Renascimento num novo corpo; e a Magia controla todos eles. Para realizar o amor, você deve retornar novamente ao mesmo tempo e lugar que o seu amado, e deve se lembrar dele e amá-lo novamente. Mas para renascer, você deve morrer e estar pronto para um novo corpo, e para morrer você deve nascer; e sem amor você não pode nascer; e essa é toda a Magia.

O açoite está quase sempre ligado ao beijo, e esse emparelhamento nos ensina os dois lados da vida – dor e prazer, disciplina e liberdade, maldição e cura, azaração e conciliação, morte e vida. Agradecemos a todos que amam e nos deleitam, porque esse mundo material é transitório. Vemos dois lados da mesma moeda que é a nossa vida. A grande questão iniciática envolvendo o açoite é: "Você está disposto a sofrer para aprender?" De muitas maneiras, o açoite é símbolo da provação e do sofrimento que frequentemente passamos na vida, mas deixando-nos mais sábio com essa experiência. Nos Círculos Wiccanianos de inspiração cabalística, o beijo é a "ferramenta" de

Misericórdia, o Pilar de Luz da Árvore da Vida, o açoite é a ferramenta da Severidade, o Pilar Escuro. Em tais tradições, o açoite, assim como a espada, é a ferramenta simbólica da esfera "superior" de Geburah, o reino da consciência denotando poder e força. Nos instrumentos mais tradicionais, ou pentáculos rituais, o beijo é marcado como um "S" e o açoite como um "$" (não uma representação do cifrão, como muitos erroneamente acreditam que seja, pois para as linhas tradicionais britânicas o cifrão americano teria pouco uso já que eles usam a libra.)

Fig. 49: Pentáculo Tradicional

Nos ritos de iniciação, o iniciado é açoitado para mostrar o movimento da energia e da magia através da Lei do Retorno, e nas iniciações mais elevadas, o iniciado então flagela o iniciador mais três vezes, para mostrar em ritual o poder do três na Lei do Retorno. O que você faz retorna para você três vezes.

Em termos de operação mágica, o açoite funciona através de dois princípios além o uso da dor como foco. Alguns dizem que induz a estados alterados de consciência através da mudança do fluxo de sangue dentro do corpo. Quase todos os Bruxos e Bruxas britânicos tradicionais não o usariam para ferir a pele e tirar sangue, mas para conduzir o sangue para a área estimulada e mudar a consciência no cérebro para induzir ao transe. Este fluxo faz parte do processo de purificação.

A segunda teoria é que desperta a energia sexual, seja pelo fato de que tais atos são sexualmente sugestivos, abrindo a energia sexual reprimida, ou diretamente flagelando os pontos sacro e períneo, estimulando a energia do chacra raiz e fazendo com que ele desperte em algo semelhante à experiência do despertar da Kundalini, fornecendo purificação, poder e consciência alterada. É por isso que o açoite é muito usado em um ambiente de iniciação, para elevar uma energia inicial e felicitar a corrente de energia que a pessoa recebe do seu iniciador, conectando-a com a linha da tradição.

O açoite em si muitas vezes tem simbolismo em sua elaboração. Diferentes grupos criam seus açoites de maneira diferente, mas geralmente os fios de couro são três, cinco ou nove. Outros usam mais fios, embora três, cinco e nove sejam mais tradicionais para um açoite. Cada um desses números é sagrado para nossas tradições: a Deusa Tripla, os cinco pontos do pentagrama e a associação com nove dos ciclos lunares e o número de meses de gestação humana. Alguns açoites tem fios simples, enquanto outros são chicotes com três fios trançados. Outras vezes eles têm nós, geralmente cinco, que é o número de Geburah, a esfera cabalística de força e poder. O cabo é um passador de madeira, geralmente de nove a doze polegadas, sendo doze o número de signos do zodíaco. Os chicotes de couro são afixados à madeira com pregos de ferro ou amarrados a um gancho. O cabo pode ser pintado ou também envolto em couro. Alguns açoites que eu vi têm alças feitas de chifre de animal.

Os rituais de flagelação costumam usar esses números, principalmente os múltiplos de três, embora rituais de açoite extasiados não se preocupem em contar o número de amarrações. Nos dias de hoje, com tradições politicamente corretas, não fazem seus açoites de couro, mas de fita, e move-se tão suavemente que, pouco efeito físico ocorre. Tais praticantes acreditam que é a sensação, não a dor, que induz ao transe e faz a purificação, mas não tenho tanta certeza. Outros perdem-se na prática severa do uso, causando vergões ou extraindo sangue. Embora isso certamente altere a consciência, pode fazer com que a cerimônia não seja bem conduzida. No contexto moderno, um lugar entre os dois extremos é o melhor – não causar ferimentos, mas fazê-lo com força suficiente para ser sentido.

A Marca da Bruxa

A origem histórica da Marca da Bruxa vem dos julgamentos na era europeia da Bruxaria. Em sua busca por Bruxas "satânicas", os inquisidores acreditavam que o Diabo marcava suas Bruxas iniciadas de forma específica, considerada insensível à dor. Isso era feito pela garra do Diabo, um beijo, lambida ou uma marca vermelha ou azul feita por seu ferro mágico em brasa. Conhecido por alguns como os *Estigmas do Diablo*, a marca era para ser um símbolo visível do pacto entre o Diabo e a Bruxa, com seu espírito familiar mágico e de poder. A marca pode assumir forma de verruga, cicatriz, marca de nascença, calo, mancha ou um terceiro mamilo. Bruxas acusadas deviam ser despidas, ter os cabelos raspados, para procurar por uma marca incomum em um local "oculto", como axila ou outra cavidade do corpo. As marcas seriam "picadas" com alfinete ou outro dispositivo afiado, dando origem a termo "picando uma Bruxa" para ver se sangrava ou causava dor. Se não houvesse dor, era então definitivamente considerada uma Marca de Bruxa, embora os inquisidores geralmente sempre encontravam algo que consideravam como sendo a marca em uma Bruxa acusada, independentemente de a marca encontrada ter sua origem completamente natural e normal.

Às vezes, nos registros dos julgamentos das Bruxas da Inquisição, encontramos histórias interessantes que podem ter origens em tradições genuínas da Arte, mas a maioria das histórias que encontramos são imaginações fantasiosas dos inquisidores reprimidos. A Marca da Bruxa tem alguma verdade mágica nisso? A controversa antropóloga Margaret Murray acha que sim, e acredita que a marca era uma tatuagem iniciática do antigo culto à Bruxaria. A maioria dos estudiosos desconsideram as ideias de Murray e o fato de tantos tipos diferentes de marcas se passarem com sendo Marca da Bruxa, pois essas marcas não parecem ser uma tatuagem consistente ou padrão de cicatrizes de uma religião organizada. No entanto, as ideias de Murray inspirou espiritualmente grande parte do Movimento da Bruxaria Moderna, explorando verdades espirituais se não completamente verdades literais.

Hoje, muitas tradições de Bruxaria falam sobre a Marca da Bruxa. Alguns acreditam que é um fenômeno totalmente psíquico. Marca da Bruxa, ou Marca de Caim, é uma marca na aura, geralmente perto do Terceiro Olho, que concede visão à Bruxa. Outras Bruxas reconhecem essa marca na aura, mas ela fica invisível para todos os outros.

Algumas Bruxas Modernas acreditam que aqueles que nasceram para a Arte têm alguma marca visível como a que o Inquisidor procurava. Não é a marca do Diabo, mas uma marca para indicar um dos poderes das Bruxas, ou das antigas linhagens de famílias de Bruxas.

Por fim, as Bruxas Modernas usam o conceito da Marca da Bruxa exatamente como Murray descreveu, mesmo que não tenha uso histórico comprovado durante o Tempos da Inquisição. Algumas Tradições Modernas de Bruxaria usam tatuagem ritual como uma marca de iniciação. A Tradição Blue Star da Wicca e a Tradição Cabot de Bruxaria costumam usar o ritual de tatuagem como um sinal de iniciação. A prática da tatuagem ritual pode não ser o sinal de um Culto Europeu das Bruxas da Idade das Trevas, mas muitas tradições pagãs e tribais mais antigas usaram a tatuagem como uma marca para os ritos de passagem e de iniciação. Elas também são marcas da Arte, símbolos mágicos e religiosos, adornos cosméticos permanentes, expressão criativa e, às vezes, até punições a párias e criminosos. Enquanto a palavra "tatuagem" vem do *tatau Samoano*, as práticas de tatuagem através de vários métodos são encontrados em todo o mundo, desde pelo menos o tempo Neolítico. Várias "múmias" da Eurásia foram encontradas com tatuagens. Na Era Europeia Pré-Cristã, a tatuagem era comum entre os tribais celtas, alemães e escandinavos, e a prática só declinou com a cristianização da Europa. Embora a tatuagem fosse conhecida no Mediterrâneo, ela geralmente só era aplicada a escravos.

Fig. 50: Marcas de Tatuagens das Bruxas Modernas

Minha primeira tatuagem foi uma marcação ritual muito específica. Um ensinamento que mantenho é que isso não é uma marca "cósmica" da idade adulta, até a conclusão do primeiro retorno de Saturno, com a idade de vinte nove anos e meio. A marca era um Ritual de Iniciação pessoal no tempo da idade adulta cósmica com o sigilo da pessoa. Eu escolhi uma tatuadora muita talentosa que é também uma Sacerdotisa Gardneriana e Mestre de Reiki, com ideias espirituais muito intensas sobre a tatuagem marcando o corpo e a alma. Ao receber minha marca, ela comentou sobre o fato de eu estar sendo marcado na região lombar para iniciação, semelhante como é feito na Tradição Gardneriana, a região lombar é açoitada para dar origem à ascensão da Kundalini na coluna vertebral. Ela achou esse paralelo bem interessante.

Cerca de uma semana após a conclusão da tatuagem, fiquei gravemente doente com uma pneumonia, algo que eu nunca tive antes. Não foi uma reação alérgica à tinta como um médico poderia dizer, mas acredito que foi uma reação inicial, ainda mais intensa que a purificação espiritual, semelhante a que ocorre na iniciação ao Reiki. Embora eu nunca busque especificamente a dor e o delírio da doença, este sempre foi um portal para o meu crescimento e meu desenvolvimento espiritual. Eu recebi muita informação, cura e transformação durante sonhos febris. Consegui me recuperar o suficiente para viajar para a Inglaterra a negócios. Lá, eu me encontrei com um Sábio da Bruxaria e, ao discutir diferenças de Tradição e minha experiência com a tatuagem, ele me deu um açoite artesanal feito com uma alça de chifre de veado. As Tradições em que eu treinei não usam esse açoite, mas quando cheguei em casa, coloquei-o em um lugar de honra no meu altar para contemplação adicional. Imediatamente a minha chegada, fiquei doente de novo, mas não conectei este fato à presença do açoite no altar. O altar é um microcosmo para sua vida e seu ser, e tudo o que você acrescenta ou retira dele tem um efeito em você. Depois de mais duas semanas de doença tive um sonho aonde a Deusa veio até mim e disse: "Você aprendeu o suficiente por enquanto? Você sofreu o suficiente?", e me mostrou em uma imagem que era para eu retirar o açoite do altar. Eu o fiz e fiquei completamente recuperado dentro de alguns dias. Essa experiência me mostrou a direta ligação entre a marcação ritual e o poder do açoite.

Obviamente, a marcação ritual e tudo o que está associado a ela não é um ato do cotidiano da magia, mas uma mudança muito significativa e permanente. A gnose tem essa prática durante esses rituais de marcação e os resultados subsequentes são para grandes atos de transformação ou encantamentos permanentes sobre o eu interior. Algumas Bruxas se marcam com sinais mágicos de proteção, boa sorte, amor e saúde. Embora muitos hoje façam tatuagens por "diversão" sem nenhum objetivo específico, acredito que seja um ato sagrado e deve ser levado a sério.

Para um uso mais comum da marcação, embora sem o fator da dor, tatuagens temporárias de henna e outras tintas corporais podem ser usadas para marcar com sigilos encantados, além de poder serem usadas para mudar de identidade temporariamente. Você pode marcar a si mesmo com imagens associadas à energia que deseja invocar, como sinais de animais, runas e sigilos de poder. Explore e experimente uma marcação ritual e veja quais efeitos elas evocam para você. Uma ideia melhor das forças da marcação corporal vai chegar a você e, assim, vai poder fazer uma tatuagem ritual com uma melhor compreensão de seu poder.

Sangue Mágico

A magia de sangue é um assunto polêmico, um dos muitos críticos bem-intencionados deste manuscrito sugeriu que eu a evitasse inteiramente, mas não acho que se possa falar eticamente sobre esse caminho da gnose sem falar sobre a magia de sangue. A maioria das Bruxas Modernas esquivam-se da magia de sangue, embora ainda possua muitas tradições tribais e formas mais antigas de ensino da Arte.

O sangue é a água da vida. É a parte de nós que se conecta com os oceanos do Planeta. O ferro do nosso sangue o torna vermelho, conectando-nos ao ferro da terra. As tradições em todo o mundo veem isso como sagrado, reverenciado e temido. O vinho em nosso cálice, assim como o graal do cristianismo, é símbolo do sangue. Muitas de nossas tradições de magia vem do *Sang Real* (Sangue Real), um jogo de palavras de *San Greal*, ou Santo Graal, conectando nossos mistérios do caldeirão ou da taça àquele do sangue. Para Bruxas, este não é o mistério teórico da linhagem de um messias, mas o mistério contido em nosso sangue. Muitas tradições ocultas mais antigas falam do sangue de Bruxa, sangue das fadas, sangue dos anjos, sangue de Deus ou sangue das estrelas correndo em nossas veias. É no sangue que nossa força vital vive. Podemos tê-la através da respiração, mas a armazenamos e circulamos no sangue. Nós a herdamos de nossos antepassados. E o derramamento disso pode fazer magia.

Essa magia de sangue é o material dos piores pesadelos para as Bruxas que procuram ensinar a todos que somos normais, não somos tão diferentes, simplesmente oramos à nossa maneira. Então temos que explicar coisas como a dança do transe, enteógenos, magia sexual, restrição e agora dor e sangue e parecemos muito diferente do cristão que frequenta a igreja dominical. E nós somos. Nós exploramos as fronteiras. Nosso caminho não é para todos, e mesmo em nossas Tradições, o caminho da magia de sangue não é para todos. Em um esforço para "des-sensacionalizar" a Bruxaria e distanciá-la de qualquer coisa que possa ser percebida remotamente como satânico, suprimimos quase todos os ensinamentos sobre o sangue.

Gerald Gardner descreveu a verdade sobre a magia do sangue e nos advertiu sobre seu uso na seção Poder, em seu Livro das Sombras.

> Os feiticeiros usavam principalmente o sacrifício de sangue; e enquanto consideramos que isso é mau, não podemos negar que esse método é muito eficiente. O poder brilha no sangue recém-derramado, ao invés de ser exalado lentamente como em nossos métodos. O terror e a angústia da vítima aumentam o entusiasmo, até um animal pequeno pode produzir enormes poderes. A grande dificuldade está na mente humana, controlando o poder da mente animal inferior. Mas feiticeiros afirmam ter métodos para efetuar isso e que a dificuldade desaparece quanto maior o animal usado, e quando a vítima é humana, desaparece completamente. (A prática é uma abominação, mas é verdadeira.).

Essa imagem do "feiticeiro maligno" cometendo sacrifício de sangue com outro animal ou com o ser humano, é a imagem de pesadelo que as Bruxas Modernas procuram evitar. Com tantos cultos satânicos assustadores nos Estados Unidos no final do século 20, as Bruxas querem ter uma imagem saudável e pura. Muitas pessoas pensam que todas Tradições são a favor do sacrifício. Quando comecei minha jornada, minha própria mãe inicialmente recebeu treinamento na Arte, porque sentiu que era um culto de sacrifício e foi comigo para me manter seguro, ao invés de tentar me forçar a sair. Felizmente, nós dois descobrimos que a Arte ao qual ingressamos não tinha nada a ver com sacrifícios de animais ou humanos.

A Bruxaria Moderna é exatamente isso, Moderna. Embora explore as fronteiras, ela geralmente trabalha dentro das regras sociais acordadas da lei e da cultura. Vários escritores históricos podem falar sobre as práticas do Rei Sagrado quanto ao sacrifício do líder como procuração para renovar a terra, mas isso não faz parte da nossa sociedade de hoje e não é feito por Bruxas Modernas. Muitos acreditam que tais sacrifícios antigos eram voluntários, e que outras execuções rituais involuntárias eram muito parecidas com a pena de morte de hoje, por uma sociedade religiosa que não tinha um conceito real de instituições penais. Nós temos outras opções e hoje somos uma sociedade secular completamente diferente. Nossas tradições antigas deveriam governar a Terra não mais do que qualquer outra religião, pois vivemos no que é suposto ser uma sociedade secular.

O sacrifício de animais é outra questão. Novamente, a maioria das Bruxas Modernas acha essa ideia repulsiva. Em uma cultura moderna, somos bastante separados de nossas fontes de alimentos. Enquanto muitos comem carne, não há uma relação direta com esses animais consumidos, não há participação direta de suas mortes da maneira que nossos ancestrais relativamente recentes faziam e muitos que vivem em fazendas ainda o fazem. Eu só tenho que voltar para a geração da minha mãe para encontrar tal relacionamento na minha família. Embora ela morasse em uma cidade, membros da família criavam galinhas e ela participou da coleta de ovos, da matança das galinhas e da retirada das penas. Algumas Bruxas Modernas escolhem estilos de vida vegetarianos integralmente nesta área. Outras buscam mais consciência e gratidão em relação a fonte de alimento, e algumas poucas buscam participação direta nos ciclos da vida e da morte, experimentando um estilo de vida agrícola, mesmo que por pouco tempo.

Hoje, as tradições religiosas que ainda honram o sacrifício de animais estão ligadas às suas tribos, raízes e as fontes de seus alimentos. As tradições das diásporas africanas em particular usam sacrifício de animais como parte de seus rituais. Os sacrifícios rituais são feitos da maneira mais humana possível. O animal é cozido e comido com amor, e uma porção é compartilhada com os espíritos sobre um altar. Tais praticantes, mesmo vivendo em um ambiente moderno na sociedade de agora, não estão tão desconectados da fonte de seus alimentos e as vê como sagrada, uma maneira de comungar com o divino.

Enquanto tradições como a do Vodu e a Santeria são frequentemente difamadas e confundidas com satanismo, na verdade, elas são mesmo mais parecidas com Bruxaria, embora muitas Bruxas tenham perdido contato com os fatos básicos da vida, morte e sangue em suas próprias vidas. E as igrejas satânicas modernas não têm nada a ver com sacrifícios de animais ou de humanos. Aqueles que afirmam ser satanistas e praticam tais rituais estão simplesmente imitando estereótipos retratados em filmes, televisão e outras mídias. Eles geralmente não têm nenhuma base na prática espiritual ou mágica.

Por fim, existe o potencial frequentemente esquecido de usar seu próprio sangue na magia. Infelizmente, a afirmação de Gardner parece desconsiderar as possibilidades de autossacrifício de uma pequena quantidade de sangue, em vez do sacrifício de outro. Tais rituais de sangue têm uma história e tanto, incluindo juramentos de sangue e formação de "irmãos" de sangue, a magia que os praticantes modernos consideram aceitável, dentro da razão.

O mago moderno Aleister Crowley era um defensor de certas formas de magia de sangue. Embora ele certamente tenha usado a palavra "sangue" em alguns escritos como um código para os princípios superiores ocultos, em *The Mass of the Phoenix*, ele defende um ritual diário, realizado por todos os magos ao pôr do sol, exigindo a retirada de sangue do peito para ungir um bolo sacramental. Várias interpretações ocorrem em torno desse ritual, embora a maioria suponha que ele pretendia realmente tirar sangue, mas não necessariamente para deixar uma marca ou ferir.

Existem várias desvantagens na magia do sangue. As primeiras e mais importantes são as questões de automutilação. Prejudicar a si mesmo, muitas vezes através do corte, para aliviar emoções e estresse mental, tornou-se um distúrbio mais prevalente em nossa sociedade, praticada principalmente entre os adolescentes. Infelizmente, muitos podem pensar que essa lição é justificativa para a autoagressão como algo "espiritual" ou "mágico". Não é. Essa magia não é um enfrentamento, um mecanismo a ser feito com frequência, mas um ato de magia feito raramente, e apenas em casos onde é necessário.

A principal desvantagem mágica para esta técnica é que ela não pode ser feita com frequência. Você pode perder somente uma pequena quantidade de sangue para se manter fisicamente saudável e menos ainda para ser magicamente saudável. Se o sangue é semelhante à força vital, o sangramento remove a força vital que não é facilmente reabastecida com qualquer outra técnica. Muitos outros métodos permitem que você reabasteça a energia através do sono, da respiração e da alimentação. Já com o sangue, para a sua regeneração, ele precisa ser reposto fisicamente na medula óssea. É mais difícil do que reabastecer a energia psíquica pura, que pode ir e vir facilmente.

A magia do sangue é um ato de retornos decrescentes em termos de poder. O uso inicial pode liberar muito poder, mas os usos subsequentes da técnica, sem um longo tempo de pausa, libera menos poder. A mesma quantidade de energia requer mais sangue, criando uma espiral de destruição que pode ser bastante prejudicial. Por isso, eu só defendo a magia do sangue em circunstâncias específicas:

JURAMENTOS: esta prática é muito importante e muito específica para o Eu Interior e/ou para os Deuses, e podem ser selados com uma oferta de sangue. Tais juramentos realmente colocam os feitiços em movimento. Você promete aos poderes o que será feito através de seu esforço e de sua adesão.

MAGIA DA PROTEÇÃO: feita somente quando todos os outros métodos de proteção falharem, e apenas uma vez para qualquer situação. O derramamento de uma gota de sangue em uma magia de proteção, adicionada a uma Garrafa da Bruxa ou a uma vela de feitiço de proteção pode ser imensamente poderoso. O ferro no sangue associado à força vital dá à magia um poder adicional para protegê-lo. O sangue não deve ser derramado para proteger os outros com esse tipo de magia.

SANTIFICAÇÃO: algumas tradições defendem rituais de unção com uma gota de sangue ao consagrar instrumentos pela primeira vez.

ATERRAMENTO: você pode conectar sua consciência ao próprio local onde vive ou trabalha com magia, derramando algumas gotas de sangue na terra como uma oferenda aos Espíritos do lugar. Esta "alimentação" da força vital pode conectá-lo profundamente e de muitas maneiras, e também com a terra, na maioria das vezes. Isso vai lhe dar muito mais em troca em termos de sabedoria, poder e conhecimento. As ofertas de sangue não são a única maneira de se vincular com a terra, mas uma das mais profundas e imediatas. A desvantagem é que é difícil quebrar a ligação se você deseja se mover ou parar de fazer mágica nesse local.

OFERTAS: em casos muito raros e em relacionamentos com deidades padroeiras, a divindade pode pedir uma oferta de sangue para você. Isso não será feito o tempo todo, apenas em ritos e ocasiões especiais, mas não é algo inédito a ser exigido. Obviamente que se deve usar discernimento na situação, perguntando ao ser em questão o que essa oferta significa e quais repercussões terá para ambos. Se você sente que a situação não é para o seu bem maior, decida educadamente e ofereça outra coisa. Água enferrujada, ou seja, água misturada com ferro ou pó de ferro enferrujando, geralmente substitui o sangue.

INICIAÇÃO: algumas tradições exigem derramamento de sangue na iniciação, seja como oferenda aos Deuses da tradição, seja como um ritual semelhante à adoção do "irmão/irmã de sangue", que é uma técnica de mistura de sangue. Neste dia, em que temos conhecimento transmitido por esses métodos, uma alternativa é ter ambos, o iniciado e o iniciador, derramando sangue sobre a mesma intenção, geralmente um objeto ritual, pedra, ou parte de terra sagrada. Usando o princípio mágico de contágio, uma vez que as duas coisas são tocadas, elas sempre serão, uma vez que seu sangue tocou algo, vocês estão ligados, mesmo que essa gota não esteja mais em seu corpo. Há conexão e uma energia transferida.

A perda de sangue certamente pode induzir à gnose, mas é difícil recuperar uma gnose potencialmente mortal. Perder ritualmente sangue suficiente para causar tonturas é bastante prejudicial, expondo-o a infecções e danos graves. A quantidade de sangue necessária para as magias que acabamos de ver é de apenas algumas gotas, facilmente disponível com uma picada ou um pequeno corte raso. Todos os instrumentos devem ser esterilizados e todas as feridas completamente lavadas e cobertas, idealmente com uma pomada curativa à base de plantas. Bálsamos e óleos de confrei são ideais para picadas de agulha, mesmo as menores. Se você estiver em dúvida, não realize essa prática.

Um aspecto da magia do sangue que está aberto às Sacerdotisas da Arte é o uso de sangue menstrual em um ritual. Tais ações contêm o poder do sangue sem os mesmos perigos associados a ferir-se.

O Caminho da Provação

Provações são sofrimentos. São testes. É o martelo da vida que desaba sobre nós e nos faz reagir, responder ou reavaliar como operamos fisicamente e espiritualmente. Provações são fontes de dor, porém diferente da dor que descrevemos até agora neste capítulo. São as dores da vida. Nem toda a dor desse caminho é induzida através de um ritual controlado. Muito disso vem por meio das lições da vida, pois a dor pode ser psíquica, mental e emocional, além de física. Como trabalhar com essa dor e as novas percepções que ela cria, é um meio de medir quem somos e quem seremos.

Originalmente, essa era uma forma tribal de justiça. Alguém acusado de transgressão era submetido a uma provação, uma situação ou tarefa com risco de vida, acreditando que a justiça divina poderia dispensá-lo. Se o acusado sobreviver, a inocência será declarada. Se a morte for o resultado, será declarado culpado. Presume-se que o divino desempenha um papel nos testes se pronunciando sobre o valor do indivíduo. É possível que muitos sobreviventes fossem culpados, mas, sob esse ponto de vista, julgavam-se arrependidos e incentivados a viver novas vidas, renascendo através do julgamento e determinados a não cometer o mesmo erro. Outros que morreram podem ter sido inocentes, mas quando apresentados a um teste de habilidade, de inteligência, de coragem ou de poder, não conseguiram enfrentar o desafio e foram considerados indignos de continuar pelos resultados de suas ações.

Para as Bruxas modernas, as provações são as experiências iniciáticas. Para alguns de nós, elas são iniciações rituais, como o padrão de três graus da Wicca britânica, com ameaças apontando espadas e açoites rituais. Para outros, são iniciações dos Deuses e dos espíritos. Por fim, podem ser as iniciações da vida, as provações e os desafios de saúde, família, carreira e sociedade. Qualquer iniciação tem muito em comum com o julgamento divino. Nem todos os que solicitam a iniciação são considerados adequados e aceitos. Mesmo quando um professor não tem critérios para rejeitar um aluno, as energias de uma tradição pode não "pegar" e, às vezes, o processo de "limpeza" de iniciação leva as pessoas a enlouquecer ou as deixa doentes, criando um teste adicional além dos limites do círculo ritual de iniciação. A magia está frequentemente na forma como a dor, a loucura ou a doença são manipuladas, ao invés de um julgamento sobre sua ocorrência.

Provações da vida criam novas percepções. Nossas mitologias mais antigas sobre o significado da iniciação são tanto mágicas quanto mundanas para os dias de hoje. Uma das minhas provações favoritas da mitologia é a de Odin, o Pai Nórdico que foi pendurado na Árvore do Mundo Yggdrasil por nove dias e nove noites para adquirir a sabedoria mágica das runas. Muitos leem esse mito e veem uma imagem semelhante à carta do Enforcado do Tarô. Um dos significados desta carta, em nível pessoal, é o de se sentir preso, como se a vida o dominasse e você não pudesse avançar ou recuar. A lição espiritual da carta é saber se render à nova situação, mergulhar nela, permitir-se ser enforcado e não mais lutar, até ver o mundo de uma nova perspectiva. Imagine ser pendurado de cabeça para baixo. Você veria tudo completamente diferente. Quando você está energeticamente pendurado, percebe as coisas de maneiras diferentes também. A provação representada pela retirada da carta do Enforcado é uma oportunidade de entrar em um novo estado de consciência, ver as coisas de outro jeito e encontrar novas conexões e oportunidades não aparentes. Os sofrimentos vêm para nos testar, mas também para nos indicar novas direções e nos forçar a explorar novas opções.

Fig. 51: Carta do Enforcado

Choque e medo fazem parte do processo de provação, seja na vida, seja por meio de um ritual de processo. Os rituais são projetados para abafar a consciência e nada altera mais sua consciência como medo – medo da dor, medo da morte ou simplesmente medo do desconhecido. Muitos dos rituais de isolamento, como as missões de visão, podem trazer à tona medos, tornando o ritual uma provação. Eu ouvi falar de Rituais de Iniciação no Mistérios do Egito que exigiam que o iniciado pulasse em um abismo negro e confiasse em uma corda para agarrar e abaixar-se até atingirem um piso invisível. Ou de um Ritual de Iniciação Pagã que imita a morte, colocando a pessoa em uma caixa e sobre ela terra, por um curto período de tempo. E até de um Ritual de Iniciação Tradicional Britânico, onde alguém está com os olhos vendados, amarrado e posto à ponta de uma espada, até surgir o medo. E então eu me questionei: "no que eu me meti?" "Posso confiar?"

"Vai doer?" A vida muitas vezes nos traz situações como esta, onde nos questionamos. Muito melhor enfrentar primeiro essas perguntas e testar nossa coragem no ritual, para então saber que somos capazes de lidar com as iniciações da vida.

A dor psíquica revela lugares de perturbação na psique. Experiências que perturbam um indivíduo e não outro pode revelar locais de repressão e traumas que trancam o poder psíquico. A exploração dessas dores em um ritual, ou enfrentá-las em vida, abre os portais e derrete esse poder congelado, tornando-o disponível para nós e ajudando-nos a integrá-lo ao todo. O trabalho que muitos praticantes rotulam de "Trabalho das Sombras", enfrentando seus medos reprimidos, raiva, ciúmes, ressentimentos e repulsão, é doloroso, mas no final das contas, esclarecedor, curador e mágico. Tal trabalho das sombras, conforme descrito em *O Templo da Bruxaria Xamânica*, é um ritual induzido em forma de provação. Trabalhos informais da sombra, induzidos pela vida, podem ser igualmente potentes quando aplicados com a intenção correta.

Intensos períodos de dificuldades, dor e trauma nesta vida, são chamados para manter sua disciplina espiritual. Isso se dá enquanto você percebe novas oportunidades e opções no manuseio dessas dificuldades. Pensamos na espiritualidade como um luxo, quando a vida fica difícil, a primeira coisa que sai pela janela é a nossa prática espiritual e nosso ponto de vista. Achamos que temos que ser "reais", mas quando realmente praticamos isso, não há nada mais real e fundamentado. É da nossa consciência espiritual lidar com nossos problemas e tomar decisões de vida, mesmo diante de dificuldades, doenças, família, crises, dificuldades de emprego, catástrofes financeiras e emergências sociais. Mesmo quando não podemos agir, temos a consciência de que a situação gerada é uma oportunidade de crescimento espiritual, conscientização e revelação direta do espírito. Isso é, verdadeiramente, a gnose, nossa revelação direta, o conhecimento direto do divino para ser aplicado em nossa vida.

Ferimento

Embora o uso controlado dessas técnicas seja encontrado em muitas tradições, é importante notar que esse caminho para os mistérios não é de masoquismo total. Caso você o siga, isso não exige que se machuque sem sentido ou use-o como seu único método de gnose em detrimento da sua saúde e bem-estar, físico ou psicológico. Lesões sem sentido e permanentes são as sombras do caminho da dor.

Muitas dessas técnicas são usadas em configurações iniciais, pois literalmente marcam grandes mudanças na vida. Usar piercing, fazer tatuagem e estigmatizar não devem ser realizados levianamente. Muitos que veem tais tradições tanto espirituais quanto as artísticas acreditam que marcam sua alma tanto quanto seu corpo, alterando sua vibração energética. Você não precisa se submeter a uma marca permanente para realizar um ritual simples.

Embora tradições de épocas passadas possam ter sido aceitáveis ou necessárias em uma sociedade antiga, existimos em uma sociedade moderna e devemos trabalhar nessa sociedade, com suas regras, costume e padrões. Houve um tempo em que os sacerdotes de Cibele se castravam em honra à Deusa, em emulação do Deus Attis. A castração seria feita voluntariamente e em um ritual extático, mas hoje a maioria o vê como um ritual horrível. A Deusa não exige isso de nenhum de nós. Não precisamos nos mutilar para adorar e trabalhar nossa magia. Esta mesma sociedade antiga tinha muitos costumes, ofertas e ritos que hoje não seria aceitável, pois nossa própria cultura mudou e evoluiu ao longo do tempo. Não se engane, não pense que o sacrifício físico que envolve lesões seja necessário. Estes seguidores e Sacerdotes castrados, conhecidos como *Galli*, provaram um papel mais mítico, modelo para aqueles que experimentam um caminho transgênero em nossa sociedade, do que um modelo para automutilação fora do contexto do tratamento médico.

Uma pessoa passa pelo caminho da dor somente quando necessário. Um dos preceitos da Bruxa é cuidar da saúde e do bem-estar do mundo material e de nossos próprios corpos. Se você continuar se machucando, provavelmente não será forte suficiente para lidar com o trabalho físico e psíquico de um Sacerdote ou Sacerdotisa dos Mistérios. Seu corpo ficará muito frágil e você acabará fracassando em sua busca, independentemente do seu limiar de dor. Como em qualquer caminho, tudo o que é demais é prejudicial, assim como muitas dessas técnicas de dor, que são implacáveis em seus resultados e há pouca margem para erro.

Aliados para o Caminho da Dor

Os seguintes pontos devem definitivamente ser lembrados ao percorrer o caminho da dor:

DEPENDÊNCIA: a estimulação da dor pode ser biológica e psicologicamente viciante. Os praticantes desse caminho devem estar sempre vigilantes, perguntando a si mesmos se suas ações são necessárias para a situação em questão. Se as técnicas se estenderem no que pode ser rotulado como "uso recreativo" ou "configurações ritualísticas", isso não é desculpa para um potencial uso desmedido. Examine as possibilidades de dependência, use algum método de dor que não cause danos duradouros, como o açoite, por exemplo, que pode fazer parte da recreação sexual, embora quanto mais usados forem em caráter recreativo, menos efeito mágico vão ter.

AJUDA EXPERIENTE: muitos dos rituais de dor ou de qualquer provação devem ser supervisionados por um profissional experiente sempre que possível. Ter alguém que sabe seus limites, físico e psicológico e em posição de oferecer ou procurar ajuda, é imensamente importante. Encontrar ajuda experiente pode ser difícil e pode requerer olhar além da comunidade Neopagã. Muitos na comunidade BDSM estão se abrindo para profundas experiências espirituais, assim como a comunidade Pagã está se abrindo para a espiritualidade do BDSM.

Questões sobre automutilação: se alguma dúvida surgir sobre a possibilidade de o caminho da dor poder levá-lo ou não à arena psicológica da automutilação – prejudicando-o fisicamente, geralmente com cortes no corpo para lidar com seus pensamentos, emoções e vida –, então procure ajuda profissional. Assim como podemos ficar fisicamente viciados em sensações fortes, podemos usar a automutilação de maneira inadequada para lidar com problemas psicológicos e acabar fazendo mais mal, literalmente, do que bem. Se você já tiver problemas de automutilação no passado, eu desencorajo você a percorrer esse caminho da gnose.

Danos feitos por outros: embora o potencial de automutilação possa estar presente, outro aspecto, menos falado, é o potencial de um professor, mentor ou companheiro de aliança prejudicar ou machucar, intencionalmente ou não, a quem ele assisti ou acompanha. Alguns ficaram zelosos demais com o açoite tirando sangue, o que não é o objetivo da técnica de flagelação Wiccaniana. Para aqueles que trabalham no caminho da dor e não sabem onde estão os limites nesta técnica, ter uma "palavra de segurança" como as usadas no BDSM, pode ser útil. Combinem uma palavra incomum, que provavelmente não terá nenhuma função de reproduzir conversas em um cenário BDSM e que, quando falada, geralmente pelo submisso, indica o desejo de parar, interromper ou reavaliar a fronteira sendo cruzada. Portanto, se a qualquer momento você sentir que alguém cruzou uma linha e você se sentir inseguro, tenha o controle final e sua própria vontade será reconhecida pelo grupo ou pelo professor. Embora possa ultrapassar limites, apenas você pode determinar o limite da linha.

Método do elástico: um método simples de usar o caminho da dor na vida cotidiana, sem chance de ter lesões, envolve um elástico. Se você tem um pensamento padrão ou hábito que deseja transformar, mas até agora não teve êxito, use o caminho da dor para reprogramar sua consciência. Coloque um elástico em seu pulso e, toda vez que você iniciar o processo indesejado – tendo pensamentos prejudiciais sobre si mesmo, reclamando, usando palavrões, comendo demais, racionalização, etc. – puxe o elástico e solte. Não faça isso tão forte a ponto de machucar ou fazer bolhas, mas o suficiente para causar uma reação em seu corpo e em sua mente. Isso quebra o padrão e dá a você a oportunidade de alterar sua consciência e escolher uma ação diferente, mais alinhada com seus objetivos declarados.

NÃO É PARA TODOS: esse caminho não é para todas as Bruxas, algumas andam próximas ao limite, quem deve determinar o que funciona melhor é você. Como eu não estudei em uma tradição que enfatiza o açoite, meus amigos da Wicca Britânica Tradicional gostam de me provocar sobre minhas habilidades de açoitamento. Não é um caminho que me abre muitas portas, tanto para dar como para receber, se comparado a trabalhar com plantas aliadas, dança, respiração e energia sexual. Eu explorei esse caminho para não ter medo de enfrentá-lo e para poder saber o que ele tem para oferecer, mas não é uma prioridade no meu próprio trabalho ritual. Da mesma maneira que pode ou não ser o caminho certo para você.

O Poder da Terra

Um dos caminhos mais esquecidos da gnose em uma tradição que se considera "a Terra-base da espiritualidade", é o caminho da terra. Nosso relacionamento com a terra é um caminho ao poder, à cura e à iluminação. Infelizmente, muitos Pagãos hoje não vão para fora com frequência suficiente para descobrir essa verdade. Eu compreendo. Eu também treinei em um templo com tradição mais orientada, com muitos ritos internos. E enquanto eu ainda pratico muita magia dentro de casa, tive outros professores e amigos enfatizando a importância de meditar fora de casa, realizando rituais em meio à natureza, simplesmente estando sob o céu aberto ou sob a copa das árvores. Através desta exploração do meu relacionamento com a terra onde eu moro e os lugares que visito, minha magia cresceu. Sinto-me tão fortalecido com esse relacionamento que abre os portais da magia, que senti a necessidade de incluí-lo entre os caminhos de poder, mesmo que este não seja um dos oito tradicionais, assumindo-o, simplesmente, como uma parte subjacente da nossa magia. Nestes tempos modernos, com o nosso estilo de vida atual, nem sempre o caminho da terra é aparente. Incluí-lo como um caminho enfatiza a importância da terra e do seu espírito em todos os nossos trabalhos. Não importa o caminho escolhido para gnose, o local que você pratica afeta seu resultado.

Locais Sagrados

Quando as pessoas pensam pela primeira vez no poder da terra e no conceito de locais sagrados, elas assumem que é preciso visitar lugares históricos, tradicionalmente considerados sagrados pelos antigos povos. Locais sagrados evocam a imagem de Stonehenge, as pirâmides de Gizé, o buttes de Sedona ou os templos da Grécia e de Roma. No entanto, existem locais sagrados por toda a paisagem, às vezes em nosso próprio quintal, literal ou figurativamente. Você não precisa ir muito longe para encontrar esses pontos, se tiver olhos para vê-los e ouvidos para ouvi-los. Eles se abrem para buscadores sinceros e compartilham sua sabedoria quando abordados com respeito.

Os povos antigos escolheram certos locais específicos como sagrados, talvez devido à suas propriedades inerentes, e algumas culturas aprimoraram essas propriedades estruturando-as, de montes simples a templos mais elaborados. Locais sagrados têm uma coisa em comum: eles ajudam na indução do transe. Este estado de transe é percebido como um senso de admiração, de reverência ou de se maravilhar com a divindade do lugar, e essa percepção nos abre para outros níveis de consciência.

Um fator que ajuda a induzir a essa percepção alterada é a liminaridade. Um local é liminal se estiver na fronteira, no meio entre um lugar e outro. Lugares e tempos liminares fazem maravilhas na indução de transe. Locais sagrados estão frequentemente nos limiares, são os lugares de transição entre dois estados, tipicamente dois terrenos diferentes representativos de mundos espirituais diferentes. Uma das razões pelas quais a Bruxa está associada ao limite é a fronteira que existe entre a clareira e a floresta, entre a civilização e a natureza indomável. É um lugar de transição, cheio de frutas e venenos. Existe tanto riscos quanto bênçãos nesses lugares. A imagem da fronteira mais tarde se tornou sinônimo de véu. Um trabalhador xamânico pularia a cerca viva ou passaria pelo véu, efetivamente fazendo a mesma coisa com simbolismo e técnicas diferentes. Locais que imitam essa verdade espiritual, lugares com coberturas reais ou veladas, ajudam na transição.

Locais liminares são portais entre diferentes níveis de consciência e diferentes mundos. Embora cada um seja único, aqui estão alguns pensamentos comuns sobre os espaços sagrados para ajudá-lo em sua própria pesquisa sobre a terra ao seu redor.

PAISAGEM: as principais características da paisagem física imitam as principais características da paisagem espiritual, e são esses os pontos que podem ser usados como entradas. Qualquer coisa que chame sua atenção e traga seu foco para o poder da natureza pode ser um local sagrado. Locais de transição na natureza ou o centro de tais regiões podem ser pontos sagrados. As montanhas alcançam os céus, conectando terra e céu. Ilhas, estejam elas em um oceano ou no centro de um lago, conectam terra e água. Os rios marcam o fluxo não apenas de água, mas de energia, e os principais pontos ao longo do rio podem ser espaços sagrados. A floresta em geral é um lugar mágico, pois o ponto de transição se adentram nela. Lugares de poder podem ser encontrados em uma floresta, como uma colina, um vale ou uma clareira. O centro de uma grande planície ou deserto também pode ser um local sagrado. Cada um desses locais também podem trazer o mistério adicional do isolamento, pois geralmente estão longe de outras pessoas. Esse isolamento na natureza pode induzir a consciência ao transe.

TERRA, CÉU E MAR: embora os espaços de transição entre duas áreas sejam sagrados, a junção da trindade sagrada das características da paisagem – terra, mar e céu – marca um importante local de sacralidade e poder. Os três recursos também são indicativos dos três mundos, encontrados com destaque nas visões de mundo greco-romanas e celtas. O céu é o mundo estelar, enquanto a terra é obviamente o mundo terrestre. O mar é representante do mundo profundo, do Submundo ou da Terra dos Mortos. Muitos percebem o Submundo como uma terra no oceano ocidental distante, não como um reino abaixo. As falésias e enseadas à beira-mar são excelentes locais para trabalhos mágicos, assim como os deltas de rios despejando no mar.

Cavernas: assim como as rachaduras e as fendas na terra, as cavernas são consideradas portais para o mundo abaixo e foram usadas como abrigos, templos e câmaras de iniciação desde os primórdios da humanidade. Sua estrutura imita tanto o ventre da Deusa quanto a tumba nos mistérios da ressurreição. Alguns observam que o útero e a tumba são, na verdade, o mesmo lugar metafísico, pois nascer em um mundo é morrer no outro. Em termos de estrutura, as paredes e os tetos das cavernas se tornam uma "tela" nas quais podemos projetar nossas imagens internas, como se fosse um cristal. Iluminado pelo fogo, o jogo de luz e de sombras na parede de uma caverna pode ser hipnotizante. O uso de pinturas rupestres podem direcionar a narrativa do mundo interior, fazendo de certas cavernas, câmaras decoradas com símbolos específicos para tipos particulares de rituais. Alguns praticantes da magia especulam que os desenhos das cavernas eram códigos tanto para os povos antigos quanto para os modernos, que sabem como usar esses locais para despertar memórias ancestrais e poder terrestre. O oráculo de Delfos é conhecido por ser influenciado por gases subterrâneos liberados em sua câmara de uma fenda, para induzir ao transe. Embora a maioria das cavernas não possua esse recurso, as câmaras têm a tendência de alterar a percepção e o corpo energético, induzindo novos padrões de consciência e modos de pensar. Só é preciso passar um curto período de tempo em uma caverna, grande ou pequena, para sentir sua influência sobre a psique.

Poços: da mesma forma que as cavernas, rachaduras e fendas, os poços sagrados também são lugares onde o reino terrestre e reinos ctônicos se encontram. Em vez de descer às profundezas, os poços são uma insurreição de bênçãos e poder do Submundo. Tradicionalmente, eles são fontes de cura, bênção, longevidade e insight mágico. As ofertas são feitas em poços, geralmente na forma de amarrar um pano com uma oração escrita a uma árvore próxima ou deixar um pão do lado de fora. Alguns jogam moedas ou outras ofertas votivas nos poços, mas hoje os cuidados devem ser feitos para não contaminá-los com materiais hostis ao meio ambiente ou que possa intoxicar a água, que pode ser retirada do poço e mantida para uso futuro, levando o poder desse local sagrado para outras regiões. Tive resultados surpreendentes usando as águas do poço de Bridget, na Irlanda, e do Cálice Vermelho de Glastonbury, além de usá-las em outro continente na minha prática de cura nos Estados Unidos.

PORTAIS NATURAIS: de maneira simples, portais são formações naturais que imitam a forma de um uma porta. Podem ser duas árvores proeminentes juntas, como as partes verticais de um batente de porta – particularmente quando essas árvores são carvalhos e/ou freixo. Às vezes as árvores e as raízes crescem de tal maneira, que criam uma abertura, como uma curva onde se pode rastejar através dela. Na magia e na medicina populares, rituais para deixar a doença para trás no portal podem ser feitos, curando indivíduos de ambos os males, pequenos e grandes. Se a área não foi usada para cura, pode ser usada como um portal para o Outromundo. Portais também podem ser lugares onde as pedras formam uma porta natural para uma área selvagem, ou uma abertura na formação rochosa, onde pode-se caminhar ou rastejar. Tais portais formam templos naturais, reconhecidos por quem tem olhos para ver e usá-los como são.

VÓRTICES GEOMÂNTICOS: chamadas de Linhas Ley nas tradições Ocidentais, essas linhas de energia da terra se conectam e convergem, criando vórtices de energia que ligam os céus e a terra. São locais sagrados, hoje famosos por serem pontos de convergência de energias geománticas. Muitos dos principais locais de interesse histórico também tem lugares onde essas linhas se conectam. Embora mais conhecido nas Ilhas Britânicas, de acordo com a teoria dessas linhas de energia, elas correm por todo o Planeta, inclusive em áreas próximas a você. Uma das linhas mais poderosas que eu já senti correr essa energia foi através de um parque público em Ohio, não muito longe de alguns montes Nativos Americanos.

LOCAIS CONSTRUÍDOS: enquanto muitos templos construídos estão em locais escolhidos pelas qualidades discutidas anteriormente, outras vezes um local é escolhido por pessoas, antigas ou modernas, por ser imbuído de qualidade ou de poder. Muitas vezes essa é a intenção, como na construção de uma igreja no mundo moderno, por exemplo, onde a prática de colocar essas igrejas em locais sagrados Nativos ou Pagãos não continuou, mas a igreja, por si só, constrói um poder solene. Outras vezes não é intencional e tem como base as condições de vida em uma área ou de um prédio específico. Playgrounds podem assumir uma qualidade particular, que indica crianças alegres brincando, mas algumas insinuações podem assumir certa qualidade sinistra, com base nas vidas e nas experiências daqueles que viviam dentro de seus muros.

Exercício: Encontrando Seus Próprios Locais Sagrados

Procure explorar a área em torno de sua casa ou do seu local de trabalho em busca de um local sagrado. Frequentemente esses locais são selvagens, porque os melhores pontos estão longe de olhares indiscretos, para muitos de nós que moramos em um ambiente urbano, esse lugar pode ser até um parque público. Saia e veja onde você pode encontrar lugares liminares, portais e vórtices geomânticos.

Energia Geomântica

Um dos principais componentes indutores de transe em muitos locais sagrados é a energia geomântica presente lá. Locais diferentes têm energias diferentes e que afeta a consciência humana de maneiras diferentes. O Planeta Terra é uma ser vivo e tem muitas das mesmas estruturas encontradas nos seres humanos. Os rios são seu sangue. As pedras e montanhas são seus ossos. As florestas são seus pulmões. Nos ensinamentos da medicina holística moderna e de modelos médicos antigos, como na medicina tradicional Chinesa e Ayurveda Indiana, diz-se que os humanos têm caminhos invisíveis de energia, meridianos

nos sistemas Chineses ou *nadis* na Ayurveda. A força da vida é transportada ao longo destas linhas, como o sangue é transportado ao longo das veias. E diz também que a Terra está coberta por linhas de forças invisíveis, guiando sua própria energia vital. Essas são as conhecidas Linhas Ley, que eram originalmente consideradas antigas trilhas retas marcadas por pedras e outras formações naturais, conforme descrito por Alfred Watkins em seu trabalho inovador, *The Old Straight Track*. Dion Fortune foi a primeira a passar essa ideia adiante no seu romance *The Goat Foot God*, o conceito de tais linhas atualmente são conhecidos como Caminhos de Poder Mágico. Embora o uso das Linhas Ley como tais caminhos mágicos seja novo, o conhecimento do folclore mágico antigo que menciona caminhos em que os espíritos atravessam mais facilmente, sendo as estradas de almas e ancestrais, fadas, Bruxas e da caça selvagem, não é. Nas tradições do Feng Shui Oriental, as linhas de poder estão associadas a dragões, e talvez no Ocidente elas também tenham sido associadas aos dragões ou serpentes da terra. Muitos locais sagrados da era Pagã foram reivindicados pela Igreja Cristã e dedicados a São Miguel, o matador de demônios, diabos e dragões. Talvez Dion Fortune estivesse divulgando seu conhecimento secreto em treinamento esotérico ou simplesmente redescobrindo algo que as Bruxas populares sempre souberam. A imagem de São Miguel foi reivindicada pela Nova Era como uma das principais linhas de energia masculina, semelhantes ao canal *pingala* dos chacras. A Linha de Miguel percorre vários locais sagrados na Inglaterra, ambos Pagãos e Cristãos, incluindo Glastonbury Tor.

Essas linhas cruzam o mundo como uma treliça ou uma rede, ligando locais sagrados conhecidos e desconhecidos, criando uma grade. Como nossos próprios meridianos, existem lugares de particular interesse nos caminhos, lugares onde o poder se eleva ou onde várias linhas se cruzam, criando um vórtice de poder conectando a terra com o céu e as estrelas acima. Embora a energia seja frequentemente descrita como linhas retas, nesses pontos de poder ela pode ser um espiral dentro ou fora do centro. O ritual realizado nesses lugares podem ser incrivelmente poderosos, pois qualquer intenção será transportada pelo sistema de grade de energia pelo Planeta inteiro. As poderosas zonas geomânticas nos permitem explorar a consciência do próprio Planeta e afeta a tudo e a todos. Da mesma maneira, o fluxo funciona ao contrário, pois esses lugares incentivam a consciência do Planeta a alcançar e comungar conosco, aumentando nosso senso de conexão espiritual com a Terra e todos os filhos dela.

Exercício: Radiestesia

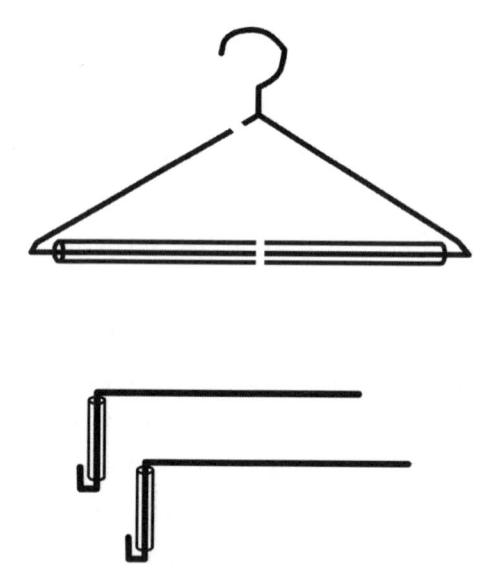

Fig. 52: Hastes de Radiestesia

Muitas hastes de radiestesia vem do ramo "Y" da avelã, que as Bruxas mergulham na água para a adivinhação, e dos fios de cobre duplo em formato de "L". Essas hastes podem ser compradas ou fabricadas muito facilmente. Para fins de localização das Linhas Ley, prefiro hastes de radiestesia de cobre ou de arame, que podem até serem feitas de cabides de metal. Crie duas formas em L, com uma alça curta e um final mais longo. Coloque algo cilíndrico ao redor da alça curta para permitir que o próprio fio gire e se mova conforme sente a energia. Você pode usar o tubo de papelão encontrado em muitos cabides, um corpo de caneta ou qualquer outro tubo de plástico. Limpe e consagre-os como faria com qualquer outra ferramenta (veja o capítulo quatorze) e, com a intenção de encontrar Linhas Ley, ande por aí. Onde as hastes se cruzam é uma linha. Ao andar em uma grade na área que você está mapeando, pode encontrar as linhas e onde elas fluem. Onde duas ou mais linhas se cruzam é um ponto poderoso para rituais e meditação.

A energia geomântica está associada aos fluxos de água subterrânea. Alguns praticantes acreditam que, enquanto parte do fluxo de água é benigna, outras formam formas geopáticas com zonas de estresse, campos de energia que induzem doenças naqueles que passam um tempo prolongado nelas. Com intenção mágica, esses campos também podem ser apagados e quando necessário, neutralizados. Linhas tóxicas podem ser quebradas enterrando um pedaço de tubulação de cobre perpendicular à própria linha, fora da habitação. Isso divide o fluxo de energia e a dissipa. Campos maiores podem ser dissolvidos magicamente com um cristal energizado ou outro talismã para a redução e remoção de energia tóxica, enterrando os no campo de energia. Mais informações sobre como resolver questões sobre o estresse geopático podem ser encontradas no meu livro *Ascensão Mágica*.

Genus Loci

Originalmente, um termo da tradição Romana, o *genus loci* é um espírito protetor de um lugar. Mais amplamente, no ocultismo moderno, refere-se ao espírito de um lugar, protetor ou não. O *genus loci* foi adotado na arquitetura e design como uma metáfora para o sentido de localização, não um espírito real, mas as Bruxas modernas o veem literalmente como uma inteligência não humana intimamente ligada à terra e a um lugar específico.

Enquanto os espíritos da natureza são a força animadora de uma planta, árvore, pedra ou riacho, o *genus loci* é o espírito coletivo de um local. Casa, floresta, montanha, negócios, construção, parque, bairro e até uma cidade inteira pode ter um *genus loci*. Dependendo do escopo definido por um ocultista em particular, *genus loci* maiores podem abranger cadeias de montanhas, países e continentes inteiros. Outro termo associado a ele é o *anima loci*, a força animadora de um local. Para os fins deste trabalho, um *genus loci* ou *anima loci* é o espírito de uma área onde procuramos fazer um trabalho mágico. Aprender a se comunicar com o espírito do lugar pode ser efetivamente útil para desbloquear o poder da terra e facilitar seu trabalho mágico.

Uma variedade de espíritos baseados na natureza estão associados ao *genus loci*. Elementais são igualados aos espíritos da natureza, mas tecnicamente sua natureza é apenas um dos quatro elementos clássicos – Terra, Ar, Fogo ou Água. Eles são as inteligências desses quatro poderes e espíritos da natureza e os *genus loci* são mais complexos que o espírito elementar.

As fadas são popularmente equiparadas aos espíritos do lugar. Enquanto muitas pessoas igualam fadas e espíritos da natureza, para Bruxas tradicionais, a maioria deles é uma raça mais antiga, intimamente ligada à natureza e aos antepassados, mas são diferentes de ambos, cumprindo o papel tanto de guardiões da Terra quanto de tutores para determinados seres humanos. Espíritos domésticos, como fadinhas ou elfos domésticos, são semelhantes ao significado original do *genus loci*.

O termo *deva*, das tradições hindus, tem sido usado para fadas e espíritos da natureza. Originalmente *deva* significa "Deus brilhante e reluzente", referindo-se ao "pequeno" Deus da natureza em comparação com as divindades hindus cósmicas, que foi adotado pelo pensamento teosófico e disseminado nas tradições da Nova Era. Naquelas tradições, o deva é geralmente definido como o espírito abrangente de uma espécie de planta, animal ou mineral, ou o espírito geral de um local, guiando e dirigindo espíritos individuais que constroem e habitam dentro do corpo físico da natureza. Os grandes devas são conhecidos como devas super iluminados. Nesse sentido, um deva pode ser sinônimo do *genus loci* de um lugar. Você pode recorrer ao deva super iluminado de uma floresta, parque ou cidade, por exemplo.

Nas modernas tradições do Paganismo do Norte, a partir dos mitos teutônicos, o termo "terra firme" se tornou mais popular. De fato, de muitas maneiras, essas tradições tem um pouco da melhor compreensão dos espíritos da terra, com maior terminologia do que outras tradições neopagãs. O termo "criatura da terra" geralmente significava "ser" e referia-se a seres sobrenaturais. Citado no Conto das Carruagens, um mito poético de JRR Tolkien, mais tarde foi adotado como um termo para criaturas mortas-vivas semelhantes a zumbis ou vampiros e popularizadas na dramatização em jogos e filmes de ficção e fantasia. O significado original é mais parecido com o islandês *landvaettir*, os espíritos protetores da terra e do país e geralmente se traduz em "criatura da terra" e é usado tanto pelos pagãos da tradição do Norte como pelos Pagãos modernos e Bruxas tradicionais. Eles compartilham semelhanças, mas são distintamente diferentes dos elfos, anões, dos gigantes e dos trolls. Nas tradições anglianas orientais, o termo *hyter-sprite* poderia denotar um espírito semelhante, de natureza protetora, uma fada mais brincalhona, frequentemente sob a forma do pássaro andorinha da areia. O termo *alfreka* se refere a profanar terras por ação humana, onde o espírito da terra foi ferido, expulso ou destruído. Espíritos hostis da terra são conhecidos por vezes como *meinvaettir*.

Embora sejam espíritos não humanos, em uma ordem diferente de evolução e de inteligência que tem a humanidade, os espíritos da terra são todos individuais e, cada um, independentemente do termo usado, comporta-se de maneira diferente e desenvolve diferentes relações com indivíduos particulares. Você pode fazer uma conexão com um espírito da terra que não ressoe comigo e vice-versa, como as amizades no mundo humano.

Exercício: Comunhão Com o Genus Loci

Escolha um lugar onde você deseja comungar com seu *genus loci*. Venha para o local com uma oferta. Tradições diferentes têm ofertas diferentes, e diferentes locais ressoam com diferentes ofertas. Nas Ilhas Celtas, oferendas de pão, queijo, manteiga, creme, mel e cerveja são adequadas. Nas tradições do Novo Mundo nativo, fubá e tabaco são mais tradicionais. Ofertas modernas com história tradicional inclui bolos feitos à mão, vinho, cerveja, álcool, mel, chocolate, doces e outros guloseimas. Vá para a entrada do local, a abertura, antes de você entrar no corpo espiritual. Faça uma oração sincera e uma oferta ali. Peça para ser seu amigo e construir um relacionamento. Medite e use sua intuição. A oferta foi aceita? Você deve sentir uma mudança de energia e ser bem-vindo pela terra. Peça permissão para entrar. Você sente isso? Então continue. Explore o lugar e, enquanto estiver em comunhão psíquica com o espírito da terra, peça permissão para realizar um ritual. Se você não tiver uma comunicação psíquica clara da terra, poderá usar um pêndulo para determinar respostas sim/não, solicitando que a terra se comunique com você através do pêndulo. (Para aqueles não familiarizados com o funcionamento do pêndulo, instruções são encontradas no livro *Templo Interior da Bruxaria*.) A terra abrirá pontos de energia e portais quando você estiver pronto para experimentá-los.

Se parecer certo, logo após o desenvolvimento de um relacionamento com a terra, peça ao *genus loci* um símbolo da sua conexão, uma pedra, um bastão ou outro item natural da terra. É apropriado fazer outra oferenda neste momento, trocar a energia ou deixar sua própria retribuição segura e não tóxica, como uma moeda, para conectá-lo com a terra. Tais trocas só devem ser feitas quando você estiver pronto para formar um vínculo com a terra. Podem ser criadas parcerias mais profundas para locais específicos e espirituosos da terra, oferecendo sangue de forma simples e segura, mas não recomendo, a menos que você esteja certo de que planeja morar nas proximidades e trabalhar magicamente lá por um longo tempo.

Permanência

A desvantagem de encontrar um lugar de poder que facilite sua capacidade de entrar em transe e comungar com os poderes do Outro-mundo é a falta de habilidade que você parece ter em outros lugares. Quando se está continuamente indo para um local com condições ideais, seus talentos naturais podem atrofiar, pois estão abaixo das circunstâncias necessárias. Como um atleta condicionado a jogar em um determinado "em casa", quando ele perde a "vantagem do campo em casa", fica além da sua zona de conforto. Encontrar um lugar natural de poder não substitui a prática contínua e a experimentação. Embora seja importante construir um relacionamento com o local onde se vive e pratica, uma boa Bruxa sabe que a magia existe em todos os lugares e deve ser capaz de realizá-la fora de seu ambiente natural e território de origem. Viagens de trabalho, férias e outras viagens não devem forçar alguém a abandonar uma prática de magia. Quem confia demais em um só lugar corre o risco de ficar fixo naquele local, incapaz de praticar magia em outro ambiente. Traga magia e transe para outros áreas da sua vida e aprenda a fazer rituais e meditação em vários lugares.

Aliados para o Caminho do Espaço Sagrado

Os seguintes pontos devem ser lembrados ao trabalhar com locais sagrados:

LUGARES TÊM VIDA: do ponto de vista da Bruxa, lugares são seres vivos e devem ser tratados como tal. Embora sejam inteligências não humanas, você deve tratá-las com o mesmo respeito com que trataria outra pessoa. Assegure-se de que possa fazer solicitações, ofertas apropriadas e construir um verdadeiro relacionamento recíproco com o lugar.

O TEMPO MUDA: os locais sagrados estão intimamente ligados à terra e às estrelas. Eles podem mudar em diferentes momentos do dia, estação e ciclos astrológicos. A energia que encontramos em um momento pode não permanecer consistente. Veja a seguir como entender os ciclos em conjunto com os lugares sagrados:

Locais urbanos: só porque uma área é desenvolvida não significa que ela não tenha energia e poder. As cidades são frequentemente construídas sobre vórtices, com o *genus loci* chamando a energia apropriada. Você encontrará muitos pontos de energia em uma área de ambiente urbano, embora muitas vezes sua energia tenha uma sobreposição da comunidade humana construída ao redor e sobre ele. Você deve trabalhar para alcançar o profundo poder da terra. Meu primeiro livro, *Cidade Mágikca*, é um guia para explorar o poder do ambiente urbano.

Poder maligno: nem todos os locais de poder indicam poder benigno. Há muitos lugares de poder palpável que podem inicialmente chamar nossa atenção, mas após inspeção, o poder não está bem disposto para fins mágicos benignos ou acolhedores para a humanidade. Muitas tradições nativas reconhecem regiões da natureza não destinadas ao contato humano. Essas regiões não são necessariamente más no contexto humano, mas elas não estão predispostos a trabalhar conosco de forma construtiva, como muitos outros locais. Um urso não é um mau animal, mas não se deve acampar em sua caverna para fazer ritual e esperar que fique tudo bem. Esses locais devem ser tratados como um urso adormecido e evitados.

Além do Tempo

Enquanto a localização da magia influencia o trabalho e pode ser um portal para o transe, o momento em que a magia é realizada também é uma oportunidade para aumentar o estado de transe. Muito foi escrito sobre o tempo mágico para as magias, incluindo as marés da Lua, dias e horas planetárias e aspectos astrológicos, mas pouco foi registrado sobre as influências de tais tempos além do feitiço e sobre o estado de transe.

Assim como determinados lugares induzem ao transe por sua própria natureza, momentos específicos também podem induzir a esse estado. Contudo, a maioria de nós simplesmente se distancia dessas oportunidades. Se encararmos esses tempos como potenciais para o trabalho mágico, poderíamos nos induzir a um estado de alerta muito mais fácil. Simplesmente seguindo o fluxo das marés universais, os portais se abrem e os corajosos podem passar para o outro lado.

Tempos Liminares

Enquanto a maioria dos que treinam Bruxaria está familiarizada com o tempo tradicional da Lua, do Sol e das estrelas, da mesma forma tradicional e para quem procura o folclore é o uso de tempos liminares. Qualquer coisa liminar fica no meio, não sendo "isso" ou "aquilo", mas qualquer outra coisa. Quando um tempo é liminar, ele abre uma porta para novas percepções. Muitos de nossos alinhamentos astrológicos mais complicados são baseados na liminaridade, como os Equinócios e Solstícios, os pontos entre as mudanças das estações.

Pontos liminares mais fáceis de observar ocorrem diariamente e seu poder foi encontrado na tradição folclórica das fadas, magia e tradições xamânicas em todo o mundo. Os quatro liminares das horas do dia são: amanhecer, meio-dia, pôr do sol e meia-noite.

O nascer do sol é o tempo entre a escuridão e a luz, antes que o novo dia comece. Muitas tradições orientais defendem que o início da meditação ou da prática de yoga devem ser realizadas apenas antes do nascer do sol para "pegar" uma energia que irá suprir o dia. Muitas tradições que se orientam pelo Sol, incluindo algumas tradições de Bruxaria com influência cerimonial, começam o ritual no Leste, o lugar onde o sol nasce.

Meio-dia é quando o sol está mais alto, entre manhã e tarde. É outro ponto de poder para tradições que se orientam pelo sol. A direção é associada ao Sul (quando estiver no Hemisfério Norte).

O pôr do sol é um período mágico do crepúsculo, mais frequentemente associado à fé das tradições de fadas. Relaciona-se às práticas xamânicas do Submundo ou do Outromundo europeu, onde as terras misteriosas são vistas no Oeste e onde o sol se põe. Avalon, Tir Na Nog, as Ilhas Abençoadas, dizem estar localizadas no Oeste. É um tempo de poder, mas também de perigo, pois as coisas nem sempre são como parecem aos nossos olhos.

Meia-noite é "a hora das Bruxas". Associada ao tempo entre a morte de um dia e o nascimento de outro, é o ponto mais alto da Lua cheia, o mais feminino e escuro dos quatro tempos liminares. É um ponto de poder, de Bruxaria, do Submundo e dos antepassados. Sua direção é o Norte, alinhando-se aos dois polos magnéticos, o Polo Norte e a Estrela do Norte, cada um dos pontos de referência para a magia.

As tradições xamânicas e cerimoniais realizam rituais para observar e marcar esses quatro pontos liminares do dia. Num ritual de magia cerimonial conhecido como Quatro Adorações, o Sol é observado como a passagem de Rá. Escrito por Aleister Crowley, esse ritual pode ser encontrado no livro *Liber Resh vel Helios de Aleister Crowley*, e tornou-se um elemento básico entre muitas tradições influenciadas pelo Khemetic (egípcio). Eu aprendi isso como parte do treinamento cerimonial através da Magia Moderna de Donald Michael Kraig.

Exercício: As Quatro Adorações

AO NASCER DO SOL, OLHE PARA O LESTE – AR: fique com os braços na posição vertical, como se estivesse apoiando um poste pesado acima da sua cabeça. Faça o Sinal do Grau Theoricus. Diga: "Eu saúdo a Ti que és Ra na Tua ascensão, e também a Ti que és Ra na Tua força, que viajas por sobre os Céus na Tua barca ao levantar do Sol. Tahuti permanece na proa em Seu esplendor e Ra-Hoor sustenta o leme. Saúdo a Ti das Moradas da Noite!" Faça o Sinal do Silêncio.

AO MEIO-DIA, OLHE PARA O SUL – FOGO: faça o Sinal do Grau Philosophus ou o triângulo de manifestação acima de sua cabeça. "Eu saúdo a Ti que és Hathoor no Teu triunfar, e também a Ti que és Hathoor na Tua beleza, que viajas por sobre os Céus na Tua barca ao Curso médio do Sol. Tahuti permanece na proa em Seu esplendor, e Ra-Hoor sustenta o leme. Saúdo a Ti das Moradas da Manhã!" Faça o sinal do Silêncio.

NO PÔR DO SOL, OLHE PARA O OESTE – ÁGUA: faça o triângulo sobre sua barriga, aponte para baixo, Faça o Sinal do Praticante. "Eu saúdo a Ti que és Tum no Teu descender, e também a Ti que és Tum na Tua alegria, que viajas por sobre os Céus na Tua barca ao Pôr do Sol. Tahuti permanece na proa em Seu esplendor, e Ra-Hoor sustenta o leme. Saúdo a Ti das Moradas do Dia!" Faça o Sinal do Silêncio.

À MEIA-NOITE, OLHE PARA O NORTE – TERRA: dê um passo à frente com o pé esquerdo. Levante a mão direita sobre a cabeça, a palma da mão voltada para a frente como uma saudação, conhecida como o Sinal do Grau Zelator. "Eu saúdo a Ti que és Khephera no Teu ocultar, e também a Ti que és Khephera no Teu silêncio, que viajas por sobre os Céus na Tua barca à Meia-Noite do Sol. Tahuti permanece na proa em Seu esplendor, e Ra-Hoor sustenta o leme. Saúdo a Ti das Moradas da Noite!" Faça o Sinal do Silêncio.

Tradições xamânicas mais simples se voltam para as quatro direções nos momentos apropriados e invocam aos espíritos das direções. O que falta na poesia precisa, conforme encontrado nas Quatro Adorações, é mais do que compensado na oração sincera e na poesia pessoal. Honrar os quatro tempos liminares altera a consciência e mantém você em fluxo com as marés do dia. Fazer mágica nesses momentos de rituais simples a complexos em meditações, pode ser mais profundo do que fazê-lo nos tempos mais "sólidos" do dia.

Tempo Celestial

O tempo dos planetas e das estrelas é a tradição mais familiar às Bruxas e aos Magos modernos. Fazer nosso feitiço corresponder à maré dos planetas e das estrelas se tornou popular na Bruxaria Moderna, mas o modo como seus movimentos afetam a consciência é pouco explorado. Basta manter um diário detalhado para acompanhar os alinhamentos entre planetas e fenômenos celestes como "a Lua Fora de Curso" ou o "Mercúrio Retrógrado", para ver como os alinhamentos astrológicos não afetam apenas nossa Arte, mas também nossa consciência. Esse alinhamento pode abrir janelas para novos mundos de consciência mágica e desenvolvimento pessoal. Ou mesmo todas as portas e, quando os persistentes passam, são completamente transformados.

Ao invés de procurar pontos de "boa sorte" nos alinhamentos e esperar os momentos mais difíceis, cada alinhamento pode ser visto como uma oportunidade de crescer para um novo nível de conscientização. Quando esses momentos coincidem com rituais para induzir ao transe, as oportunidades são ainda maiores.

Lua: a Lua tem poder em todas as operações mágicas. A maioria das Bruxas sabe que feitiços realizados na Lua crescente são para manifestar bênçãos em sua vida, enquanto feitiços na Lua minguante é para banir ou amaldiçoar. A Lua cheia é o pico de poder crescente, enquanto a Lua escura, pouco antes da nova, é a mais forte para diminuir o poder. As Bruxas tendem a celebrar a Lua cheia, pois assim era descrito no material *Aradia* e adotado na Carga da Deusa e no Livro Gardneriano das Sombras.

> Sempre que precisar de alguma coisa, uma vez no mês, e melhor, quando a Lua estiver cheia, vocês devem reunir-se em algum lugar secreto e adorar o Meu espírito, que Sou Rainha de Todos os Sábios.

Para a exploração da consciência, a Lua crescente traz emoções elevadas, iluminando o que sentimos com muita clareza. A Meia-lua, ou começo do segundo quarto, onde o lado direito da Lua está iluminado, marca um ponto de transição, onde podemos estar em conflito, mas com maior conscientização. A Lua minguante é um tempo de maior descanso e reflexão. A Lua escura é uma época de regeneração e preparação para novos começos. É hora de reunir poder. Devido a sua natureza sombria, este também pode ser um momento em que o medo aumenta e uma oportunidade para enfrentar emoções reprimidas e trabalhar com as forças das sombras e do Submundo. A Meia-lua minguante, com a metade esquerda iluminada quando o quarto trimestre começa, é também um período de estresse, embora a movimentação bem-sucedida possa levar à regeneração e poder das trevas.

A Lua pode estar "em" qualquer um dos doze signos do zodíaco. Ela se move por todo o zodíaco em menos de um mês, tornando-a o mais rápido dos corpos planetários. Enquanto o Sol e a Lua são tecnicamente luminares, a maioria dos astrólogos se refere a eles como planetas. Para fins astrológicos, eles se comportam como os outros planetas. Cada signo colore o poder da Lua, dando-lhe um sabor particular. A energia do signo pode ser usado para abrir os portais tanto quanto a magia. Cronometrando suas outras técnicas com a fase da Lua, você pode melhorar sua eficácia geral.

ÁRIES: magia de guerreiro, exercício físico, magia de sangue.

TOURO: peregrinação sagrada, som e música, gnose induzida pela sensualidade.

GÊMEOS: magia de trickster, dança sagrada, mudança de forma, meditação, viagem astral.

CÂNCER: consciência feminina, magia alimentar, magia sexual, visões da deusa.

LEÃO: consciência masculina, vestimentas sagradas, marcação corporal, magia artística.

VIRGEM: plantas sacramentais, sacrifício, provações, abstinência.

LIBRA: exercício de yoga, respiração, palavra falada, arte mágica.

ESCORPIÃO: magia sexual, conceitos e tabus, jornadas do submundo, plantas sacramentais.

SAGITÁRIO: meditação, respiração, busca de mentores no plano interior.

CAPRICÓRNIO: visões do deus cornífero, técnicas de controle, amarração e isolamento.

AQUÁRIO: trabalhos em grupo, consciência comunitária, experimentação.

PEIXES: dança sagrada, magia dos sonhos, cura e inspiração artística.

O último ponto da magia da Lua a lembrar é o Curso Vazio. A Lua fica sem curso quando completa qualquer um dos principais alinhamentos, chamados *aspectos*, com outros planetas enquanto ocupava uma placa do zodíaco. Diz-se que sua energia não está amarrada ou não está aterrada na Terra, até que comute sinais e se prepare para fazer novos aspectos nesse novo signo. Magos e Bruxas dizem para não fazer magia enquanto a Lua estiver vazia, porque não dará frutos e a energia simplesmente se dissipará. Embora isso seja verdade, este é um ótimo momento para descansar e refletir, mas também é uma especulação ociosa. Magia baseada em fantasia, onde você deseja explorar uma ideia, mas não necessariamente manifestá-la, é melhor neste momento. Sabe-se que as Bruxas são responsáveis por seus pensamentos, bem como por suas ações e palavras, mas às vezes você deseja explorar certos pensamentos e não tem certeza de seus efeitos sobre a sua vida. Este é o momento de explorar o tabu quando você ainda não deseja manifestá-lo. É um ótimo momento para explorar quaisquer fantasias suprimidas, compreendê-las antes de decidir manifestá-las ou desconsiderá-las.

Sol: assim como a Lua é um importante corpo celestial em nossa magia, o Sol também tem um papel considerável. A maioria pensa no Sol somente como fonte física de luz e como um marcador dos mitos em nossa da Roda do Ano. O Sol não é necessariamente um doador de poder mágico, mas o movimento solar abre as portas da consciência. Astrologicamente, o Sol representa o Eu, e nossa própria energia pessoal é o fator mais importante na mudança de nossa consciência. Ele representa o desenvolvimento do ego, do eu pessoal nesta vida, e seus alinhamentos podem influenciar grandemente a forma como nos vemos e nosso relacionamento com os mundos físicos e espirituais.

Os ciclos do Sol aumentam e diminuem como os da Lua, mas não de maneira óbvia, para a maioria. O ciclo solar diário aumenta com o nascer do Sol até o meio-dia, indicando um tempo de energia crescente, enquanto seu poder diminui do meio-dia ao pôr do sol. Do pôr do sol ao amanhecer, sua influência ainda é sentida refletida na Lua, mas sua presença não é aparente, porque está abaixo do horizonte. Aqui nós temos os quatro pontos liminares do dia, explorados com as Quatro Adorações. Mas o ciclo também é visto durante ano. O ciclo anual começa com o Solstício de Inverno, ou Yule, e encerra a Roda do Ano da Bruxa com Imbolc (2 de Fevereiro), Ostara (Equinócio Vernal), Beltane (1º de Maio) e picos em Litha ou Verão (Solstício de Verão). A partir de então, diminui, passando por Lammas (1º de Agosto), Mabon (Equinócio de Outono) e Samhain (31 de Outubro) até começar de novo. Enquanto os festivais de fogo não são tecnicamente festejos solares, mas festejos agrícolas, o Sol está aproximadamente no ponto médio entre seu Equinócio e Solstício.

Cada um desses dias é um ponto liminar de poder. O Solstício de Inverno é o dia que tem a noite mais longa e a luz começa a crescer a partir deste ponto. O Solstício de Verão é o dia que tem a noite mais curta e a noite começa a crescer a partir deste ponto para frente. Ambos os equinócios são tempos de luz e de escuridão iguais, mas esse equilíbrio logo se inclina de uma maneira ou de outra. Os quatro dias sagrados restantes, os festivais Celta do Fogo, são idealmente entre os dias sagrados solares, ocorrendo sempre nos signos de Aquário, Touro, Leão e Escorpião, mesmo que tendemos a observar as datas no calendário, ao invés do grau astrológico. São todos os dias entre e fora do tempo, melhor usado em meditação ou em uma jornada para o Outromundo. Viagens neste momento refletem o tema do ano e a colocação do Sol no zodíaco. Muitos livros foram escritos sobre esses dias sagrados, e aqueles que podem abrir os portais podem ir mais a fundo. Em vez de simplesmente celebrar a jornada do Deus Sol, alguém que pode facilmente entrar em transe pode viajar para o Deus e segui-lo em sua jornada anual, obtendo maior insight e poder pessoal.

Enquanto esses oito pontos são particularmente importantes, a Lua e o Sol também o são em um dos doze signos do zodíaco de cada vez. O signo saboreia a energia do Sol, que também passa por alinhamentos com outros planetas, assim como a Lua. Embora nunca fique vazio como a Lua, seu relacionamento com os outros planetas pode abrir portas específicas da consciência, unindo a energia Solar com o planeta, de maneira suave ou desafiadora. O estudo de aspectos planetários em detalhes está além do escopo deste livro (e pode ser encontrado em textos astrológicos mais detalhados), um aspecto óbvio ocorre durante os eclipses.

Eclipses são alinhamentos especiais com o Sol, Lua, Terra e uma parte da órbita da Lua, conhecidas como nódulos Lunares, também chamada de Cabeça do Dragão e Cauda do Dragão. Cauda, é como parece quando os astros se alinham, uma grande serpente está "comendo" o Sol ou a Lua. Durante um eclipse Solar, a Lua fica entre o Sol e a Terra, que fica no escuro com a Lua bloqueando nossa visão do Sol. Durante um eclipse lunar, a sombra da Terra cai sobre a Lua, na Lua cheia, bloqueando a luz do Sol. O que os eclipses significam? Ao longo dos séculos, esses fenômenos são considerados momentos de extremo poder e boa sorte ou, tradicionalmente, períodos de mau agouro e infortúnio, pois a luz está bloqueada. As Bruxas modernas não são claras em seus próprios ensinamentos sobre eclipses, que podem ser tratados como Luas escuras/novas e cheias particularmente poderosas. Geralmente eu os vejo como tempos poderosos para explorar o que realmente sentimos e nosso relacionamento com quem somos neste mundo. Os eclipses solares exploram mais a identidade pública, enquanto os eclipses lunares exploram mais seu lado mágico interior e, possivelmente, abre-nos a experiências de vidas passadas, que podem nos ajudar a entender a nossa encarnação atual. Muitos optam por apenas meditar e explorar a consciência nessas datas, ao invés de realizar feitiços, pois as energias são muito intensas.

O último alinhamento solar óbvio é aquele conhecido na astrologia como o seu retorno solar. No dia a dia, trata-se do seu aniversário, quando o Sol retorna ao ponto do zodíaco onde estava quando você nasceu. O tempo que antecede o seu aniversário pode ser difícil, não por ficar um ano mais velho, mas porque é o fim de um ciclo, o ciclo Solar, e pode parecer uma minimorte e renascimento. O retorno em si alinha você com o Sol e fornece um influxo de força vital e energia criativa, comumente usada para atividades do mundo exterior, mas poderia ser aplicada mais magicamente através de um ritual de aniversário. O uso das técnicas em harmonia com o seu Signo do Zodíaco (veja a lista da Lua anteriormente) pode ser muito eficaz.

PLANETAS: os planetas são as forças remanescentes que governam nosso relógio celestial. Nossos dias da semana são nomeados com base nos sete planetas mágicos do mundo clássico, todos os dias permeados com a energia daquele planeta e sua força arquetípica.

☉ Sol	Domingo	Criança	Saúde, sucesso, inspiração, alegria.
☽ Lua	Segunda-feira	Sacerdotisa	Vidas passadas, poderes psíquicos, magia, emoção.
☿ Mercúrio	Quarta-feira	Mago	Memória, palavras faladas, viagens.
♀ Vênus	Sexta-feira	Feiticeira	Amor, sexualidade, atração, luxo.
♂ Marte	Terça-feira	Guerreiro	Batalha, ações físicas, coragem.
♃ Júpiter	Quinta-feira	Rei	Realeza, riquezas, benevolência.
♄ Sábado	Saturno	Sábio	Limitações, controle, proteção.

Da mesma forma, diz-se que cada hora do dia é governada por um planeta, criando combinações duplas, de horas e dia, para ligar alguns planetas em particular. Aqueles que desejam aproveitar a energia de determinado planeta, podem realizar um ritual naquele dia ou, para combinar a energia de dois planetas, realize o ritual na hora planetária apropriada que combina dia e hora certos.

	Dom	Seg	Ter	Qua	Qui	Sex	Sab
				DIA			
Hora 1	☉	☽	♂	☿	♃	♀	♄
Hora 2	♀	♄	☉	☽	♂	☿	♃
Hora 3	☿	♃	♀	♄	☉	☽	♂
Hora 4	☽	♂	☿	♃	♀	♄	☉
Hora 5	♄	☉	☽	♂	☿	♃	♀
Hora 6	♃	♀	♄	☉	☽	♂	☿
Hora 7	♂	☿	♃	♀	♄	☉	☽

	Dom	Seg	Ter	Qua	Qui	Sex	Sab
Hora 8	☉	☽	♂	☿	♃	♀	♄
Hora 9	♀	♄	☉	☽	♂	☿	♃
Hora 10	♂	☿	♃	♀	♄	☉	☽
Hora 11	☉	☽	♂	☿	♃	♀	♄
Hora 12	♀	♄	☉	☽	♂	☿	♃
NOITE							
Hora 1	♃	♀	♄	☉	☽	♂	☿
Hora 2	♂	☿	♃	♀	♄	☉	☽
Hora 3	☉	☽	♂	☿	♃	♀	♄
Hora 4	♀	♄	☉	☽	♂	☿	♃
Hora 5	☿	♃	♀	♄	☉	☽	♂
Hora 6	☽	♂	☿	♃	♀	♄	☉
Hora 7	♄	☉	☽	♂	☿	♃	♀
Hora 8	♃	♀	♄	☉	☽	♂	☿
Hora 9	♂	☿	♃	♀	♄	☉	☽
Hora 10	♄	☉	☽	♂	☿	♃	♀
Hora 11	♃	♀	♄	☉	☽	♂	☿
Hora 12	♂	☿	♃	♀	♄	☉	☽

Fig. 53: Horas Planetárias

Por exemplo, se você quer fazer magia combinando os aspectos sensuais de Vênus com a natureza mais agressiva de Marte, o ideal é fazer o ritual no dia de Vênus, na hora de Marte ou no dia de Marte na hora de Vênus. Se você quer o equilíbrio do Sol e da Lua, os poderes do filho da luz e da Sacerdotisa da noite, pode fazer o ritual no domingo, na hora da Lua ou na segunda-feira na hora do Sol, dependendo de qual poder é mais prevalente em sua magia.

Não existe um método universalmente aceito para calcular as horas. Há dois métodos padrão, um considerado fácil, mas menos preciso, e o outro mais difícil, porém mais valioso para a técnica.

O método fácil simplesmente calcula as horas em blocos de sessenta minutos, como a hora moderna, e começa à meia-noite. A primeira hora do dia é da meia-noite à 1 hora da manhã. A segunda hora é de 1 hora até às 2 horas da manhã e assim por diante.

Já o segundo método usa os períodos de luz e de escuridão para dia e noite e requer que você calcule o número de minutos do amanhecer ao pôr do sol – divida por doze e use esse número como sua "hora" planetária para o dia. Para encontrar as horas da noite, meça os minutos do pôr do sol ao nascer do sol seguinte, divida por doze e use esse número para a sua hora planetária durante a noite. Somente perto dos Equinócios as horas do dia e da noite são iguais, e perto dos Solstícios eles são os mais desiguais.

Por exemplo, em uma quinta-feira, em noite de Lua cheia de novembro, em Boston, o sol se põe em 4:24 da tarde e o nascer do sol na manhã seguinte é 06:32 da manhã. Do pôr do sol ao nascer do sol, são 14 horas e 8 minutos de escuridão. Quatorze horas são realmente 840 minutos (14 x 60 = 840) somando os 8 minutos nos deixam 848 minutos de escuridão. Nesta noite, uma hora planetária (848/12) é de 70.666 minutos, que eu arredondaria para 71 minutos. Portanto, nossas horas planetárias se pareceriam com:

Hora 1	4:24 p.m. – 5:35 p.m.	Lua
Hora 2	5:35 p.m. – 6:46 p.m.	Saturno
Hora 3	6:46 p.m. – 7:57 p.m.	Júpiter
Hora 4	7:57 p.m. – 9:08 p.m.	Marte
Hora 5	9:08 p.m. – 10:19 p.m.	Sol
Hora 6	10:19 p.m. – 11:30 p.m.	Vênus
Hora 7	11:30 p.m. – 12:41 a.m.	Mercúrio
Hora 8	12:41 a.m. – 1:52 a.m.	Lua
Hora 9	1:52 a.m. – 3:03 a.m.	Saturno
Hora 10	3:03 a.m. – 4:14 a.m.	Júpiter
Hora 11	4:14 a.m. – 5:25 a.m.	Marte
Hora 12	5:25 a.m. – 6:36 a.m.	Sol

Arredondar nossos números fornece alguns cálculos levemente imprecisos – 06:36 A.M. é de quatro minutos além da nossa 06:32 A.M. no nascer do sol, mas funciona bem suficientemente para nossos propósitos. Costumo começar a trabalhar bem depois que a minha hora calculada começa, para garantir que eu esteja dentro da hora certa, independentemente de pequenos problemas de matemática. Se nós não arredondarmos para 71 minutos por hora planetária, nossos cálculos terminariam na décima segunda hora, às 6:24 A.M., 8 minutos antes do nascer do sol.

Se você quer trabalhar em transe para comungar com a escuridão do Submundo em uma Lua cheia, apesar de ter as bênçãos da boa sorte e a benevolência de Júpiter, você pode escolher uma hora de Saturno, hora 2 ou hora 9. Eu provavelmente escolheria a hora 9, que seria mais escura e mais ainda entre as horas de 01:52 A.M. e 03:03 A.M. do que mais cedo à noite.

Hora Terrestre

Embora o tempo celestial seja mais prevalente, não devemos esquecer os relógios terrestres ao nosso redor. A própria Terra nos fala sobre tempos mágicos de poder, se olharmos e ouvirmos. A diferença é que esses tempos de poder são regionais, vinculando tempos mágicos às paisagens mágicas e promovendo nossa conexão com tempo e espaço, criando um relacionamento holístico com o meio ambiente.

O tempo terrestre geralmente lida com os primeiros e os últimos de uma estação. Cada um estabelece uma mudança especial na energia da Terra e sua relação com os céus e, em particular, com o Sol e a Lua. Embora nossos antigos ancestrais Pagãos nas tradições do templo poderiam ter um conhecimento complexo de eventos celestes, as pessoas passaram por aquele momento da Terra tanto quanto por qualquer outro.

Normalmente, esses marcadores terrestres são encontrados através da medição do "primeiro" efeito, de algo que acontece naquela estação, o que faz com que se fique atento a qualquer mudança no ambiente. Os dias que trazem mudanças ambientais têm poder.

Primeira flor: o desabrochar da primeira flor da primavera em sua área marca o surgimento da força vital. A primeira das flores em particular pode marcar um tempo para a magia especificamente relacionado a essa flor. Por exemplo, a primeira élder ou espinheiro pode marcar um tempo para magia das fadas. A primeira flor de estramônio pode marcar um tempo para o Submundo da magia. O florescimento da primeira hamamélis marca um tempo para os ancestrais, particularmente nossos ancestrais da Bruxaria.

Primeira chuva: a primeira chuva de uma estação pode nos levar à jornada do Submundo, conectando-nos aos Deuses da chuva nos céus ou aprimorando a limpeza e a purificação rituais. Chuva traz vida, e em muitas partes do mundo ela é vista como uma bênção, prosperidade, boa sorte, fertilidade e amor. Enquanto a maioria dos ocidentais vê a chuva como um mal sinal no dia do casamento, no oriente é um sinal de boa sorte.

PRIMEIRO AMADURECIMENTO: quando os primeiros grãos ou frutos amadurecem, é um período de abundância e de manifestação. É hora de fazer o trabalho de visão e de magia, para trazer à manifestação o que você quer e de plantar sementes para o próximo ano.

PRIMEIRA/ÚLTIMA FOLHA A CAIR: a queda das folhas marca o início da temporada de morte. É hora de liberar, deixar ir e misturar velhas energias, pensamentos e sentimentos para que eles possam ser transformados.

PRIMEIRA GEADA: se a queda de folhas é um sinal da hora de deixar ir, a primeira geada é a hora de dizer adeus quando a terra começa a murchar durante o inverno.

PRIMEIRA NEVE: a primeira neve marca tempos de paz, de clareza e de reflexão, como a luz refletida por ela. Não há nada como o primeiro cair de neve e o silêncio que envolve o mundo. Também pode ser um momento de despertar a consciência da criança interior e o desejo de brincar.

RAIOS: tempestades com raios e trovões, a primeira da estação ou a qualquer tempo, são momentos de poder. A água da chuva é particularmente potente para poções e remédios, realizar um ritual durante essas tempestades amplia qualquer intenção. Esse clima cria uma conexão clara dos céus com a Terra e o Submundo além, e quase tudo pode ser realizado por aqueles que ousam explorar outros reinos em tal momento. Viagens para se fundir com a própria tempestade podem ser bastante frutíferas também. Onde os raios tocam pode indicar um local sagrado, especialmente em uma árvore sagrada, e a fuligem de um raio é um poderoso aditivo para poções, óleos e pomadas.

Obviamente, essa lista é para aqueles que vivem em um clima mais tradicional da Roda de Mitos do Ano. Você pode adaptar a lista para incluir variações sazonais locais para o seu clima. Pode ser o primeiro gafanhoto ou joaninha, a primeira cheia do rio, a primeira borboleta vista ou a primeira árvore a cair. Preste atenção ao relógio e ao calendário e observe o sentido que se torna mais mágico para você.

Dias do Calendário Gregoriano

Algumas Bruxas, ou aqueles que possuem fé nas tradições esotéricas e/ou cristãs, ou ainda aqueles que estão buscando usar o momentum cultural, não se concentram nas tradições Pagãs de cronometragem com eventos celestes ou terrestres, mas usa os dias corridos, geralmente festas católicas, como tempos de poder. Outros olham para a singularidade da Lua Azul, a segunda Lua cheia em um mês ou no último dia de fevereiro em um ano bissexto. Todos esses horários podem ser vistos como mágicos e apropriados para as práticas, embora eu deva admitir que não são uma parte importante da minha própria prática mágica.

Entrelaçamento

As sombras do tempo sagrado são duplas, mas ambas tratam do tema de pisar fora do tempo, além dos ciclos e estações da condição humana. Apesar de dizerem que as Bruxas estão "entre os mundos" em um "tempo que não é um tempo", elas ainda vivem neste mundo e devem estar ativamente engajadas nele. A nossa tradição não é de completo desapego ou afastamento da sociedade.

Em uma extremidade do espectro podemos nos tornar obsessivos com o tempo mágico. Saímos dos prazos da sociedade normal, porque não correspondem aos nossos modelos mágicos de manutenção do tempo. Começamos a cronometrar não apenas trabalhos importantes para alinhamentos e cálculos astrológicos, mas aspectos menores de nossas vidas. É impossível observar todos os alinhamentos nos horários exatos e ainda manter um emprego normal e tempo para a família. Enquanto a sociedade moderna tende a trabalhar das nove às cinco, cinco dias da semana, atividades astrológicas não são assim. Nem sempre se pode tirar uma folga do trabalho ou das obrigações familiares para realizar ações especificamente mágicas no momento certo. Para grandes eventos, você certamente pode agendar. Eu costumo arranjar tempo para a Roda do Ano e para as Luas cheias e escuras. Mas, às vezes, temos que praticar no tempo mais próximo do alinhamento, principalmente ao liderar rituais públicos, onde é necessário agendar eventos para se adequar às agendas modernas, ou então teremos poucos participantes.

Quando a pessoa se torna tão obsessiva com o tempo "adequado" que não consegue trabalhar bem, realmente ela fica presa em um lugar intermediário, tendo pouco contato com o mundo exterior. Seguir por esse caminho pode deixá-la paralisada, incapaz de agir caso os alinhamentos não estiverem corretos. Ou elas correm riscos de cometer erros tolos, levando em consideração alinhamentos que pareciam estar corretos, mas que, na verdade, não estavam.

A segunda manifestação de intermediação é muito menos linear e mais intuitiva. Ao invés de calcular obsessivamente, observar e seguir os padrões previstos, você pode entrar em um fluxo de tempo muito mágico, sem reter seu senso humano de cronometragem. Muito parecido com a falta de aterramento de seu lugar e corpo, sua consciência torna-se infundada a partir deste momento. Você começa a ver o fluido e a natureza não linear do tempo. É uma visão incrível e pode ajudar muito na adivinhação e na evolução mágica, uma vez que está o tempo todo em espírito, mas não observar agendas podem causar problemas para empregadores, familiares e amigos. Como eles não podem ver os mesmos padrões do tempo mágico, não há sincronia entre vocês. As pessoas que ultrapassam o tempo dessa maneira tornam-se um tanto distantes da experiência humana. Embora isso seja incentivado como uma habilidade, para ativar e desativar, este não deve ser o estado padrão da realidade. Quanto mais você fica imerso na vida mágica, principalmente se sua vocação não estiver na sociedade comum, maior será o risco de viver entre os tempos.

O segredo para superar essas duas armadilhas é manter as obrigações humanas na sociedade, bem como no tempo mágico e nos rituais sazonais. Fazer do tempo mágico uma parte da sua vida normal e convidar amigos e familiares para participar de atividades sazonais ou rituais lunares pode ser um grande benefício. Ter eventos agendados regularmente durante a semana pode ajudar a manter um pé firme na sociedade tradicional e ainda trazer liberdade para observar suas estações mágicas e marés astrológicas.

Aliados para o Tempo Sagrado

Os seguintes pontos devem ser lembrados ao trabalhar com um tempo sagrado:

COMPRE UM CALENDÁRIO ASTROLÓGICO: o conhecimento do uso de um calendário astrológico é essencial para trabalhar com as marés astrológicas de energia de maneira apropriada. Esses calendários podem até parecer intimidadores, mas com um pouco de prática você será capaz de lê-lo como um profissional. Muitos estão disponíveis como aplicativos para computador ou telefone de maneira simples, mas existem outros mais complexos, que geram gráficos astrológicos completos e várias permutações e que estão agora facilmente disponíveis para os consumidores.

VÁ PARA FORA: observe os ciclos e as estações, pois haverá muitas marés de poder não medidas pelos seus livros e calendários. Fique atento para se lembrar delas.

OBSERVE OS TEMPOS SAGRADOS REGULARMENTE: repita os rituais em momentos de poder e a experiência se aprofundará e crescerá, perceba as mudanças sutis. Não basta fazer um ritual da Lua cheia, mas manter o ciclo lunar, celebrando a cada Lua cheia. Eu celebro em toda a Roda do Ano.

Vestes Sagradas

Outro caminho para a gnose nos círculos ocultos tradicionais, muitas vezes considerado como arcaico em grupos modernos, é o uso de vestimentas rituais especiais, simples, joias ou outros acessórios. Ao mesmo tempo, o manto ritual ou capa era uma parte obrigatória dos instrumentos, tanto quanto o athame, a varinha e o cálice. Como a magia se tornou mais integrada à vida mundana, o conceito de traje ritual literalmente saiu de moda em certos círculos. Essa potente ferramenta para induzir uma mudança na consciência está perdida e a própria ideia nem é transmitida aos alunos mais novos da Arte. Enquanto eu aplaudo a união com o outro mundo todos os dias, acredito que a melhor união vem através de um trabalho mágico mais profundo.

A divisão inicial entre a magia e o mundano é proposital no início dos estágios do treinamento mágico. Mais importante ainda, é manter, naturalmente, a inexperiência em relação aos talentos mágicos, para não perder de vista a fronteira entre o físico e as realidades espirituais. Nessa confusão podem surgir muitas emoções mágicas, e até dano físico. Os alunos são incentivados a desenvolver um senso geral do eu mágico ou uma persona mágica completa.

Para criar esse sentido do eu mágico, usamos várias técnicas. Tradicionalmente, tomamos nomes da Arte usados apenas no Círculo ou em reuniões mágicas. Embora nossas roupas mundanas se tornam nossas roupas mágicas nas tradições modernas, da mesma maneira os nomes mágicos frequentemente são usados em nossa vida mundana e as técnicas se tornam menos eficaz. Os nomes evocam poder e personalidade. Para esse nome, usamos certas roupas apenas em rituais. Mantos ou outros itens sinalizam para a nossa mente que estamos entrando em um espaço mágico e assumindo certa autoridade mágica. Quando estamos tendo um dia ruim, ou não nos sentimos "com ânimo", ainda há trabalho mágico a ser feito, o próprio ato de colocar vestes rituais pode nos colocar no humor e na mentalidade corretos para a magia. Usando essas roupas, você cria um gatilho mental. É uma associação dessa roupa a um determinado estado de espírito e seus sucessos passados com rituais, transe e feitiços. Quando você as coloca no mesmo espaço daqueles tempos passados, sua mente recria essa estrutura, inclusive alterando sua consciência para uma mentalidade mágica. Assim como o perfume pode ser usado para programar a mente, evocando o tempo em que foi usado, as roupas podem ser usadas da mesma maneira. Possivelmente é uma combinação de visão e toque, da cor e da textura da pele, mas independentemente de como é, as Tradições Mágicas e religiosas sabem que isso funciona por séculos.

Como o adorno do corpo com roupas e joias é usado para criar uma magia personalizada com estado de transe associado a ela, a remoção dos mesmos artigos ajuda a devolvê-lo a um nível comum de consciência e a uma maneira mais "humana" de ver o mundo. Alguns têm dificuldade em voltar ao cotidiano e se desiludem quando retomam sua personalidade e consciência mágicas nas relações pessoais e profissionais. O uso e a remoção de peças de vestuário é uma maneira eficaz de criar uma barreira a esse comportamento infeliz.

À medida que sua consciência espiritual cresce, aprendemos a reconhecer a divisão entre o espiritual e o cotidiano como artificial. Enquanto a divisão serve a um propósito, uma vez que estamos fundamentados e disciplinados, isso se torna cada vez menos necessário. Sabemos que podemos fazer magia usando qualquer coisa, mas se treinarmos tal técnica, existe um pouco de ênfase extra, um poder a mais que vem com o uso de vestes rituais. Isso tudo serve a um propósito, mesmo que seja menos sério do que quando começamos.

O uso de instrumentos e joias rituais é bem conhecido pelos antigos Pagãos. Para aqueles que seguem os mistérios da Descida da Deusa, a forma mais antiga do mito, a Lenda de Inanna, afirma que ela tinha sete poderes para renunciar aos sete portais – uma coroa, um colar (ou brincos), um colar de fio duplo, uma couraça, uma pulseira (ou anel), uma linha de medição com uma haste e uma túnica. Embora enfrente o desgaste, a perda e, eventualmente, o retorno dos sete instrumentos, ela aprende sobre seu caminho e seu poder, alterando sua consciência enquanto enfrenta sua irmã do Submundo, Ereshkigal.

As Bruxas Modernas ainda usam instrumentos semelhantes aos de Inanna, assim como muitos outros.

Túnicas e mantos rituais

A vestimenta padrão para a Bruxa Moderna é uma túnica ritual e/ou uma capa. Quando vestidas, elas trazem um ar de magia. Como um ator pode mudar em um papel ao vestir uma fantasia, uma Bruxa pode mudar mais facilmente para personificar a magia ao vestir uma túnica. Tecnicamente, uma túnica é mais como um vestido com mangas, costurado frequentemente em forma de "T" e pode ter um capuz. Uma capa é mais usada para rituais ao ar livre, quase sempre com capuz e sem mangas, embora alguns mantos tenham fendas pelas quais os braços podem passar, facilitando o ritual. Idealmente, todos os materiais são naturais, com o algodão sendo preferido para túnicas, enquanto os mantos são de algodão ou até de lã para aqueles de nós que estão em climas mais frios. A seda também é um material muito procurado para as vestes, já que é considerada um tecido "vivo" e possui maior poder e vibração mágica. Embora os sintéticos possam ser utilizados para fins práticos, eles contribuem muito pouco para a magia. A maioria das Bruxas usam túnicas e mantos pretos, ainda que os mantos possam ter revestimentos coloridos, geralmente na cor do "poder" da Bruxa, ou uma cor para denotar sua posição ou cargo dentro de um grupo formal. Símbolos mágicos podem ser costurados no manto/túnica, vinculando feitiços e bênçãos específicos.

Fig. 54: Padrão de Túnica

Vestir-se de céu

Enquanto muitas Bruxas Modernas tendem ser a favor do uso da túnica, para aqueles descendentes da Wicca Tradicional Britânica, o *vestir-se de céu* funciona muito bem, significando "nudez ritual". Embora tecnicamente não se esteja usando uma vestimenta sagrada, o desinvestimento de todas as roupas mundanas tem efeito semelhante, alterando a consciência e a percepção, porque é um modo de ser que não faz parte do mundo "normal". Estar vestido de céu é um ato de igualdade entre companheiros de Círculo, é um ato de retornar ao estado de consciência infantil diante dos Deuses, puro e intocado pela sociedade. Porém, considerações práticas devam ser avaliadas ao realizar rituais em nudez ritual ao ar livre em estações mais frias. Algumas tradições usarão óleo ou gordura natural para proteção contra o frio, e isso ainda é um poderoso ato ritual capaz de transformar a psique.

Joias mágicas

Para alguns, não é o manto (ou a falta dele), mas as joias que exprimem a persona mágica. Anéis, colares e pulseiras são partes comuns da construção da persona mágica. Usá-los significa passar um tempo com a magia. Muitas desses instrumentos são símbolos de classificação em um Coven, com um pingente de pentagrama sendo parte do Primeiro Grau, um anel para o Segundo Grau e uma pulseira ou outro colar para o Terceiro Grau. Algumas Bruxas as usam o tempo todo, mas muitas vezes secretamente, vestindo-as apenas para trabalhos rituais e mágicos. Outros itens são usados apenas para operações mágicas e não são usados durante a vida cotidiana. Os metais e joias contribuem para a magia que está sendo feita. Prata aumenta a capacidade psíquica. Ouro traz energia e poder. O cobre tende a evocar os poderes do amor e da atração.

Coberturas de cabeça

Esses artefatos fazem parte de muitas vestimentas de tradições religiosas. Temos exemplos no *yarmulke* Judeu, no hábito da freira e no solidéu dos eclesiásticos. Muitas tradições xamânicas incentivam a cobertura da cabeça, particularmente para que não sejam possuídos pelos espíritos ou pelos Deuses. Em algumas tradições Nativas, há o cocar de penas ritual. Nas tradições do Vodu, usa-se branco na cabeça, como um lenço, para sinalizar o desejo de não ser "montado" ou possuído pelos espíritos de lwa. Embora não seja tão prevalecente na Bruxaria, temos algumas tradições de coberturas de cabeça. A imagem arquetípica da Bruxa Medieval ou assistente é aquela com um chapéu cônico pontiagudo. Alguns conjecturam que é o símbolo das Bruxas do "Cone de Poder", embora fosse simplesmente parte da moda naquele tempo. Algumas Bruxas Modernas o adotaram, de brincadeira ou com toda a seriedade. As mais tradicionais são as coroas do Sumo Sacerdote ou da Alta Sacerdotisa. Muitas tradições de Bruxarias se concentram no conceito de soberania e nomeiam seus ministros como "Senhor" e "Senhora" em emulação ao Deus e a Deusa. A coroa é um símbolo disso. As Senhoras costumam usar coroas crescentes, enquanto os Senhores as usam em formato de sol ou coroas com chifres.

Calçados

O traje ritual também inclui calçados. A maioria das Bruxas costumam preferir andar descalças, sem nada para desconectá-las do chão, principalmente quando estão fora, isso por si só é um meio de gnose. Se o seu padrão diário é estar calçado, remover os sapatos e as meias pode ser uma porta de entrada para a consciência, colocando-o diretamente em contato com a Terra. Em algumas tradições cerimoniais são usadas sandálias de ouro ou de prata ou simplesmente de cor dourada ou prateada. Calçados deve ser levados em consideração dependendo de qual terreno o ritual for feito e se a dança estará envolvida, pois o tipo de sapato ou a falta dele pode afetar o resultado.

Instrumentos rituais

Mesmo que tecnicamente não sejam roupas, muitos instrumentos rituais se tornam parte da nossa "roupa" na magia, incluindo todos os tipos de bastões. Varinha, cajado, vara e estaca, tornam-se parte da nossa identidade mágica e da nossa persona, uma extensão da nossa vontade. O mesmo pode ser dito sobre as lâminas mágicas, como o athame, o boline e a espada. Outros talismãs mágicos, como joias, algibeiras e cordas também se tornam parte da autoidentidade mágica.

Máscaras

Uma das formas de vestimenta ritual, as máscaras, muitas vezes negligenciada no ocultismo clássico, foram recuperadas por tradições com inclinação mais xamânica. Estranho pensar que as Bruxas às vezes se esquivam do uso de máscaras, considerando que a celebração do Halloween está associado tanto às máscaras quanto ao Samhain, dia sagrado das Bruxas. Há alguma evidência para sugerir a aparência do Outromundo ou do sobrenatural que associamos ao Halloween moderno. O estereótipo da Bruxa, de pele verde e monstruosa, poderia vir de vestes rituais e máscaras, semelhantes aos xamãs tribais. Num documento sueco do século 12, A Lei de Västgötaland, há uma passagem que possivelmente se refere à natureza mais xamânica da Bruxa, ou do "Cavaleiro de Andante".

> Mulher, eu a vi passeando em uma cerca usando um chapéu pontudo com o cabelo solto e um cinto, com pele semelhante a um troll, quando dia e noite são iguais.

A referência à "pele de troll" pode ser uma pele, casaco de pele ou máscara cerimonial usada por uma Bruxa neste rito que ocorreu em uma fronteira liminar (a cerca) ou em uma fronteira do tempo (Equinócio). O ritualista assume as características do ser que a máscara emula. Talvez essas Bruxas suecas tenham assumido a forma de um troll. As formas animais são mais populares, usando máscaras de um animal específico ou de um animal como uma divindade, como o Deus Cornífero. A máscara confere a arte de mudar de forma, movendo-se e "dançando" como seu animal.

Exercício: Fabricando a Máscara

Como em qualquer outra forma de magia, comece a fazer a máscara com uma intenção clara. Para que finalidade essa máscara vai servir? Que persona ou ser ela vai ajudar a incorporar para alterar sua consciência? Estabeleça sua intenção e a ideia básica para sua máscara. Reúna os seguintes materiais disponíveis em lojas de suprimentos de arte e artesanato:

- Argila leve para secagem ao natural, como a Creative Paperclay.
- Base plástica de máscara: se estiver fazendo suas máscaras sozinho. Se estiver trabalhando com outras pessoas, você pode usar seu próprio rosto.
- Cola

- Duas telas para quadros de 60 cm x 90 cm
- Duas toalhas que você não se importará se danificar
- Enfeites: tintas, penas, miçangas, conchas, pedras e o que mais desejar
- Ferramentas básicas de modelagem de argila ou uma faca de manteiga
- Fita ou barbante para amarrar a máscara
- Furadeira elétrica
- Quadrado pequeno de feltro
- Rolo de massa
- Selante: tinta acrílica brilhante transparente ou esmalte spray fosco
- Tela para gesso, cerca de um rolo por máscara (varia de acordo com o rolo)
- Tesouras
- Tigela grande de água morna
- Tintas
- Vaselina ou outra pomada – se você estiver fazendo máscaras modeladas em rostos humanos.

Os fabricantes de máscaras ritualizadas podem limpar todos os objetos usados na construção das máscaras em fumaça sagrada e iniciar o processo com uma oração, iluminar o ambiente com velas ou outra cerimônia de intenção. Fazer máscaras pode ser uma bagunça, então verifique se você possui uma boa área de trabalho plana e cubra-a com papel, tecido ou plástico para manter o mínimo de organização.

Parte I – Criando a Forma Básica da Máscara

Primeiro, crie o formato para sua máscara, a base para sua construção, que é feita com tiras de tela para gesso, em uma máscara plástica branca inacabada (encontrada em lojas de materiais para artesanato) ou no rosto da pessoa que a irá usar. Se estiver trabalhando com uma máscara de base plástica, molhe as tiras de tela na tigela com água e coloque-as sobre a máscara. Se estiver trabalhando com uma pessoa, certifique-se se o seu rosto tem uma espessa camada de vaselina, incluindo as sobrancelhas, a linha do cabelo e pelos faciais, para impedir que o gesso grude nos cabelos e na pele. A pessoa que servir de modelo para a máscara pode deitar-se confortavelmente em um travesseiro para ficar parada enquanto a máscara estiver sendo feita. Uma música adequada para o clima do ritual pode tocar durante esse processo, para ajudar na conexão com o espírito que a máscara incorporará. Meu amigo Matthew Vênus, que me ensinou esse processo de fabricação de máscaras, sugere o uso de uma pomada de Bruxa no lugar da vaselina, para ajudar no processo de transe. Ele também sugere a adição de ervas mágicas à água morna usada para molhar a tela, fazendo uma leve infusão de ervas mágicas que correspondem à intenção da máscara. Apenas certifique-se de escolher ervas que não são tóxicas e que não produzirá reações alérgicas e que o modelo para a máscara não é alérgico às ervas. Uma infusão leve de artemísia é uma excelente opção para a maioria das máscaras.

E qual deve ser a forma da sua máscara? Pode ser de rosto inteiro, metade do rosto com nariz, metade do rosto sem nariz ou outro design criativo. Comece com pequenas tiras ao redor do limite da máscara na parte externa da face ou na base da máscara. Se estiver trabalhando com uma máscara de base plástica, deixe um quarto de polegada de espaço entre a borda externa da máscara de base e a borda da tira, para garantir que você possa remover facilmente a base do gesso quando a tira estiver seca e endurecida. Se quiser que a máscara seja funcional, trabalhe seu caminho interior com as tiras, deixando espaço para os olhos, boca e narinas. Certifique-se de cobrir toda a área da máscara pelo menos três vezes com as tiras de tela, o mais uniformemente possível. Isso torna sua máscara resistente e durável o suficiente para as etapas posteriores.

Deixe a máscara endurecer. Se estiver trabalhando com um parceiro, deixe-a ficar no rosto de quinze a quarenta minutos, dependendo da temperatura e da umidade. Um aquecedor ou secador de cabelo pode acelerar o processo. Verifique se a máscara está dura o suficiente para não desmoronar quando você a remover. Solte-a pelas bordas e trabalhe-a lentamente no rosto do modelo sem danificá-la. Se estiver trabalhando com uma base de máscara plástica, deixe-a por uma hora ou duas e, em seguida, puxe a máscara plástica do gesso pela borda que você deixou.

Segure a máscara contra a luz para encontrar áreas translúcidas. Se houver algum lugar onde a luz brilha, adicione mais tiras de tela para fortalecê-la. Em seguida, deixe secar por mais uma hora ou duas. Agora é a melhor hora para fazer furos para amarrar sua máscara. Marque um ponto a cerca de doze centímetros da borda externa, próximo à têmpora da máscara de cada lado. Use uma furadeira elétrica para fazer furos nessas marcas. Certifique-se de usar todo o cuidado adequado ao manusear uma ferramenta elétrica.

Parte II – Esculpindo sua Máscara

Quando a sua máscara estiver seca e a estrutura estiver concluída, você pode optar por pintá-la e decorá-la como quiser, ou dê-lhe mais caráter, esculpindo-a adicionando argila. O benefício de uma máscara esculpida é que confere maior estilo, definição e forma. Usar uma argila leve para secagem ao natural, como a Creative Paperclay ou a argila LaDoll. Ambas são atóxicas e fáceis de trabalhar, e a Creative Paperclay é totalmente natural. Elas são duráveis, mas não são indestrutíveis, o manuseio excessivo da sua máscara pode resultar em danos. Você também pode empoderar a argila com ervas mágicas adicionando um pó de ervas enquanto esculpe sua máscara. Usar socador e pilão é uma maneira mais romântica para este trabalho, mas você pode achar que um moedor de café e uma peneira servem melhor. As ervas em pó podem ser facilmente amassadas na argila.

Coloque sua argila sobre a tela para quadro em uma superfície plana. Coloque o outro pedaço de tela em cima e use seu rolo para achatar a argila entre as camadas das telas. Elas ajudam a impedir que a argila grude no rolo e fornece um nivelamento mais uniforme. Role vertical e horizontalmente até que a argila fique com 2,50 cm de espessura e tamanho suficiente para colocar em cima da sua máscara.

Retire a camada superior da tela. Use água morna para umedecer levemente a superfície do gesso em forma de uma máscara e coloque sua folha achatada de argila sobre ela, colocando a camada inferior por cima da máscara para que a argila fique no topo da forma. Com cuidado, retire a tela da argila e aplaine para evitar bolsas de ar entre a argila e a máscara. Use suas ferramentas de argila ou faca de manteiga para limpar o excesso das bordas, olhos, nariz, boca e orifícios da moldura. Use água, suas mãos e suas ferramentas para esculpir. Alise a argila e construa a máscara com a argila extra, formando sobrancelhas, bochechas, lábios, nariz, chifres, orelhas, barbatanas ou qualquer outra coisa que desejar. Certifique-se de que a argila extra esteja presa firmemente e não se rompa facilmente com a secagem. Dê à sua máscara vida e personalidade.

Quando terminar, deixe secar ao natural por um a três dias, dependendo da espessura da argila. Caso apareça rachaduras na máscara ao secar, você pode adicionar mais argila e deixar secar novamente, qualquer parte irregular pode ser alisada com uma lixa fina de papel.

Parte III – Embelezando a Máscara

Quando a forma da máscara estiver concluída, você poderá embelezá-la. Comece pintando. Tintas acrílicas são ideais para máscaras. Você pode pintá-la com qualquer cor e padrão que sejam apropriados para a intenção desejada. Quando a tinta estiver seca, sele-a de alguma forma para protegê-la e fortalecê-la. A tinta acrílica brilhante transparente ou um esmalte em spray fosco são as melhores para selar a máscara. Use três demãos, deixando cada uma secar antes de fazer a próxima aplicação.

Embeleze ainda mais a máscara com outras decorações apropriadas. Cole pedras, conchas, penas, lantejoulas, glitter ou qualquer outra coisa que atenda à intenção da máscara. Para maior conforto ao usar, convém adicionar um quadrado de feltro dentro da máscara, onde fica a ponte do nariz. O feltro ajuda a amortecer o peso da máscara no nariz. Prenda um cordão forte ou uma fita nos orifícios laterais, longo o bastante para amarrar a máscara para que você possa usá-la no ritual.

Parte IV – Empoderando a Máscara

Consagre sua máscara ritualmente da maneira apropriada à sua intenção. Use algum dos outros caminhos de transe descritos neste livro, incluindo cânticos, fumaça e consagração com misturas de ervas e fluidos corporais para ajudar a empoderar sua máscara, que servirá como uma ferramenta para o transe, a metamorfose e a gnose espiritual.

Máscaras de gesso e argila não são os únicos tipos disponíveis. Elas podem ser feitas de papel, couro, tecido, madeira e uma variedade de produtos sintéticos encontrados em kits de fantasias e de teatro. Embora eu prefira máscaras mais naturais para magia, use o que funciona melhor para você. Um excelente recurso para criação de máscaras e dança mascarada no contexto da Bruxaria é a Máscara Sagrada para a Dança Sagrada de Evan John Jones e Chas S. Clifton. Eu recomendo se você estiver interessado em trabalhar mais com máscaras para o transe.

Algumas máscaras são usadas apenas em espírito, visionada pelos praticantes. William Gray compartilha a meditação da Máscara Folha, encontrada em seu livro *Western Inner Workings*, quase como o trabalho de Robert Cochrane. Com ele, o praticante toca partes específicas do rosto, visualizando as folhas sobre o rosto do homem, evocando o poder do Senhor das Plantas.

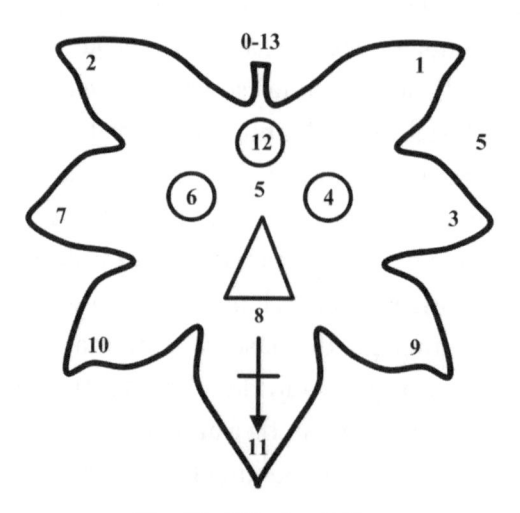

Fig. 55: Máscara Folha

Oração da Máscara Folha

Ó Deusa, (acima da cabeça)
Tu que criastes o céu (1 na têmpora direita)
e a Terra (2 na têmpora esquerda)
Ordem (2 na têmpora esquerda)
Do Caos, (1 na têmpora direita)
Tempo (2 na têmpora esquerda)
Da Eternidade (1 na têmpora direita)
Eu invoco a ti. (braços cruzados e curvados)

Tu que escutas (3 na orelha direita)
Por nossas vozes mais profundas,
que brilham a partir da luz aprazível (4 no olho direito)
Que inspiram (5 entre os olhos)
Nossa sabedoria herdada (12 na testa)
E que nos protegem do poder maligno
do Destruidor, (6 no olho esquerdo)
Peço triplamente, concedam-nos as
vozes interiores (7 na orelha esquerda)
Falando de coisas espirituais,
e deixe o Amor (8 entre o nariz e os lábios)
ser nossa luz guia.

Em nome do Pai, (9 no maxilar direito)
da Mãe, (10 no maxilar esquerdo)
e do espírito que tudo move
(11 no queixo, depois 12 na testa e 13 na cabeça.
Cruze os braços novamente)

O rosto tocado pela oração combina movimento sagrado e visualização com o conceito da máscara espiritual, tornando-o um trabalho simples, mas eficaz. O movimento ritual não é diferente do movimento da Cruz Goblin, uma variação Pagã do "Sinal da Cruz" ou da Cruz Cabalística, usando as linhas e a visão de um pentagrama de banimento, movendo do peito à testa, ombro ao ombro oposto e voltando para onde começou. Você visualiza a estrela quase como uma máscara ou um escudo.

Consagração das vestimentas

Como qualquer outra ferramenta ritual, as vestes sagradas devem ser lavadas e consagradas de acordo com o propósito da magia. Se você puder comprar mercadorias artesanais confeccionadas por outra Bruxa, melhor.

Limpe suas roupas e joias rituais como faria com qualquer outra ferramenta ritual. Para aqueles que não estão familiarizados com as técnicas de purificação e consagração, explorem os Cinco Fundamentos no capítulo quatorze.

Exercício: Criando sua Roupa Mágica

Crie uma roupa mágica para fins rituais, faça uma que se adapte à sua própria prática e tradições. Você pode criar sua roupa à mão, costurar ou comprá-las. Reúna materiais que estabeleçam sua própria personalidade mágica. Limpe e consagre a roupa para usá-la para o ritual. Observe as diferenças de quando você usa ou não as roupas mágicas. Qual você prefere?

Vaidade e Apego

Vaidade e apego são os lados sombrios desse caminho de poder. Para alguns, as roupas e as ferramentas se tornam mais importantes que a própria magia. As ferramentas para o portal se confundem com o próprio portal. Elas são investidas com importância mágica a ponto de diminuir o poder pessoal da Bruxa ou do Mago. As pessoas se apegam às suas ferramentas e roupas, acreditando que a magia vem dessas particularidades e não delas mesmas e que, sem essas ferramentas, elas não podem realizar magia, ficam aleijadas, desconectadas do seu poder pessoal.

Outros querem ter as roupas mais novas e luxuosas. Estão continuamente comprando coisas novas para que os façam ter boa aparência ou para ter status em um grupo, mas nunca desenvolvem um relacionamento profundo com suas ferramentas ou persona mágica específica cultivada por uma túnica, capa ou coroa. Eles se tornam colecionadores, mas não praticantes, de magia.

Isso se tornou um problema para muitas tradições modernas da magia e acaba com os benefícios desse caminho completamente, não obtendo nenhuma ferramenta especial, roupas rituais ou outros apetrechos. Eles acreditam que a magia é uma ocorrência diária e que o nosso desgaste diário é totalmente apropriado para a magia. Embora eu concorde que a magia deve fazer parte do nosso dia a dia e para a maioria dos praticantes, ter uma separação entre a vida mágica e a mundana, pelo menos inicialmente, impede muitos alunos limítrofes de romper com a realidade de consenso funcional.

As roupas rituais também podem pontuar a experiência de um mago conhecedor. Hoje, feiticeiros e xamãs indígenas ainda usam roupas cerimoniais. Todos os nossos antepassados Pagãos faziam uso de trajes cerimoniais quando envolvidos em serviços religiosos. Existe uma razão para isso, do xamã mais tribal ao mais alto funcionário da Igreja Católica existe uma tecnologia em funcionamento quando vestimos uma peça de roupa, e essa tecnologia transcende religiões e culturas. O poder dessa tecnologia, gerada a partir de vestimentas, é o que procuramos aproveitar. Porém, como todo poder, este deve ser usado em equilíbrio e não é o nosso único método para abordar magia e mistério.

Aliados para as vestimentas sagradas

Os seguintes pontos devem ser lembrados ao trabalhar com vestimentas sagradas:

O QUE VOCÊ VESTE, VOCÊ SE TORNA: é fato que você se torna o que veste. Qualquer que seja a persona mágica que você criar, tome cuidado com todo o poder, força e fraqueza do arquétipo. Você evoca tudo isso quando se identifica fortemente com um arquétipo mágico, mesmo por um tempo curto. Isso não significa que não deve vestir esse tipo de traje, mas o ato real de colocá-la em ritual e retirá-la pode ajudá-lo a separar as deficiências do arquétipo. A velha figura ao estilo do Mago Merlin deve ser colocada no guarda-roupas por ter prendido Nimue. O Deus Caça-Caçador precisa tomar cuidado com seus sacrifícios pessoais. A Sacerdotisa, sempre usando o vestido de Perséfone, tem que ter cuidado com a depressão sazonal, enquanto a Sacerdotisa de Ísis deve estar alerta para não viver um amor trágico. Trabalhe com as personas mágicas para objetivos específicos, mas não deixe essa figura escrever sua história de vida. Identifique-se com muitos aspectos divinos, para que você possa escolher seu próprio destino.

Seja criativo: o traje ritual não precisa estar em conformidade com nenhum padrão, a menos que você esteja juntando uma tradição com certos requisitos. O traje ritual pode ser tanto um par moderno de calças de vinil quanto um vestido renascentista. Embora possa não ser tradicional, ou possuir associações tradicionais de poder, como as fibras naturais se, ao se produzir, você se sentir mágico, então use-o. Crie suas próprias imagens arquetípicas adequadas à sua sensação interior de um eu mágico.

Não seja sovina, mas não gaste demais: segundo a tradição, não devemos pechinchar pelas nossas ferramentas da Arte, mas deve-se pagar o que é pedido. No entanto, não precisamos gastar nossas economias em tudo o que achamos que precisamos. Pesquise os itens certos para você, incluindo aqueles com os preços certos. Obtenha boas ferramentas e roupas, mas não sinta que não será capaz fazer mágica porque você tem o manto de US$ 50, e não o manto de US$ 200. E lembre-se, os melhores são aqueles que você mesmo faz ou pede para outra Bruxa fazer especialmente para você.

O Portal dos Sonhos

Um dos portais mais populares de poder e gnose é através dos sonhos. Sempre que ministro um workshop sobre sonhos, a frequência é maior do que qualquer outro assunto, só perdendo, talvez, para uma oficina de magia do amor. A magia dos sonhos é tão popular porque é um fio comum que liga todas as pessoas, até mesmo aquelas que não se consideram psíquicas ou mágicas. Todos precisam dormir, e todo mundo sonha, mesmo que não se lembrem de seus sonhos claramente. Sonhar é uma parte definidora da condição humana. Quando as pessoas entendem seus sonhos, elas realmente encontram uma porta de entrada para a cura, para o autoconhecimento e o desenvolvimento espiritual e mesmo para manifestar seus desejos; elas querem saber mais.

O Mundo dos Sonhos

A perspectiva mágica e espiritual dos sonhos foi praticamente perdida no Ocidente. As pessoas anseiam por isso, mas a maior parte de nossa tradição varia entre descartar os sonhos como sendo invenções do cérebro inconsciente, a possíveis técnicas terapêuticas para entender a mente. A literatura convencional consiste principalmente em dicionários de sonhos, guias simples de interpretação e uma leve explanação do que aquilo significa, embora esses meios nunca sejam tão simples ou tão úteis quanto promete a capa. Eles geralmente não exploram além da psicologia básica dos símbolos.

Culturas e períodos mais afinados com as realidades espirituais mantiveram a tradição em sonhos, se olharmos para nossas próprias raízes Pagãs e para a sabedoria popular, podemos encontrar a importância do estado de sonho. Do ponto de vista xamânico, todos os sonhos são reais. O mundo em que vivemos agora é um sonho, um sonho coletivo, sonhado por todo o mundo. Hoje é popular no pensamento metafísico moderno citar frases com efeito como os da Lei da Atração e do Poder da Intenção, que diz: "você cria sua própria realidade". Esse é exatamente o ponto de vista xamânico da realidade, é um sonho que você cria e, coletivamente, sonhamos juntos o mundo em que vivemos. Quando dormimos, podemos nos concentrar em outros mundos, geralmente individualizados ou compartilhados apenas com alguns. Temos um controle mais direto sobre esses mundos porque menos pessoas tem acesso a eles, mas essencialmente a todos os mundos – o aparente mundo físico "real" e os mundos em que entramos quando dormimos – são criados pelos mesmos princípios.

Nossos sonhos pessoais, nossos próprios mundos, também podem se abrir aos sonhos de outros e planos da realidade além da consciência humana. Podemos experimentar um fenômeno psíquico, como viagens astrais e visão remota, ou ter mais experiências subjetivas semelhantes à jornada xamânica ou ao trabalho cabalístico. Como os sonhos nos abrem para outros reinos, às vezes, seres desses reinos podem interagir conosco enquanto estamos no estado do sonhar. Isso porque não compartilhamos a responsabilidade de criar nossos sonhos pessoais com o resto do mundo, criamos mundos mais sintonizados, especificamente conosco, e podemos ter experiências com seres sobrenaturais diretamente sintonizados com a nossa vibração espiritual. Como no mundo da vigília estamos focados não apenas em nossas próprias criações, mas também na criação coletiva ao nosso redor, tendemos a bloquear o contato com outros mundos. No estado de sonho temos, teoricamente, menos distrações e podemos nos tornar mais cientes desses visitantes. Podemos entrar em outros mundos ou trazer espíritos de outros planos para o nosso mundo nos sonhos, ter um nível de experiência e comunicação que muitas vezes não é possível na realidade em que estamos quando acordados. Não é incomum, durante um sonho, experimentar o contato de um ente querido falecido, um guia espiritual, uma divindade ou um anjo. A consciência alterada é um componente necessário a esse contato e, para muitas pessoas, o estado de sonho é apenas o tempo focado em um estado alterado.

Técnicas para sonhar

Dormir e sonhar é um ritual. Como os outros rituais deste livro, este representa uma tecnologia da consciência, um método comprovado para alterar as ondas cerebrais. Como qualquer tecnologia, existe uma arte em sua aplicação, para extrair seus usos poderosos e profundos. Enquanto todos usamos essa tecnologia ritual específica, alguns de nós têm uma técnica melhor do que outros. Compreender o processo e como aprofundá-lo e controlá-lo, oferece uma vantagem se você realmente deseja que a porta dos sonhos funcione.

Durante o estado de sonho, entramos em estados semelhantes de atividade das ondas cerebrais, como fazemos durante a meditação, a jornada xamânica e o ritual. A única diferença é que entramos nesses estados inconscientemente. Nós adormecemos. Como focar é diferente de meditar, não lutamos com os pensamentos aleatórios da mente consciente, que constantemente nos distraem ao entrarmos em um novo nível alterado de consciência. A mente consciente se torna inativa durante o sono, então não há consciência em direção a esses estados mais profundos da mente. Isso se torna um dilema difícil para o novo praticante. Muitos têm dificuldade em meditar, porque sua mente se distrai para que suas ondas cerebrais não possam ser reduzidas. Quando dormimos, nossas ondas cerebrais automaticamente ficam mais baixas, mas não podemos tirar proveito desse estado meditativo, porque estamos dormindo. A chave para esse dilema é despertar em nossos sonhos, antes do sonho acabar. Esses são os chamados de "sonhos lúcidos", as chaves de ouro para desenvolver a magia dos seus sonhos.

Antes de podermos aprender a sonhar lucidamente, precisamos aprender algumas técnicas preliminares para nos preparar para essa prática. O primeiro e mais importante passo é a habilidade de lembrar dos sonhos. Se você não consegue se lembrar nem dos seus sonhos comuns, ter um sonho lúcido não vai ajudá-lo muito se não tiver consciência dele. Sonhos lúcidos acontecem o tempo todo, mas nos escapa da memória ao acordar!

Recordando o Sonho

Lembrar dos seus sonhos é um exercício de disciplina. Embora eu tenha encontrado muitas pessoas que dizem que não conseguem se lembrar de seus sonhos, isso só mostra que eles ainda não aprenderam a trazer informações de um estado de consciência de volta para outro. É uma habilidade que pode ser desenvolvida como qualquer outra, embora algumas pessoas têm maior afinidade natural para isso, assim como outros talentos.

O primeiro passo para lembrar dos seus sonhos é treinar a mente para lembrar o que apenas ocorreu antes de acordar. Para fazer isso, mantenha caderno e caneta ou um simples dispositivo de gravação próximo à sua cama. Quando você acordar, antes de sair da cama ou fazer qualquer outra coisa, escreva a primeira coisa que pensar ou lembrar. Caso você não se lembre de nada, escreva: "Não lembro dos meus sonhos esta manhã". Mas escreva algo. Não pense simplesmente que foi uma tentativa abortada e não escreva nada mais. O próprio fato de escrever condiciona sua consciência a saber que algo importante está acontecendo, então, depois de um tempo escrevendo, mesmo que seja apenas "eu não me lembro dos meus sonhos esta manhã", você começa a se lembrar deles com mais detalhes.

Outro método para lembrar dos seus sonhos é colocar o despertador para tocar meia hora antes de você acordar. Permita que o alarme seja ativado e então aperte o botão soneca. Nos períodos entre os toques, você terá sonhos mais vívidos e poderá lembrá-los mais facilmente ao acordar. Anote-os, conforme as instruções da técnica anterior.

Clareza dos Sonhos

Você pode tornar seus sonhos mais claros e profundos eliminando as tensões e fobias do dia a dia, que podem ocorrer nos sonhos, através de uma técnica conhecida como Círculo dos Sonhos. Quando estiver deitado na cama, antes de dormir, recorde-se de como foi o seu dia, listando mentalmente tudo o que ocorreu. Se você cair facilmente no sono, terá uma visão geral do seu dia. Mas se adormecer com dificuldade, especialmente se sua mente estiver preocupada com os detalhes do dia ou com o dia seguinte, faça uma lista mais detalhada. Comece com a última coisa que você fez antes de ir para a cama, talvez escovar os dentes. O que você fez antes disso? Volte atrás até adormecer ou chegar ao seu despertar do dia, quando começou o dia anotando seus sonhos da noite anterior.

O objetivo deste exercício é limpar a camada superior da sua consciência dos pensamentos e dos sentimentos diários que o influenciam. Imagine que o mundo dos sonhos é como uma vasta extensão de água. As provações diárias da vida são como uma espuma flutuando na superfície da lagoa. Quando você mergulha profundamente no mundo dos sonhos, passa por essa camada de detritos e traz isso para dentro do sonho. Quando volta, você está coberto e seu sonho é colorido com suas preocupações e interações diárias, mesmo que o sonho em si tivesse um significado mágico ou profundo, tendo pouco a ver com sua vida diária. O círculo dos sonhos literalmente "circula" de volta ao seu dia, esclarecendo o que pode interferir na busca de clareza e significado em seus sonhos.

Sonho Intencional

Depois de recordar seus sonhos, você pode definir uma intenção específica e ter sua mente e seu espírito fazendo coisas enquanto seu corpo físico está dormindo. Uma das razões clássicas para o sonho intencional é responder a uma pergunta ou resolver um problema que sua mente consciente parece não conseguir resolver. Escreva sua pergunta ou problema em um pedaço de papel, com uma clara intenção de resolvê-lo em seu sonho esta noite e lembre-se dessa solução. Sua intenção pode ser algo como um feitiço para realizar um pedido e pode ser redigido assim:

> Eu, (nome) peço em nome da Deusa, do Deus e do Grande Espírito, para encontrar a resposta (articule sua pergunta ou problema) enquanto durmo e sonho esta noite, de uma maneira que seja para o bem maior, não prejudicando ninguém. Peço que me lembre dessa solução ao acordar, de forma clara e com todos os detalhes necessários para executá-la. Que assim seja.

Siga suas técnicas de sonho normalmente, fazendo o Círculo dos Sonhos e tendo um caderno ou dispositivo de gravação na mesa de cabeceira. Quando acordar vai ter a sua resposta, embora esta resposta, assim como na adivinhação, pode não ser o que você quer, mas aquilo que precisa. Uma das razões pelas quais pode ser difícil resolver conscientemente é a mente consciente não querer ver a solução real para o problema, então a mente adormecida age como um espelho escuro, refletindo o que é necessário, mas não necessariamente o que é desejado. Integrando tanto o despertar quanto o sonhar, a sabedoria que eles contêm, é um passo importante no progresso mágico.

Sonho Lúcido

Sonho lúcido significa simplesmente um "sonho claro", refere-se a estar em um ambiente claro de consciência acordada, enquanto o corpo ainda dorme e sonha. É uma maneira de torna-se ciente de que está sonhando em um sonho lúcido. Essa consciência desperta é uma chave para aprofundar-se magicamente no trabalho dos seus sonhos. Enquanto algumas pessoas têm sonhos lúcidos espontâneos, sonhos que envolvem vividamente todos os sentidos quase indistinguível da realidade, exceto pelo assunto, a maioria de nós não. Mas podemos aprender a desencadear tais sonhos.

A maneira tradicional de desencadear sonhos lúcidos é determinar um símbolo que o "desperte" no sonho e intencionar sonhar com esse símbolo quando quiser. Nos ensinamentos de Carlos Castanheda, autor do infame *Os Ensinamentos de Don Juan*, o gatilho lúcido era olhar para suas mãos para se lembrar de que está sonhando. Outros gatilhos podem ser igualmente simples, como olhar para os pés, olhar para o Sol ou para a Lua ou para qualquer outra coisa. Alguns praticantes, inclusive eu, gostam de usar algo sem sentido como gatilho. Eu costumo sonhar com florestas primordiais, então escolho uma palmeira tropical com coco como meu gatilho. Conheço pessoas que usam elefantes cor-de-rosa e outro que usa como imagem o coelhinho da Páscoa.

Antes de ir para a cama, basta visualizar seu gatilho. Declare que você sonhará com esse símbolo. Afirme que o gatilho lhe induzirá a um sonho lúcido quando o vir. No sonho, você verá seu gatilho e, seu sonho lúcido ou sonho acordado, será induzido. Para alguns, o sonho lúcido é apenas uma consciência do sonho. Para os outros, é o controle dos sonhos.

Controle dos Sonhos

Depois de estar ciente de seus sonhos enquanto sonha, vem o controle sobre esses sonhos. Depois de ter um sonho lúcido, você pode aprender a usar sua vontade e imaginação para guiar e, eventualmente, controlar o sonho. Você pode mudar o tom e a direção do sonho e criar objetos, configurações e caracteres. Qualquer coisa que você imaginar pode ser feita em seu sonho, o que se torna uma ótima prática para aprender as artes da manifestação, da ligação entre pensamento, emoção, criatividade e manifestação juntos. Embora a manifestação no plano dos sonhos seja muito mais rápida do que qualquer coisa no mundo físico, isso fornece a você a prática do mesmo poder em seu feitiço. O controle dos sonhos também o ajuda a se aprofundar mais no desenvolvimento de sua vida pessoal, como fantasias podem ser exploradas e pesadelos podem ser domados. Criaturas encontradas em pesadelos permitem que as questões e os problemas sejam resolvidos antes que eles abertamente entrem em sua vida física ou desencadeiem problemas com o seu eu sombrio, a parte reprimida de nós que frequentemente sabota nossos esforços quando não temos um relacionamento saudável com ele.

Não existe um simples "manual" para controlar os sonhos. Cada praticante faz de uma maneira com diferentes níveis de sucesso. Envolve as mesmas técnicas de desenvolvimento, caminhos e visualização, mas aplicado no estado de consciência onírico, ao invés da meditação feita quando acordado. Como outras formas de magia, você está direcionando sua vontade sobre o mundo. Este é simplesmente um mundo diferente e mais flexível. Somente esforço e prática podem desvendar esse segredo para você.

Sonhos Continuados

Os sonhos que terminam abruptamente também podem ser continuados, para resolver temas ainda não resolvidos e alguns problemas. Sonhos podem ser continuados de duas maneiras – acordados ou adormecidos. Ambos têm benefícios e desvantagens e você pode achar uma técnica mais útil que a outra. Eu tendo a favorecer os sonhos acordados para a continuação dos sonhos. Aqueles com boa habilidade de meditação tendem a favorecer a técnica de vigília. Já quem é mais hábil em sonhos mágicos tende a favorecer a continuação do sono.

Sonhar acordado é o mais fácil de continuar, embora que, para algumas pessoas não familiarizadas com a prática, geralmente parece que ela não é válida ou que é inventada. Se você despertar de um sonho do qual quer continuar sonhando enquanto estiver acordado, deite-se sem escrever sobre isso. Coloque-se em um estado meditativo (veja o capítulo um) e visualize a última coisa que lembrar do sonho. Imagine que você ainda está dormindo e sonhando. O que acontece depois no sonho? Deixe o sonho acordado se desenrolar como uma jornada xamânica ou outra meditação visual e veja como isso se resolve. Quando feito, conte-o para você mesmo e faça um diário sobre a experiência.

Para uma continuação do sono, aqueles com forte vontade e memória podem simplesmente voltar a dormir com a intenção de continuar o sonho, e ele assim continuará. Se o tempo é um fator e você precisa se levantar, anote o seu sonho como faria normalmente e comece o seu dia. Naquela noite, reveja seu sonho e use a técnica do Sonho Intencional quando precisar resolver um problema ou uma questão, e volte a sonhar. Com isso fresco em sua mente, você voltará ao sonho, repetindo-o, ou continuando de onde parou.

Portais dos Sonhos

Enquanto na maioria das vezes percebemos o sonho como uma porta de entrada para o mundo interior, da nossa perspectiva mágica, os mundos "interiores" estão localizados no mesmo lugar que o mundos além de nossos corpos. Entrando e saindo, alcançam o mesmo destino. Sonhos podem ser portais para entrar em outras dimensões da consciência, tanto o transe xamânicos quanto a viagem astral. Embora possamos abrir os portais de maneira não intencional e inesperada a esses níveis de consciência em nossos sonhos, essas aberturas tendem a nos beneficiar principalmente quando adquirimos a capacidade de recordar e controlar claramente nossos sonhos. Então, em um estado lúcido, podemos abrir intencionalmente uma porta de entrada para outro reino. Existe uma ampla gama de possibilidades para portais de sonho, mas algumas das mais prevalentes são:

PARA OUTRO ESPAÇO FÍSICO: os portais dos sonhos podem ser usados da mesma maneira que o exercício de visão remota, viaje em seus sonhos para algum lugar do mundo físico, onde você reúne detalhes sobre esse lugar. Tenha cuidado, é ainda mais provável que você possa mudar de forma ao fazer a visualização remota via sonhos, então declare explicitamente sua intenção de quando e onde você deseja visitar.

PARA A TERRA DOS ANTEPASSADOS: uma conexão comum no trabalho dos sonhos é com os mortos, na maioria das vezes alguém relacionado a você ou alguém com quem você sente uma conexão emotiva. Muitas vezes o espírito do falecido entra no seu sonho, por isso é possível procurar o espírito com o qual você deseja se comunicar também.

PARA ENTRAR NO SONHO DE OUTRA PESSOA: é possível entrar no sonho de outra pessoa viva. Às vezes fazemos isso inconscientemente, compartilhando um sonho com um ente querido ou parceiro mágico. Isso pode ser feito conscientemente e só deve ser feito com a permissão consciente do parceiro. Entrar no sonho de alguém sem permissão é frequentemente considerado uma forma de ataque psíquico. É mais eficaz quando o destinatário também está dormindo. Se o alvo também é um praticante de magia e possui uma proteção mágica e proteção espiritual, o ritual de sonhos pode ser ineficaz ou acionar alas defensivas se você não tiver a permissão expressa delas.

PARA UM SONHO CONJUNTO OU EM GRUPO: outro método usado para sonhar com outra pessoa é abrir um portal para o sonho deles. Porém, em vez de passar por ele para o sonho de outra pessoa, use-o para trazê-la ao seu sonho ou faça uma jornada além de qualquer um dos seus sonhos pessoais. Quando alguém é habilidoso no trabalho dos sonhos, pode ser um líder do grupo, reunindo várias pessoas em uma jornada.

PARA COMPARTILHAR UM ESPAÇO ASTRAL: sozinho, com outra pessoa ou até com um pequeno grupo, você pode usar um portal dos sonhos para se conectar a um local construído no astral. Covens frequentemente criam templos astrais compartilhados pelo grupo, ou você pode criar um espaço pessoal sagrado astral enquanto medita e faz seu ritual e tem acesso a ele via sonho.

PARA PLANOS MAIS ELEVADOS DE CONSCIÊNCIA: esses portais dos sonhos incluem o que pensamos ser de cunho xamânico como os mundos superior e inferior, o astral superior, o emocional e o mental, bem como o Sephirah da Cabala.

Exercício: Viagem dos Sonhos

Antes de tentar qualquer trabalho com portais de sonho, concentre-se em uma entrada ou um portal no mundo físico. Pode ser qualquer portal que você possa atravessar, um batente de porta da sua casa, uma porta em seu escritório ou um portal ornamentado em um parque público. Memorize os detalhes até que você possa lembrá-los vividamente sempre que quiser.

Determine que tipo de portal você deseja criar. Onde você quer que sua jornada o leve? Faça seus próprios rituais de limpeza antes de dormir, como um banho. Enquanto estiver na cama, mantenha a intenção do destino de seu portal. Visualize o portal físico que escolher ou algo semelhante para aparecer no seu sonho e fazer você entrar. Vá dormir e permita que a jornada e o portal ocorram em seu sonho. Ao acordar pela manhã, registre sua experiência da melhor maneira possível. Muitas vezes os portais dos sonhos tendem a ser muito lúcidos e claros, mas em outros momentos podem parecer lembranças distantes.

Um excelente livro para aprofundar sua compreensão sobre os Portais de Sonhos e o fenômeno psíquico em torno do sonho é o *Psychic Dreamwalking*, de Michelle Belanger.

Inconsciência

O inconsciente é o lado sombrio da magia dos sonhos. Os sonhos nos colocam em contato com nossa mente inconsciente e a inconsciência coletiva de nossa espécie. Uma conexão mais profunda dá origem a três problemas para a Bruxa sonhadora: a inconsciência em si, o escapismo e os pesadelos.

O ponto crítico no trabalho eficaz da magia dos sonhos é manter a consciência, e isso é muitas vezes tentador demais para voltar à sensação de inconsciência, pois esse é o nosso estado padrão natural ao dormir. Assim como um aluno está à beira de seguir mais profundamente dominando o seu estado de sonho, há uma série de noites em que não há sonhos que podem ser lembrados com qualquer clareza. Quando o problema se manifesta, o espelho sonhador interior fica escuro e nublado. Nesses casos, como o inconsciente vem à luz, isso parece demais para o eu consciente, que recua de volta para o desconhecido.

Ao invés do simples esquecimento, às vezes a mente inconsciente procura ser indescritível e fornece apenas entretenimento. Temos sonhos divertidos que são maravilhosos, mas em um esforço para realizar nossas fantasias, o trabalho mágico termina. Os sonhos não vão fundo. Eles flutuam ao longo da superfície do desejo. Uma vez que é fácil entrar em uma fantasia, por retratos míticos ou heroicos do eu, ou por uma exploração das coisas que não podem estar no físico, nós nos entregamos. Ocasionalmente é bastante útil, mas algumas Bruxas se enganam pensando que estão fazendo um trabalho profundo, quando, na verdade, elas estão simplesmente brincando nesse sonho. Em termos de trabalho psicológico, quando guiado, pode ser produtivo, mas na maioria das vezes não é o que acontece e resulta em um nada substancial.

Por fim, e talvez o mais perturbador, mas também o mais recompensador, é a possibilidade de que o que reside no inconsciente seja terrível demais para se enfrentar, pelo menos à primeira vista, e se manifesta como pesadelos, revelando sua forma pouco a pouco para o sonhador enquanto transmite uma carga emocional. Isso pode desencorajar até os mais ávidos sonhadores a parar de se aprofundar com a magia dos sonhos. No entanto, vale a pena examinar essas situações perturbadoras conjuradas pela psique, para entender e não fugir delas. Se entendida e liberada, a energia vai para o trabalho em outras áreas da vida. Pode-se mitigar os efeitos dos pesadelos com outras formas de magia, incluindo este encanto contra pesadelos.

Encanto Contra Pesadelos

- Artemísia
- Erva-de-são-joão
- Raiz de angélica
- Tigela de água na mesa de cabeceira

Encha um copo de vidro transparente ou uma tigela de cristal com água e coloque ao lado ou debaixo da sua cama. Se você estiver dormindo com um parceiro, certifique-se de que está do seu lado, a menos que queira proteger os dois contra pesadelos, embora seria mais eficaz para os dois terem encantos de tigela separados. Polvilhe uma pitada de erva-de-são-joão, artemísia e a raiz de angélica na tigela e peça aos espíritos das ervas para banir todos pesadelos.

São João da Luz, banindo todos os fantasmas.
Artemísia da Lua, banindo todo o mal.
Angélica dos Anjos, traga orientação e proteção abençoadas.
Três aliados, agem como um.
Traga-me uma boa noite de sono.

Você pode usar uma pitada de visco como substituto de qualquer uma dessas ervas ou, além disso, torná-la uma quarta erva do encanto. Certifique-se de que a tigela esteja fora do alcance de crianças e de animais enquanto você dorme.

Por fim, as próprias qualidades que dão à magia dos sonhos sua força e versatilidade, pode se tornar desvantajosa também. Encontrar o equilíbrio entre esses dois pontos é a chave para navegar com sucesso no mar dos sonhos.

Aliados para o Caminho dos Sonhos

Os seguintes pontos devem ser lembrados ao trabalhar com a magia dos sonhos:

SEM ESTIMULANTES: a magia dos sonhos tende a funcionar melhor com uma mente relaxada. Evite o uso de cafeína, televisão, computador e todos os meios eletrônicos por algumas horas antes de trabalhar com os sonhos. Música de relaxamento ou leitura leve é apropriada. Aprenda a relaxar. Faça exercícios simples, como uma rotina noturna de yoga ou Tai-Chi. Tome um banho quente. Não estimule demais a si mesmo e nem a sua consciência antes do trabalho ou você terá sonhos apressados e sem um foco claro ou energia.

POSIÇÕES PARA DORMIR: dizem que determinadas posições durante o sono facilitam a experiência sonhadora e têm paralelos em muitas culturas e tradições diferentes. Dormir do lado esquerdo é universalmente visto como superior na maioria das pessoas. Salienta respirar pela narina direita, estimulando o lado direito do cérebro, o lado criativo. Dormir no lado direito pode ser mais tranquilo e propício para quando você quer entorpecer suas experiências de sonho. Dormir de costas é mais parecido com uma posição meditativa ou xamânica. Se conseguir adormecer de costas, pode ser útil para este trabalho. Dormir de bruços ou em posição fetal, enrolada, pode descansar e até promover sonhos, mas são mais difíceis de lembrar.

TEMPLOS DOS SONHOS: você pode criar seu próprio espaço sagrado ritualizando o processo de magia dos sonhos. Mantenha os eletrônicos ao mínimo em seu quarto. Se você não conseguir remover todos, desconecte o máximo que puder. Cubra telas de televisão ou monitores de computador com revestimentos de algodão ou de seda. Corresponda à cor de seus lençóis com a sua intenção de sonhar com base nas correspondências da magia de cores. Você pode acender uma vela antes de dormir, usando intenção e luz para definir a magia do seu sonho. Sugiro apagar a vela antes de ir para a cama, a menos que você tenha uma área absolutamente segura para deixá-la, como uma lareira ou um caldeirão. Você também pode acender incensos (veja ervas aliadas a seguir).

ERVAS ALIADAS: reveja as ervas dos sonhos no capítulo sete para encontrar ervas e suplementos que podem lhe ajudar em seu trabalho. Você pode fazer um travesseiro de sonho colocando lavanda, artemísia, aveia e calêndula em um pequeno saco para colocar no travesseiro enquanto dorme.

PEDRAS: diz-se que os seguintes cristais promovem sonhos poderosos e podem ser usados como talismãs na mesa de cabeceira, debaixo da cama ou debaixo do travesseiro: diamante Herkimer, rodocrosita, ametista, pedra da lua e moldavita.

INTERPRETAÇÃO DOS SONHOS: interpretar os sonhos para mensagens pessoais ou significados proféticos está além do escopo deste trabalho. Mas se isso lhe interessa, invista em vários bons dicionários de sonhos, incluindo aqueles de um ponto de vista Pagão. Embora um dicionário dos sonhos possa falhar, ter vários para comparar pode dar-lhe novas ideias. Fale também sobre seus sonhos com alguém em quem você confia e o conhece bem, como um mentor ou um professor de magia, quando algo significativo surge em seus sonhos.

Andando na Espiral

Tendo passado por doze portais de poder, como fazer melhor uso desse conhecimento? Você foi presenteado com uma ampla variedade de técnicas e ferramentas e cabe a você, como praticante de magia, determinar quais ferramentas são apropriadas para cada intenção desejada.

No meu treinamento inicial com meus próprios professores, aprendi que a Bruxaria é trina em natureza, sendo uma religião, uma ciência ou filosofia e uma arte. De fato, livros mais antigos e professores chamam o estudo da magia de *Ars Magica* ou a *Arte Mágica*. Esse, como qualquer outro empreendimento artístico, requer criatividade. Infelizmente, muitas pessoas, particularmente aquelas influenciadas pelas imagens da magia no cinema e na cultura popular, pensam que a magia é apenas uma ciência. Se você disser as palavras certas ou misturar os ingredientes certos, puf, você tem magia. Magia é uma forma de arte, você tem uma variedade infinita de opções e de combinações para tentar.

Os capítulos anteriores estão muito mais alinhados com a ciência, trazendo teoria e técnica mecânica. Agora você deve determinar como aplicar essas técnicas, sozinhas ou juntas, para efetivamente executar sua magia. Embora possa ser aplicada a quase qualquer intenção mágica – pois a maioria das mágicas requer alguma forma de consciência alterada –, a mágica mais bem executada pelas técnicas deste livro é o trabalho experiencial interior de se comunicar com os espíritos. É a magia de viajar para outros planos de consciência ou trazer os habitantes daqueles planos para fazer contato conosco. É para colocar as forças do Outromundo em movimento e efetuar mudanças em nossa realidade. *Os Portais da Bruxaria* são verdadeiramente uma comunhão com o Outromundo.

Os Fundamentos

Não existem regras rígidas e rápidas na maneira como as Bruxas aplicam esses caminhos em suas magias. O Livro das Sombras Gardneriano simplesmente nos diz: "Você pode combinar muitos deles em um único experimento, quanto mais, melhor". Isso se refere aos "Cinco Fundamentos" ou aos cinco ingredientes necessários para a magia, e fornece uma pequena orientação na combinação dos Oito Caminhos de poder com os Cinco Fundamentos. Embora frequentemente omitido da Wicca popular, ou adaptados, os Cinco Fundamentos contêm uma importante sabedoria. Na tradição Templo da Bruxaria, os três requisitos para a magia são Intenção Clara, Vontade e um Método para direcionar energia. Os fundamentos Gardnerianos focam mais especificamente nas técnicas Gardnerianas do Círculo Mágico, purificações e instrumentos. Eu incluí os Cinco Fundamentos aqui, assim como a sabedoria de combiná-los, colocando o nome da técnica como descrito no Livro das Sombras ao lado do seu número, para evitar qualquer confusão, porque a ordem das técnicas no Livro Gardneriano das Sombras (capítulo um) é diferente da ordem explorada neste texto.

Os Fundamentos:

1. O mais importante é a "Intenção": você deve saber que pode e terá sucesso. Isso é essencial em toda operação.

2. Preparação (você deve estar devidamente preparado de acordo com as regras da Arte; caso contrário, nunca terá sucesso).

3. O Círculo deve ser adequadamente formado e purificado.

4. Todos vocês devem ser devidamente purificados, várias vezes se necessário, e essa purificação deve ser repetida diversas vezes durante o ritual.

5. Você deve ter instrumentos adequadamente consagrados.

Esses Cinco Fundamentos essenciais e os Oito Caminhos ou Maneiras não podem ser todos combinados em um único ritual. Meditação e dança não combinam bem, mas formar a imagem mental e a dança pode combinar bem com cantos, Feitiços, etc., combinados com o açoite e o Nº 6 (Controle Sanguíneo/Controle da Respiração), seguido pelo Nº 8 (O Grande Rito), formam uma esplêndida combinação. Meditação, após o açoitamento, combinada com os Nº 3 (Ritos, Cantos, Feitiços, Runas, Encantos, etc.) e Nº 4 (Incenso, Drogas, Vinho, etc.) e Nº 5 (A Dança) também são muito bons. No caso de atalho para a concentração, Nº. 5 (A Dança), 6 (Controle Sanguíneo/Controle da Respiração), 7 (O Açoite) e 8 (O Grande Rito) são excelentes.

Observando os cinco elementos essenciais, obtemos um modelo de trabalho para construir nossos ritos.

Intenção

Primeiro de tudo vem a intenção. O que você deseja realizar com sua magia, seja em termos de resultados terrestres, como no feitiço tradicional para alterar sua vida física, seja em termos de comunhão com o Outromundo. Muitos exploram alterações mentais técnicas para apenas "ver o que acontece". Embora eu ache que deveríamos estar abertos ao inesperado e ser capazes de se adaptar, não sou um grande fã de "técnicas grátis para todos", tenho muitos amigos envolvidos em uma variedade de atividades psicodélicas e, na maioria das vezes, eles advogam não ter nenhuma intenção, não tentar controlá-la, são casuais e apenas deixam isso acontecer. Eles não são Bruxos. Andamos numa linha tênue, equilibrando nossa intenção com rendição de como essa intenção se manifesta. Meus amigos não treinados têm algumas experiências interessantes usando enteógenos, mas raramente recebem algo que fornece conhecimento direto, sabedoria, orientação ou mudança. Tais explorações sem intenção é como andar na natureza para simplesmente *ver* a natureza. Isso é maravilhoso, mas as Bruxas andam pela floresta para *comungar* com a natureza. Elas usam suas habilidades mágicas para abrir as linhas de comunicação com árvores, plantas e animais. A Bruxas têm intenções, mas estão abertas a como cada intenção se manifesta. Eu creio que todas as técnicas descritas no livro devem ser associadas à intenção. Mesmo que sua intenção seja simplesmente de exploração, defini-la dá certa direção a sua energia e deixa claro para os habitantes do Outromundo por que você está aqui.

Preparação

A preparação é o segundo fundamento. Isso inclui preparação interna e externa. Para o mundo exterior, você tem todas as ferramentas necessárias? Dependendo das técnicas escolhidas, as ferramentas podem ser poucas ou muitas. Para um clã no estilo Gardneriano a preparação adequada inclui estar "vestido de céu" (nu), embora sandálias possam ser usadas e, sendo iniciado, estar vinculado da maneira tradicional. Também pode incluir um banho de limpeza ou "lustral" para purificação. Para a preparação interna, você deve estar claro sobre sua intenção, o primeiro fundamento, e preparado para aceitar as consequências da força que está para colocar em movimento. Você está preparado magicamente, fazendo todas as mudanças internas necessárias para este trabalho? Para os tradicionalistas, isso inclui a iniciação adequada na tradição por um Sumo Sacerdote ou por uma Alta Sacerdotisa qualificados.

Eu sinto que um dos maiores aspectos de estar "adequadamente preparado" é se preparar não apenas para o potencial fracasso da sua magia, mas também para o sucesso. Ao usar técnicas que alteraram a consciência para encontrar o Outromundo, você está preparado para tal contato? Quem está no mundo espiritual? Por que você os encontra? Estas perguntas foram deixadas, em grande parte, sem resposta neste livro, concentrando-se em técnica, não em teologia, cosmologia ou em qualquer tradição específica. Infelizmente, existem alguns ramos da Wicca Tradicional Britânica, particularmente na América, que usam essas técnicas apenas para feitiços e para desencorajar a comunhão com seres de Outromundo. No entanto, com essas práticas, você está se abrindo para contatos "extraterrestres". O que exatamente está lá fora, e por que você procuraria entrar em contato eles?

As Bruxas geralmente acreditam que existe mais de um mundo. Somos todos familiarizados com o mundo físico em que vivemos, o que alguns chamam de mundo "real". Mas além de uma barreira invisível, descrita como véu, cortina, espelho ou mesmo fronteira, existe um mundo de espírito, intangível e invisível, mas tão "real" quanto o físico. De fato, muitos acreditam que não há apenas dois mundos, mas que o véu cobre uma infinidade de outros mundos espirituais, cada um com suas próprias qualidades, caráter e habitantes.

Dois modelos gerais do mundo espiritual tendem a dominar; um descreve a hierarquia, e o outro a horizontalidade. Na realidade, nada é verdadeiramente vertical ou horizontal. Ambos existem em direções para as quais não podemos apontar fisicamente, fora do espaço e do tempo. A realidade vertical é geralmente vista como uma árvore, mas às vezes pode ser vista como uma escada, uma montanha ou um vale. Prefiro o modelo da Árvore do Mundo para ajudar a entender os mundos espirituais. Nos galhos há um mundo celestial. Um reino do céu, da tempestade, do Sol, dos Deuses, das estrelas. Há também o reino dos anjos e dos iluminados. Nas raízes, existe um Submundo ctônico, onde habitam os ancestrais, os Deuses dos mortos e das trevas, ao lado de seres telúricos primordiais, geralmente conhecidos como o Fey. Entre o tronco está o mundo do meio, o reino do mundo físico. Tudo no mundo físico tem seu próprio espírito – não apenas todo ser humano e animal, mas toda planta, toda árvore, toda rocha, rio e colina. E o meio do mundo tem muitos espíritos intangíveis e invisíveis: elementais, espíritos da natureza, fantasmas ávidos e espíritos de bênçãos e infortúnios.

Fig. 56: Árvore do Mundo

Na realidade horizontal, as classificações gerais são as mesmas, mas dispostas como anéis concêntricos. No centro está o mundo primordial, como um caldeirão, no qual todas as coisas borbulham. Este é o Submundo. O próximo anel é o reino do espaço, tempo e mundo físico. Além do físico está o Mundo Superior Celestial dos Deuses e ao redor de todos eles está o reino do espírito puro. A vantagem do modelo horizontal é que explica por que os médiuns podem ver fantasmas, espíritos e Deuses bem ao nosso lado, em vez de acima ou abaixo. Eles estão simplesmente olhando através do véu.

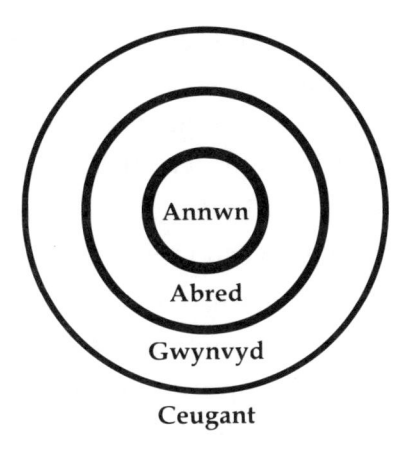

Fig. 57: Anéis

Hoje, aqueles que podem ver além do véu deste mundo e obter informações de fontes não físicas são chamados de videntes ou de médiuns. Aqueles que podem viajar através do véu para esses mundos e voltar livremente são conhecidos como xamãs ou, pelo termo correto, praticantes xamânicos. A palavra "xamã" refere-se com mais precisão a praticantes mágicos e religiosos das tribos Siberianas de Tungus. Para o bem ou para o mal, a prática cresceu em seu uso através do termo "Xamanismo Essencial", cunhado pelo antropólogo e praticante Michael Harner. Xamanismo Essencial é o conjunto de técnicas de natureza bastante universal, encontradas em muitas culturas e períodos de tempo e as técnicas relacionadas a ele são surpreendentemente semelhantes aos Oito Caminhos de poder. É a crença de muitas Bruxas modernas, minha inclusive, de que as Bruxas da Velha Europa cumpriam a função do xamã, sendo capazes de ver e viajar além do físico para esses mundos espirituais.

Agora que você se preparou com o conhecimento da cosmologia dos mundos espirituais, deve se preparar, também, para ter algum tipo de contato com seus habitantes. Os espíritos podem incluir:

ANJOS: seres não humanos que são personificações da vontade, força e poder divinos. Cada um tem domínio sobre uma tarefa ou poder diferente.

ESPÍRITOS DE ANIMAIS: você pode encontrar o espírito de vários animais nos outros mundos, completamente independentes de encontrá-los no físico. Espíritos de animais que se aliam a você repetidamente são frequentemente considerados seu totem ou poder animal.

DIVINDADES: são forças classificadas como Deuses, porque cada uma incorpora um poder divino da natureza ou certos conceitos abstratos.

MORTOS: espíritos humanos que não estão mais encarnados, podendo ser os terrestres, como fantasmas, ou aqueles que residem em um local de descanso e de regeneração. Aqueles que são relacionados a nós pelo sangue ou por uma tradição espiritual, chamados de *antepassados*.

DEMÔNIOS: embora as Bruxas não subscrevam um conceito cristão do Inferno com uma hierarquia de demônios e diabos tentando-nos a pecar, a maioria dos ensinamentos indígenas reconhece que nem todos os espíritos são benignos. Alguns são espíritos de doenças e de infortúnios, causando peste em pessoas, animais e na Terra. Espíritos são como pessoas. A maioria não se importa tanto com você pessoalmente. Alguns estão predispostos a serem úteis e beneficentes devido à sua natureza, assim como também algumas pessoas são naturalmente úteis. Outros são travessos, maliciosos e podem agir como as pessoas. Use critérios para julgar espíritos assim como você faria com as pessoas. Seguindo os cinco elementos essenciais, você estará protegido de espíritos prejudiciais.

ELEMENTAIS: são os espíritos da Terra, do Ar, do Fogo e da Água incorporando os conceitos de fisicalidade, mente, vontade e emoção, respectivamente.

FEY: membros de uma raça mais antiga que antecede a humanidade, profundamente ligados ao poder da terra e da natureza, às vezes confundidos com os espíritos da natureza.

MESTRES: humanos iluminados que passaram do mundo dos vivos para um mundo de pura consciência. Cada tradição tem um nome diferente para tais espíritos humanos, como santos, Bodhisattvas ou semideuses. Na tradição da Bruxaria, são conhecidos como os Mortos Poderosos ou a Companhia Oculta.

ESPÍRITOS DA NATUREZA: é a consciência de várias formas da natureza, desde uma única planta, até espírito abrangente de uma floresta ou montanha.

Embora não exista uma lista completa do que é possível encontrar, isso fornece um bom ponto de partida para entender os habitantes do mundo espiritual. Tal contato é a coisa mais difícil de se preparar, pois ocorre de maneira diferente para todo mundo, e é real. Tendemos a ficar surpresos e despreparados para saber o que é real ou para acreditar que determinada experiência é simplesmente nossa imaginação, e que aquilo não tem importância, mesmo que a mensagem tenha sido profundamente significativa. Quando não se está preparado para isso e não sente que está apto a se fundamentar, equilibrar e centralizar, o contato espiritual pode fazer você duvidar de sua sanidade mental e afastá-lo do mundo mágico. Passar um tempo com menos técnicas avançadas, como meditação básica, por exemplo, pode ajudá-lo a se preparar para o contato espiritual mais profundo.

Para uma informação mais extensa sobre o mundo espiritual e uma preparação para o contato em um contexto xamânico da Bruxaria, recomendo meu livro *The Temple of Shamanic Witchcraft*, que descreve um curso inteiro para o contato espiritual e o desenvolvimento pessoal.

O Círculo

Terceiro de nossos Cinco Fundamentos, o Círculo, tem sido, nos últimos anos, o centro de grandes debates. O Círculo da Bruxa é o ritual básico encontrado na Bruxaria Moderna. Conhecido como Círculo da Lua, Círculo Mágico e até Círculo do Mago, este é realmente o núcleo estrutural de "liturgia" da Arte Moderna, tanto para rituais religiosos quanto para operações das práticas mágicas. Houve um tempo não muito distante em nossa comunidade da Arte, que fazer magia fora de um Círculo era impensável, a menos que fosse uma magia popular simples ou uma emergência. Fomos ensinados que tudo é aprimorado no Círculo. Isso nos protege. Amplifica nossa magia. É necessário para o nosso sucesso e do grupo.

Embora eu concorde que um Círculo Mágico seja maravilhoso para a maioria das aplicações de magia, não acho que ele seja essencial. O que eu acho essencial e que deveria ser expresso em nossos Cinco Fundamentos, é a necessidade do ritual e um formato que nos traga a um estado sobrenatural para direcionarmos os poderes gerados com segurança para o objetivo e depois voltarmos do Outromundo, sãos e salvos. O Círculo Mágico fornece uma estrutura para realizar todas essas coisas. Em um mundo onde a Wicca passou de uma tradição iniciática secreta para um caminho onde você pode encontrar detalhes da nossa Arte em muitos livros em uma loja, biblioteca ou copiados na internet, é ótimo que essa ferramenta tenha sido incluída para aqueles que estão seguindo instruções sem um professor. O Círculo Mágico fornece uma maneira segura e altamente estruturada e eficaz que não é encontrada em muitas outras tradições, tornando a prática aleatória de tais tradições mais perigosas. Eu realmente acredito nos mestres interiores do Mundo da Arte, que guiaram sua reconstrução e colocaram um pedaço de tecnologia ritual em nossa tradição para torná-la mais segura, mais eficaz e acessível a todos buscadores.

Quase todas as técnicas descritas neste livro podem ser usadas efetivamente dentro do Círculo Mágico. Para aqueles que não estão familiarizados com essa estrutura ritual, aqui está um esboço do Ritual do Círculo que eu uso com instruções básicas. O estilo do Círculo Gardneriano é bastante diferente e os interessados podem encontrar facilmente a versão impressa ou online.

O Ritual do Círculo Mágico

Lançando o Círculo: com o seu bastão, athame, cajado ou espada, trace os limites do Círculo no ar em volta de você, do altar e do grupo em operação. Imagine isso em chamas azuis. Trace o Círculo três vezes. Tradicionalmente, o Círculo tem 2,74 m de diâmetro, a menos que trabalhe com um grupo ou espaço muito maior. Às vezes um segundo e terceiro círculos adicionais são desenhados maiores que o círculo interno, separados por 15 cm, com espaço total de 3,35 m de diâmetro. A maioria das tradições inicia o Círculo no Leste ou no Norte. Para moldar o Círculo, essas palavras podem ser ditas:

> Lanço este Círculo para me proteger de todas as forças que possam vir para me causar mal.
>
> Eu conjuro este Círculo para atrair as forças mais equilibradas e poderosas para a minha magia e bloquear todas as forças que não estão em harmonia com minhas intenções.
>
> Eu crio um espaço além do espaço e um tempo além do tempo, um templo de Perfeito Amor e Perfeita Confiança, onde a maior vontade é soberana. Que assim seja.

INVOCANDO AS DIREÇÕES: as quatro direções não são apenas reconhecidas, mas associadas aos quatro elementos dos quatro poderes primordiais da criação. Tradições diferentes correspondem os elementos a direções diferentes. A maior parte da Wicca britânica começa o Círculo no Leste, com o Ar no Leste, Fogo no Sul, Água no Oeste e Terra no Norte. Minha própria tradição começa no Norte, com Terra no Norte, Fogo no Leste, Ar no Sul e Água no Oeste. Frequentemente um espírito guardião, como um totem, um elemental, um anjo ou uma divindade também é chamado para mediar a energia desse elemento. Minhas direções básicas são:

> Ao Norte, invoco o elemento Terra e o Grande Cervo.
> Guiem-me e me protejam. Saudações e sejam bem-vindos.
>
> A Leste, invoco o elemento Fogo e o Cavalo Selvagem.
> Guiem-me e me protejam. Saudações e sejam bem-vindos.
>
> Ao Sul, invoco o elemento Ar e o Corvo Sábio.
> Guiem-me e me protejam. Saudações e sejam bem-vindos.
>
> A Oeste, invoco o elemento Água e o Salmão.
> Guiem-me e me protejam. Saudações e sejam bem-vindos.

Evocação dos Poderes: convide todos os seres, espíritos e divindades que desejar que se juntem a você no ritual. Minha evocação é:

> Eu chamo os Dois que se movem como um, dentro do Amor do Grande Espírito, a Deusa e o Deus. Eu chamo os ancestrais do meu sangue e espírito. Invoco aqueles que nos guiam nos reinos acima, abaixo e além. Saudações e sejam bem-vindos.

Unção: unja o pulso, o Terceiro Olho e/ou a nuca com uma poção feita de ervas protetoras e de limpeza ou simplesmente uma combinação de água e sal.

Grande Rito: realize o Grande Rito Simbólico e beba do cálice. Bolos podem também ser abençoados e consumidos durante o ritual, ou ao final dele, para ajudar no aterramento.

A Obra: realize o trabalho mágico, seja o lançamento de um feitiço, seja uma celebração, seja uma meditação guiada. A energia para o trabalho pode ser aumentada através dos vários caminhos de poder e pode ser usada para impulsionar o trabalho em transe, não apenas para abrir um portal, mas para impulsionar as viagens através deste portal em direção ao Outromundo.

Elevando o Cone de Poder: se a energia foi elevada e contida no Círculo, ela deve ser liberada, idealmente, com a intenção, isso se houver um feitiço envolvido. Essa liberação é geralmente visualizada e direcionada como um "Cone" subindo e saindo do Círculo, direcionando-a para os feitiços e magias. Se não houver um feitiço específico envolvido, a energia pode simplesmente ser liberada como uma bênção à Terra para sua própria cura e equilíbrio. A energia pode ser recolhida pelos praticantes e usada em sua jornada. Tais usos não requerem um Cone de Poder. Para reunir o poder, técnicas como dança, canto ou açoite são desenvolvidas com intensidade e interrompida abruptamente. Se estiverem em um grupo, o líder deve usar um sinal previamente combinado, como largar uma varinha, por exemplo, para marcar o final da técnica. Na parada abrupta, a energia impulsiona o praticante para o Outromundo em direção à intenção da jornada.

ATERRAMENTO: a energia do Cone de Poder é geralmente direcionada através de duas formas de posturas rituais. A Posição da Deusa (capítulo cinco) é usada para projetar a energia com um movimento arrebatador dos braços levantados. E a Posição do Deus (também no capítulo cinco) é usada para liberar completamente o retorno do feitiço ao centro. Na Posição da Deusa, os pés estão afastados e os braços levantados à medida que o Cone é levantado, imitando uma Estátua da Deusa da Idade da Pedra. Quando o Cone é liberado, os pés são trazidos para perto, juntos, os antebraços cruzam o coração e inclina-se a cabeça levemente, imitando um sarcófago egípcio. Em seguida, a energia restante é liberada no solo, geralmente colocando as mãos ou até o Terceiro Olho/Coroa na terra. Para aqueles que não conseguem tocar o chão, a energia pode ser aterrada através de instrumentos como o altar, um bastão, um cajado, uma espada ou simplesmente através da intenção, direcionando-a para o chão.

DESINVOCAÇÃO: todos os poderes evocados são agradecidos e liberados.

> Agradeço e libero os Dois que se movem como um no Amor do Grande Espírito – a Deusa e o Deus. Agradeço aos ancestrais do meu sangue e espírito. Agradeço àqueles que nos guiam nos três reinos. Agradeço a todo e qualquer espírito que veio em Perfeito Amor e Perfeita Confiança. Fiquem se desejar. Partam se precisar. Saudações. Sigam em paz.

LIBERANDO AS DIREÇÕES: todas direções são liberadas, começando onde você iniciou as invocações e movendo-se no sentido anti-horário.

> Ao Norte, agradeço e libero o elemento Terra e o Grande Cervo. Saudações e sigam em paz.
>
> A Oeste, agradeço e liberto o elemento Água e o Salmão. Saudações e sigam em paz.
>
> Ao Sul, agradeço e liberto o elemento Ar e o Corvo Sábio. Saudações e sigam em paz.
>
> A Leste, agradeço e liberto o elemento Fogo e Cavalo Selvagem. Saudações e sigam em paz.

LIBERAÇÃO DO CÍRCULO: começando onde você iniciou o Círculo, mova-se no sentido anti-horário, visualizando o Círculo dissipando, expandindo ou a sua luz sendo atraída de volta para o bastão ou para a lâmina.

> Envio esse Círculo ao Universo como um sinal do meu trabalho. O Círculo está aberto, mas nunca rompido. Que assim seja.

Enquanto o Círculo Mágico é o formato encontrado na Bruxaria Moderna, ele contém os conceitos básicos encontrados em todos os bons rituais mágicos. Os elementos básicos que considero importantes para todos os rituais, além dos outros quatro "fundamentos" listados são:

ESTABELECENDO O ESPAÇO: onde o ritual acontecerá? Não precisa necessariamente fazer um círculo para definir o espaço, mas a purificação do espaço feita por você (consulte a próxima seção) deve marcar claramente onde estará trabalhando, por dentro e por fora, e qual área não faz parte do seu ritual.

RECONHECENDO O ESPAÇO: a maioria das tradições mágicas reconhece o espaço em relação às direções, as quatro direções da bússola ou os três mundos acima, abaixo e no meio. Alguns reconhecem todas essas direções. Os guardiões são chamados para proteger essas direções e mediar sua energia no ritual.

EVOCAÇÃO DOS PODERES: chame as forças espirituais que deseja que se juntem a você no ritual.

ALTERANDO A CONSCIÊNCIA: use um ou mais caminhos dos portais para promover uma alteração no seu estado de consciência com uma intenção clara.

ELEVANDO A ENERGIA E/OU ABRINDO OS PORTAIS: se a energia for elevada para uma determinada intenção ou como resultado do seu caminho em direção à gnose, use-a para a sua prática.

A OBRA: cumpra a intenção real do seu ritual, seja sobrenatural, seja no Outromundo, seja por meio da realização de um feitiço de fato.

O RETORNO: retorne seu foco de outras realidades para a realidade física. Aterre o excesso de energia que impede que você se concentre na realidade física.

A LIBERAÇÃO: libere todos os poderes e forças reunidas por você e devolva o espaço ao seu estado "normal".

Com essa orientação, você pode criar seu próprio ritual eficazmente, dentro de um Círculo Mágico ou inovando com uma nova forma ritual. A desvantagem de criar seus próprios rituais fora do formato do Círculo Mágico, é que seu rito pode não ter as inerentes proteções e salvaguardas incorporadas ao ritual dentro do Círculo, então sempre sugiro aos novatos que comecem com um Círculo Ritual antes de experimentar as demais formas. Para aqueles que querem instruções mais detalhadas sobre o Círculo Mágico, ritual e magia, recomendo meu livro, *The Outer Temple of Witchcraft*.

Purificação

Nosso quarto fundamento é a purificação. Dizem que o açoitamento, uma das nossas técnicas, purifica o espírito, mas geralmente a purificação ritual refere-se à limpeza do eu interior e do espaço ritual. Todos os quatro elementos podem ser usados na purificação do eu interior ou do espaço. Normalmente, o nosso corpo é lavado com um banho ritual e depois vestido com vestes cerimoniais apropriadas, como uma túnica preta, por exemplo, ou simplesmente realizamos o ritual vestidos de céu[16]. Parte de estar "adequadamente preparado" pode incluir ser ungido com óleos, unguentos ou outras poções sintonizadas com a natureza do ritual e a intenção. Um simples banho de limpeza é feito com:

- 1/2 colher de sopa de erva-cidreira ou casca de limão ou 3 gotas de óleo essencial de limão
- 1/2 colher de sopa de lavanda ou 3 gotas de óleo de lavanda
- 1 colher de sopa de hissopo ou 7 gotas de óleo essencial de hissopo
- 3 colheres de sopa de sal marinho

---

16. N.T.: em nudez ritual.

Coloque em um saco de musselina e deixe de molho em água quente antes de tomar banho. Permaneça no banho por pelo menos sete minutos e deixe a água escorrer completamente antes de sair ou enxaguar. Se você não tem os ingredientes ou tempo para um banho mágico, um simples banho de chuveiro é melhor que nada. Estar fisicamente limpo ajuda você a tornar-se psiquicamente limpo.

ÁGUAS FLORAIS: incluindo os óleos ou hidrolato de sálvia, olíbano, rosa, lavanda, laranja, limão, capim-limão e canela – também são purificantes e podem ser adicionadas ao banho ou usadas como fluido de unção. Seja cauteloso com a canela, seu óleo essencial é cáustico.

Misturas de água, sal e ervas, ou simplesmente água e sal, podem ser aspergidas ao redor do local do ritual para ajudar a purificá-lo de influências indesejadas. Para realizar a "aspersão", mergulhe os dedos ou um pequeno ramo de uma sempre-viva no líquido e depois disperse as gotas com um movimento rápido.

Uma técnica para limpar as pessoas e o espaço é conhecida como fumegar. A área e as pessoas são fumegadas pela fumaça do franquin-censo, particularmente conhecido por suas propriedades de limpeza. Assim como o sal e a água combinam o elemento Terra e Água para purificar, o carvão e a fumaça do incenso combinam os elementos do Fogo e do Ar para purificar. As ervas indicadas são olíbano, mirra, sálvia, lavanda, rosa, copal, canela, cravo, pinho e sangue de dragão.

Estas ervas podem ser usadas como fumegação, queimadas em carvão autoinflamável em um recipiente apropriado à prova de chamas, em forma de bastão ou com um punhado de ervas específicas. Muitas lojas metafísicas tem maços de ervas para fumegação, principalmente de sálvia, para serem usadas em rituais de limpeza. Frequentemente a fumaça é lançada com uma pena ou com um leque para imergir o espaço ou a pessoa em seus vapores.

Por fim, uma vassoura ritual ou uma vassoura comum pode ser usada para limpar um espaço. Tradicionalmente as vassouras são feitas de freixo, salgueiro e bétula para poder, proteção e purificação. O cabo é de freixo ou de sorveira, as cerdas são de bétula e as alças são de salgueiro. Embora estes sejam os materiais tradicionais, eu tenho vassouras feitas de outras madeiras que "varrem" efetivamente o espaço. Alguém pega a vassoura e literalmente varre o espaço, ou varre logo acima dele, pretendendo varrer e afastar todo dano psíquico e forças indesejadas.

Instrumentos Consagrados

Instrumentos adequadamente construídos e consagrados são nosso último elemento essencial na Arte da Magia. O Altar da Bruxa Moderna geralmente possui os seguintes instrumentos:

BASTÃO: são instrumentos do elemento Fogo usados para direcionar energia e poder, lançar o Círculo ou para curar ou amaldiçoar. Tradicionalmente eles são feitos de madeira, embora os bastões modernos possam ser de vidro, de cristal ou de metal. Bastão geralmente tem o comprimento do dedo médio ao cotovelo de seu proprietário.

ATHAME: lâmina de cabo preto e dois gumes, o athame é um instrumento do elemento Ar e, como o bastão, é usado para direcionar a energia. Possui dois gumes para nos lembrar do poder dos dois lados de nossos pensamentos, palavras e ações.

CÁLICE: a taça ou cálice é um instrumento do elemento Água, tradicionalmente feito de prata, mas pode ser também de cristal, de vidro ou de cobre. É usada para guardar vinho ou água em um ritual.

PEDRA/PENTÁCULO: a pedra, ou pentáculo ritual é um instrumento do elemento Terra, embora alguns o use para todos os cinco elementos. O pentáculo (ou pedra se for plana) pode ser usado como prato ritual para guardar bolos ou outras oferendas. Objetos podem ser colocados sobre eles para abençoá-los e consagrá-los com poder.

CALDEIRÃO: associado ao elemento Água, Fogo ou Terra, ou com o elemento criativo e destrutivo do espírito, o caldeirão é o útero da criação e o túmulo da morte. Ritualmente, é usado para queimar ofertas, reter líquidos ou conter oferendas.

VELAS E CASTIÇAIS: velas são usadas funcionalmente para obter luz natural e representar a Deusa e o Deus. Minha tradição coloca uma vela preta para a Deusa no lado esquerdo do altar e uma vela branca para o Deus no lado direito. Uma vela central de cores variadas pode ser usada para as forças andróginas do Grande Espírito ou Mente Divina.

DIVERSOS: instrumentos funcionais, incluindo fósforos, apagador de velas, cristais, ervas, frascos de poções, etc.

Na primeira vez em que os instrumentos são usados, eles devem ser lavados da mesma maneira como o praticante e o espaço são limpos. Juntamente à fumegação e à aspersão de água, você pode purificar um instrumento colocando-o sobre (não dentro) uma chama de vela ou expondo-o à luz solar direta por algumas horas (limpeza de Fogo), deixe-os ao ar livre em um dia de vento (limpeza de Ar), passando pela água corrente (limpeza da Água), borrifando com sal se a água for danificá-lo ou enterrando o objeto no sal ou na terra por um curto período de tempo (limpeza da Terra). Se o acesso aos elementos for difícil ou se simplesmente preferir usar a sua própria técnica, você pode segurar o instrumento, imaginar preenchê-lo com um fogo branco violeta, purificando-o com o poder do espírito e ordenando que o fogo consuma todas as energias e forças indesejadas do objeto. Quando o instrumento estiver corretamente purificado, você poderá consagrá-lo.

Consagre os itens com sua intenção. Segure cada instrumento, individualmente, em suas mãos. Sinta sua pulsação se misturar com a pulsação do objeto e pense claramente na intenção para este item. Qual é seu propósito? Mantenha a intenção de seu propósito. Se isso for uma vestimenta sagrada, pergunte-se como ela pode desbloquear a sua personalidade mágica. Esteja claro em seus pensamentos, palavras e visualizações ao consagrar o instrumento. Somente quando você infundir o objeto com sua intenção declarada ele estará realmente pronto para o seu trabalho. Todos os instrumentos, vestimentas e o próprio altar devem ser limpos e consagrados.

Os instrumentos não precisam ser purificados e consagrados em todos os rituais, mas geralmente são reconsagradas após um período de tempo. Algumas Bruxas renovam seus instrumentos e altar mensalmente, a cada seis meses ou anualmente. Eu costumo fazer isso apenas uma vez por ano, a menos que eu sinta que algum instrumento perdeu sua carga energética ou se contaminou ao ser manuseado por alguém que não respeita sua energia e intenção.

Esses Cinco Fundamentos são importantes na maioria dos trabalhos, embora algumas tradições enfatizem um ou mais deles sobre os outros. Algumas tradições populares acham a purificação e a consagração menos necessárias do que rituais ou intenções claras. Uma vez que você determina como expressar os fundamentos do trabalho, pode determinar como integrar esses doze portais para aprofundar sua experiência de gnose. Muitas práticas se prestam tão bem que não precisam ser formalmente combinadas, elas simplesmente se bastam. Se você estiver realizando ou participando de um ritual regularmente, provavelmente já usou essas técnicas, sozinhas ou em combinação. Vejamos algumas estruturas rituais para mostrar como as técnicas dos portais podem ser usadas em combinação. Sua capacidade de unir esses caminhos é a chave para desbloquear seu poder.

Círculo extático: um círculo extático é melhor quando iniciado com um foco central. Para grupos maiores, o melhor é um fogo sagrado, como uma fogueira feita de madeiras sagradas. As fogueiras tradicionais da Wicca são feitas com nove madeiras no caldeirão ou na lenheira, embora elas nem sempre são nomeadas. As mais comuns são bétulas, carvalho, sorveira, salgueiro, espinheiro, avelã, macieira, videira e abeto. O salgueiro nunca é queimado. Grupos menores sem o espaço e os recursos para uma grande fogueira pode fazer simples fogueiras no caldeirão com álcool e sal epsom. O álcool pode ser infundido com ervas para a intenção mágica, fazendo aquilo que meus amigos do *Otherworld Apothecary* chamam de "águas do caldeirão". O fogo é usado para se concentrar, invocar o caminho da meditação, evocar os espíritos de árvores e plantas, usar o poder do mundo herbal enquanto se dança e/ou canta. Tradições que não usam fogo costumam usar uma pedra branca no centro do espaço, refletindo a luz do Sol ou a luz da Lua como um foco. Um Círculo é lançado ao redor do espaço, geralmente com um grupo. Alguns membros do grupo escolhem tocar tambor e/ou cantar, enquanto os outros dançam. A dança pode ter um movimento específico, como a do moinho ou a videira, ou uma forma livre de dança extática. Para um grupo com inclinação criativa, as máscaras podem ser usadas como parte do ritual. Os membros também podem beber uma infusão de ervas extáticas imediatamente antes do ritual, para ajudar no aumento da energia. Enquanto a dança continua, a luz do fogo é o ponto central de foco, até atingir seu pico e o líder sinalizar para os que tocam o tambor pararem. Os dançarinos entram em colapso, usando a energia do Círculo e o fogo para impulsioná-los ao Outromundo em uma jornada xamânica.

Águas do Caldeirão

- 1 pitada de sangue de dragão (erva)
- 3 gotas de óleo essencial de mirra
- 6 gotas de óleo essencial de olíbano
- Absinto
- Álcool para ungir a parte interna do caldeirão
- Artemísia
- Patchouli
- Sais de Epsom
- Escutelária
- Agite antes de usar.

BANHO RITUAL: embora tenhamos discutido o banho como sendo um ritual de purificação e fazendo parte de um dos Cinco Fundamentos, esse pode ser um ritual em si. Se você acender velas, incenso e usar ervas, estará combinando o caminho da meditação, dando foco e o caminho da intoxicação. Restringir-se ao banho, sozinho, imergindo a si mesmo em água muito quente ou fria, leva ao caminho do isolamento e, não da dor, com menos sensação extrema. Essa pode ser uma profunda experiência meditativa enquanto estiver no banho.

RITUAIS DE INICIAÇÃO: os rituais tradicionais de iniciação usam muitos desses caminhos para induzir as mudanças necessárias para se tornar uma Bruxa ou para seguir o caminho do Sacerdote ou da Sacerdotisa. Geralmente, o iniciado é instruído a jejuar antes da iniciação. Acontece no local de encontro do Coven ou, idealmente, na terra com que o Coven havia construído um relacionamento. A hora escolhida é geralmente em uma Lua escura ou nova, ou em um Sabbat, alinhando-o não apenas com a terra sagrada, mas com o tempo sagrado. O banho ritual precede todos os outros trabalhos. Incenso é usado para limpar o espaço e definir o tom para a iniciação. O iniciado fica com os olhos vendados e muitas vezes nus, e na Wicca Tradicional Britânica, ele quase sempre é açoitado como parte do Rito de Iniciação. Em ritos de iniciação menos conhecidos, às vezes há um leve sangramento, com o iniciado sendo picado ou cortado por um instrumento ritual afiado. O Grande Rito é realizado, simbólico ou físico, e bolos e vinho são compartilhados como parte da celebração. Às vezes, o novo Sacerdote ou a nova Sacerdotisa são instados a provar suas habilidades, consagrando adequadamente o vinho e os bolos. Iniciações tribais podem exigir o consumo de uma poção de ervas antes ou no início do rito. Tais rituais poderosos combinam quase todos os caminhos de poder.

ESTRELA DOS SONHOS: um ritual simples que aprendi para facilitar o sonho em grupo envolve participantes deitados de costas, pés em direção à borda do espaço ritual e cabeças juntas em direção ao meio. As pessoas devem estar dispostas em uma estrela de padrão geométrico para o número de praticantes, sendo a de nove pontas o ideal. Eles são restritos a permanecer no espaço designado. No centro há uma vela e um pouco de incenso para facilitar o trabalho dos sonhos. Todo mundo bebe um chá para dormir e sonhar antes do trabalho, que consiste em camomila, maracujá e lúpulo em partes iguais. Uma pessoa senta fora da estrela, para atuar como guia e para garantir que ninguém esbarre na vela ou que o incenso acabe. O guia lidera o grupo em exercícios respiratórios e um zumbido leve ao expirar para conectar a energia deles com a intenção de sonhar em grupo. Então eles podem adormecer e os sonhos são comparados para ver quem conseguiu "se encontrar" no mundo espiritual e para que fins. Aqueles que avançam de maneira proficiente na arte de sonhar em grupo pode então definir uma intenção mais específica para jornada, como atingir uma meta mágica ou fazer contato com uma força espiritual específica. Com essa técnica, você pode combinar magia com ervas, restrição de movimento e controle da respiração com o ato de sonhar.

Fig. 58: Estrela dos Sonhos

JORNADA SEXUAL: o ritual da Jornada Sexual combina ervas afrodisíacas, música, respiração e, é claro, sexo para induzir uma expansão da consciência para uma jornada espiritual. Sinto que uma das melhores intenções por trás deste ritual é comungar com os Deuses e Deusas do amor, conhecer seus mistérios em um nível mais profundo, tanto no espírito quanto na carne. Esta prática é melhor ser feita com um parceiro. Prepare um tônico de damiana, coentro e rosa mosqueta (consulte o capítulo seis para obter instruções sobre esses preparados). Durante o ritual, queime o incenso descrito a seguir. Toque música percussiva intensa ou qualquer música sensual que você sinta que ajudará a induzir o humor e a construir a intensidade. Crie seu espaço sagrado e suas preparações. Bebam o tônico juntos. Olhem nos olhos um do outro. Respirem em uníssono. Invoquem os Deuses e façam amor. Sinta sua consciência se expandir para incluir um ao outro e depois para os mundos ao seu redor, físico e não físico. No clímax, use a energia e as alterações da consciência para entrar em contato não apenas entre si, mas com as divindades do amor e da sensualidade para aprender seus mistérios.

Incenso para a Jornada Sexual

- 1/2 parte de flores de jasmim
- 1/2 parte de folhas de damiana
- 1/2 parte de folhas de manjericão
- 1/2 parte de pétalas de rosa
- 1/4 parte de flores de beladona
- 1/8 partes de sementes de datura
- 1 parte de mel para dar liga
- 2 partes de raiz de íris
- 3 partes de sândalo vermelho

Deixe secar e, idealmente, espere um mês antes de usar.

RITUAL DE ADIVINHAÇÃO/VISÃO: se muitos Bruxos agem como psíquicos e leitores de cartas, poucos ritualizam o processo. Isso é geralmente feito em um ambiente mais clínico, como um leitor de cartas em um centro holístico ou em uma feira psíquica, seguindo o protocolo de um conselheiro, ao invés de uma Bruxa. No passado, uma leitura podia ser um ritual parecido com um Sabbat e exigia preparação para alcançar o estado apropriado de consciência para trazer informações úteis. Rituais para adivinhação e trabalhos oraculares eram obras importantes no passado. Um ritual para melhorar a visão psíquica ou a capacidade de ler uma ferramenta de adivinhação, como tarô, runas ou cristais, pode envolver muitos caminhos. É melhor fazer quando a Lua estiver cheia, pois os poderes psíquicos estarão no auge. Um espaço ritual adequadamente preparado de acordo com os Cinco Fundamentos impede a entrada de energias indesejadas de influenciarem as informações recebidas. Enquanto a maioria dos psíquicos hoje tenta parecer razoavelmente "normal", o uso de roupas rituais é um gatilho tanto para a Bruxa psíquica como para o cliente, e induz o relacionamento a limpar as linhas de comunicação entre eles e o mundo espiritual. A infusão de ervas para ajudar na capacidade psíquica, mesmo um chá de artemísia comum, facilita o processo. Para tais rituais intensos, gosto de usar um mantra ou uma palavra de poder, não apenas repetida por mim mesmo, mas pelo cliente, para nos sintonizar e induzir os dois ao transe. Eu gosto do nome hebraico divino para a esfera da *Lua Yesod – Shaddai El Chai*. Quando o clima está definido e uma conexão ritual suficiente é feita, eu leio as cartas. Pode parecer muito mais elaborado do que o necessário para uma simples leitura de cartas, mas quando o faço, encontro as informações mais profundas, mais detalhadas, mais intensas e, finalmente, mais úteis para mim e meu cliente. Eu não o uso para todas as leituras que forneço, mas, em alguns casos especiais, acho que vale a pena.

Invocação oracular: assim como a adivinhação pode se beneficiar de um trabalho ritualizado, às vezes você pode buscar informações diretamente dos Deuses, e essas invocações sempre devem ocorrer de uma forma de ritual. Muitos dos caminhos podem ser combinados para criar não apenas um trabalho mais poderoso, mas para facilitar o processo para o Sacerdote, invocando uma força para o benefício da comunidade. Para tais trabalhos, descobri que tenho um bom relacionamento com o espírito da terra onde o ritual acontece e isso é essencial. Comece fazendo uma oferta aos *genus loci* e peça a esses espíritos para apoiá-lo durante o ritual. Em várias formas de trabalho oracular, particularmente no nórdico, o Sacerdote está sentado em um "lugar alto", além do resto do grupo. Nas tradições oraculares gregas, um tripé pode ser usado sob o assento. Também emprestado dos gregos, descobri que um simples incenso de folhas de louro, queimado sob o assento do oráculo, pode ser bastante eficaz. Aqueles que acham o louro muito forte por si só podem misturá-lo com outras ervas, madeiras e resinas de natureza psíquica ou oracular, ou ervas sagradas para a divindade chamada. Uma venda ou véu pode ajudar o Sacerdote a se concentrar no mundo espiritual, ao invés de no mundo material, e ajuda também a se unir à divindade ou espírito que a comunidade procura invocar. Isso pode ser combinado com o ritual de Puxar a Lua ou o Sol para Baixo da Wicca Tradicional para os rituais lunares ou solares, usando o Grande Rito e o Beijo Quíntuplo como símbolo. Ter a comunidade entoando o nome da divindade, ou um simples tonal, ajuda a todos do grupo a alcançar maior nível de consciência e de sintonia com a divindade escolhida, ao invés de convocar outro ser. Se você ainda não conhece as práticas de invocação corporal, deve aprender o básico desse trabalho antes de combiná-lo com outras técnicas ou tentar executá-lo para um grupo maior.

Cura através dos sonhos: embora existam muitas formas de cura envolvendo ervas, trabalho de energia, espíritos e uma ampla gama de aplicações criativas, acredito que este ritual é bem-sucedido tanto na cura como na descoberta da raiz potencial de uma doença. Isto é uma homenagem aos Templos dos Sonhos do Antigo Egito, da Grécia e de Roma, onde Sacerdotes colocavam um paciente em estado de sonho hipnótico por meio de um ritual. Também pode ser adaptado como um ritual inicial de morte e renascimento. Eu realizo este ritual antes do pôr do sol, conforme a luz desce na escuridão. Se a pessoa não tiver nenhuma restrição médica, começamos com um chá feito de partes iguais de passiflora, valeriana e erva-cidreira, misturados com mel. Isso ajuda a relaxar e a dormir. Embora algumas pessoas digam que não têm sonhos tranquilos quando tomam valeriana, o objetivo deste ritual não é descansar, mas curar. O chá simplesmente ajuda estados de transe, embora a valeriana atue como estimulante em cerca de dez por cento da população. O cliente então se despe de qualquer vestimenta, mesmo que seja confortável, isso se já não estiver nu, e é envolto em ataduras embebidas em uma infusão de ervas conhecidas como ervas que curam tudo. Aqueles que não têm ataduras podem usar um lençol de algodão. A aparência lembra algo como uma múmia do Egito. A boca fica aberta e os dois podem discutir se está apertado ou solto, ou se houver alguma parte que não deve ser coberta antes do ritual. Obviamente, essa não é uma técnica para quem tem medo de restrição, pois será difícil de mover-se ou sair dos embrulhos sem a ajuda. O "facilitador" do ritual observa tudo, portanto, se a pessoa envolvida experimentar extremo desconforto ou pânico, haverá alguém para ajudá-la. A música ambiente de transe é tocada e uma invocação é feita aos Deuses da cura. A intenção é para a cura e a compreensão da fonte da doença, para que a mensagem possa ser integrada e a doença totalmente curada. O ajudante leva o praticante a um estado de transe usando técnicas meditativas hipnóticas, como contagem regressiva, e induz imagens para conjurar a sensação de um templo do passado antigo. Ao praticante é então permitido transitar/viajar/dormir e, em um tempo predeterminado, ele é acordado suavemente pelo ajudante e guiado de volta pelas imagens, desembrulhado e o sonho ou a jornada é discutido em detalhes. Às vezes, o praticante experimenta uma conversa com a própria doença ou viaja de volta no tempo até as raízes "cármicas" da doença, para entender o padrão de sua origem. Alguns recebem instruções específicas sobre o que fazer para curar, em termos de tratamento, tanto mágico quanto médico. Outros simplesmente despertam mudados, com pouca memória consciente da experiência do mundo interior. Se uma cura imediata não ocorrer, uma mudança na consciência geralmente o faz, que leva à cura direta ou a um novo caminho que oferece maior chance de cura. O espaço ritual é liberado e qualquer conselho dado durante o transe deve ser colocado em prática. Este ritual requer um "facilitador" experiente e não deve ser realizado por aqueles que estão iniciando no caminho da Bruxaria.

Esbats e Sabbats

Círculos Mágicos que acontecem em comemoração aos anos solares ou às fases da Lua são os ritos religiosos básicos da Bruxaria. São tempos de poder não apenas para fins religiosos, mas para abrir os portais entre os mundos. Sabbats são rituais em celebração aos quatro dias sagrados solares, dois Solstícios e dois Equinócios, quando o Sol muda do signo mutável para o signo cardinal, iniciando uma nova estação, e os quatro Festivais de Fogo Celta, quando o Sol está no centro de um signo fixo. Esbats são celebrações da Lua cheia ou negra/ Lua nova. Luas cheias ocorrem no signo zodiacal oposto ao signo do Sol, enquanto Luas novas ocorrem no mesmo signo que o Sol ocupa.

Devido à correspondência numérica entre os Caminhos de poder originais e a Roda do Ano, houve algum esforço para corresponder os Oito Caminhos aos Oito Dias Sagrados. Esse esforço corresponde a um caminho mais apropriado para a celebração que mais lhe agrada, enfatizando esse caminho em seu ritual. Já vi várias versões, e esta é a lista que faz mais sentido para mim. Versões públicas do Livro das Sombras Alexandrino tem uma mandala das estações, tradicional- mente listada com oito caminhos e dias sagrados.

Dia Sagrado	Caminho Alexandrino	Correspondência
Yule	Som	Meditação
Imbolc	Meditação	Transe
Ostara	Respiração	Enteógenos & Vinho
Beltane	Sexo	Dança
Litha	Movimento	Grande Rito
Lammas	Dor	Encantos & Ritos
Mabon	Intoxicação	Açoite
Samhain	Isolamento	Corda

Com a adição de mais quatro caminhos, eles podem ser associados aos doze signos do zodíaco.

Signo do Zodíaco	Caminho	Versão Alternativa
Áries	Isolamento	Dor
Touro	Sexo	Aterramento
Gêmeos	Tempo	Tempo
Câncer	Sonhos	Sonhos
Leão	Vestes Rituais	Vestes Rituais
Virgem	Meditação	Meditação
Libra	Respiração	Respiração
Escorpião	Dor	Sexo
Sagitário	Movimento	Movimento
Capricórnio	Aterramento	Isolamento
Aquário	Som	Som
Peixes	Intoxicação	Intoxicação

No seu próximo Sabbat ou Esbat, tente fazer de um dos caminhos o seu foco no ritual. Obviamente, outras técnicas podem ser combinadas no ritual com base na natureza do trabalho, mas se você focar em uma técnica para o Sabbat ou o Esbat, vai poder se aprofundar em seu trabalho pessoal ou em grupo com essa técnica.

Todos os caminhos de poder levam ao centro, a esse lugar que não é um lugar, aquele tempo que não é um tempo, o templo entre os mundos. Eles despertam dentro de nós o estado de consciência além do nosso corpo, além dos nossos limites, para o verdadeiro significado da palavra êxtase, além da carne, mas também nos despertam para o paradoxo divino da carne. Eles despertam o Deus dentro da carne. Esses caminhos de poder estão profundamente codificados em nosso ser, em nossa alma, mas também em nossa carne e no nosso sangue, em nosso próprio DNA. Nossos ancestrais, não apenas de centenas ou mesmo de milhares de anos atrás, mas desde que nossa corrida começou, usaram essas técnicas para encontrar o divino. Suas divindades vivem dentro de nós. Quando cantamos, tocamos tambor, dançamos, açoitamos, ingerimos ervas, acasalamos, sentamos na escuridão ou nos reunimos sob a Lua cheia, estamos novamente alcançando essa antiga sabedoria interior através do nosso sangue e espírito. Nós estamos desencadeando memórias enterradas profundamente dentro de nós. Estamos disparando códigos dentro dos nossos sistemas do corpo, enviando mensagens para acordar. Estamos despertando o Deus Interior, o Eu Superior, o sagrado Daimon, o Observador Interior. Estamos abraçando o paradoxo do divino dentro de nossa carne e dentro de nosso espírito. Tornamo-nos o divino interior do nosso corpo, além de nosso corpo e através de nosso corpo, alcançando o centro enquanto simultaneamente alcançamos o cosmos. Quando percorremos os caminhos de poder, abrimos os portais. Nós os mantemos abertos para que possamos entrar nos mistérios, nas profundezas do centro em espiral, ainda assim os mantemos imóveis para que possamos sair e trazer aquele estado divino de ser para a nossa vida cotidiana, para o nosso povo e para o mundo.

Bibliografia

Abel. Ernest l. *Intoxication in Mythology: A Worldwide Dictionary of Gods, Rites, Intoxicants and Places*. McFarland & Company, Inc., Jefferson, NC: 2006.

Andrews, Ted. *Magickal Dance: Your Body as an Instrument of Power*. Llewellyn Publications, St. Paul, MN: 1993.

Belanger, Michelle. *Psychic Dream walking*. Weiser Books. Boston, MA: 2006.

Buckland, Raymond. *Buckland's Complete Book of Witchcraft*. Llewellyn Publications, St. Paul, MN: 1986.

Cabot, Laurie with Tom Cowan. *Power of the Witch: The Earth, the Moon and the Magical Path to Enlightenment*. Dell Publishing, New York, NY: 1989.

Cartledge, Paul. *Sparta and Lakonia. A Regional History 1300 to 362 BC*. Routledge, New York, NY:2002 (2nd edn).

Chia, Mantak. *Awaken Healing Energy Through Tao. Universal Tao Publishing*, New York, NY: 1983.

Clark, A.J. *The Sacred Mushroom Church of Switzerland Flying Ointments*. https://www.tupg.org/smcs/forum/index.php?showtopic=1061: October 28, 2008.

Coyle, T. Thorn. *Evolutionary Witchcraft. Tarcher*. New York, NY: 2005.

Dawkins, R. M. The Sanctuary of Artemis Orthia at Sparta London: MacMillan and Co., Limited, 1929. *The Society for the Promotion of Hellenic Studies*; Supplementary Paper Nº.5 DF261.S68D3 – http://efts.lib.uchicago.edu/cgi-bin/eos/eos_title.pl?callnum=DF261.S68D3: April 15, 2008.

DeVries, Eric. Hedge Rider. Pendraig Publishing, Sunland, CA: 2008.

Dominguez, Ivo. Castings: *The Creation of Sacred Space*. SapFire Productions, Inc. Georgetown, DE: 1996.

Dyer, Dr. Wayne W. *Real Magic: Creating Miracles in Everyday Life. Audio Cass.* Harper Audio/HarperCollins Publishers, Inc. New York, NY: 1992.

Edson, Gary. *Mask and Masking: Faces of Tradition and Belief Worldwide*. McFarland & Company, Inc., Jefferson, NC: 2005.

Fortune, Dion. *The Goat Foot God. Samuel Weiser*, York Beach, ME: 1972.

____. *The Sea Priestess. Samuel Weiser*, York Beach, ME: 1972.

Foxwood, Orion. *The Faery Teachings*. R.J. Steward Books. Dexter, OR: 2007.

Fries, Jan. Seidways: *Shaking, Swaying and Serpent Mysteries*. Mandrake of Oxford, Oxford, UK: 1996.

Frosts, Gavin and Yvonne. *The Magick Power of Witchcraft*. Parker Publishing. Mira Loma, CA: 1980.

Goodman, Felicitas D. Where the Spirits Ride the Wind: *Trance Journeys and Other Ecstatic Experiences*. Indiana University Press. Bloomington & Indianapolis, IN: 1990.

Gore, Belinda. *Ecstatic Body Postures: An Alternative Reality Workbook*. Bear & Company. Santa Fe, NM: 1995.

Graves, Robert. *The White Goddess*. Farrar, Straus and Giroux. New York, NY: 1966.

Gray, William G. Western Inner Workings: *Sagreal Sodality Series Volume I. Samuel Weiser*, York Beach, ME: 1983.

Guiley, Rosemary Ellen. *The Encyclopedia of Witches and Witchcraft*. Checkmark Books, New York, NY: 1999.

Grimassi, Raven. *Encyclopedia of Wicca & Witchcraft*. Llewellyn Publications, St. Paul, MN, 2000.

Grimassi, Raven. *Wiccan Mysteries*. Llewellyn Publications, St. Paul, MN, 2002.

____. *Witchcraft: A Mystery Tradition*. Llewellyn Publications, St. Paul, MN, 2004.

____. *The Witch's Craft*. Llewellyn Publications, St. Paul, MN, 2002.

Gwyn. Light from the Shadows: *A Mythos of Modern Traditional Witchcraft*. Capall Bann. Milverton, Somerset, UK: 1999.

Jastrow, Joseph. *Error and Eccentricity in Human Belief*. Dover Publications, New York, NY: 1962.

Khalsa, Gurucharan Singh Khalsa, Ph.D. *Happiness is Your Birthright: The Complete Series*. Book and Tape Set. Khalsa Consultant, Inc. Wellesley, MA: 1997.

Knight, Gareth. *The Rose Cross and the Goddess*. Destiny Books, New York, NY: 1986.

Kraig, Donald Michael. *Modern Magick: Eleven Lessons in the High Magickal Arts*. Lewellyn Publications, St. Paul, MN, 1988.

The Kybalion: Hermetic Philosophy by Three Initiates, The Yogi Publication Society, Chicago, IL: 1912.

Madden, Kristen. *Magick, Mystery and Medicine: Advanced Shamanic Healing*. Willow Tree Press, 2008.

Merry, Eleanor C. *The Flaming Door*. Kessinger Publishing. Whitefish, MT: 2010.

Metzner, Ralph. *Sacred Vine of Spirits: Ayahuasca*. Park Street Press. Rochester, VT: 2005.

Miller, Richard Alan. *The Magical and Ritual Use of Herbs*. Destiny Books, Rochester, VT: 1983.

Morrison, Dorothy and Kristin Madden. *Dancing the Goddess Incarnate*. Llewellyn Publications, Woodbury, MN: 2006.

Oesterley, W.O.E. *Sacred Dance in the Ancient World*. Dover Publications, Mineola, NY: 2002.

Passion, Lady and Dievei. *The Goodly Spellbook: Olde Spells for Modern Problems*. Sterling Publishing Co., Inc, New York, NY: 2004.

Penczak, Christopher. *The Inner Temple of Witchcraft: Magick, Meditation and Psychic Development*. Llewellyn Worldwide. St Paul, MN. 2002.

Pendall, Dale. *Pharmakopoeia. North Atlantic Books*. Berkeley, CA: 2009.

_____. *Pharmakodynamis. North Atlantic Books*. Berkeley, CA: 2009.

_____. *Pharmakognosis. North Atlantic Books*. Berkeley, CA: 2009.

Rush, John A. *Spiritual Tattoo: A Cultural History of Tattooing, Piercing, Scarification, Branding and Implants*. Frog Ltd. Berkeley CA: 2005.

Sloss, Andy. *Celtic Tattoos: Learn the Traditional Art of Celtic Body Painting*. Carlton Books, London, UK: 2007.

Stewart, R.J. *The Spiritual Dimensions of Music*. Destiny Books. Rochester, VT: 1990.

Telynoru, Jhenah. *Avalon Within*. Ninth Wave, Seneca Falls, NY: 2004.

Tunneshende, Merlyn. *Don Juan and the Art of Sexual Energy*. Bear & Company. Rochester, VT: 2001.

Vayne, Julian. *Pharmakon: Drugs and the Imagination*. Mandrake of Oxford. Oxford, UK: 2006.

Valiente, Doreen. *An ABC of Witchcraft*. Phoenix Publishing, Custer, WA: 1988.

_____. *Natural Magic*. Phoenix Publishing, Custer, WA: 1985.

_____. *Witchcraft for Tomorrow*. Robert Hale Publishing, London, UK: 1993.

Villoldo, Alberto. *Mending the Past and Healing the Future with Soul Retrieval.* Hay House, Carlsbad, CA: 2005.

Watkins, Alfred. *The Old Straight Track.* Abacus Little Brown. London, UK: 1988.

Weed, Jason J. *Wisdom of the Mystic Masters.* Prentice Hall Art. NJ: 1971.

Wilde, Lyn Webster. *Becoming the Enchanter.* Tarcher. New York, NY: 2002.

Wilson, Steve. *Chaos Ritual.* Neptune Press, London, England, UK: 2004.

Índice Remissivo

Christopher Penczak

Christopher Penczak é um autor premiado, professor e profissional de cura. Como defensor da eterna sabedoria perene das eras, ele está firmemente enraizado nas tradições da Bruxaria Moderna e das religiões da Terra, mas se baseia em uma ampla variedade de tradições espirituais, incluindo xamanismo, alquimia, fitoterapia, Teosofia e Cabala Hermética para moldar suas próprias tradições mágicas. Seus muitos livros incluem *Templo Interior da Bruxaria, A Magia do Reiki, The Mystic Foundation* e *The Three Rays of Witchcraft*. Ele é o cofundador da Tradição Templo da Bruxaria, uma organização religiosa sem fins lucrativos para promover as tradições de Bruxaria, bem como cofundador da Copper Cauldron Publishing, uma empresa dedicada à produção de livros, gravações e ferramentas para a inspiração mágica e evolução espiritual. Ele foi membro do corpo docente do North Eastern Institute of Whole Health e membro fundador do The Gifts of Grace, uma fundação inter-religiosa dedicada a serviços comunitários, ambos localizados em Hampshire. Christopher mantém uma prática de ensino e atendimentos de cura energética na Nova Inglaterra, mas viaja extensivamente para realizar palestras. Mais informações podem ser encontradas em www.christopherpenczak.com e www.templeofwitchcraft.org

O Templo da Bruxaria
Escola de Mistério e Seminário

A Bruxaria é uma tradição de experiência, e a melhor maneira de experimentar o caminho da Bruxa é treinar ativamente em suas lições mágicas e espirituais. O Templo da Bruxaria fornece um sistema completo de treinamento e tradição, com quatro diplomas encontrados na Escola de Mistério para estudos pessoais e desenvolvimentos mágicos e um quinto grau no Seminário para o treinamento de Altas Sacerdotisas e Sumos Sacerdotes interessado em servir aos Deuses, espíritos e comunidade como ministros. Os ensinamentos são divididos por grau nos mistérios Oracular, de Fertilidade, de Êxtase, Gnóstico e de Ressurreição. O treinamento enfatiza a capacidade de olhar para dentro, despertar seus próprios dons e habilidades e realizar mágicas menores e maiores para sua própria evolução e a melhoria do mundo ao seu redor. O Templo da Bruxaria oferece tanto cursos presenciais quanto online com ensino e orientação diretos. As aulas usam a série de livros O Templo da Bruxaria e CDs, assim como textos primários, complementados mensalmente com informações do Livro do Templo das Sombras, gravações em MP3 de palestras e meditações de nossos fundadores, suporte através de discussão em grupo com colegas de classe e feedback individual direto de um mentor.

Para mais informações e horários atualizados, visite o site do Templo da Bruxaria: www.templeofwitchcraft.org

Impresso por :

Graphium
gráfica e editora

Tel.:11 2769-9056